Gaspard-Hubert LONSI KOKO

Les figures marquantes de l'Afrique subsaharienne

DU MÊME AUTEUR :

- *Le justicier exécuteur* – L'Atelier de l'Égrégore, collection Roman – Paris, 2016 – ISBN : 979-10-91580-07-6 ;
- *Au pays des mille collines* – L'Atelier de l'Égrégore, collection Roman – Paris, 2016 – ISBN : 979-10-91580-05-2 ;
- *La chasse au léopard* – L'Atelier de l'Égrégore, collection Roman – Paris, 2015 – ISBN : 979-10-91580-04-5 ;
- *Dans l'œil du léopard* – L'Atelier de l'Égrégore, collection Roman – Paris, 2015 – ISBN : 979-10-91580-03-8 ;
- *Ma vision pour le Congo-Kinshasa et la région des Grands* Lacs, Éditions de l'Harmattan – Paris 2013 – ISBN : 978-2-343-02079-2 – EAN Ebook format Pdf : 9782336330327 ;
- *Congo-Kinshasa : le degré zéro de la politique*, Éditions de L'Harmattan – Paris, avril 2012 – ISBN : 978-2-296-96162-3 – ISBN13 Ebook format Pdf : 978-2-296-48764-2 ;
- *La vie parisienne d'un Négropolitain* – L'Atelier de l'Égrégore, collection Roman – Paris, 2012 – ISBN : 979-10-91580-06-9 ;
- *Drosera capensis* – L'Atelier de l'Égrégore, collection Roman – Paris, 2005 – ISBN : 979-10-91580-01-4 ;
- *Le demandeur d'asile* – L'Atelier de l'Égrégore, collection Document/Réalité – Paris, 2012 – ISBN : 979-10-91580-00-7 ;
- *La République Démocratique du Congo, un combat pour la survie* – Éditions de l'Harmattan – mars 2011 – ISBN : 978-2-296-13725-7 – ISBN Ebook format Pdf : 978-2-296-45021-9 ;
- *Socialisme : un combat permanent* – Tome I – *Naissance et réalités du socialisme* – L'Atelier de l'Égrégore, collection Arbre à Palabre – 2ème édition, Paris, 2017 – ISBN : 978-2-916335-04-9 (coécrit avec Jacques Laudet) ;
- *Mitterrand l'Africain ?* – L'Atelier de l'Égrégore, collection Arbre à Palabre – 2ème édition, Paris, 2017 – ISBN : 979-10-91580-02-1 ;
- *Un nouvel élan socialiste*, Éditions de L'Harmattan, collections Question contemporaine, Paris, mai 2005 – ISBN : 2-7475-8050-4 – ISBN Ebook format Pdf : 978-2-296-39177-2.

Gaspard-Hubert LONSI KOKO

Les figures marquantes
de l'Afrique subsaharienne

Collection Démocratie & Histoire

L'Atelier de l'Égrégore

Illustrations : Marie-Pierrette Gandon
ISBN : 979-10-91580-38-0 – EAN : 9791091580380
© L'Atelier de l'Égrégore, octobre 2021 – 4ème édition actualisée
© L'Atelier de l'Égrégore, octobre 2019 – 3ème édition actualisée
© L'Atelier de l'Égrégore, juin 2019 – 2ème édition
© L'Atelier de l'Égrégore, 2017 – 1ère édition
https://www.atelieregregore.selz.com – Courriel : atelieregregore@gmail.com

En France, le code de la Propriété intellectuelle du 1er juillet 1992 interdit expressément la photocopie à usage collectif sans autorisation des ayants droit. Cette pratique s'est généralisée au point que la possibilité pour les auteurs de créer des œuvres nouvelles est aujourd'hui menacée.

« *La théologie se persuada d'une fumeuse malédiction de Cham prononcée par un Noé humilié et injuste [...] Il faut déconstruire pour comprendre, défaire pour vivre ensemble.* »
Christiane Taubira
In L'esclavage raconté à ma fille

« *En Afrique, un ancien qui meurt, c'est une bibliothèque qui brûle.* »
Amadou Hampâté Bâ
In Il n'y a pas de petites querelles

« *C'est un mystère qu'on n'explique jamais. Pourquoi sur la terre d'Afrique le Bon Dieu est-il blanc ?* »
Charles Trenet
In Le Noël des enfants noirs

À mes enfants, Syrine Wumba Mélanie et Lorens Baptiste Bisengu. Leurs racines bretonnes doivent composer intelligemment avec leurs sources bantoues.

À Edwige Ahoéfa K. qui, au cours d'une conversation téléphonique, m'a fraternellement suggéré d'écrire un ouvrage sur les personnalités héroïques d'Afrique.

À Mélanie Badal, née Deprun, dont le rayonnement symbolise l'extraordinaire feu d'artifice offert la nuit du 31 juillet 2017 par l'association Vivre à Spontour.

À la jeunesse africaine, de l'intérieur et de l'extérieur, qui plus est le maillon indispensable au développement et à l'épanouissement du continent.

Mes remerciements aux habitants du village de Spontour, dans la commune de Soursac dans le département de la Corrèze en France, où j'ai finalisé le prologue consacré à cet ouvrage, pour leur sympathie et aussi leur chaleureux accueil.

Une pensée amicale pour Mélanie Deprun-Badal, Jean-Paul Fourd, ainsi que pour ses parents Jean-Baptiste et Lucienne, née Lefebvre. De plus, surtout à l'initiative de Jean-Paul Fourd et Laurent Toffanello, le village de Spontour a souvent accueilli et exposé des artistes africains.

Mes remerciements s'adressent aussi à Évelyne D. de la Mosaïque pour son regard critique, à Emmanuel M., dit Aimédo, pour sa bienveillance, et à Michelino Mavatiku Visi, le concepteur en guitare de la note "mi-composée".

Prologue

Il est une évidence : l'histoire de l'Afrique constitue le plus gros mensonge civilisationnel des plus criminogènes qui ait existé. Elle avait été sciemment falsifiée pour des raisons économiques et culturelles, philosophiques et religieuses, dès l'exploration européenne du continent africain commencée par les Grecs anciens et les Romains.

Certes, l'histoire de l'Afrique est faite de personnalités fortes mais sanguinaires et souvent au service des puissances extra-continentales dont les actes, meurtriers et inhumains, doivent inciter à refuser de sombrer dans l'obscurantisme et dans l'asservissement. Ils doivent plutôt pousser les futures générations à souhaiter davantage une Afrique pacifiée, meilleure et plus éclairée sur les plans matériel, économique, social, spirituel, politique... Il est indéniable que Jean-Bedel Bokassa, Eugène Gnassingbé Eyadéma, Mobutu Sese Seko et Idi Amin Dada étaient des dirigeants très connus qui auraient pu servir de modèle. Sans conteste, ils ont marqué l'histoire du continent africain. Surtout en mal qu'en bien. Leurs crimes restent, fort heureusement, imprescriptibles pour la plus grande majorité.

Mais l'histoire de l'Afrique est avant tout l'œuvre des personnalités exceptionnelles dont les actions, les convictions et les principes, ainsi que les rêves, ont respectivement façonné les différentes époques dans le but de baliser le chemin qu'emprunteraient les futures générations. Gens d'armes, guerriers, conquérants et résistants à la colonisation, messianistes, prophètes et hommes d'Église, panafricanistes et acteurs politiques

ayant œuvré pour les indépendances, intellectuels et militants révolutionnaires…, ils ont souvent connu une mort tragique. Mais, passés à la postérité, ils représentent des modèles auxquels doivent se référer les Africains – la finalité consistant à renouer avec les gloires étatiques de jadis
afin de faire triompher un autre modèle de société.

L'objectif de cet ouvrage consiste notamment à évoquer les filles
et fils d'Afrique qui, malgré un contexte très défavorable sur le plan
technologique, ont surtout pensé, à travers leur passage terrestre, à
tracer des sillons pouvant permettre la construction de l'avenir sur
des bases saines et solides. Raison pour laquelle des personnalités
cyniquement fabuleuses mais humainement immorales – comme le
tyran Idi Amin Dada, l'effronté maréchal Mobutu Sese Seko, l'empereur de pacotille Jean-Bedel Bokassa, le destructeur Eugène Gnassingbé Eyadéma… – ne font pas l'objet d'une étude approfondie dans
cet ouvrage censé montrer ce que l'Afrique a produit de bien, ou de
moins mauvais.

Le bouillant Idi Amin Dada Oumee avait offert l'image d'un dictateur fou, sanguinaire, violent. Le très roublard maréchal Mobutu
Sese Seko, le léopard du Zaïre ou l'aigle de Kawele, dont la fortune
personnelle s'élevait à plus de 5 milliards de dollars américains,
avait laissé économiquement exsangue et en conflit permanent avec
quelques voisins un pays pourtant très riche. Le règne du folklorique
empereur Bokassa Ier, qualifié d'Ogre de Berengo ou de soudard,
avait été caractérisé par la violence, la torture et les exécutions som-
maires. Les organisations de défense des droits de l'Homme, tant
togolaises qu'internationales, n'avaient cessé de dénoncer les attein-
tes aux droits fondamentaux de la personne commises par le sanguinaire régime du prédateur Gnassingbé Eyadéma. Dans un rapport
intitulé *Le règne de la terreur*, l'organisation non gouvernementale
Amnesty International avait accusé le pouvoir togolais de l'époque
d'avoir exécuté plusieurs centaines de personnes et jeté leurs corps
à l'océan après la proclamation des résultats du scrutin de 1998. En
juin 2004, la Fédération internationale des droits de l'Homme, FIDH
en sigle, avait accablé le gouvernement togolais dans un rapport intitulé *Togo, l'arbitraire comme norme et 37 ans de dictature* en ayant
dénoncé « la torture systématique dans les commissariats en toute

impunité, la justice aux ordres du pouvoir, les prisons surpeuplées et les élections truquées ». Omar Bongo Ondimba, le monarque présidentiel, avait fait du Gabon une propriété privée au profit des siens et des puissances étrangères.

A contrario, les patriotes camerounais Félix-Roland Moumié et Ernest Ouandié, ainsi que d'autres héros nationaux auraient pu faire partie intégrante de cet ouvrage si l'auteur n'avait pas jeté son dévolu seulement sur des personnages dont la notoriété avait été évidemment placée au-dessus de la mêlée. Qui peut oublier Abakyala Muganzirwazza, cette reine mère influente de l'histoire du Buganda du XIXe siècle qui avait incarné une épopée de contestation pour le contrôle des structures politiques et la consolidation d'une identité nationale ? Que dire d'Akaffou Blin, dit Blalé le fer, ce très redoutable résistant chef guerrier baoulé, des tribus N'Gban de Côte d'Ivoire, emprisonné puis exécuté en juillet 1902 à la prison de Toumodi, après avoir fait trembler entre 1891 et 1901 les troupes coloniales françaises ? Dieu sait qu'ils sont nombreux, ces illustres inconnus !

Par rapport aux régimes irréversiblement dictatoriaux, l'auteur a toutefois préféré se montrer un peu indulgent à l'égard des dictateurs qui, au cours de leur règne, avaient su quitter à un moment donné le pouvoir, très souvent à la suite d'une défaite électorale, ayant ainsi introduit la démocratie dans le système politique de leurs pays. Mathieu Kérékou en constitue une illustration parfaite. Proclamé après un coup d'État président de la République du Dahomey, puis de la République du Bénin du 26 octobre 1972 au 1er mars 1990, il serait ensuite élu président de la République et dirigerait démocratiquement le Bénin du 4 avril 1996 au 5 avril 2006, date à laquelle il serait battu électoralement et laisserait le pouvoir au vainqueur : le fonctionnaire international Nicéphore Soglo.

Pour des raisons que d'aucuns comprendraient aisément, l'auteur a sciemment privilégié l'option de ne pas évoquer les personnalités africaines qui, en principe, auraient dû – par rapport à leurs extraordinaires parcours, au mérite et à leurs apports pour l'Humanité – figurer dans cet ouvrage. En effet, ne sait-on jamais, le simple fait d'être encore vivants peut à tout moment ternir leur image à cause d'un acte intolérable et inacceptable. Œdipe, le fils de Laïos et de Jocaste, connu surtout pour avoir résolu l'énigme du sphinx, ne s'était-il pas rendu involontairement coupable de parricide et d'inceste ? Bien entendu, la seule exception à cette volonté manifeste s'agissant d'Africains aux mérites incontestables encore en vie concerne l'ancien président namibien Samuel Daniel Shafiihuma Nujoma. Leur dimension spirituelle leur permet de tutoyer sans complexe les illustres enfants d'Afrique déjà disparus. En dehors de ce cas tout à fait exceptionnel, le Sénégalais Abdou Diouf, le Ghanéen Jerry Rawlings, le Sud-Africain Thabo Mbeki, les Libériennes Ellen Johnson Sirleaf et Leymah Gbowee, de surcroît Prix Nobel de la paix en 2011, ainsi que – pourquoi pas ! – les prix Nobel John Maxwell Coetzee et l'ancien président sud-africain Frederik de Klerk, et tant d'autres personnes, auraient pu y trouver leur place.

Hormis la controverse sur le sida, Thabo Mvuyelwa Mbeki a été un grand président de la République sud-africaine dont la finesse diplomatique et l'intelligence politique ont été malheureusement occultées par la notoriété incontestable et la dimension internationale de Nelson Rolihlahla Mandela. L'archevêque sud-africain Desmond Mpilo Tutu, qui a reçu le Prix Nobel de la paix en 1984, est également méritant. Si Jerry Rawlings avait permis le retour à la démocratie au Ghana, cela s'était passé après deux putschs et avant tout par une période plus austère ayant pu paraître, en certains points, contradictoire avec les principes propres à l'égalité des citoyens en droits et en devoirs. Le président Abdou Diouf avait beaucoup contribué à faire entendre la voix du Sénégal dans le monde, grâce à une diplomatie efficace et à des interventions remarquées aux grandes rencontres internationales. Il avait aussi œuvré pour une plus grande unité des États africains et l'entente cordiale entre eux, par le biais d'une coopération plus vive. Le Nigérian Wole Soyinka, le premier auteur noir lauréat du prix Nobel de littérature, tout comme l'écrivain et haut fonctionnaire sénégalais Cheikh Hamidou Kane, et le gynécologue congolais Denis Mukwege, Prix Nobel de la paix en 2018, n'ont pas non plus démérité.

Parmi les hommes de foi, l'évocation de saint Charles Lwanga ne doit nullement faire oublier saint Joseph Mukasa et tous les saints

martyrs de l'Ouganda que le très méchant roi Mwanga II avait fait
brûler vifs.

La liste des Africains encore vivants susceptibles de figurer dans
cet ouvrage, pour leur exemplarité et leur ingéniosité, est très longue.
À titre d'illustration, on peut citer, parmi tant d'autres, l'astronaute
camerounais Ernest Simo ; le physicien malien Cheick Modibo
Diarra ; le Camerounais Eimo Malongo, membre de l'Académie française de chirurgie ; Gabriel Audu Oyibo, le scientifique nigérian qui a
défié Albert Einstein ; Jean-Patrice Keka Okese, le scientifique et ingé-
nieur congolais de la République Démocratique surnommé le « Einstein africain » ; Vérone Mankou, le Congolais de Brazzaville concepteur de la première tablette numérique africaine (sept pouces) ; le
Togolais Victor Agbegnenou, l'inventeur en 2011 d'un nouveau système de télécommunication ayant une trentaine d'années d'avance sur
les modes actuels ; l'égyptologue, linguiste et historien congolais
Théophile Mwené Nzalé Obenga ; l'historien et politologue congolais
de la République Démocratique Elikia M'Bokolo, ou l'universitaire
et philosophe camerounais Achille Mbembc…

Dans un registre extra-continental, l'auteur aurait pu également
ouvrir les pages de cet ouvrage à des descendants africains – enlevés
et exportés, comme esclaves, vers d'autres cieux – qui brilleraient par
leur bravoure et leur génie : c'est le cas, entre autres, du filleul noir et
secrétaire particulier du tsar Pierre le Grand, ainsi qu'aïeul du poète,
dramaturge et romancier russe Alexandre Sergueïevitch Pouchkine,
en la personne d'Abraham Pétrovitch Hanibal, ce natif du sultanat de
Logone-Birni situé près du lac Tchad dans l'actuel Cameroun. L'Afro-
caribéen Jean-Philippe Omotounde aurait pu aussi en faire partie,
pour ses divers travaux sur la culture noire et l'égyptologie, mais
l'option prise dans ce cadre précis concerne plutôt les Africains.

Dans cette optique, le fait de ne pas vouloir faire de cet ouvrage
un catalogue ne doit nullement occulter des géants ayant cheminé
dans l'ombre de Nelson Mandela, ainsi que des héros oubliés ayant
patriotiquement constitué la jeune génération de ces Sud-Africains
qui n'avaient connu que l'apartheid comme système politique et
s'étaient fait par conséquent moins d'illusion sur une lutte seulement

non-violente : Oliver Reginald Tambo, Walter Max Ulyate Sisulu, Govan Mvuyelwa Archibald Mbeki… Mais aussi Martin Thembisile Hani, dit Chris Hani, secrétaire général du Parti communiste sud-africain et l'un des chefs militaires de *Umkhonto we Sizwe*, ainsi que le Mozambicain Eduardo Mondlane Chivambo, premier président du Front de libération du Mozambique (Frelimo), considéré comme le père du Mozambique indépendant, ainsi qu'un grand diplomate comme le Sénégalais Amadou-Mahtar M'Bow qui avait dirigé l'Unesco pendant treize années de 1974 à 1897.

Dans cet ordre d'idées, comme héros de l'indépendance et l'une des grandes figures des décolonisations en Afrique, Robert Gabriel Mugabe aurait mérité un chapitre entier dans cet ouvrage. Malheureusement, le fait d'avoir sombré dans le despotisme l'a privé de ce privilège.

En tout cas, pour l'écrivain, professeur d'université et philosophe américain Elie Wiesel, le bourreau tue toujours deux fois : par les armes, puis par l'oubli. Il faudrait tout justement rappeler que l'Histoire de l'Afrique nous est transmise en plus grande partie sous le prisme déformant du colonialisme.

Spontour[1], le 31 juillet 2017

Texte mis à jour à Paris XVe arrondissement,
le 30 septembre 2019

---

[1] Situé en bordure de la Dordogne, sur le plateau de la rive droite des gorges, le village de Spontour fait partie du territoire de la commune de Soursac en Corrèze en France. Spontour semble tirer son appellation des essais de construction de ponts sur la Dordogne.

I – Guerriers, rebelles et conquérants

Depuis la nuit des temps, les différents conflits mondiaux ont toujours été l'œuvre de quelques guerriers, envahisseurs et rebelles. Ainsi l'histoire de l'Afrique est-elle très riche en prophètes armés et en conquérants légendaires. Ils avaient matérialisé ou préfiguré, d'une manière ou d'une autre, une certaine Afrique sur laquelle des prédateurs venus d'ailleurs avaient également gravé leurs empreintes, avec ou sans arrière-pensée, pour permettre l'Afrique de nos jours. Mais l'Afrique d'aujourd'hui est aussi le fruit de l'imagination, des mythes et légendes permettant la résurgence d'une fierté continentale et la volonté de bâtir enfin une puissance politico-économique désireuse de jouer, en tant que Matrice de l'Humanité, son rôle de Terre nourricière. À chacun ses idéalisations et ses apologues. Après tout, si certaines civilisations avaient Zeus, Achille, Ajax, Agamemnon, Prométhée, Romulus et Rémus, Salomon, les Cavaliers de l'Apocalypse, Hiram de Tyr et Hiram Abi, Merlin, Perceval, Lancelot du Lac, Jeanne d'Arc, Siegfried, Baba Yaga, Clovis Ier, Charlemagne, Mélusine, Bachelier Liu, Sun Wuyong…, l'Afrique avait aussi Sundiata Keïta, Imhotep, Cléopâtre, Abla Pokou, Mami Wata, Imana, Kimpa Vita…

1.1 - Soundiata Keïta

Né Sogolon Diata Konaté, plus connu par ses contemporains sous l'appellation de « Lion-Buffle », Soundiata Keïta naquit le 20 août

1190 à Niani dans la région de Siguiri au Royaume du Mandingue, dans l'actuelle Guinée, et mourut en 1255. Il fut le fondateur de l'empire du Mali. Fils du roi Naré Maghan[2] Konaté et de sa seconde épouse Sogolon Kondé, il fut couronné sous le nom de Lari Diata Ier et régna à peu près entre 1235 et 1255. L'histoire de Soundiata Keïta est essentiellement évoquée par l'épopée racontée de génération en génération, jusqu'à nos jours, par les griots ainsi que les savants. Il est question d'une construction littéraire aux tonalités légendaires mélangeant des souvenirs réels, ainsi que des motifs de conte relatifs à l'histoire locale agrémentée par le thème universel du héros classique. Son père fut donc un roi du royaume du Mandingue, cet ancien royaume d'Afrique de l'Ouest. Il reçut un jour la visite d'un chasseur devin qui lui prédit qu'une femme laide lui donnerait un fils qui deviendrait un grand roi. Ainsi épouserait-elle une femme bossue, Sogolon Kondé ou Sogolon « la vilaine ».

Sogolon Kondé donna naissance à un fils baptisé « Diata » ou « Djata », l'additif « Sogolon » ayant marqué son appartenance matriarcale afin de le distinguer de tout homonyme. Cet ajout fut également le fait de son infirmité. En effet, selon la tradition orale, Soundiata Keïta était venu au monde paralysé et avait marché à quatre pattes jusqu'à l'âge de sept ans. De plus, d'après les coutumes mandingues, si plusieurs enfants d'une même famille portent le même prénom ou si un enfant a une caractéristique un peu spécifique, un handicap ou une particularité précise par exemple, on accole le nom de sa mère à son prénom. Ainsi Sogolon Diata signifie-t-il « Diata, fils de la mère Sogolon » : cela devint, par diminutif, « Soundiata ». Par conséquent,

> « les griots ont l'habitude d'appeler Soundjata Keïta le "Lion-Buffle" parce que du côté de sa mère [...] le totem familial [était] un Buffle, tandis que le protecteur de la famille de son père [était] un Lion. »[3]

---

[2] Ou Famagan dans quelques versions.

[3] In *Soundjata Keïta, le fondateur de l'empire du Mali*, article de l'éditorialiste Hervé Mbouguen publié en septembre 2003 sur le site Internet grioo.com.

Toujours selon la légende, Sogolon Kondé aurait demandé un jour des feuilles de baobab à Sassouma Bérété qui l'avait raillée. De retour à son domicile complètement attristée, sa peine aurait fini par la pousser à se moquer de Soundiata Keïta. En réaction à l'attitude maternelle, le fils aurait demandé qu'on lui apportât une canne en fer très solide. Il parviendrait, au prix d'efforts surhumains, à se mettre debout, tordant la canne de fer au passage. Il réussirait ensuite à faire ses premiers pas, et à se diriger vers un petit baobab qu'il arracherait de ses mains nues, et le déposerait aux pieds de sa mère. Ainsi lui promettrait-il qu'elle n'aurait plus jamais à souffrir d'humiliation, et lui signifiant qu'elle pourrait à l'avenir cueillir les feuilles de baobab dans son jardin.

À la mort de Naré Maghan Konaté en 1218, bafouant la volonté du défunt par rapport à la prédiction, son premier fils, Dankaran Toumani, prit le pouvoir. Soundiata Keïta et sa mère – qui avait donné entre temps naissance à deux filles et adopté le fils de la troisième femme de Naré Maghan Konaté – furent par conséquent l'objet permanent de mépris du nouveau roi et de sa mère. Selon une autre légende, après un affront contre sa mère, Soundiata Keïta, alors âgé de sept ans, aurait réussi à se lever et à recouvrir miraculeusement l'usage de ses jambes après avoir touché le bâton royal. Mais la haine de Dankaran Toumani et de Sassouma Bérété le pousserait, ainsi que sa mère et ses deux sœurs, à l'exil au royaume de Mena.

Soumaoro Kanté[4], roi du Sosso qui fut aussi appelé « roi de la forge » du fait de la maîtrise de cet art, attaqua un jour le royaume du Mandingue. Dankaran Toumani, craignant pour sa vie, s'enfuit vers Kissidougou. Pendant sa fuite effrénée, il mena une dizaine d'expéditions au cours desquelles il massacra onze des fils de Naré Maghan Konaté, sauf Soundiata Keïta qui vivait en exil.

Pour faire face à l'occupation du royaume du Mandingue, les habitants concernés dépêchèrent des émissaires auprès de l'exilé qu'était devenu Soundiata Keïta. Ces messagers lui demandèrent de prendre son héritage : « *Kien ta* »[5]. Ils espérèrent que, compte tenu de sa popu-

---

[4] Appelé également Soumangourou Kanté dans certaines versions.

[5] Expression plus précisément considérée par les griots de l'époque à la fois comme « Kien », c'est-à-dire héritage, et « Ta », à savoir le fait de prendre son héritage.

larité, le jeune prince chasserait les envahisseurs venus du Sosso. D'ailleurs, cette célébrité croissante inquiétait déjà Soumaoro Kanté, le roi du Sosso, à qui des sorciers avaient prédit que son vainqueur naîtrait au Mali. Au-delà du fait qu'il fût aguerri dès son jeune âge et immunisé contre les poisons, pour échapper aux représailles de Soumaoro Kanté, Soundiata Keïta effectivement s'était réfugié chez un souverain voisin et ami, qui régnait au Sud du royaume du Mandingue, d'où il attendait le moment propice à la libération de son propre royaume. En tout cas, un beau jour, un émissaire lui apprit la révolte des Mandé (ou Mandingues) contre Soumaoro Kanté.

Soundiata Keïta rassembla en urgence ses guerriers[6]. Il commença par conquérir le Fouta-Djalon, et s'attaqua ensuite au royaume du Sosso. Sa sœur Djegue, que Soumaoro Kanté avait épousée de force, s'enfuit. D'après la légende, elle aurait rejoint son frère à qui elle apprendrait que seule une flèche portant un ergot de coq blanc pourrait tuer le roi du Sosso. Avec l'aide des magiciens attachés à son service, Soundiata Keïta prendrait les dispositions appropriées. En tout cas, il parvint à former une coalition composée de forces armées de différents petits royaumes en lutte contre les Sosso et forma, *de facto*, un véritable escadron qui finit par vaincre les troupes de Soumaoro Kanté en 1235 à la bataille de Kirina. Le vaincu prit la fuite et s'abrita dans une montagne située à Koulikoro.

Soumaoro Kanté ayant définitivement disparu, Soundiata Keïta réunit tous les royaumes qui s'étaient alliés au roi perdant pour constituer l'empire du Mali. Il fut proclamé « Mansa », c'est-à-dire « Roi des Rois », et établit sa capitale à sa ville natale Niani[7] également appelé Mali. Lors de son intronisation, la confrérie des chasseurs du Mandé proclama la *Charte du Manden*, qui abolirait l'esclavage et serait l'une des premières déclarations des droits de l'Homme[8]. Vers

---

Cela est devenu « Kienta » et, par la suite, « Keïta » qui veut dire « l'héritage du père » en langue mandingue.

[6] Selon les traditions orales, il aurait organisé une armée composée de dix mille cavaliers et de cent mille fantassins.

[7] Devenu, aujourd'hui, un village en Haute-Guinée.

[8] La *Charte du Manden*, ou *Charte du Mandé*, est une transcription d'un contenu oral, lequel remonterait au règne du premier souverain Soundiata Keïta. Elle aurait

1240, le roi Soundiata Keïta s'empara de Koumbi-Saleh, la capitale du Ghana, et la détruisit. Il prit alors le titre d'empereur et envoya ses lieutenants conquérir le Bambouk.

Après 1240, Soundiata Keïta ne fit plus d'autres conquêtes, mais se contenta de consolider ses intérêts sur les États déjà sous son contrôle. Ses généraux, cependant, continuèrent d'étendre les frontières de l'empire pour inclure des zones situées aussi loin au Nord que les franges Sud du Sahara, à l'Est jusqu'à la Grande Couronne du fleuve Niger, au Sud des champs d'or de Wangara – l'emplacement exact étant toujours inconnu pour les savants – et à l'Ouest du fleuve Sénégal. L'attrait des profits du commerce de l'or et la tranquillité qui régnait sous la direction de Soundiata Keïta attirèrent des marchands et des commerçants, et Niani, près de la confluence du fleuve Niger et de la rivière Sankarani, se transforma rapidement en un centre commercial très florissant du Soudan.

été solennellement proclamée le jour de son intronisation comme empereur du Mali à la fin de l'année 1236. Il n'en existerait pas de trace écrite antérieure aux années 1960 et son authenticité est contestée par certains chercheurs. Il existe plusieurs textes de ladite Charte, dont l'une des versions remonterait à 1222 et proviendrait des travaux effectués à partir des années 1970 par Wa Kamissoko et Youssouf Tata Cissé. Celle-ci a été inscrite en 2009 par l'Unesco sur la liste du Patrimoine culturel immatériel de l'Humanité. Ce texte est considéré par ses promoteurs, au même titre que la *Magna Carta* produite en 1215 en Angleterre, comme l'une des plus anciennes références concernant les droits fondamentaux. Sa reconnaissance confirmerait sa valeur juridique et sa portée universelle.

Les sept articles de la *Charte du Mandé* s'intitulent :
- Toute vie est une vie : allusion à l'égalité entre les hommes ;
- Le tort demande réparation : en référence au droit à la réparation et à la responsabilité des actes commis ;
- Pratique l'entraide : à propos du respect des droits individuels et de la solidarité ;
- Veille sur la patrie : en référence au principe écologique de sauvegarde de la terre et des peuples qui la composent, caractéristique du capital ;
- Ruine la servitude et la faim : allusion au principe de dignité de l'Homme par l'autonomie alimentaire ;
- Que cessent les tourments de la guerre : par rapport au principe de liberté et de propriété qui commence par la propriété de sa propre vie ;
- Chacun est libre de dire, de faire et de voir : au regard du principe de liberté et de propriété.

Soundiata Keïta mourut en 1255. Pour les uns, il se noya dans les eaux du Sankarani, tandis que pour les autres il fut tué d'une flèche par traîtrise ou accidentellement lors d'une fête à Niani. À son décès, l'empire du Mali, dirigé par un gouvernement d'inspiration démocratique et libérale quasi parfaite, s'étendait de l'Atlantique au Moyen Niger, et de la forêt au désert. Bien que Soundiata Keïta eût été nominalement musulman, donc acceptable pour la classe marchande majoritairement musulmane, il avait bénéficié toutefois du soutien des populations non-musulmanes. Il avait réussi cet exploit en ayant valorisé un bon nombre de fonctions religieuses traditionnelles dans les sociétés d'Afrique de l'Ouest dont les dirigeants politiques étaient considérés comme des personnages religieux dotés de pouvoirs quasi-divins. On sait néanmoins peu de choses sur l'influence de l'administration pendant l'époque de Soundiata Keïta sur la gouvernance de l'actuel Mali. Le système impérial qu'il avait établi survécut cependant, à la succession après sa mort, aux années de conflits internes.

De nos jours, Soundiata Keïta est considéré comme un grand administrateur ayant développé le commerce, l'exploitation de l'or et des cultures nouvelles, ainsi que contribué à d'autres apports comme l'introduction du cotonnier. Il avait su diriger politiquement et administrativement, grâce à une solide organisation militaire, les peuples soumis. Les chefs de ses armées étaient installés comme gouverneurs de province. Soundiata Keïta, au-delà de ses exploits guerriers, était surtout connu pour sa sagesse. Sa tolérance avait permis, dans son empire, la coexistence pacifique de l'islam et de l'animisme. Ce n'est d'ailleurs pas par hasard si la première transcription de cette épopée écrite en 1960 par Djibril Tamsir Niane, à partir du récit oral du griot Mamadou Kouyaté, coïncida avec l'indépendance du Mali – le personnage de Soundiata Keïta restant le plus fort symbole de l'unité mandingue, scellée entre les trente-trois ethnies du Mali par un pacte constructif.

1.2 - Kankou Moussa

Kankou Moussa, ou Mansa[9] Moussa, fut le neveu du légendaire Soundiata Keïta et le dixième souverain du puissant empire du Mali. Il régnerait de 1312 à 1337, durant vingt-cinq ans sur l'empire fondé par son oncle en accroissant encore plus sa superficie et en le divisant en différentes provinces, ainsi qu'en royaumes dont les gouverneurs et les rois vassaux gardèrent une certaine autonomie. Sous son règne, l'empire du Mali serait le plus étendu, allant de l'Adrar des Ifoghas à l'estuaire de la Gambie. Rappelons que, lors de son accession au trône, ledit empire du Mali était constitué seulement de territoires ayant appartenu à l'empire du Ghana et à Melle (Mali) ainsi qu'aux zones environnantes. Kankou Moussa aurait établi – durant son règne qui refléta l'âge d'or de l'empire malien – des relations diplomatiques suivies avec le Portugal, le Maroc, la Tunisie et l'Égypte.

Le pèlerinage à La Mecque qu'effectua le souverain Kankou Moussa, appelé également le « Lion du Mali », le rendit célèbre en Afrique du Nord et dans le Proche-Orient. Il partit pour l'Arabie en 1324, avec sa suite composée de 60 000 hommes, 12 000 serviteurs et esclaves, des hérauts vêtus de soie et porteurs de bâtons d'or qui s'occupaient des chevaux et des sacs. Kankou Moussa prit en charge tout ce dont eut besoin la procession, fournissant nourriture aux hommes et aux animaux. Au sein de la caravane se trouvaient aussi, selon certaines sources, quatre-vingts dromadaires portant respectivement entre cinquante et trois cents livres d'or en poudre. Dans chaque ville qu'il traversa, Kankou Moussa offrit ses richesses. Il aurait construit une nouvelle mosquée chaque vendredi, peu importait la localité où il s'était arrêté ce jour-là. Plusieurs témoins directs rendaient compte de son voyage, tous impressionnés par l'immense richesse du souverain et par l'importance de sa suite.

Cependant, la magnificence du « Lion du Mali » provoqua des effets dévastateurs, ruinant l'économie des régions qu'il avait traversées. Au Caire, à Médine et à La Mecque, l'afflux soudain d'or provoqua une dévaluation sans précédent de ce métal dont les consé-

---

[9] Rois des Rois.

quences dureraient pendant une dizaine d'années. Le prix des biens de consommation connut une forte inflation, le marché tentant de s'adapter à l'afflux de richesses qui accompagnèrent la venue du roi malien. Afin d'avoir une emprise sur le cours du marché, Kankou Moussa emprunta à un taux plus élevé aux prêteurs du Caire tout l'or qu'il pouvait emporter −contrôlant ainsi directement, la seule fois dans l'histoire, le prix de l'or du bassin méditerranéen.

Pendant son long voyage de retour depuis La Mecque en 1325, Kankou Moussa apprit la reprise de Gao, en pays Songhaï, par son armée dirigée par le général Sagamandia. Le souverain fit construire de nombreuses mosquées et madrassas à Tombouctou et à Gao, son œuvre la plus connue restant la médersa, ou madrassa, de Sankoré. À Niani, il fit bâtir une salle d'audience, un bâtiment communiquant par une porte intérieure avec le palais royal. L'édifice en pierre de taille fut surmonté d'un dôme décoré d'arabesques colorées. Les fenêtres de l'étage supérieur furent ornées d'argent, tandis que celles de l'étage inférieur d'or. À Tombouctou à son retour, il installa des architectes venus d'Al-Andalus et du Caire afin d'édifier son palais, ainsi que la mosquée historique Djingareyber.

La ville de Tombouctou étant située sur un site favorable à proximité du fleuve Niger, axe de transport principal dans la région, elle devint un carrefour religieux, culturel et commercial dont les marchés attirèrent les commerçants de l'Afrique occidentale et de l'Égypte. Une médersa y fut fondée, tout comme à Djenné et à Ségou, contribuant ainsi à la diffusion de l'islam. Tombouctou devint une ville renommée surtout pour son enseignement islamique, et la prospérité nouvelle de l'agglomération se répandit jusqu'en Europe, où les commerçants de Venise, Gênes et Grenade rajoutèrent ladite cité à leurs circuits commerciaux. Ils y échangèrent des produits manufacturés contre de l'or. Tombouctou serait conquise, en 1330, par le royaume Mossi. Après avoir rapidement repris le contrôle de la ville, Kankou Moussa y fit construire des remparts, un fort et y cantonna en permanence une armée de manière à la protéger contre d'éventuelles attaques.

Le royaume du Mali ne disposant pas d'archives écrites, la date du décès de Kankou Moussa fit l'objet de beaucoup de débats. Si on prend en compte le règne de son successeur, son fils Maghan Moussa qui dirigea de 1332 à 1336, ainsi que le fait qu'il aurait régné pendant vingt-cinq ans, la date de sa mort serait 132. Cependant, des sources historiques indiquent que Kankou Moussa aurait prévu d'abdiquer en faveur de son fils mais serait mort peu après son retour de La Mecque en 1325. D'après les écrits d'Ibn Khaldoun, il aurait été vivant à la date de la prise de Tlemcen en Afrique du Nord, survenue en 1337, occasion lors de laquelle il aurait envoyé un représentant en Algérie afin de féliciter les conquérants pour leur victoire.

Kankou Moussa, dont la générosité fut à la hauteur de son aisance financière, est considéré comme l'un des hommes fortunés de l'Histoire, tout simplement le plus riche, sa fortune étant estimée à presque 400 milliards de dollars ou à peu près 370 milliards d'euros actuels. De plus, selon le classement du site californien *Celebrity Net Worth*,

> « lorsque nous pensons aux gens les plus riches du monde, nous nous référons le plus souvent aux Walton [...], Warren Buffett ou Bill Gates. Cependant, si vous remontez un peu plus loin dans l'histoire, vous découvrirez que la richesse des rois, des reines [...] d'antan dépasse les comptes bancaires de la plupart des millionnaires modernes et même des milliardaires [...]. En effet, pendant son temps, un homme contrôlait plus de richesses que Bill Gates, Warren Buffett et le membre le plus riche de la famille Walton, [y compris] Sam Walton. Cet homme était [Kankou] Moussa Ier. Avec une valeur nette ajustée d'environ 400 milliards de dollars, [Kankou Moussa] est sans aucun doute l'homme le plus riche jamais connu. »[10]

Sa richesse était surtout due aux immenses ressources minières en or, en plus du cuivre et du sel, dont regorgeait le sous-sol de son territoire. Mais plusieurs historiens, notamment français comme par hasard, avaient minimisé l'honorabilité de Kankou Moussa et de son empire, arguant sans aucune preuve tangible que l'origine de sa

---

[10] In *Un regard plus approfondi dans la vie de Mansa [Moussa] - L'être humain le plus riche qui n'ait jamais vécu*, Paula Wilson, article paru en février 2015 dans le site de *Celebrity Net Worth*.

richesse provenait non des mines d'or mais de l'esclavage.

> « L'esclavage existait-il en Afrique noire occidentale avant sa mise
> en contact avec le monde musulman ? C'est fortement probable,
> même si aucune source ne nous permet de trancher la question. »[11]

L'auteur de cette affirmation, en l'occurrence le chercheur à l'Institut des Mondes Africains (IMAF-Aix) Francis Simonis, osa même confirmer, sur la base de sa seule bonne foi, que :

> « certains esclaves [semblaient] parfois avoir été des hommes libres
> vendus par leurs propres parents »[12].

Pourtant, d'aucuns savent que le *Code noir*[13] ne fut nullement le fruit de l'imaginaire africain. Disons seulement, en toute objectivité, que le règne de Kankou Moussa fut la période la plus prospère de l'empire du Mali, lequel déclinerait ensuite, dès le XVe siècle, au profit de l'empire Songhaï. Bâtisseur, Kankou Moussa légua à la postérité beaucoup de témoignages architecturaux.

1.3 - Sonni Ali-Ber

Sonni Ali, surtout connu sous le nom de Sonni Ali-Ber, est né Ali Kolen. Quinzième dirigeant de la dynastie des Sonni et fils de Souleymane Dandi, il régna d'environ 1464 à 1492 et fut le premier roi :

---

[11] In *L'Afrique soudanaise au Moyen Âge : Le temps des grands empires (Ghana, Mali, Songhaï)*, Francis Simonis, CEMAF, 2010, p. 66.

[12] *Ibidem*, p. 67.

[13] Préparé par Jean-Baptiste Colbert à la demande de Louis XIV, le *Code noir* est un recueil d'une soixantaine d'articles qui a été publié en plusieurs fois en 1685. Il rassemble toutes les dispositions réglant la vie des esclaves noirs dans les colonies françaises. Il a été écrit afin de régler les problèmes posés par l'esclavage dans les colonies : la supériorité numérique (deux Noirs pour un Blanc), les attentats et soulèvements des « Nègres marrons », l'indifférence de colons à l'égard de l'éducation religieuse de leurs esclaves et les rapports sexuels entre maîtres et esclaves. L'objectif principal de ce document consistait à empêcher les soulèvements des esclaves et à assurer ainsi un bon approvisionnement de la métropole en produits tropicaux.

c'est-à-dire le vrai fondateur de l'empire Songhaï[14] situé en Afrique de l'Ouest. Plusieurs légendes expliquèrent son origine. Selon l'une d'elles, né d'un père sorko et d'une mère génie, l'ancêtre Faran Makan Boté se serait allié aux gows chasseurs et les sorkos pêcheurs dont un ressortissant faisait office de *kanta*, à savoir grand prêtre ; il aurait ainsi établi son pouvoir sur un peuple de paysans dans la région de Tillabéry. D'après une autre légende, vers l'an 500, des princes berbères ou des Arabes du Yémen seraient arrivés sur les bords de la boucle du Niger où ils auraient débarrassé les riverains – pêcheurs sorkos et paysans gabidis – de la terreur d'un poisson fétiche, dont les Sorkos se servaient pour extorquer des offrandes aux Gabidis. En guise de reconnaissance, les Gabidis auraient porté Za Aliamen, l'auteur de cet exploit, sur le trône. Et les Za, ou Dia, auraient régné jusqu'en 1335 à Koukya sur une île du Niger. Ce serait vers 1009 que le quinzième roi Dia Kossoi fixa sa capitale à Gao. Il serait le premier à se convertir à l'islam.

Au XIe siècle, la ville de Gao représentait une importante place commerciale aussi riche que le Ghana. En 1325, un lieutenant de Kankou Moussa s'empara de cette agglomération. Mais les princes songhaï, Ali Kolen et son frère Souleymane Nar, réussirent à s'enfuir. Après la mort de Kankou Moussa, Ali Kolen fut proclamé roi de Gao et prit le titre de Sonni. Il fonda la dynastie des Si ou Sonni. Malgré une attaque du Mali, les Songhaï résistèrent victorieusement et gardèrent leur indépendance ; plus tard, ce serait au tour des Songhaï d'agresser le Mali.

Sous l'infanterie et la cavalerie de Sonni Ali-Ber, de nombreuses villes furent conquises et fortifiées, comme Tombouctou en 1468 et Djenné en 1475. Sonni le sauveur, dit le Grand Ali, fut probablement le personnage le plus héroïque des légendes de l'empire Songhaï. Brillant stratège, il mena et remporta trente-deux guerres en vingt-six ans.

---

[14] Le Songhaï fut au départ un royaume de taille modeste, fondé à l'époque de l'empire de Wagadou, ancien Ghana, puis vassal de l'empire du Mali dont il fit sécession. L'histoire des Songhaï a été rapportée par les écrivains arabes tels qu'Ibn Khaldoun, Al Omari et surtout Ibn Battouta et par les œuvres de lettrés soudanais comme le *Tarikh el fettach* et le *Tarikh es-Soudan*. Les griots traditionalistes ont aussi contribué à cette découverte.

Authentique génie militaire, il réforma efficacement ses forces armées, mit sur pied une armée professionnelle divisée en cavalerie, en grande partie composée de nobles[15], et en infanterie. Il créa le poste de *hi-koï*[16] pour la marine, laquelle comptait plus de quatre cents bateaux dirigés par des équipages de pêcheurs sorkos. Ces derniers constituèrent la pièce maîtresse de ses succès le long du fleuve Niger, en étant capables de transporter rapidement des troupes sur des milliers de kilomètres de voies navigables.

> « La troublante et terrible personnalité de Sonni Ali-Ber [domina] toute l'histoire du Songhay, dont il [fut] l'authentique et cruel héros. Conquérant, ingénieur, organisateur, maître magicien, il [incarna] à lui seul le génie créateur de son peuple. »[17]

Sa mère était originaire de la ville de Fara où le peuple observait un islam mâtiné d'animisme. Leurs chefs religieux étaient les devins et les sorciers des religions traditionnelles du Songhaï mais, étant un prince soudanais, Sonni Ali-Ber se devait d'être musulman et de verser son obole aux mosquées de Gao. Il entama son règne en 1464 en défaisant les tribus dogon et peul, rivales du Songhaï, puis dispersa pour de bon les pilleurs mossis. Le 20 janvier 1468, il prit complètement le contrôle de la cité de Tombouctou, qui fut incendiée, et transforma l'entité administrative de Gao en un empire. Les Touaregs furent expulsés, ou réduits en vassalité. Grâce aux Sorkos, Sonni Ali-Ber s'en prit rapidement aux cités de Oualata et de Djenné qui venaient de se libérer de l'emprise du Mali. Située à 400 kilomètres au Sud-Ouest de Tombouctou, Djenné fut assaillie par une armée songhaï dont les éléments furent transportés par plusieurs centaines de bateaux. Un siège qui prit cependant plusieurs années. Quand Djenné tomba enfin, Sonni Ali-Ber épousa la reine-mère de la cité dont les troupes venaient d'être vaincues et la rattacha à son empire, regroupant ainsi sous une seule autorité les trois grandes cités commerciales

---

[15] Même si les esclaves et les captifs pouvaient y accéder.
[16] Commandant en chef.
[17] In *Sonni Ali-Ber : fondateur de l'empire songhay*, Lansiné Kaba, ABC, 1977, pp. 14-15.

de l'Ouest africain. Il n'hésita pas à réduire en esclavage les vaincus, même s'ils étaient musulmans. Selon Jean Rouch, l'un de ses meilleurs biographes :

> « Ali-Ber sut émonder ce pays [le Songhaï] des influences étrangères, prévoir, avec une justesse de vue qui nous étonne, la menace des Peuls, des Touaregs, des savants musulmans, ne comptant que sur lui-même et sur ses fidèles, [ayant bâti] un État purement nègre, conçu par un nègre et pour d'autres nègres. »[18]

La cohérence d'un si vaste empire ne pouvant être maintenue par la seule force des armes, Sonni Ali-Ber organisa le gouvernement en une bureaucratie efficace. Ce mode de fonctionnement fit des pays conquis des provinces dirigées par des gouverneurs. Cette organisation différait grandement des précédents empires de la région qui reposaient bien plus sur des alliances et des relations féodales que sur le haut degré de centralisation caractéristique de l'empire Songhaï. Des dispositions particulières furent prises, toutefois, pour Tombouctou et quelques autres provinces musulmanes.

L'empire parvenu à son apogée, Sonni Ali-Ber décéda sur le chemin de retour, après une énième campagne victorieuse relative à une expédition contre les Dogons, dans la falaise de Bandiagara, et le royaume de Gourma en novembre 1492.

> « Un jour qu'il s'en revenait d'une campagne au Gourma, Sonni Ali, le Chi, le Si, le Dèli, Ali-Ber, le magicien allié aux eaux du ciel et au Fleuve, disparut mystérieusement dans les flots "d'une rivière torrentueuse nommée Koni", ce qui signifie "le Maître".
> » Le temps était-il venu pour lui de rejoindre au cœur de l'eau l'extraordinaire monde parallèle, des dieux, des djinns ? Son bya Ali avait-il estimé qu'il avait été assez vengé et que l'essentiel de l'œuvre inaugurée par lui avait été avancé par cet autre Ali ? L'heure d'un nouvel astre songhay n'avait-elle pas sonné : celle du propre officier du Chi Mohamed [Touré], mieux adapté peut-être au nouveau siècle qui se levait ? Ne devenait-il pas urgent que le Chi sorte de ce monde pour inaugurer dans l'autre l'intemporelle dynastie de ceux qui seraient ses descendants, non plus des rois ou des empereurs mais

---

[18] *Ibidem.*

désormais uniquement des magiciens chargés sans doute de perpétuer ce qu'il y avait de plus précieux encore qu'un empire chez le peuple songhay : son âme ? »[19]

Mais quelques personnes pensaient que Sonni Ali-Ber fut plutôt empoisonné par son bras droit, à savoir son homme de confiance Mohamed Touré.

> « À son décès, [Sonni Ali-Ber] était le maître d'un grand empire qui s'étendait du Dendi au delta central du Niger.
> » Ce monarque, malgré son "anticléricalisme" notoire, [avait] laissé un tel souvenir que les ulémas de Tombouctou, tout en l'[ayant traité] d'impie, de scélérat, [évoquèrent] avec force détails et une fierté à peine voilée ses conquêtes. Sonni Ali fut l'un des rares chefs du Soudan à s'opposer à l'islam. Pourtant, il était musulman et estimait la science et les savants. "Sans les savants, disait-il, il n'y aurait dans ce monde ni agrément, ni plaisir." Mais élevé dans le Farou, à Sokoto, dans un milieu animiste, Sonni Ali était attiré par l'occultisme oriental. Il introduisit dans les croyances et les rites du songhay les éléments d'ésotérisme arabe qui le marquent encore profondément de nos jours. »[20]

Son fils Sonni Baro, qui ne cessa de clamer sa fidélité aux convictions de son père au point d'attiser la haine des milieux musulmans, ne régna que quelques mois. De plus, un des lieutenants d'Ali-Ber âgé de cinquante ans, Mohamed Touré, un Soninké originaire du Tekrour, se dressa contre lui.

> « Le successeur direct de Sonni Ali-Ber (le Grand) sur le trône fut son fils Sonni Baro. Comme son père, le nouveau monarque [semblait] n'avoir été musulman que de nom. Les érudits de l'islam firent maints efforts pour essayer de le convaincre de devenir un vrai musulman, mais n'y parvinrent pas. Un groupe de musulmans s'organisa et décida de le renverser. Les forces "révolutionnaires" étaient conduites par l'un des propres lieutenants de Sonni Ali : [Mohamed] Touré, de l'ethnie soninké. »[21]

---

[19] *Ibidem*, pp. 101-102.
[20] *Ibidem*, pp. 14-15.
[21] In *Askia Mohamed : l'apogée de l'Empire songhay*, Gilbert Comte, ABC,

Les troupes des deux hommes s'affrontèrent à Ankoo, près de Gao, en avril 1492. Les rebelles du Sarakolé (ou Soninké) Mohamed Touré, le gouverneur de Hombori, furent vainqueurs et Sonni Baro se réfugia à Ayorou, au Sud-Est du Songhaï, où il mourrait sans avoir pu reconquérir son trône.

1.4 - Askia Mohamed

Askia Mohamed Ier naquit vers 1443 dans le Fouta-Toro, l'actuel Sénégal, et mourut en 1538. Également connu comme Askia le Grand, il fut à la fois un empereur, un commandant militaire et un réformateur politique de l'empire Songhaï. L'impiété et la cruauté de Sonni Ali-Ber incitèrent donc ses sujets à proclamer roi, non son fils Sonni Baro dont le règne fut très éphémère, mais l'un de ses lieutenants Mohamed Touré qui dirigerait l'empire de 1493 à 1528 sous le nom d'Askia Mohamed.

> « Mohamed Touré était un bon musulman.
> » Au milieu de l'année 1493 se produisit le choc d'Anfao, bataille au cours de laquelle les troupes de Mamadou Touré écrasèrent celles de Sonni Baro. [Ce fut] à l'issue de cette bataille que Mohamed Touré aurait pris le nom d'Askia. »[22]

Bon religieux, Askia Mohamed gouverna avec l'appui des savants musulmans qu'il consultait régulièrement sur les grandes décisions à prendre. Il effectua un fastueux pèlerinage à La Mecque en 1496, escorté de 500 cavaliers et 1 000 fantassins, emportant 30 0000 pièces d'or dont le tiers fut distribué en aumônes. Il créa à Médine une fondation pour les pèlerins soudanais. En contrepartie, il reçut du Grand Chérif de la Ville Sainte les insignes de Calife du Soudan matérialisé par un bonnet vert, un turban blanc et un sabre. De retour de La Mecque, il fit la guerre religieuse aux Mossi du Yatenga, d'où il ramena de nombreux captifs qu'il convertit à l'islam. Puis il conquit le Galam aux dépens du Mali et fit main basse sur ses mines d'or.

1976, p. 11.
[22] *Ibidem.*

Au cours de son règne, Askia Mohamed organisa solidement un vaste empire. L'empereur forma une armée de métier et la mit sous les ordres du *Dyna koy*. Elle était divisée en plusieurs corps dont l'un servait de garde impériale, les autres étant répartis entre les provinces. Ceux-ci étaient administrés chacun par un gouverneur, ou *fari*, qui surveillait les chefs locaux, ou *koy*. Le *Gourma fari* était le plus important ; il portait le titre de *kanfari*, c'est-à-dire chef militaire, et contrôlait une province considérée comme le grenier de l'empire. Il y avait aussi le *Hi koy*, sorte de ministre de la navigation fluviale choisi toujours dans le clan des Sorkos, le *Fari mondyo*, inspecteur général des collecteurs d'impôts, le *Horé farima* ou grand prêtre du culte des ancêtres et des génies.

L'empereur Askia Mohamed favorisa le commerce et aussi l'enseignement coranique ayant fait la fortune et la célébrité des villes de Gao, Oualata et surtout de Tombouctou, ainsi que de Djenné. L'empire s'enrichit grâce à l'élevage, la riziculture sur de vastes domaines cultivés par des esclaves choisis parmi les populations vaincues et souvent offerts en cadeaux aux dignitaires et savants musulmans. Les royaumes vassaux payaient un tribut – Askia Mohamed s'étant emparé de la production des mines d'or, doté du commerce des esclaves et du sel. Les populations payaient de lourds impôts représentés par d'importantes quantités de grains, de bétail. Des taxes étaient prélevées sur tous les grands marchés de l'empire. L'or, le sel et les cauris servaient de monnaie d'échange. Pour éviter les fraudes, les poids et les mesures étaient uniformisés. Afin d'améliorer la production, l'empereur entreprit les travaux de canalisation du fleuve Niger.

En 1512, Askia Mohamed pacifia toute la région du Bakhounou qui était tenue par les Peuls. Il fit en fin de compte alliance avec Muhammadu Kanta, roi du Kebbi, et se dirigea vers l'Est où il annexa les États haoussas du Katsina, le Gobir et la ville de Kano. À la fin du XVe siècle, le successeur de Sonni Ali-Ber, en la personne d'Askia Mohamed, renforça son territoire et le transforma en plus grand empire de l'histoire de l'Afrique de l'Ouest après l'avoir étendu des frontières de l'empire Songhaï jusqu'au Fouta-Toro et au Nord jusqu'à

Agadez dont il s'empara en 1515. À son apogée, l'empire Songhaï englobait les États haoussas jusqu'à Kano au Nigeria actuel et une grande partie du territoire qui avait appartenu à l'empire Songhaï dans l'Ouest. En tout cas, Askia Mohamed occupa le Sud du Dendi et les régions avoisinantes où le fils de Sonni Ali-Ber, en l'occurrence Sonni Baro, s'était constitué un royaume. L'année suivante, il s'empara de l'empire du Mali, alors réduit en un petit territoire vassal de l'empire Songhaï. Il mena ensuite la guerre sainte contre Nasséré, le roi animiste du pays Mossi. Après s'être emparé d'Agadez, ville tenue par les Touaregs, il évita surtout d'affronter le très puissant et redoutable empire du Bornou. Aussitôt brouillé à cause du partage du butin avec son allié Muhammadu Kanta, roi du Kebbi, Askia Mohamed battit en retraite pour la première fois. La paix dura cependant sur l'empire Songhaï jusqu'à la fin de son règne.

> « Si l'empire du Mali fut le plus prestigieux des grands empires médiévaux de l'Ouest africain, celui du Songhay fut sans nul doute le plus puissant. Un homme [domina] de sa haute stature l'histoire de cet empire, Mohamed Touré, fondateur d'une nouvelle dynastie : celle des Askia, qui présida au destin du Songhay durant un siècle. »[23]

Son fils aîné Monzo Moussa, né d'une captive dahoméenne, rassembla les mécontents et s'empara de Gao pendant que l'empereur fut en inspection. Après l'avoir chassé du palais royal en 1529, l'empereur étant entre-temps devenu aveugle, Monzo Moussa prit le titre d'Askia, mais ne parvint pas à imposer son autorité. Askia Mohamed mourut en 1538, après avoir eu quelque deux cents enfants de femmes de toutes origines : africaines, arabes, européennes et turques. Son fils, Askia Moussa, fit exécuter une grande partie des prétendants au trône, frères et cousins, mais fut tué à son tour en 1531.

Les différentes politiques d'Askia Mohamed avaient abouti à une expansion rapide du commerce avec l'Europe et l'Asie, notamment la création de nombreuses écoles et l'avènement de l'islam comme partie intégrante de l'empire. Sous son règne, l'empire Songhaï s'était illustré à l'aide d'une parfaite organisation caractérisée par une hié-

---

[23] *Ibidem*, p. 11.

rarchisation et une décentralisation du système politique et économique. Grâce à sa force militaire, l'empereur avait dominé une grande partie de l'Afrique occidentale sahélienne. Malheureusement, l'empire Songhaï s'écroula sous les effets conjugués de la mauvaise gestion des héritiers et des agressions extérieures.

Les causes du déclin de l'empire Songhaï furent donc à la fois internes et externes. Sur le plan intérieur, l'empire se désorganisa surtout à la suite de l'éviction du souverain Askia Mohamed par ses quatre fils – Askia Moussa qui régna de 1528 à 1531, Askia Mohamed Bounkan qui dirigea de 1531 à 1537, Askia Ismaël qui fut empereur de 1537 à 1539, Askia Ishak Ier qui resta sur le trône de 1539 à 1549. Ils dilapidèrent le trésor impérial, s'entre-tuèrent, pillèrent les provinces de l'empire. Les royaumes vassaux, comme le Tekrour, se révoltèrent et devinrent indépendants. L'empire fut aussi affaibli par la baisse de la production d'or.

Sur le plan extérieur, les mines d'or de l'empire Songhaï furent convoitées par le Maroc, en proie à des difficultés financières suite à la reconquête par l'Espagne sous la direction des rois catholiques, et par le développement de la navigation européenne. Après plusieurs tentatives, les soldats marocains sous le commandement du Pacha Djouder, défirent les Sonraï à Tomdibi en 1591. Puis ils occupèrent Gao la capitale, ensuite Tombouctou. L'empire des Askia fut ainsi détruit. Dans la foulée, la destruction de l'empire Songhaï entraîna la ruine des cités florissantes où s'échangeaient les produits de la Méditerranée et du monde noir, et où les lettrés musulmans étaient nombreux. Elle mit fin à une période de sécurité dans le Soudan ravagé par la famine et les épidémies. Les régions du Sahel furent appauvries et dépeuplées à cause des pillages dont les nomades furent les auteurs.

1.5 - Nzinga Mbemba

Nzinga Mbemba, Funsu ou Afonso Ier, vit le jour en 1456 et s'éteignit en 1543. Il fut le deuxième monarque chrétien du royaume du Kongo, ou *Kongo dia Ntotila*. Fils du premier *ntotila*[24] Nzinga

---

[24] L'appellation courante était et reste encore *Ntinu* – roi au sens de celui qui détient la responsabilité du bien-être du peuple –, ou bien *Ntotila*, c'est-à-dire celui autour

Nkuvu[25], qui s'était converti au christianisme, Alfonso Ier resta le plus grand monarque du royaume du Kongo, surnommé par l'historiographie européenne « l'apôtre du Kongo ».

Les contacts entre les Portugais et les Bakongo remontèrent à la découverte par Diego Cão du *Kongo dia Ntotila* en 1483, durant laquelle le roi Nzinga Nkuvu avait accueilli favorablement l'arrivée des Européens dans son royaume. Le souverain Ne Kongo, à savoir le natif du royaume du Kongo, leur avait fait part de sa volonté de se convertir au christianisme et de recevoir des ouvriers européens pour que tout le royaume puisse bénéficier du savoir-faire technique des Portugais. Le 3 mai 1491, les Portugais avaient baptisé Nzinga Nkuvu sous le nom de João Ier – aussi appelé en kikongo Ndo Nzuawu. Il serait de même pour son fils Nzinga Mbemba le 4 juin 1491, sous le nom d'Alfonso, c'est-à-dire Funsu en langue kikongo. Afonso Nzinga Mbemba pensa donc à la corrélation, comme son père, entre la religion prêchée par les Portugais et l'abondance de biens matériels – tissus précieux, armes à feu, navires – dont les Portugais jouissaient aux yeux des Bakongo.

Le roi Nzinga Nkuvu, pourtant converti au christianisme, avait fini par renouer avec les traditions africaines et, en conséquence, apostasié le christianisme. En effet, l'interdiction de la polygamie était incompatible avec la coutume matrimoniale royale ainsi qu'avec l'économie agricole kongo, laquelle reposait surtout sur les femmes. De plus, ces dernières représentaient la majeure partie de la main-d'œuvre agricole. Il en était résulté l'expulsion des missionnaires portugais en 1495. Fidèle au christianisme, son fils Nzinga Mbemba, baptisé Afonso, s'était retiré dans la province de Nsundi qu'il gouvernerait et y recueillerait les missionnaires expulsés de Mbanza Kongo la capitale poli-

---

de qui sont réunis des peuples, ou l'empereur dans une certaine mesure. C'est pourquoi l'on parle de *Kongo dia Ntotila* : à savoir le Kongo réunifié, ou le Kongo du roi ou le royaume du Kongo. Sauf cas exceptionnel, les *Ntinu a Kongo* étaient élus par les anciens parmi les membres éligibles des douze clans Kongo.

[25] Il s'agit du « Manikongo » des peuples Kongo, baptisé le 3 mai 1941 sous le nom de João Ier du Kongo. « Manikongo » veut dire « gérant » ou « responsable » du peuple et de son bien-être. Dans l'absolu, « Manikongo » est une déformation de « Mani a Kongo » – le « Mani » étant l'un des titres portés au Royaume du Kongo par un responsable administratif.

tique et spirituelle du Royaume Kongo, l'un des plus grands États d'Afrique australe du XIVe au XIXe siècle.

À la mort du roi Nzinga Nkuvu, les grands traditionalistes élurent comme successeur de João Ier du Kongo un membre de la lignée cadette royale, en la personne de Mpanzu Nzinga. Dirigeant la ville de Mpangu, ce dernier prit le parti de la religion africaine traditionnelle. Sur la base de la primogéniture, jusqu'alors ignorée de la royauté kongo, les Portugais s'alignèrent derrière Afonso qui, étant membre de la lignée aînée, fit valoir ses droits sur le trône. Un affrontement eut lieu entre les adeptes du christianisme soutenant Afonso Nzinga Mbemba et les traditionalistes acquis à la cause de Mpanzu Nzinga. Le conflit armé tourna à l'avantage des chrétiens, bénéficiant de l'appui des Portugais. Selon une miraculeuse tradition orale, Afonso « vit dans l'air une croix blanche et le bienheureux apôtre saint Jacques-le-Majeur que Nzinga Mbemba avait invoqué en prière, accompagné de nombreux cavaliers armés et vêtus de blanc, en train de combattre et de tuer carrément ses adversaires » ; il devrait s'agir vraisemblablement d'un phénomène tout à fait hallucinatoire des Portugais montés sur les rares chevaux ayant survécu, par enchantement, à la mouche tsé-tsé. Mpanzu Nzinga mourut pendant la bataille, tandis que le capitaine des armées Nsaku ne Vunda, le Mani Vunda, qui fut épargné par la volonté du Saint-Esprit, devrait entretenir l'Église en plus de l'ancienne charge qu'il occupait.

Enfin victorieux, Nzinga Mbemba monta sur le trône, sous le nom d'Afonso Ier, et entreprit la christianisation du royaume en 1506. Sa correspondance avec le roi du Portugal rapporta l'épisode de cette conversion. Le nouveau monarque s'adonna à la destruction des fétiches et confia aux chefs locaux des crucifix à la place des amulettes. Cet engouement pour la religion chrétienne lui valut, auprès des Portugais présents dans le royaume, une image pieuse : un roi saint, un seigneur de la foi voulant absolument propager le christianisme dans tout le territoire Kongo. Dans un rapport datant de mai 1516, le prêtre Ruy d'Aguiar écrivit ceci :

> « Quand il donne audience ou qu'il instruit les procès, ses paroles s'inspirent de Dieu et des exemples de saints […] que Votre Altesse

apprenne que sa vie chrétienne est telle qu'il m'apparaît à moi, non comme un homme, mais comme un ange envoyé par le Seigneur à ce royaume pour le convertir, surtout lorsqu'il parle et qu'il prêche ».

Des éloges transformeraient ce jeune monarque, à en croire un courrier rédigé en 1622, complètement en :

> « Dom Afonso, second roi chrétien qui fut si grand catholique que [les] chroniques du Portugal l'[appelaient] l'apôtre du Congo ».

La politique royale d'Alfonso Ier avait pour but de christianiser le *Kongo dia Ntotila,* et ainsi de consolider son pouvoir personnel et celui de l'État autour d'une noblesse lettrée, en priorité ses parents, en vue de l'instruction de l'élite surtout issue de la noblesse et de l'établissement d'une véritable bureaucratie. En effet, dès 1509, Afonso Ier fit construire des écoles pour quatre cents élèves, entourées « de murs très hauts », ainsi que des routes tout en encourageant le développement économique. Ce fut une véritable innovation, même si les fils de nobles résidaient toujours à la cour du roi selon la coutume. Mbanza Kongo, ayant conservé les pouvoirs rituels et symboliques incarnés par la confrérie du Léopard Ngo, serait baptisé Kongo dia Ngunga, puis San Salvador, du nom de l'église principale construite entre 1517 et 1526.

En 1516, après dix années de règne d'Alfonso Ier, le vicaire Ruy d'Aguiar observa la présence d'un millier d'étudiants. Cela confirma une certaine réussite. Il signala aussi l'existence d'écoles pour filles, tenues par la sœur du roi. Les membres de l'élite présente dans la cour royale, ainsi que ses propres parents les plus proches, s'en allèrent s'instruire au Portugal. Dès 1506 ou 1508, la première année de règne, le fils d'Alfonso Ier, Henrique, de son vrai nom Kinu a Mbemba, et un neveu maternel du roi, Rodrigo – la relation d'oncle maternel à neveu étant primordiale dans le système matriarcal et traditionnel Kongo – avaient été envoyés à Lisbonne pour étudier. Les résultats de cette politique éducative hors du territoire du royaume furent mitigés. Henrique devint prêtre, puis il fut élevé évêque d'Utique (Tunisie, près de

Bizerte), *in partibus infidelium*, le 5 mai 1518. Il regagna le Kongo en 1520 où il fut nommé gouverneur de Mpangu tout en exerçant sa charge ecclésiastique jusqu'à sa mort en 1531.

Le taux de mortalité des sujets du roi Ne Kongo sur le sol lusophone étant élevé, les Portugais préférèrent mettre fin à cette immigration. Néanmoins une élite lettrée émergea, avec Henrique qui deviendrait le premier évêque catholique de l'Afrique subsaharienne et un neveu du roi, lui aussi prénommé Afonso, serait professeur, et dirigerait une école publique d'humanités (particulièrement en linguistique et philosophie kongo) à Lisbonne. Par cette politique, Afonso Ier eut un seul objectif. Il voulut réserver le savoir à sa parenté la plus proche, ainsi qu'à ses partisans les plus puissants. Les connaissances modernes, tout comme le christianisme, contribuèrent donc, à n'en pas douter, au renforcement du pouvoir royal et étatique.

Dès les premiers contacts réguliers, la traite s'installa dans le royaume dans la mesure où l'être humain fut la seule monnaie possible d'échange entre le Kongo et le Portugal. Mais, la reconnaissance de l'Angola en 1520 établit une concurrence par rapport à Mbanza Kongo, les navires ne passant plus expressément par Mpinda, port situé dans la zone de Soyo, la province maritime du royaume du Kongo. La traite devint surtout difficile à contrôler à tel point que, en 1526, des nobles du lignage royal furent déportés. Après avoir découvert que les marchands portugais achetaient des personnes illégalement asservies et les exportaient, Afonso Ier mit en place un système administratif pour superviser la traite des esclaves, laquelle atteignit des proportions considérables pendant son règne. Ensuite, il écrivit au roi João III pour dénoncer les abus de ce trafic. Le Manikongo expliqua la situation à son homologue portugais :

> « Chaque jour, les commerçants enlèvent nos gens – les enfants de ce pays, fils de nos nobles et vassaux, même des gens de notre famille. Cette corruption et cette dépravation sont tellement répandues que notre terre est entièrement dépeuplée. Nous n'avons besoin dans ce royaume que des prêtres et des enseignants, et d'aucune marchandise, à moins que ce soit du vin et de la farine pour la messe. Nous souhaitons que ce royaume ne soit pas un lieu de commerce ou de transport d'esclaves.

» Beaucoup de nos sujets s'inquiètent avec impatience des marchandises portugaises que vos sujets ont apportées dans nos domaines. Pour satisfaire cet appétit démesuré, ils saisissent beaucoup de nos sujets libres noirs… Ils les vendent. Après avoir pris ces prisonniers [sur la côte] secrètement ou la nuit… Dès que les captifs sont entre les mains des hommes blancs, ils sont marqués d'un fer rouge. »[26]

Mais la tentative du Manikongo fut vaine, d'autant plus que le Brésil fut désormais davantage une colonie demandeuse d'esclaves. La traite négrière était devenue indispensable à l'économie coloniale. En fait, Afonso Ier croyait qu'elle devrait être assujettie à la loi du royaume du Kongo. Il essaya, sans succès, de restreindre les activités portugaises à son seul territoire. Les relations entre le « Manikongo » et les Portugais finirent par se détériorer.

« Les Portugais, cependant, [étaient] devenus de plus en plus problématiques pour le royaume. De nombreux architectes, médecins, et pharmaciens [s'étaient] mis à faire du commerce plutôt que de pratiquer leurs professions, et ils [avaient] ignoré les lois du Kongo. En 1510, Afonso Ier [fut] obligé de demander que le Portugal envoie un représentant spécial, qui aurait le pouvoir sur ses compatriotes. La réponse de Manuel [Ier] [du Portugal] était de proposer un plan ambitieux qui visait l'occidentalisation de la société Kongolaise. En échange, il voulait de l'ivoire, du cuivre et des esclaves. Afonso Ier [rejeta] la plupart de propositions, mais l'expansion de la traite de l'esclavage menaçait la stabilité du Kongo sur plusieurs fronts. Afonso Ier n'[avait] pas répudié l'esclavage en principe, mais en 1526, il [avait] émis plusieurs décrets pour le régler et le modérer. »[27]

Après avoir échappé à un attentat contre sa personne en 1539, Afonso Nzinga Mbemba mourut en 1543, probablement assassiné. De toute évidence,

« pour Afonso Ier, la christianisation [était] avant tout un moyen de renforcer la centralité de Mbanza Kongo sur les confédéra-

---

[26] In *Le fantôme du roi Léopold : une histoire de cupidité, de terreur et d'héroïsme en Afrique coloniale, 1884-1908*, Adam Hochschild, Houghton Mifflin Books. 1998.
[27] In *Afonso I*, article de Norbert C. Bockman, Dictionnaire biographique des chrétiens d'Afrique.

tions seigneuriales, en remettant un maximum de pouvoirs régaliens entre les mains du Manikongo. Le sacré se [mit] au service du politique dans cette stratégie.

» [Restait pourtant] une question : quel [était] le degré réel de foi de João Ier et Afonso Ier. Le premier ne se [cachait] pas de l'usage totalement pragmatique, intéressé et ponctuel qu'il en [avait] fait : l'alliance, au fond, ne [dura] qu'entre un et trois ans. Le second [avait] adopté une position plus subtile : s'il [était] impossible de connaître le fond de son opinion sur le sujet, […] une certaine historiographie, en le consacrant "apôtre du Kongo", [avait] voulu voir en lui un champion de la chrétienté, sorte de Saint-Martin ou de Saint-Louis d'Afrique centrale. Une véritable légende dorée catholique s'[était] créée autour de lui après sa mort en 1543, notamment à l'instigation des missionnaires européens. En réalité, il [laissa] d'abord en Afrique le souvenir d'un souverain puissant, dont le règne [avait correspondu] à l'acmé du pouvoir central de Mbanza Kongo. Car, dans les faits, il [avait] opté pour une attitude très politique : cimenter par la constitution d'un parti chrétien la réforme modernisatrice du royaume [du] Kongo. En ce sens, le Prince de Machiavel [avait] eu des émules qui s'ignoraient en Afrique centrale. En ce sens aussi, le royaume [du] Kongo [participa] des grandes monarchies mondialement "connectées" qui [rayonnèrent] à l'aube XVIe siècle. »[28]

1.6 - Le roi Amador

Le 21 décembre 1470, conduits par les navigateurs João de Santarém et Pedro Escobar, les Portugais s'installèrent sur l'île inhabitée de São Tomé. Les archives portugaises de la colonisation de São Tomé-et-Principe firent état, à partir de 1530, de fréquents soulèvements d'esclaves nègres fugitifs. Ces derniers commencèrent à harceler les plantations esclavagistes rurales et à incendier, parfois, les agglomérations urbaines. Des milices partiellement entretenues par le trésor royal portugais se constituèrent sans tarder, face à une telle menace, dans le but de « combattre cette guérilla orchestrée par des précurseurs des neg mawon antillais »[29].

---

[28] In *Les Machiavel du Kongo*, article de Jean-Pierre Bat paru dans le quotidien français *Libération* en septembre 2015.
[29] In *São Tomé-et-Principe de 1485 à 1755, une société coloniale : du Blanc au Noir*, Izequiel Batista de Sousa, Éditions L'Harmattan, 2008, p. 337.

La guerre du roi Amador contre le système esclavagiste santoméen, à la toute fin du XVIe siècle, fut donc l'une des premières de cette importance jamais entreprise en Afrique subsaharienne contre l'économie négrière transatlantique. Les Mocambos et les Angolares représentaient les deux catégories sociales qui furent très actives à São Tomé, dès le XVIe siècle, dans les luttes contre les esclavagistes[30]. Pour Izequiel Batista de Sousa,

> « étymologiquement le mot *mocambo* vient du kimbundu et signifie "faîte, sorte de toit". Il [était] particulièrement utilisé au XVIe siècle dans les colonies portugaises. Selon le *Novo Dicionario Enciclopedico Luso-Brasileiro*, le terme signifie "lieu où l'on cache les troupeaux dans la brousse", ou encore "la cabane où s'abrite le berger". Le mot *mocambo* utilisé en brésilien [avait] une signification précise, il [désignait] les huttes ou les cabanes rudimentaires fabriquées par les fugitifs à partir de matériaux trouvés dans la nature : bois, branchages, chaume, palmes, etc. »[31]

Vers 1550, rescapés d'un vaisseau négrier qui avait fait naufrage au Sud-Est de l'île de São Tomé, les Angolares s'installèrent dans les hautes montagnes culminant à plus de 2000 mètres. Contrairement aux Mocambos, qui s'étaient constitués en petites communautés éparses de fugitifs, les Angolares formèrent une véritable société politique à part entière, ayant fonctionné selon un modèle homogène d'organisation négro-africaine, structure dotée de forces armées dirigées par des chefs de guerre et composées de personnels spécialisés. Leur société évoluait indépendamment de la communauté coloniale. Cet univers tout à fait autonome, se suffisant à lui-même dans son territoire exclusif, deviendrait peu à peu une structure concurrente de celle des colons européens, dont l'objectif était l'installation durable dans la totalité de l'île. De plus, l'occupation par les Mocambos des inter-

---

[30] Les Mocambos et les Angolares représentent les captifs africains qui s'étaient enfuis des propriétés esclavagistes et une population nègre, probablement originaire de Ngola, qui vivaient dans l'extrême Sud de l'île, à l'écart de la société coloniale santoméenne, ayant leurs propres structures et infrastructures sociales autonomes.
[31] In *São Tomé-et-Principe de 1485 à 1755, une société coloniale : du Blanc au Noir*, Izequiel Batista de Sousa, *op. cit.*, p. 156.

stices frontalières, ainsi que la prospérité de l'économie sucrière à travers l'extension des surfaces cultivées de champs de canne à sucre, rapprochèrent progressivement l'espace colonial des confins des Angolares. Les deux entités devraient bientôt se retrouver face à face.

Les nombreux flux de réfugiés s'entassant dans la brousse, provoqués par les fréquentes attaques de pirates occidentaux – français, hollandais… –, finirent donc par augmenter la pression sur l'espace vital des Angolares qui, en fin de compte, réagirent violemment à partir de 1574. Ils entrèrent à maintes reprises en confrontation avec les troupes coloniales. La convergence de leur combat avec celui des Mocambos aboutit à des alliances entre ces deux populations, dont Amador, cet esclave né dans l'île sur le domaine de Bernardo Vieira, deviendrait la figure emblématique.

> « Véritable leader, Amador [possédait] un charisme incontestable, un sens de l'organisation redoutable ainsi qu'une réelle aptitude à commander. [...] Il [était] certain qu'il ne pouvait pas être un simple esclave des champs et qu'il devait appartenir au personnel domestique. De même, il [semblait] avoir été instruit. Sa carrière n'[avait] d'ailleurs pas débuté au moment de sa fuite dans la brousse. Il semblerait qu'il dirigeait déjà clandestinement une organisation d'esclaves présente sur toutes les plantations, alors même qu'il se trouvait en esclavage. »[32]

Transfuge de la société coloniale, qu'il connaissait particulièrement bien pour y être né en servitude, Amador parviendrait à rassembler sous son autorité toutes les forces anti-coloniales installées en brousse, dans une configuration sociale très militarisée. Cette armée de Nègres abolitionnistes calqua son organisation à partir de celle de l'armée coloniale. Le 11 juillet 1595, les éléments armés saccagèrent et mirent à feu et à sang toute la région s'étendant de Trinidad à Pantufo, à cinq kilomètres de São Tomé, en passant par Guêgue, Santana, Uba-Budo, Praia Preta, Praia Melão. Certains des esclaves ainsi libérés rejoignirent naturellement les troupes du roi Amador, d'autres se dirigèrent vers la ville-capitale.

---

[32] *Ibidem*, p. 167.

« Mais celle-ci fut attaquée à son tour, le 14 juillet 1595, par l'armée du roi Amador répartie en cinq divisions ayant pris simulta-
nément d'assaut la ville de São Tomé par cinq fronts distincts.
Ainsi Amador, descendant de la paroisse de Trinidad, arriva-t-il
par le chemin de Madre Deus qui conduisait directement au cen-
tre-ville. Sous la responsabilité du capitaine Lazaro, la deuxième
division, partie de la paroisse Santana, s'engouffra dans la rue de
Santo Antonio. La troisième division, dirigée par le capitaine Cri-
tovao et composée essentiellement de soldats angolares, déboula
du Sud et passa par Matos dos Bois. Quant à la quatrième division,
elle emprunta le chemin de Conceição. Enfin, la cinquième division, sous les ordres du terrible Domingo Preto, investit carrément
la ville par le Nord et regagna la rue São João, dans le prolongement de la rue d'Espalmador. »[33]

Une quinzaine de jours plus tard, une fois surmonté les effets sur-
prenants des attaques foudroyantes du roi Amador, les colons portugais ripostèrent victorieusement en obligeant les agresseurs à se replier
sur leurs bases arrière. Leurs positions retranchées seraient *de facto*
attaquées en presque une année par les forces coloniales, après avoir
exécuté le roi Amador le 4 janvier 1596 et éliminé la plupart de ses
chefs militaires.

Ces rudes affrontements, commencés en juillet 1595, incite-
raient cependant de nombreux colons rescapés à fuir São Tomé.
En fin de compte, beaucoup de Portugais partiraient. Ils quitte-
raient l'île pour s'établir en métropole, ou dans les autres colonies
lusophones d'Afrique, notamment celles qui s'étaient créées dans
le bassin du fleuve Kongo. D'autres s'installeraient au Brésil, ainsi
que plusieurs captifs africains spécialisés dans l'activité de la
canne à sucre, où ils exporteraient leur expérience séculaire de la
plantation sucrière.

« La guerre des Angolares (1594-1595), puis l'invasion hollandaise
(1599-1600) eurent pour conséquence l'accentuation de l'exode des
propriétaires latifundiaires, pour la plupart blancs et mulâtres. [...]
Après 1700, la diminution de la population blanche [s'accentua]. Le
gouverneur Sotto Mayor, dans une lettre [adressée] à la Couronne en

---

[33] *Ibidem*, p. 171.

date du 3 juillet 1737, [signalerait] que l'archipel [était] peuplé de 11 000 personnes noires, mulâtres et esclaves et de seulement 12 Blancs. En 117 ans, la proportion de la population blanche au sein de la population des deux îles [était] passée de 8,6 % à 0,10 %. »[34]

Effectivement, toute cette population transfuge des côtes africaines serait précurseur en Amérique de l'économie négrière de plantation. Le tissu économique négrier de São Tomé s'en ressentirait vivement, puisque, de soixante moulins à sucre vers 1550, l'île n'en compterait plus qu'environ vingt-cinq à la fin du mois de juillet 1595.

De fait, sans éradiquer définitivement le système colonialiste à São Tomé, la guerre des Angolares[35] l'aurait sévèrement perturbé –soustrayant ainsi l'île à une domination étroite de toute puissance coloniale étrangère. Désormais, son destin politique serait au fil du temps contrôlé par ses propres habitants, en particulier mulâtres et créoles. Évidemment, la ruée européenne vers l'eldorado américain, à partir du XVIIe siècle, laisserait les colonies insulaires africaines en héritage aux descendants africains de leurs premiers colons blancs. Ces mulâtres santoméens se « négrifieraient » peu à peu, en raison de la raréfaction d'apport de sang de Blancs dans la formation de la population locale.

Cette guerre de juillet 1595 et les longues décennies d'affrontements sporadiques, qui s'ensuivirent, avaient occasionné une bipolarisation antinomique de l'île entre, d'une part les colons et leurs affidés locaux (créoles, mulâtres), et, d'autre part, les Angolares et leurs partisans (créoles, mocambos). La défaite du roi Amador et son décès avaient scellé à jamais le sort esclavagiste de São Tomé, dont l'économie resterait toujours dépendante de l'exploitation par ses habitants –pourtant majoritairement descendants d'esclaves nègres – d'une main-d'œuvre servile.

Pour l'historien Popo Klah, le roi Amador fut le précurseur des fameux héros de l'histoire des mouvements abolitionnistes négro-africains, ces grandes figures de la résistance nègre qui lutteraient avec

---

[34] *Ibidem*, pp. 207-208.

[35] Laquelle était conjuguée d'autres facteurs exogènes, tels que les invasions des pirates et l'exode vers l'Amérique.

vaillance contre la barbarie esclavagiste des Blancs. Ils auraient pour noms : Nzumbi de Palmarès, François Makandal, Toussaint Louverture et autres Samory Touré, Maba Diakhou Bâ, Lat Dior, Msiri, le roi Denis, Chaka Zulu, Bokar Biro Barry, Martin-Paul Samba, Paul Panda Farnana, William Wade Harris, Pierre Kasola, Simon Kimbangu, André Grenard Matsoua…

1.7 - Le roi Denis

Antchoué Kowé Rapontchombo, dit le « roi Denis », vit le jour vers 1780. Souverain mpongwé ayant accédé au trône âgé d'une trentaine d'années, il fut pendant soixante ans l'interlocuteur des colonisateurs du Gabon, notamment les Français, les Anglais et les Allemands. Fils cadet de Re-Mboko, qui aurait été un « bonnet chinois »[36], il accéda à la dignité d'*oga*[37] à la mort de son père vers 1810. Un de ses frères aurait séjourné en France pendant la Révolution et aurait été un grognard de Napoléon Bonaparte. Pour sa part, le jeune Rapontchombo aurait servi quelque temps sur un navire négrier espagnol. Le prénom « Denis » était le surnom que lui donnèrent les Français, les Britanniques l'ayant appelé *Denny* – diminutif du prénom Dennis – mais aussi *William*. Le titre de « roi » utilisé par les Européens voulait en fait dire qu'il était le chef d'un clan mpongwé, celui des Asiga. En effet, le terme « roi » fut usité par les Européens pour qualifier le mpongwé oga « chef, roi » et, plus précisément, pour désigner un chef de clan, le terme « prince » étant employé seulement à propos d'un chef de lignage.

Pour l'écrivain martiniquais René Maran,

> « ce Denis [était] un homme de grand sens et vraiment aussi éclairé, aussi honnête et aussi juste qu'il [était] donné à un chef nègre de l'être jamais. C'[était] la providence des naufragés français qu'il [avait] toujours accueillis chez lui, [ses sujets étaient] habillés et nourris gratis, quand ses voisins les pillaient et les abreuvaient de traitements les plus infâmes. Il ne lui fut donc pas difficile de compren-

---

[36] Terme péjoratif par lequel étaient désignés les soldats africains qui remplissaient les fonctions de chapeau chinois dans les régiments des armées françaises.

[37] Seul autorisé à jouer d'un « tambour sacré ».

dre la masse de bien-être que devaient retirer ses sujets d'un établissement pareil. »

Le 9 février 1839, le roi Denis signa avec Louis Édouard Bouët-Willaumez, le lieutenant commandant le vaisseau la *Malouine*, et le capitaine au long cours Broquant, délégué de la chambre de commerce de Bordeaux, un traité autorisant l'installation des Français sur la rive gauche de l'estuaire du Komo.

> « Sa plus grande initiative fut assurément le traité d'amitié avec la France, en 1839, qui ouvrit à ce pays les portes du Gabon. Mais rien ne serait plus faux que de considérer Denis comme un "collaborateur" ou, à plus forte raison, une "créature du colonialisme français". Celui-ci n'était alors, au demeurant, qu'un expansionnisme vague où se mêlaient, de façon confuse, les considérations navales, commerciales, politiques et la volonté, caractéristique de l'époque, de "civiliser l'Afrique". La France s'établit tout de même au Gabon, mais sur la rive droite de l'estuaire, pas chez Denis. C'[était] que, après avoir donné l'impression d'accepter un établissement éventuel des Français, il chercha par divers moyens à retarder le moment fatidique de la prise de possession, puis à limiter l'intervention des autorités françaises dans les affaires des Mpongwé. »[38]

En tout cas, pour l'historien Hervé Essono Mezui, dans la lutte contre les négriers, au Gabon, les Français et les Anglais se montrèrent plus actifs que leurs collègues Portugais. Profitant donc des répressions contre les esclavagistes, la France s'imposa au Gabon au milieu du XIXe siècle par la signature d'une série d'accords avec les chefs côtiers de l'Estuaire.

> « Ainsi, en 1837, [Louis Édouard] Bouët-Willaumez, le "fondateur du Gabon français" qui visitait la baie du Gabon, estima cet endroit propice à l'installation de la marine française. Le 9 février 1839, il signa, avec Kowé Rapontchombo dit "Roi Denis", le premier Traité, qui permettait à la marine française de s'installer sur la rive [droite] de l'Estuaire du [Komo], pour assurer la liberté du commerce, réprimer le brigandage et protéger le Roi.

---

[38] In *Le roi Denis : la première tentative de modernisation du Gabon*, Elikia M'Bokolo, ABC, 1976, p. 10.

» L'intérêt naissant et grandissant pour le Gabon de la marine française fit revenir, à plusieurs reprises, ses représentants (le capitaine Cousin, le capitaine de corvette Baudin) qui signèrent le même genre de Traités avec les autres chefs sur la rive [droite] de l'Estuaire du Gabon, notamment avec Dowé dit "Roi Louis", le 18 mars 1842 et avec Kaka Rapono dit "Roi Quaben", le 27 avril 1843.

» Après la signature de ces traités, on assista pendant un peu plus d'un an à la fondation du comptoir français au Gabon. Les représentants de la marine [tinrent] leurs promesses et prirent officiellement possession des lieux. L'installation française au Gabon se traduisit dès le 13 juin 1843 par l'arrivée de trois navires (deux bricks de guerre – le *Zèbre* et l'*Églantine* – et un bateau de commerce, le *Diligent*). Partis de Gorée, le 16 mai 1843, ces bateaux étaient chargés de matériel et du personnel nécessaire, sous le commandement du capitaine de corvette [de] Monléon. »[39]

Le roi Denis mourut le 9 mai 1839 à l'âge de quatre-vingt-seize ans. Les chefs des Mpongwé de Libreville et de ses environs assistèrent à ses funérailles, de même que les chefs des Fang établis sur la rive gauche de l'Estuaire. Le 16 septembre 1839, le roi des Français, Louis-Philippe, nomma Denis chevalier de l'Ordre royal de la Légion d'honneur. Présenté comme le « premier Gabonais » à avoir été décoré de la Légion d'honneur, et aussi le premier souverain de la *Françafrique*, le roi Denis est en fait le premier originaire d'Afrique subsaharienne à avoir reçu cette distinction.

« Avec sa prestigieuse décoration – il fut fait chevalier de la Légion d'honneur par la France –, sa canne de tambour-major, ses uniformes de général, ses couronnes royales, Antchoué Kowé Rapontchombo, que nous connaissons mieux et de façon très significative sous le titre de "roi Denis", semble faire partie du panthéon de l'histoire coloniale française bien plus que de celui de l'histoire africaine. Et dans ce panthéon, il figure en assez bonne place, comme le "roi du Gabon". »[40]

---

[39] In *Le rôle décisif de la marine : vers la prépondérance française*, Hervé Essono Mezui, extrait de la thèse intitulée *Église catholique, vie politique et démocratisation au Gabon (1945-1995)*, université Lumière Lyon 2, 2006.

[40] In *Le roi Denis : la première tentative de modernisation du Gabon*, Elikia M'Bokolo, *op. cit.*, p. 9.

Alors que la France était en train de traverser des périodes troubles, vers 1848, notamment avec la chute du roi Louis-Philippe et l'arrivée en force de Charles-Louis Napoléon Bonaparte (Napoléon III), les Français du Gabon luttaient contre la traite clandestine. Ils fondèrent en 1849 la ville de Libreville, qui deviendrait la capitale, le « village des libertés » pour les esclaves libérés des bateaux clandestins.

> « Il y [avait] aussi, à l'arrière-plan de ce destin individuel, l'extraordinaire histoire des sociétés côtières de l'Afrique atlantique : après une longue et fragile prospérité provoquée par le commerce négrier, elles eurent au XIXᵉ siècle, à répondre tout à la fois à l'abolition unilatérale de la traite par l'Europe, qui en découvrait brusquement le caractère "honteux", et aux pressions politiques de cette dernière, de plus en plus fortes. Au Gabon, on fut pour le moins surpris par l'accélération des événements : la vie de Denis [étant] significative du désarroi, de l'inquiétude, de la misère qui en résultèrent. »[41]

Antchoué Kowé Rapontchombo donna son prénom à une île très fréquentée au Gabon, par les touristes, dans laquelle se trouve le musée du roi Denis. Située en face de Libreville, dans le département du Komo-Océan en province de l'Estuaire, la Pointe de Denis reste connue pour la beauté de ses plages. Entouré de la considération des Européens, le roi Denis ne reçut pas que la croix de la Légion d'Honneur du gouvernement français. La France fit aussi don au « roi pacifique » de splendides uniformes. Il fut également décoré par le Vatican, en reconnaissance de nombreux services qu'il avait rendus à la Mission Catholique.

1.8 - Chaka Zulu

Chaka kaSenzangakhona, aussi appelé Chaka Zoulou ou Chaka Zulu, également orthographié Shaka ou Tshaka, naquit en 1787 près de Melmoith dans le Kwazulu-Natal et mourut en 1828. Il fut le roi zoulou de 1816 à 1828. Un guerrier indiscutablement excellent ! Fondateur du royaume zoulou, il était issu d'une union illégitime entre la belle Nandi Mhlongo, princesse Langeni, et Senzangakhona Kajama,

---

[41] *Ibidem*, pp. 11-12.

chef du clan Abatetwa représentant une faction du peuple Nguni des clans zoulous[42]. D'après la légende, Chaka Zulu aurait été considéré comme un bâtard, rejeté et humilié par son père, régulièrement maltraité par ses camarades. Ces douloureuses expériences l'endurciraient et marqueraient sa personnalité d'une terrible envie de vengeance.

Selon Auzouat Gnahoré, dans un article intitulé *Nandi, la mère de Shaka Zulu*,

> « [cette dernière comptait] parmi les femmes africaines dont l'amour et l'influence [avaient] marqué le destin d'un peuple, et même au-delà, [avaient] marqué l'Histoire.
>
> » Fille de Bhebhe [Mhlongo], chef de la maison des Langeni dans le Kwazulu Natal, Nandi [Mhlongo] [était] réputée pour avoir une très haute estime d'elle-même. Un sentiment indubitablement animé par sa beauté remarquable. Un état de fait connu par Senzangakhona kaJama, prince de la maison des Zoulous. Nullement impressionnée par le rang de ce dernier, Nandi [Mhlongo] finit tout de même par accepter ses avances. Shaka Zulu [naquit] de cette relation. Le fils de Nandi [fut] alors dépourvu de légitimité, car elle [était] rejetée par Senzangakhona [kaJama] ayant déjà deux épouses. N'ayant toujours pas d'héritier [à l'époque], le prince n'[avait] d'autre choix que celui de céder. Mais l'union n'[était] guère de tout repos pour la belle Nandi [Mhlongo]. Pendant plusieurs années elle [fut] ballottée entre la maison des Zoulous et celle des Langeni, avant de quitter définitivement [Senzangakhona]. Durant cette période sombre, elle [connut] en compagnie

---

[42] Selon l'histoire orale et la légende, le peuple Nguni aurait migré d'Égypte vers les pâturages de la région des Grands Lacs d'Afrique subéquatoriale centrale/orientale pour s'installer finalement, il y a environ 2 000 ans, dans l'actuelle Afrique du Sud. Les populations Nguni sont des entités de pasteurs faisant partie du plus grand groupe des Bantous qui occupent une très large partie de l'Est et du Sud de l'Afrique. Beaucoup de tribus et de clans avaient été réunis par la force, sous le règne de Chaka Zulu, l'organisation politique de la société dirigée par ce vaillant guerrier ayant été efficace pour intégrer les tribus conquises, en partie en raison des régiments de classes d'âges où les hommes de différents villages étaient réunis. Les tribus Nguni ont gardé les mêmes pratiques politiques que celles utilisées par Chaka Zulu. Pendant les immigrations connues sous le nom de Mfecane, les populations Nguni se sont réparties sur une grande partie de l'Afrique australe, absorbant, conquérant ou déplaçant de nombreux autres peuples.

de son fils, l'humiliation, la famine et les tentatives d'assassinat. Mais Nandi [Mhlongo] se [dressa, combattit, protégea] son enfant, affirmant avec force et conviction que [ce dernier dirigerait] avec grandeur la maison des Zoulous. Elle s'[attela] à guider ses pas sur le chemin de cette légendaire destinée, lui montrant l'exemple en matière de courage, de détermination et d'ambition.
» Et Chaka le lui [rendit] bien. Il lui [voua] un amour profond et sans limite. Lorsqu'il [s'assit] sur le trône zulu, elle [devint] la "première dame" de l'empire. Bien plus qu'une reine mère, elle [devint] la Reine des Reines. »

Aux yeux du poète sud-africain Mazisi Raymond Kunene, qui s'inspira des traditions zouloues, tout en nuançant la difficile enfance de Chaka Zulu mais sans la réfuter,

« la mère de Chaka, Nandi [Mhlongo], [fut] une princesse autoritaire. Elle s'[était] fâchée avec son mari et avec ses co-épouses, ce pour quoi elle [avait] été répudiée. Cause de guerre entre les Abasema Langeni, son peuple, et la tribu zouloue, elle [avait] dû fuir chez les Qwabe, dont elle aurait épousé l'un des princes.
» Chaka ne s'[entendait] pas avec les membres de la famille royale qwabe (contre lesquels il [devrait] guerroyer plus tard). Il [partit] chez les Bathwetwa et [devint] membre de l'armée de leur souverain Dingiswayo. Il [devint] rapidement le guerrier le plus remarquable de l'armée de Dingiswayo. Doué et doté d'une force physique [inégalée], ainsi que d'une endurance prodigieuse, il [excella] au combat. Il [fut] charismatique et se [révéla] être un fin stratège. Sa réputation s'[étendit]. Il [devint] bientôt le porte-parole et le bras droit de Dingiswayo. »

À la mort de son père, l'un des demi-frères de Chaka Zulu, Sigujana Senzangakhona, assura la succession conformément à la volonté paternelle, et devint le chef du clan zoulou. Par conséquent, Dingiswayo, c'est-à-dire « celui qui est troublé », appuya Chaka Zulu pour qu'il puisse conquérir le pouvoir. Lors de la bataille, Sigujana Senzangakhona trouva la mort. Ainsi Chaka Zulu prit-il la direction des peuples Nguni, qu'il renommerait Amazulu[43] ; ces derniers ne possédaient pas plus de 100 000 km² de terre.

---

[43] C'est-à-dire « ceux du ciel », nom qui deviendrait par la suite « Zulu ».

Chaka Zulu régna sur son peuple et appliqua ses idées révolutionnaires pour créer une puissante armée. Il combattit au profit de Dingiswayo, né Godongwana, le célèbre chef Mthethwa qui avait des démêlés avec un puissant voisin aux visées impérialistes, en l'occurrence Zwide kaLanga, chef de la tribu des Ndwandwe. En quelques années, ce dernier parvint à ses fins en faisant prisonnier et assassiner Dingiswayo, le fils du chef Mthethwa nommé Jobe, grâce à l'appui de ses espions. À la suite de cet événement, les régiments bathwetwas élurent Chaka Zulu comme chef souverain.

Après la mort de Dingiswayo, Chaka Zulu défit Zwide kaLanga lors de deux batailles difficiles – celle de Gqokli Hill en 1818 et celle de la rivière Mhlatuze en 1819 – en ayant utilisé son sens aigu de la stratégie dite d'attaque « en tête de buffle »[44]. Suite aux différentes conquêtes, il devint le chef incontesté d'une grande partie des tribus Nguni du Natal qu'il finit par assimiler à sa propre tribu, en leur faisant porter son nom, celui de Zulu. Pour ce faire, il remodela son peuple en une armée de métier constituant le pivot de la société, au point d'en bouleverser les structures traditionnelles. Il astreignit au service militaire tous ses sujets, créa un corps féminin, imposa la langue zouloue à ses voisins. Il réorganisa l'armée, qui devint permanente. Il supprima l'initiation des jeunes hommes mais conserva la division en classes d'âges pour former des régiments. Il les stimula par des concours d'épreuves : aux vainqueurs étaient offertes les plus belles filles nubiles, initiées à la lutte et au combat. Il multiplia les exercices physiques et accrut la part de nourriture carnée de ses troupes.

Chaka Zulu révolutionna ensuite la stratégie militaire de son armée, tâche qu'il avait initiée avec sa propre tribu. Il mena une guerre totale et utilisa davantage la tactique de la terre brûlée grâce à des régiments spéciaux, les *impi ebumbu*[45]. À son apogée, l'armée de Chaka Zulu compterait plus de 100 000 hommes, auxquels il faudrait ajouter environ 500 000 individus des tribus voisines. Chaka

---

[44] Les troupes étaient divisées en quatre corps, deux ailes formaient les cornes de buffle et deux corps centraux placés l'un derrière l'autre constituaient le « crâne ». Opérant en mouvement tournant, l'une des ailes attaquait, tandis que l'autre se cachait et n'intervenait que lorsque le combat était engagé.

[45] Les régiments rouges.

Zulu axa l'expansion des Zoulous dans deux grandes directions : vers l'Ouest et vers le Sud contre les Tembu, Pondo et Xhosa. Ses forces armées semèrent la terreur chez les Nguni, les Swazi, les Sotho et les Xhosa. En dix ans, Chaka Zulu se tailla un grand empire dans le Natal.

En 1820, quatre années après le début de sa première campagne, Chaka Zulu conquit un territoire plus vaste que la France métropolitaine. À partir de 1822, le déploiement de ses forces armées s'étendit à l'Est du Drakensberg, amplifiant *de facto* le mouvement migratoire de populations qui composaient les collectivités voisines. La tradition rendit à tort Chaka Zulu coupable du *Mfecane*[46], lequel avait déjà commencé, en réalité, avant sa prise de pouvoir, avec, entre autres, les combats entre Zwide kaLanga et Matiwane, le chef d'une tribu indépendante des Nguni.

Les circonstances de la mort de Chaka Zulu, survenue le 22 septembre 1828, furent floues : il serait mort poignardé par ses demi-frères Dingane kaSenzangakhona Zulu et Mhlangane, victime d'un complot orchestré par ces derniers et sa tante Mkabayi Kajama, avec l'aide d'un de ses hommes de confiance, Mbopa. Chef charismatique, stratège et organisateur de génie, énigmatique, fondateur d'une nation, Chaka Zulu commença à gouverner un an après la bataille de Waterloo. Surnommé le « Napoléon noir »[47], il fut un symbole important dans la lutte idéologique entre les Noirs et les Blancs en Afrique du Sud. Les Blancs le diabolisèrent beaucoup, l'ayant présenté comme un tyran barbare et un fervent partisan de l'eugénisme[48]. Ils lui attribuèrent la responsabilité des meurtres de masse et de l'assassinat de milliers de personnes. En effet, le déclin de Chaka Zulu commença par sa tendance de plus en plus affirmée à la tyrannie, qui lui valut l'opposition de son propre peuple. À la mort de sa mère Nandi

---

[46] Mouvement tumultueux de populations.

[47] Pour Miriam Makeba, c'était plutôt l'inverse. La très célèbre chanteuse Sud-Africaine affirma avec patriotisme dans une chanson consacrée à Chaka Zulu, ce glorieux personnage, que Napoléon Bonaparte fut le « Chaka blanc ».

[48] Les vieillards des peuples vaincus étaient tués, les femmes et les jeunes incorporés. Les jeunes avaient la vie sauve à condition de s'enrôler dans les *impi*, d'abandonner leur nom et leur langue, et de devenir de véritables Zoulous.

Mhlongo en 1827, Chaka Zulu fit exécuter plus de 7 000 personnes. Un Néron puissance mille ! Pendant un an, il fut interdit aux gens mariés de vivre ensemble et à tous de boire du lait. Rappelons toutefois que ce rite de deuil extrême faisait exceptionnellement partie de la tradition zouloue.

Pour les populations noires d'Afrique du Sud, Chaka Zulu fut un personnage complexe, semi-légendaire, un fabuleux guerrier sur qui pouvait sans conteste reposer la fierté de la nation. À la fois conquérant et despote, son action influença beaucoup l'existence et le destin de régions entières de l'Afrique australe. Ainsi contribua-t-il forcément, à l'aide de ses conquêtes, à l'unification des peuples qui constituent l'actuelle nation arc-en-ciel.

1.9 - Maba Diakhou Bâ

Maba Diakhou Bâ, né en 1809 dans le Badibou à Tavacaltou et mort en juillet 1867, fut un marabout du Rip, ainsi qu'un disciple du souverain et érudit musulman Oumar Seydou Tall de la confrérie soufie *Tijaniyya*[49]. Devenu chef, c'est-à-dire Almamy de Saloum, ce descendant de la dynastie Fulani des Denyankobés, de la branche de la famille Bâ d'origine toucouleur dans la région de Badibou, combina des objectifs politiques et religieux dans une tentative de réforme ou de renversement de précédentes monarchies animistes. Il résista aux velléités françaises et figura dans une tradition de dirigeants djihadistes Fulani qui avaient révolutionné les États de l'Afrique de l'Ouest dans la période colonialiste. Fils de Ndiogou Bâ – un marabout originaire du Fouta-Toro venu s'installer au Saloum – et de Diakhou Dieye, femme d'origine sérère native du Djolof, Maba Diakhou Bâ fonda la ville de Nioro au Rip. Le village de Keur Maba Diakhou, près de Kaolack, fut nommé ainsi en son honneur.

---

[49] La *Tijaniyya* est une confrérie (tariqa) soufie fondée par Ahmed Tijani en 1782 dans une oasis algérienne. La doctrine de cette voie serait basée sur le Coran et la sunna de Mahomet. Elle est appelée *Tarîqah Tijaniyya* en arabe, c'est-à-dire « la voie tijanite ».

<blockquote>« Vers les années 1850-1860, l'implantation de l'islam en Sénégambie [fut] à peine amorcée. Les populations, dans leur écrasante majorité, [pratiquaient] l'animisme. Les contacts avec l'Europe ayant entraîné, entre autres conséquences, l'introduction de l'alcool, les mœurs se [relâchèrent], la famille traditionnelle se [déstructura], les valeurs [s'estompèrent]. »[50]</blockquote>

Après une formation coranique reçue au Cayor, dans la ville de Mbakhol, et après avoir fondé une école au Djolof, Maba Diakhou Bâ prêcha pacifiquement la religion musulmane, avec l'accord des souverains du royaume du Saloum, des Tiédo[51] qui pratiquaient la religion animiste. L'enseignant Maba Diakhou Bâ acquit une certaine notoriété et noua des relations avec les grandes familles musulmanes du Saloum. En 1846, en visite dans la région, El Hadj Omar Tall, de son vrai nom Oumar Seydou Tall, le rencontra dans la localité de Kabakoto. Le khalife des Tidianes conseilla à Maba Diakhou Bâ de faire la guerre sainte au Saloum. Ainsi se lança-t-il dans ladite expédition armée, du genre *Opération arme et Coran*, à travers le Badibou, sa province natale – vassale du royaume du Saloum – qui fut dirigée pendant plus de quatre siècles par le clan des Marone, une ancienne famille sérère noble d'origine mandingue. Bénéficiant du soutien des musulmans locaux, Maba Diakhou Bâ organisa l'assassinat de l'héritier du Badibou, Madiakhére Marone. Puis avec ses partisans, il s'attaqua au roi lui-même, Diéréba Marone. Après de nombreuses batailles, Maba Diakhou Bâ remporta la victoire en 1861, et Malick Adam Ly, son disciple et arrière-grand-père de l'ex-député libéral el Hadj Wack Ly, tua le roi. De ce fait, le combattant d'Allah se rendit maître du Badibou, qu'il rebaptisa Rip. Par conséquent, il s'autoproclama Almamy du Rip et s'organisa en construisant plusieurs tatas[52]

---

[50] In *Maba Diakhou Bâ : almamy du Rip (Sénégal)*, Iba Der Thiam, ABC, 1977, p. 14.

[51] Un Tiédo était un guerrier et un homme de parole des anciens royaumes du Sénégal, de Gambie et du Sud de la Mauritanie adepte des croyances traditionnelles africaines, opposé à la colonisation et réfractaire à l'islamisation, ainsi qu'à la christianisation. Connus pour leur fierté et leur intrépidité, les Tiédos n'avaient nullement peur de la mort. Belliqueux, ils intervenaient dans la plupart des conflits. Le sens du mot pouvait toutefois varier selon le contexte.

à travers le Rip, et renomma la ville de Paos-Dimar, Nioro du Rip, en l'honneur d'Omar Foutiyou Tall, qui conquit Nioro du Sahel au Mali.

> « Or, [ce fut] à ce moment précis que le système colonial s'établit et se [consolida]. Commencé sporadiquement au XVIIe siècle avec l'acquisition par les Français des îles de Gorée et de N'dar (Saint-Louis), il s'[était] poursuivi pendant tout le XVIIIe siècle et la première moitié du XIXe siècle, essentiellement le long de la vallée du fleuve, puisque, mis à part les contacts discontinus avec les chefferies locales, seules la Gambie et l'île de Casamance [avaient] connu un début d'occupation. »[53]

L'administration britannique, installée en Gambie, et l'administration française, établie au Sénégal, essayèrent de se débarrasser, sans succès, de Maba Diakhou Bâ. Finalement, George Abbas Kooli d'Arcy, le gouverneur britannique de la Gambie, lui fournit des armes et aux forces musulmanes de la région. Le représentant de la perfide Albion organisa en outre l'invasion de l'État animiste mandingue du Badibou pour se venger de l'attaque subie par les commerçants britanniques. D'Arcy planifia son intervention dans le but de la faire coïncider avec l'invasion infructueuse des animistes sérères, en 1861, par des Français du Saloum. Même si Français et Britanniques s'affrontaient fréquemment sur le sol africain, il leur arrivait néanmoins de s'allier en certaines occasions pour vaincre les États animistes. L'affaire du Badibou constitua l'une de ces circonstances. Un grand nombre d'officiers français furent envoyés en Gambie pour aider les Britanniques à vaincre la famille royale du Badibou. Lors de cette opération, Maba Diakhou Bâ monta à bord du bateau du gouverneur britannique George Abbas Kooli d'Arcy et accompagna l'expédition à condition d'épargner son village. Le gouverneur accepta le marché. Déjà âgé, le roi du Badibou, Diéréba Marone, reçut une balle au cours de cette opération guerrière mais resta en vie. L'Almamy du Rip offrit

---

[52] Un tata est une ancienne fortification d'Afrique de l'Ouest. Le mot désigne tantôt la muraille de terre crue entourant un village – l'enceinte –, tantôt le village fortifié lui-même, voire une véritable cité fortifiée, un centre politique et militaire.
[53] In *Maba Diakhou Bâ : almamy du Rip (Sénégal)*, Iba Der Thiam, *op. cit.*, pp. 14-15.

alors ses services pour la négociation des conditions de paix.

> « Ses débuts [étaient] fulgurants. Partout où [passaient] les sabots de son cheval, la religion d'Allah [établissait] son règne. L'islam se [répandit] en quelques années du Rip au reste du Saloum et [menaça] à la fois les dynasties païennes des monarchies locales et la présence française au Sénégal. Celles-ci [s'unirent] à celle-là pour mettre un terme à l'épopée de celui qui [resterait], pour la postérité, l'islamisateur véritable du Saloum et l'une des figures patriotiques les plus attachantes de l'histoire de la Sénégambie dans la seconde moitié du XIXe siècle. »[54]

Le roi du Badibou, surpris par tant d'arrogance, chargea son fils Maad Jakere Bassin d'assassiner Maba Diakhou Bâ. Or, ledit tueur, que certains décrivaient comme timide, fut également un ivrogne notoire. La veille de sa mission, il fut très éméché et, imprudent, évoqua ses intentions non seulement en présence des Britanniques du camp, mais aussi devant un groupe de musulmans locaux acquis à la cause du souverain qui devait être tué. Ce dernier prit ainsi connaissance du complot et fit assassiner Maad Jakere Bassin. Dans la foulée, les troupes de l'islamisateur massacrèrent les indigènes mandingues. Elles parcoururent le Badibou, brûlèrent des villages et s'emparèrent d'esclaves. En juin 1862, lorsque des rumeurs circulèrent à Bathurst, aujourd'hui Banjul, selon lesquelles le Badibou serait envahi par le Saloum, Maba Diakhou Bâ se retira. Buntu Gamey, le roi du Niumi en Gambie qu'il avait essayé en vain de tuer, retourna dans son royaume dévasté pour le reconstruire. En février 1863, le Niumi obtint son indépendance en tant qu'État païen – confirmé par un traité signé par le gouverneur britannique et par l'Almamy du Rip. Lorsque les forces d'un de ses généraux marabouts, menées par Amer Faal sous le commandement de Maba Diakhou Bâ, attaquèrent le Niumi en 1866, puis tentèrent d'envahir le Ceded Mile (un bastion britannique), les Britanniques exercèrent des représailles en brûlant les villages musulmans. Ils le sommèrent de ne jamais recommencer, ce qu'il promit en effet. Selon certaines sources, il n'avait pas tardé à donner sa parole, car il se savait fortement dépendant des armes britanniques.

---

[54] *Ibidem*, p. 15.

Après le fiasco dans la tentative de rébellion du Badibou, en 1865, Maba Diakhou Bâ prit la résolution d'attaquer d'autres provinces du Saloum. De plus, il constata l'échec de ses généraux marabouts guerriers – Sambou Oumané Touré, Cheikhou Diop et Mandiaye Khouredia. Il combattit à Thikat, puis incendia plusieurs villes, dont Kahone, capitale du royaume du Saloum. Après la victoire à la bataille de Ndiob, ses troupes attaquèrent Kaolack. L'islamisateur se rendit maître d'une partie de la province du Ndoucoumane, à majorité musulmane. Ses troupes victorieuses se battirent à Djilor, puis à Mbam. Il repoussa vaillamment les attaques des princes des royaumes mandingues du Wouli et du Kiang, venus en aide à la noblesse déchue du Rip. Les troupes de Maba Diakhou Bâ, malgré sa blessure, assiégèrent avec succès la forteresse de Tounkou. Il remporta la bataille de Kwinella, mais perdit celle de Koubandar. À Berending, ses forces armées tuèrent le prince mandingue Sadio Yira, qui voulait récupérer le Rip. Restant ainsi Almamy du Rip, il ne put se rendre maître de tout le Saloum, puisque les Tiédo de la couronne défendirent farouchement l'aristocratie et leurs principaux territoires.

En 1865, Maba Diakhou Bâ offrit l'asile à Lat Dior, Damel du Cayor, et à son neveu Alboury Ndiaye du Djolof, tous deux en difficulté face aux colons français. Il proposa à Lat Dior de se convertir à l'islam, car ce dernier était de tradition Tiédo ou Ceddo. Lat Dior accepta la proposition de son hôte et s'engagea à l'aider dans sa guerre sainte. Le 30 novembre 1865, les deux nouveaux partenaires combattirent les colons français dirigés par Émile Pinet-Laprade. Les Français subirent de lourdes pertes et Pinet-Laprade fut blessé à l'épaule. Maba Diakhou Bâ souhaita voir naître un État islamique du Fouta au Saloum, raison pour laquelle, avec Lat Dior et Alboury Ndiaye, ils attaquèrent le Cayor, Baol et le Djolof. Le combattant d'Allah aida Lat Dior à reprendre le Cayor, et Alboury Ndiaye à réintégrer le Djolof, car il espérait que les intéressés, une fois installés dans leurs royaumes, pourraient y instaurer l'islam – l'objectif final consistant à créer ensemble un État islamique. Après avoir attaqué le Cayor, dont la ville de Mbakhol, leurs projets échouèrent.

En tout cas, Lat Dior tenait coûte que coûte à venger l'affront que lui avait fait subir Maad a Sinig Coumba Ndoffène Famak Diouf, roi du Sine. Ce dernier avait refusé de lui offrir l'exil, après la bataille de Loro. Maba Diakhou Bâ, dans l'optique de la guerre sainte, accepta d'aider Lat Dior à faire la guerre au Sine. Ainsi le chef de son armée, le général Lat Dior, et Alboury Ndiaye prirent la route du royaume du Sine. Après les affrontements de Keur Ngor, un quartier de la ville de Marout, et de Diakho, capitale du Sine, Lat Dior rentra au Rip sur les recommandations de l'Almamy du Rip. De fait, l'agression de Keur Ngor fut une attaque éclair plutôt qu'une bataille. Les musulmans surprirent les Sérères, d'où le nom *Mbin o Ngoor*, ou *Mbetaan Keur Ngor*, c'est-à-dire « l'attaque-surprise à Kerr Ngor ». En juillet 1867, Maba Diakhou Bâ, Lat Dior et Alboury Ndiaye conduisirent leurs troupes jusqu'au marigot de Fandane où s'engagea la bataille, qui fut très rude, de Somb-Tioutioune. Face aux Sérères animistes dirigés par Maad a Sinig Coumba Ndoffène Famak Diouf, Lat Dior et Alboury Ndiaye sentirent que l'affrontement risquait de tourner au désastre et conseillèrent à l'islamisateur d'abandonner carrément la partie, mais ce dernier refusa car il voulut mener à tout prix la guerre sainte contre les Sérères. Lat Dior et Alboury Ndiaye se retirèrent. L'Almamy du Rip serait tué à la bataille de Fandane-Thiouthioune, communément appelé *la bataille de Somb*.

C'étaient en réalité les captifs de la famille maternelle de Lat Dior, les Dyami Geej, qui, afin de préserver la vie de leur chef, avaient conseillé à Lat Dior de se retirer de la bataille. Trois mois plus tard, au Rip, Lat Dior prendrait à la bataille de Ndiao-Bambali le commandement des armées de Mamour Ndari, frère de Maba Diakhou Bâ, qui luttaient contre Mame Samba, chef de la province du Pakala. Ce dernier refusait de reconnaître l'autorité des successeurs du combattant d'Allah. Plus tard, en 1870, Lat Dior redeviendrait Damel-Teigne du Cayor et du Baol, et les Guelwars du Saloum reprendraient les provinces annexées.

Maba Diakhou Bâ serait enterré près du village de Fandène ou Mbel Fandane. Son mausolée – qui figure aujourd'hui sur la liste des sites et monuments historiques classés – se trouve à Diakho, dans le département de Fatick dans la région de Fatick au Sine-Saloum.

Face à la conquête française, laquelle se mit en place à la fin du XIXe siècle, la résistance africaine fut réelle, notamment dans les empires d'Ahmadou entre le Mali et le Niger. Mais cette résistance – menée par l'Almamy Samory Touré au Soudan ou Rabih Zubair au Tchad, appelé Rabah par les Français – fut rapidement écrasée. L'expansion coloniale s'accentua après 1876 dans le but d'atteindre le fleuve Niger, ce qui impliqua un contrôle total du Sénégal.

> « Ce [fut] à ce moment-là, précisément, qu'[apparut] sur les terres marécageuses du Badibou (nom mandingue du Rip), entre le Saloum du Nord et la Gambie au Sud, l'Océan à l'Ouest, les marges du Ferlo à l'Est, un homme de grande stature : Maba Diakhou Bâ. Dans un élan généreux, il se convertit au tidjanisme, [élimina] la dynastie mandingue pluriséculaire qui [régnait] sur la contrée, [fonda] un État théocratique, [accueillit] Macadou [Coumba Yandé Mbarrou], puis Lat Dior, leur [fit] embrasser l'islam, [leva] l'étendard de la guerre sainte contre les Tiédo, [conquit] le Saloum, envahit le Djolof, [menaça] le Baol, le Ndjambour, le Cayor, et [proposa] d'unir les Toucouleurs, les Maures et les autres musulmans de la Sénégambie dans une vaste confédération islamique qui [imposa] la loi du Dieu unique aux animistes et [bouta] hors du pays les occupants étrangers. »[55]

On retiendrait de Maba Diakhou Bâ le fait d'avoir opposé une farouche résistance à la violente colonisation française, en ayant essayé d'unifier les pays au Nord de la Gambie par le biais d'une guerre sainte. Il avait souhaité protéger le cultivateur qui était au bas de l'échelle des castes, unifier et établir une justice, ainsi que des règles, afin d'enrayer l'anarchie entre royaumes voisins qui fut générée par les guerriers. Plus précisément, il avait entrepris d'islamiser les populations animistes – l'objectif ayant consisté à les fédérer dans une seule religion avec les mêmes règles pour tous.

1.10 - Amon N'Douffou II

Rusé, fin stratège, diplomate. Ces qualificatifs très élogieux désignant Amon N'Douffou II furent prononcés par des Européens, tellement impressionnés au point de le comparer au roi français Louis XIV.

---

[55] *Ibidem.*

De son nom de naissance Kassi Amon, né aux environs de 1812 et décédé vers 1885 ou 1886, il fut le descendant des Agnis issus du royaume de l'Aowin dans le Ghana de nos jours. À la fin du XVIIᵉ siècle, un bon nombre d'Akans du Ghana, parmi lesquels figuraient les Agnis, migrèrent en Côte d'Ivoire pour fuir les chasseurs d'esclaves, d'une part, et pour rechercher de l'or, d'autre part. Très vite, ils s'organisèrent en royaumes et soumirent les nouveaux immigrés. Aussitôt à Krindjabo, ils fondèrent avec leur chef, Amalaman Anoh, un nouveau royaume, celui du Sanwi[56]. On ignore le nombre de rois ayant trôné avant Amon N'Douffou II, le plus célèbre personnage de l'époque dont le nom reste associé à la grandeur du Sanwi. On ne pourrait que, d'après moult informations, l'imaginer entouré de ses attributs royaux – le cimeterre symbolisant la force militaire, le tambour signifiant la communication, le *dja*[57], exprimant le trésor royal – et assis sur le *bia*[58]. À ses côtés, trônait la reine-mère Malan Alloua. Cette dernière fut un personnage de grande importance dans ce clan matrilinéaire. Amon N'Douffou exerça son pouvoir de façon pyramidale, ayant autorité sur ses sept lieutenants qui supervisaient chacun un canton. Sa dynastie perdura tellement que, de nos jours, ses descendants, pour lui rendre hommage, ont repris son patronyme. Ayant régné de 1844 à 1886, ce monarque absolu – à savoir à la fois chef des armées, grand prêtre et juge suprême – était souvent en contact avec les Européens avec qui il avait signé des traités d'amitié.

L'Homme blanc arriva en Côte d'Ivoire sous le règne d'Amatifou, le neveu du roi Attacla devenu Amon N'Douffou II lors de son accession au trône. Ainsi fut-il le premier roi en Afrique occidentale à avoir signé un traité avec les Occidentaux, et mis en place l'organisation actuelle du royaume de Sanwi. Ce fut aussi sous son règne que la reine-mère Malan Alloua refusa l'installation des Blancs à Krindjabo à cause de la pâleur de leur peau et du fait qu'elle ne pouvait accepter

---

[56] Le Royaume du Sanwi est une organisation sociale traditionnelle installée sur l'actuel territoire ivoirien vers la fin du XVIIᵉ siècle et au début du XVIIIᵉ siècle. Michael Jackson fut nommé « Prince de Sanwi » lors de son voyage dans la région le 14 février 1992, ainsi que Jesse Jackson lors de son séjour le 12 août 2009.
[57] Paquet contenant les poids à peser l'or.
[58] Le siège royal.

de vivre avec eux. Par conséquent, elle leur indiqua un endroit très pierreux, Ebouesso, c'est-à-dire « sur la pierre » et qui, par déformation, deviendrait Aboisso.

En 1842, le commandant Louis-Édouard Bouët-Willaumez créa un protectorat français dans la région côtière de la Côte d'Ivoire d'aujourd'hui – allant de la rivière Fresco à Half-Assinie –, lequel se réduisait alors essentiellement aux comptoirs de Biriby, Fresco, Lahou, Bassam et Assinie. À cette époque, les Européens ne pénétraient quasiment pas à l'intérieur des terres. En 1843, la France signa donc avec le roi du Sanwi, Amon N'Douffou II, un traité l'autorisant à s'établir à Assinie et à y exploiter la forêt, moyennant paiement d'une « coutume »[59]. Ce protectorat constituait une épine dans le pied des Anglais, installée dans la Gold Coast[60]. Évidemment, l'Angleterre fut la seule puissance européenne à commercer dans la région dans le but de maîtriser toute la côte s'étendant de la Sierra Leone – hors le Liberia – jusqu'à l'actuel Nigeria.

Selon Christian Roche dans l'ouvrage intitulé *L'Afrique noire et la France au XIXe siècle, Conquêtes et résistances* paru chez Karthala, le capitaine de navire Arthur Verdier, victime de toutes sortes de pressions de la part de ses voisins britanniques de la Gold Coast alors en guerre contre les Ashantis, envoya des agents pour conclure des traités avec les villages de la région. Ainsi obtint-il du roi Amon N'Douffou II, en 1880, le droit exclusif de planter du café Élima sur la lagune Aby.

Amon N'Douffou II mit finalement un terme à une période instable pour le royaume, à laquelle ses prédécesseurs Assemin Dihiye, qui fut son oncle, et Amon Kadgo, roi de 1834 à 1840, firent la douloureuse expérience. Sans roi, le Sanwi risquait de disparaître d'autant plus que les Ashantis étaient toujours désireux d'annexer ce royaume qu'il considérait comme partie intégrante de leur territoire. Monarchie absolue, sous Amon N'Douffou II, le Sanwi avait de moderne sur les nations européennes le fait de pouvoir destituer le souverain sur la décision du Conseil royal en cas

---

[59] Une rente.

[60] L'actuel Ghana, précédemment colonie hollandaise. Nom colonial du Ghana auquel le royaume Ashanti avait été soumis.

de mauvaise gestion de l'héritage royal.

De toute manière, l'accord de protectorat assurait au souverain du Sanwi un probable soutien militaire français en cas de guerre civile et à la France l'accès à la mer sans aucune autre contrepartie. L'amiral Bouët-Willaumez fit ainsi construire trois forts dans le nouveau protectorat : fort Faidherbe à Dabou, fort Joinville à Assinie et fort Nemours à Grand-Bassam. Le fort Joinville serait vite abandonné, tant les missionnaires qui s'y installèrent régentaient durement le comptoir, provoquant *de facto* des émeutes de la part des tribus avoisinantes.

Amon N'Douffou II fit peu de cas des tentatives de prises de territoires par les Européens. Savait-il seulement qu'en 1860, dans l'optique d'unifier ses comptoirs du Sénégal, la France tenta, mais en vain, de brader une partie de son royaume pour obtenir en échange le territoire de la Gambie ? Sans aucun doute oui. Mais tout protectorat qu'il était, le Sanwi restait un royaume totalement indépendant comme le stipulaient les accords du 4 juillet 1842. La Côte d'Ivoire n'était pas à vendre, déclarerait plus tard Amatifou. Entre 1860 et 1873, depuis leur colonie de Gold Coast, les Anglais échoueraient dans leurs tentatives de conquêtes du Sanwi. Même le blocus d'Assinie du 4 septembre 1873 serait un échec. Le 4 juillet 1883, Amon N'Douffou II renouvela son traité militaire avec les Français et, en 1887, la Côte des Dents[61] recevrait pleinement le statut de protectorat colonial. La course à la conquête de l'Afrique battait donc son plein. À la mort d'Amon N'Douffou, vers 1885 ou 1886, Aka Simadou lui succéderait.

1.11 - Msiri

Ngelengwa M'Siri Shitambi Mwenda Ier, aussi appelé Msiri, originaire de Tabora né en 1830 dans le Tanganyika oriental, fut roi du Garaganza (le Katanga). En provenance de la tribu des Wanyamwezi, il dirigea d'une main de fer son royaume, dont l'apogée fut l'époque allant de 1870 à 1886, et qui couvrait un territoire équivalent à la superficie de la Grande-Bretagne[62].

[61] Sud-Ouest ivoirien.

[62] À savoir, d'après une lettre de 1891 qu'il adressa au Gouverneur de l'État

D'après quelques sources, au cours des dernières décennies du XIXᵉ siècle, Kalasa Mazuiri, un Unyamuezi en provenance de Tabora en Tanzanie arriva chez les Lunda au Katanga et y laissa son fils Ngelengwa Shitambi, dit Mwenda, alias Mushidi ou Msiri. Ce dernier dominerait plus tard, et dévasterait ensuite, tous les royaumes du Katanga, les royaumes Luba, Lunda, Kazembe et fonderait le royaume Msiri ou encore Yeke. Ainsi deviendrait-il le Mwami.

> « Il eut, comme ses homologues, un destin extraordinaire. Il faut se représenter ce jeune homme – chasseur d'ivoire, [exploitant] de cuivre et d'hommes – qui réussit à fonder et à maintenir, à quelque 1 000 kilomètres de son pays natal, l'Unyamwezi, un royaume qui vers 1885 était l'un des plus importants, sinon le plus puissant, de l'Afrique centrale. Mais contre les schémas commodes d'une certaine histoire, gardons-nous de voir dans l'établissement de Msiri au Katanga une quelconque "invasion". Quand il l'aurait voulu, il n'aurait pas eu les moyens en hommes – car ses compagnons Bayeke, les chasseurs, étaient peu nombreux – et pas davantage en armes, dont il était alors peu pourvu. »[63]

Généreux dans son dévouement pour les Bayeke, membres d'une population bantoue établie entre Kolwezi et Kazanga à proximité de la frontière avec la Zambie, il fut un monarque aimé par ces derniers. Ce sentiment se traduisit surtout par les chants traditionnels et les écrits. Il s'était enrichi dans le commerce de l'ivoire, du cuivre et des esclaves. Sa résidence, à Bunkeya, située à au moins 160 kilomètres au Nord de Lubumbashi (ancienne Élisabethville) fut – avant l'arrivée des Européens au Katanga – un centre d'affaires florissant, renommé dans toute l'Afrique. Ce souverain eut sous ses ordres une armée d'environ 10 000 guerriers, dont 3 000 possédaient des mousquets.

> « Si l'on écarte, [...] les déformations systématiques des défenseurs inconditionnels de l'État indépendant du Congo et de la

indépendant du Congo, par le truchement de Paul Le Marinel, son territoire s'étendait « du pays de Luba, au Nord, jusqu'à la rivière Zambèze au Sud, et du Lunda à l'Ouest jusqu'aux lacs Tanganyika et Nyassa à l'Est ».

[63] In *Msiri, bâtisseur de l'ancien royaume du Katanga*, Elikia M'Bokolo, ABC, 1976, pp. 9-10.

colonisation belge, Msiri, roi du [Garaganza], apparaît comme la figure politique la plus grande et la plus intéressante du Katanga pré colonial. On l'a comparé à [Mtyela Kasanda, dit] Mirambo [c'est-à-dire "cadavre"], son compatriote nyamwezi, et même à [Samory Touré]. Il se [situa] en effet dans cette lignée prestigieuse d'hommes politiques africains qui tentèrent, au cours du XIXe siècle, et indépendamment des influences étrangères, d'instaurer un nouvel équilibre politique. »[64]

Magnanime en temps de paix, paraît-il, Msiri fut surtout impavide en temps de guerre. Par conséquent,

> « aux mêmes causes, les mêmes effets : les populations qui avaient accueilli Msiri en libérateur virent bientôt en lui leur principal ennemi. Du mécontentement à la révolte, des révoltes à la désintégration progressive de l'empire, le cercle fut bouclé d'autant plus vite que les Européens, Anglais et Belges, se mirent de la partie. »[65]

Msiri fut donc abattu le 20 décembre 1891 à Munema par le capitaine Omer Bodson, un officier belge ayant répondu aux instructions formelles du capitaine anglais William Grant Stairs. Ce dernier fut mandaté, par l'État indépendant du Congo, à soumettre le roi du Garaganza au drapeau du nouvel État.

> « [Ce fut] à Berlin, en 1885, que fut scellé le sort de Msiri, lorsque, d'un trait de plume, le roi des Belges Léopold II intégra le Katanga dans ses possessions. C'[était] en voulant l'occuper effectivement que ses agents se heurtèrent à Msiri et l'abattirent, comme un fauve. »[66]

Ce jour-là, trois coups de revolver changèrent incontestablement le destin de l'empire du Garaganza, ou Bayeke, et celui du royaume de Belgique. Le capitaine Omer Bodson serait ensuite tué, après avoir commis son forfait, par Mwanangwa Masuka, une personne qui était très proche de Msiri dont la tête fut décapitée et exposée sur une palis-

---

64 *Ibidem*, p. 9.

65 *Ibidem*, p. 12.

66 *Ibidem*.

sade. Pour le professeur Elikia M'Bokolo,

> « on aura deviné [...] que l'œuvre de Msiri ne lui survécut pas ; mais le prestige de son nom resta immense, comme symbole de grandeur, de force et d'indépendance »[67].

L'assassinat de Msiri fut donc le début de l'occupation effective du Katanga par les agents de l'État indépendant du Congo qui s'étaient installés au poste de Lofoi. Mwenda Mukanda Bantu, fils et successeur de Msiri, fit allégeance aux nouveaux maîtres et participa aux campagnes de pacification de la région. Dans l'article du journaliste belge Marie-France Cros paru sur le site Internet de *La Libre Belgique* en septembre 2007, intitulé *L'assassinat de Msiri par un Belge*, on apprend que :

> « après un séjour au Katanga, Jean-Pierre Snyers fut intrigué par le fait que la Belgique colonisatrice fit inscrire sur la tombe de Bodson – qui ne survit pas à son forfait et fut enterré à Bunkeya (160 km au Nord de Lubumbashi), la capitale de Msiri – "mort pour la civilisation", alors que les documents officiels belges ne parlent presque pas de cet officier. "Pourquoi n'en parlait-on pas si c'était un héros ? S'agit-il du "meurtre politique le plus rentable de l'Histoire" ou de l'élimination d'un tyran ? »

Lors de la commémoration du cent sixième anniversaire de la mort du roi Msiri, laquelle avait eu lieu le 20 décembre 2007 à Bunkeya chef-lieu de l'ancienne province du Katanga, il avait été rappelé que :

> « en fait, [les] expéditeurs [européens] cherchaient à ce qu'il devienne leur vassal. Mais le Roi Msiri [fut] catégorique, il dit : "Je préfère mourir que de vivre esclave". Face à son refus, les colons [accordèrent] au roi 24 heures pour céder, faute de quoi il [serait] un homme mort. Mais Msiri répondit [de nouveau] : "Je préfère mourir que d'être esclave" »[68].

---

[67] *Ibidem*.

[68] Source *Radio Okapi*, article du 21 décembre 2007 intitulé *Katanga : commémoration du 106ᵉ anniversaire de la mort du Roi Msiri*.

Trois de ses enfants succédèrent à leur père en tant que rois des Bayeke : Mwenda Mukanda Bantu, Mwenda Kitanika Mabumba et Mwenda Munongo Musamfya Ntanga.

1.12 - Samory Touré

L'Almamy Samory Touré, naquit vers 1830 à Miniambaladougou, actuellement dans le Sud-Est de la Guinée, non loin de Kankan, et décéda le 2 juin 1900 à Ndjolé, dans l'actuel Gabon. Fondateur de l'empire Wassoulou, il résista à la pénétration et à la colonisation française en Afrique de l'Ouest. L'ancien et le premier président de la Guinée, Ahmed Sékou Touré, fut son arrière-petit-fils. Ayant grandi dans une Afrique de l'Ouest en pleine mutation du fait du nombre croissant de contacts avec les Européens, ce fils de commerçant dioula vécut dans un contexte qui permit à quelques États africains de s'enrichir pendant qu'une utilisation croissante des armes à feu modifia complètement la guerre traditionnelle. Cela eut des conséquences difficilement réversibles sur le mode de vie de ses parents qui avaient abjuré l'islam au profit du paganisme.

Sa mère s'appelait Sokhona Camara. Elle fut capturée, lors d'un raid en 1848, par Sory Bourama du clan Cissé qui la réduisit en état d'esclavage. Confronté à cette situation très embarrassante et ne disposant pas d'argent nécessaire pour la racheter, Samory Touré devait pourtant trouver la solution. Ainsi se résolut-il, afin d'obtenir la libération à terme de sa mère, à se mettre au service des Cissé auprès de qui il apprit le maniement des armes. D'après la tradition orale, il resterait à leur service pendant « sept ans, sept mois et sept jours ». Il s'engagea ensuite pour deux années comme *faama*[69] dans l'armée de Saransware-Mori des Bérété, ennemis jurés des Cissé, avant de rejoindre son propre peuple, les Camara. Nommé kélétigui, c'est-à-dire chef de guerre, à Dyala en 1861, Samory Touré prononça le serment de protéger son peuple contre les Bérété et les Cissé. Après avoir créé une armée professionnelle, il nomma ses proches, notamment ses frères et ses amis d'enfance, à des postes de commandement.

---

[69] Dirigeant militaire.

La mort en 1864 d'El Hadj Omar Tall, le fondateur d'un empire en pleine expansion qui domina alors la région du Haut-Niger, occasionna le déclin de l'empire Toucouleur. Cette désagrégation incita les généraux et les dirigeants locaux à se combattre dans le but de se renforcer et de bâtir leurs propres États. Ainsi Samory Touré devint-il, en 1867, un chef de guerre à part entière, possédant son armée personnelle qui était regroupée à Sanankoro dans les hautes terres guinéennes, sur les bords du Haut-Milo, un affluent du fleuve Niger. Il transformerait cette armée en une structure efficace et loyale, dotée d'armes à feu modernes, et construirait un État stable. Pour atteindre cet objectif, il commença par se convertir à l'islam, ayant pris conscience que la cohérence de son royaume reposerait notamment sur la religion. Le titre d'Almamy qu'il adopta en fit un chef à la fois temporel et spirituel.

Pour moderniser ses forces armées, Samory Touré importa en 1876 des fusils, à chargement par la culasse, par l'intermédiaire de la colonie britannique de Sierra Leone. À la tête de ses troupes –composées essentiellement de fantassins équipés d'un sabre, d'un poignard et d'un fusil –, il s'empara du district de Buré dans la ville de Siguiri[70], très riche en or, pour accroître ses finances. Devenu assez puissant, il s'autoproclama en 1878 *faama* de son propre empire Wassoulou. Il transforma Bissandougou en capitale et entama des échanges commerciaux, ainsi que diplomatiques, avec le déclinant et voisin empire Toucouleur.

En 1881, Samory Touré sécurisa son emprise sur Kankan, ville clé du commerce dioula située au bord du Haut-Milo. Cette agglomération, stratégiquement positionnée pour contrôler les routes de commerce avoisinantes, devint alors un centre du négoce de noix de kola. Cette même année, le Wassoulou s'étendit en Guinée et au Mali, depuis l'actuelle Sierra Leone jusqu'au Nord de la Côte d'Ivoire. En pleine conquête de nombreux petits États tribaux qui entouraient son territoire, Samory Touré manœuvra aussi pour consolider sa situation diplomatique. Ainsi engagea-t-il des relations régulières avec les Britanniques basés en Sierra Leone. Il tissa également des liens promet-

---

[70] Actuellement à cheval sur la frontière entre la Guinée et le Mali.

teurs avec l'État théocratique du Fouta-Djalon.

Ayant commencé à la fin des années 1870 leur expansion en Afrique de l'Ouest, à partir de l'Est du Sénégal, avec pour objectif d'atteindre le Haut-Nil dans l'actuel Soudan, les Français voulurent surtout progresser vers le Sud-Est pour assurer la connexion avec leurs bases cantonnées en Côte d'Ivoire. Ces mouvements provoquèrent un affrontement direct avec les troupes de Samory Touré. En février 1882, une expédition française attaqua une faction de l'armée de Samory Touré en assiégeant Keneria. Le souverain de l'empire Wassoulou les repoussa. Néanmoins, il fut effrayé par la discipline et la puissance de feu des armées européennes. Il fallait absolument neutraliser les Français, par tous les moyens. À cet effet, Samory Touré étendit sa domination vers le Sud. Il devait sécuriser une ligne de communication avec le Liberia. Quand une expédition menée par le gouverneur colonial français du Soudan, Antoine Combes, tenta en 1885 de faire main basse sur les mines d'or de Buré, le *faama* contre-attaqua. Divisant stratégiquement son armée en trois colonnes mobiles, il menaça les lignes de communication françaises et obligea ses adversaires à se replier. Cependant, le combat avec l'armée française tourna à son désavantage et Samory Touré préféra négocier. Le 28 mars 1886, il signa avec le représentant de la France un traité de paix et de commerce qui conforta, sur la rive gauche du Niger, une importante zone d'influence française.

Samory Touré pouvait donc compter en 1887 sur une armée disciplinée comprenant de 30 000 à 35 000 fantassins très organisés, selon le modèle européen, en pelotons et compagnies, et 3 000 cavaliers, répartis en escadrons de cinquante hommes chacun. Malgré tout, les Français furent déterminés à ne pas laisser le souverain de l'empire Wassoulou consolider ses positions. Exploitant la rébellion de plusieurs tribus animistes soumises par Samory Touré, ils confortèrent leur avantage aux dépens des régions occidentales, le forçant ainsi à signer des traités[71] par lesquels il leur céda lesdits territoires entre 1886 et 1889.

_______________ « En 1887, il conclut le pacte de Bissandougou avec les Français, qui

[71] Cf. les traités de Bissandougou et de Niakha.

[fixa] une frontière commune entre les deux territoires. Une fois la paix conclue avec les Français et ce front sécurisé, [Samory Touré lança] son armée, en 1888, à l'assaut de la ville fortifiée de Sikasso dont le "tata" (le mur d'enceinte) [fut] l'un des plus hauts de la région. Mais la ville, tenue par Tiéba [Traoré] puis par Babemba [Traoré], son frère, [mena] une résistance farouche : le siège s'[éternisa] et [tourna] finalement au désavantage de [Samory Touré]. Une révolte menée par ses fils le [força] à revenir à Bissandougou et à abandonner les hauts murs de Sikasso. Cette opposition entre deux rois africains, alors que les colonisateurs [furent] à leurs portes, [constitua] un thème majeur de la littérature des années 1970 (*Sikasso ou la dernière citadelle* de Djibril Tamsir Niane ; *La passion de Babemba [Traoré]* d'Abdoulaye Mamani ; *Une si belle leçon de patience*, de Massa Makan Diabaté). »[72]

En 1891, une expédition française sous le commandement du colonel Louis Archinard attaqua Kankan. Sachant que les fortifications de la ville ne pourraient pas résister à l'artillerie française, Samory Touré engagea une guerre de mouvement. Au-delà des victoires qu'il remporta contre des colonnes françaises isolées, notamment celle de Dabadougou en septembre 1891, le souverain de l'empire Wassoulou ne put toutefois chasser les ennemis hors du cœur de son territoire.

Le successeur du colonel Louis Archinard, en l'occurrence le colonel Humbert, commanda en juin 1892 une petite force bien équipée et composée de soldats triés sur le volet. Il s'empara de Bissandougou, la capitale du Wassoulou. Entre-temps, très soucieux de respecter la convention de Bruxelles de 1890 relative à l'éradication de l'esclavage des populations africaines, les Britanniques cessèrent d'approvisionner en armes Samory Touré. Contraint à éviter un combat qui lui serait forcément fatal, le souverain de l'empire du Wassoulou privilégia une politique de la terre brûlée, se contentant de dévaster chaque parcelle de terrain qu'il évacuait. Bien que cette tactique le coupât de sa nouvelle source d'approvisionnement en armes, à savoir le Liberia, il retarda néanmoins la poursuite française. Samory Touré se replia finalement vers l'Est, aux environs des rivières Bandama et Camoé. Dès

---

[72] In *Samori : de l'histoire au mythe*, Vincent Hiribarren, article paru dans le quotidien français *Libération* du 4 janvier 2007.

lors, sa présence fut tout à fait ignorée par l'armée française, car le nouvel établissement du souverain du Wassoulou ne constitua plus un objectif stratégique de la politique coloniale française. Mais l'un des fils de Samory Touré attaqua et parvint à anéantir un bataillon français. Cette audacieuse action déclencha une campagne de représailles en 1898, de la part de la France, au terme de laquelle Samory Touré fut capturé dans la matinée du 29 septembre 1898 dans le village de Gué-lémou en Côte d'Ivoire, par les hommes du capitaine Henri Gouraud. Exilé au Gabon, Samory Touré y mourut en captivité le 2 juin 1900, des suites d'une pneumonie. Ses cendres seraient ramenées le 28 septembre 1968 en Guinée, alors dirigée par l'un de ses arrières petits-fils Ahmed Sékou Touré. Le président de la République de Guinée dresserait d'ailleurs un parallèle entre la lutte de Samory Touré contre les armées impériales française et britannique, ainsi que son propre combat pour l'acquisition de l'indépendance.

> « La Guinée [obtiendrait] l'indépendance en 1958 en disant "non" au référendum [du général] De Gaulle, et Sékou Touré [intégrerait] pleinement le personnage de Samory Touré dans un arsenal de pro-pagande anti-occidentale, en en faisant une figure de proue du pana-fricanisme. Ainsi, cette figure africaine [est devenue] l'un des pré-curseurs de l'union africaine contre la menace néo-coloniale. »[73]

Indéniablement, Samory Touré fut l'adversaire le plus redoutable que les Français eurent à affronter en Afrique de l'Ouest. Cela le cata-logua, dans l'historiographie nationaliste post-coloniale, comme la figure du héros de la résistance africaine à l'expansion coloniale. La pièce de théâtre de Massa Makan Diabaté, *Une hyène à jeun* (1988), s'inspira de la signature, par Samory Touré en 1886, du traité de Kéniéba-Koura relatif à l'installation de la France sur la rive gauche du Niger. Le peintre français Pierre Castagnez, établi à Dakar, réalisa un portrait de ce grand guerrier africain, conservé au Musée des Arts d'Afrique et d'Océanie à Paris[74]. Le groupe guinéen *Bembeya Jazz National* commémora Samory Touré dans leur album *Regard sur le*

---

[73] *Ibidem.*
[74] Devenu Musée du quai Branly – Jacques Chirac depuis le 2 juin 2006.

passé sorti en 1969, en louant sa résistance anti-coloniale qui fut à l'origine de l'avènement de la nation guinéenne. Enfin, le chanteur ivoirien de reggae, Alpha Blondy, de son vrai nom Seydou Koné, lui consacra en 1984 la chanson *Bory Samory*, dans l'album *Cocody Rock*, dont les paroles en dioula exhortèrent Samory Touré à la fuite : « Fuis, fuis Samory, les Blancs arrivent, ils se sont juré de te tuer. » Plus de seize années durant, rappelons-le, Samory Touré avait réussi à tenir en échec les envahisseurs de l'empire Wassoulou.

> « À la fin des années 1860, son territoire comprenait environ deux millions d'habitants sur 400 000 km² et il contrôlait les routes commerciales de cola, d'or et d'esclaves principalement. À partir de 1881, où [commençaient] les premiers affrontements avec les Français, jusqu'en septembre 1898, date de son arrestation à Guélémou dans le Nord de l'actuelle Côte d'Ivoire, par Henri Gouraud, il n'[avait] cessé de lutter pour empêcher l'expansion de l'armée française et pour conserver son propre territoire. »[75]

Samory Touré reste l'une des icônes légendaires de la résistance à la colonisation française, même si les colons l'avaient à dessein qualifié de sanguinaire. Sans conteste, ce fin stratège est considéré par les spécialistes des problématiques coloniales comme l'un des plus fabuleux héros des indépendances des pays africains.

1.13 - Lat Dior

Lat Dior, de son nom complet Lat Dior Ngoné Latyr Diop, né en 1842 à Keur Amadou Yalla, au Nord-Est du Cayor, et mort le 27 octobre 1886 à la bataille de Dékheulé, fut un membre de la noblesse wolof, Damel du Cayor de 1871 à 1883, généralement considéré comme une figure emblématique de l'histoire du Sénégal.

> « Le Cayor, berceau de Lat Dior, [était], par tradition, une terre d'indépendance, depuis que, au milieu du XVIᵉ siècle, Diété Fou Ndiogou, secouant le joug du royaume Djolof, [prit] le titre de Damel

---

[75] In *Samori : de l'histoire au mythe*, Vincent Hiribarren, *op. cit.*

(celui qui sépare, qui brise) et [fonda] sa propre dynastie. »[76]

Lat Dior fut l'une des grandes figures de la résistance à la pénétration coloniale française, au même titre qu'El Hadj Omar Tall, Samory Touré, Mamadou Lamine Dramé, Maad a Sinig Coumba Ndoffène Famak Diouf et Alboury Ndiaye. Cependant, son épopée fut marquée par diverses stratégies par rapport à d'autres résistants de son époque. En réalité, le séjour de Lat Dior, apparenté à Maba Diakhou Bâ, dans le Rip ne fut pas un simple fait du hasard. Maba Diakhou Bâ étudia le Coran au village de Longhor Mbaye près de Thilmakha Mbackol, l'un des villages fondés par l'arrière-grand-père de Lat Dior. Debo Souka, petite sœur de Birima Ngoné Latyr Fall et mère de Lat Dior, était la marraine du jeune talibé Maba Diakhou Bâ.

Conscient des enjeux pour le royaume du Cayor, Lat Dior s'opposa à la mise en place d'une liaison ferroviaire entre Dakar et Saint-Louis, ainsi qu'à l'implantation de l'arachide. En effet, pour parvenir à leur objectif concernant le chemin de fer, les Français devaient conquérir le royaume du Cayor. En 1856, alors que le Cayor avait pour Damel son demi-frère Birima Ngoné Latyr Fall, les Européens demandèrent la permission d'installer une ligne télégraphique entre Saint-Louis et Dakar. Le Damel refusa d'abord, mais, compte tenu de la situation géographique du Cayor en proie à la guerre civile, et de la sienne personnellement, menacée par les musulmans du Ndiambour exigeant son départ, il finit par accepter croyant que les Européens l'aideraient, lui et sa famille, à conserver le pouvoir. Mais Birima Ngoné Latyr Fall mourut en 1859, avant la signature de l'accord.

Le Conseil des grands électeurs se prononça, conformément à ses attributions. Il élut, comme Damel, Macadou Coumba Yandé Mbarrou. Ayant refusé l'offre que les Européens avaient faite au Damel précédent, donc hostile aux intérêts français, Louis Faidherbe décida de le chasser. Les Tiédo de Macadou Coumba Yandé Mbarrou et l'armée de Faidherbe s'affrontèrent lors de la bataille de Gatty. Louis Faidherbe fut vaincu, mais il revint à la charge un mois plus tard et cette fois le Damel Macadou Coumba Yandé Mbarrou fut laminé à la

---

[76] In *Lat Dior : le dernier souverain du Cayor*, Marie Casanova, ABC, 1976, p. 7.

bataille de Kouré. Guelwar[77] par sa mère, privé du soutien des siens, il s'enfuit au Saloum, gouverné par un membre de sa famille. Louis Faidherbe exécuta l'accord et la jonction entre Saint-Louis et Dakar fut réalisée. Il en profita également pour annexer quelques provinces et fit élire, par les grands notables, Madiodio Déguène Codou qui serait intronisé dans la capitale Mboul contre Lat Dior. Le nouveau Damel étant très favorable aux Français, Lat Dior préféra le combattre en vue de se rendre maître du Cayor et de renvoyer à jamais les colons. Avec ses partisans, ils écrasèrent Madiodio Déguène Codou et ses alliés français, en 1861, à la bataille de Coki. Bénéficiant pourtant du soutien du gouverneur Jean Bernardin Jauréguiberry qui tenta de le remettre au pouvoir, Madiodio Déguène Codou, ayant perdu en crédibilité auprès du peuple, fut définitivement chassé du Cayor par Lat Dior. Aussitôt installé au pouvoir, le vainqueur dépêcha des émissaires auprès des souverains voisins jusqu'au royaume du Trarza en Mauritanie et les invita à lutter contre la pénétration française. Comme Lat Dior parvint à établir de bonnes relations avec les royaumes de la région, craignant un soulèvement général, les colons français décidèrent de ne pas trop intervenir.

Dès son retour au Sénégal, Louis Faidherbe chassa Lat Dior et rétablit Madiodio Déguène Codou sur le trône. En guise de remerciement, ce dernier céda à la France les provinces du grand Ndiambour, le Saniokhor et le Mbawar. Entre-temps, Lat Dior et ses partisans s'unirent en vue d'une guérilla. Au courant de ce projet, le souverain réinvesti par les colons sollicita l'aide de la France. Le 29 décembre 1863, une expédition composée de 140 soldats français appuyés par plusieurs centaines de partisans de Madiodio Déguène Codou, commandée par ce dernier et le capitaine du génie Lorens, marchèrent contre Lat Dior. Prévenu, ce dernier leur tendit une embuscade à Ngogol où

---

[77] La dernière dynastie maternelle dans les royaumes Sérères du Sine et du Saloum dans la Sénégambie, mais principalement dans l'Ouest du territoire de l'actuel Sénégal. Les Guelwars furent d'origine mandingue, notamment ceux qui s'étaient mariés dans le vieux Sérère paternel des clans nobles. La progéniture issue de ces femmes Mandingues et de ces hommes Sérères dirigea le Sine et le Saloum. La dynastie dura du milieu du XIVe siècle à 1969, l'année du décès du roi à la fois du Sine et du Saloum.

il les mit en déroute. Ce fut sa première grande victoire. Par la suite, il tenta de nouveau de rallier les royaumes voisins à sa cause. Louis Faidherbe chargea, pendant ce temps, Émile Pinet-Laprade de rétablir la situation en faveur de la France. Le Damel du Cayor se dirigea au Nord de son fief, au Ndiambour, pour inciter au combat les musulmans ainsi que les souverains du Trarza en Mauritanie. Pinet-Laprade mit un terme à ses projets d'alliance. Lat Dior envoya sa famille et ses biens au Baol, mais Émile Pinet-Laprade razzia les villages qui soutenaient le souverain du Cayor. En fin de compte, les Tiédo du souverain du Cayor et les spahis[78] de Pinet-Laprade s'affrontèrent à Loro. Mais compte tenu de la supériorité numérique et des armes de l'adversaire, plutôt de l'ennemi, Lat Dior battit en retraite le 16 janvier 1864. Après cette victoire française à la bataille de Loro, Madiodio Déguène Codou consolida la reprise du pouvoir et la France annexa le Cayor en 1865. Mais tant que Lat Dior était encore en vie, les Français ne se sentaient pas en sécurité dans ce territoire.

Lat Dior s'exila au Sine où il sollicita l'asile politique auprès du roi sérère, Maad a Sinig Coumba Ndoffène Famak Diouf. Ce dernier, qui promit pourtant de l'aider, lui imposa de rudes conditions. Déçu, le Damel chassé de ses terres se rendit au Saloum, où régnait Maba Diakhou Bâ qui accepta de le soutenir dans sa lutte à condition qu'il se convertisse à l'islam. Ce serait chose faite, sous le nom de Silmakha Diop. De ce fait, Lat Dior se mit à dos une bonne partie de ses Tiédo, très attachés à l'animisme. Demba War Sall, le farba kaba, chef des Tiédo de Lat Dior, se retourna contre lui pour toujours et participerait à sa chute. Maba Diakhou Bâ élèverait Lat Dior au rang de général de son armée, et ce dernier l'aiderait dans ses combats. Ensemble, ils marcheraient sur le Sine, le Baol et le Djolof jusqu'à la mort de Maba Diakhou Bâ à la bataille de Fandane-Thiouthioune en 1867.

---

[78] Les spahis étaient, à l'origine, un corps de cavalerie traditionnel du dey d'Alger, d'inspiration ottomane. Ce corps de prestige fut ensuite intégré, lors de la conquête de l'Algérie par la France, à l'Armée d'Afrique qui dépendait de l'armée de terre française. Le modèle des corps de cavalerie spahis fut finalement exporté en France métropolitaine et dans d'autre pays sous domination française (Tunisie, Maroc, Sénégal...).

À la suite de la mort de Maba Diakhou Bâ, Lat Dior réintégra le Cayor et Émile Pinet-Laprade lui céda quelques territoires pour apaiser la tension, donc les esprits. Mais Lat Dior refusa catégoriquement, car il souhaita récupérer le Cayor tout entier. Il s'allierait à l'Almamy du Fouta-Toro, Cheikhou Amadou, qui était également l'ennemi inconditionnel des Français. Ce dernier combattit à ses côtés lors de la bataille de Mekhé, durant laquelle les Français furent battus le 31 juillet 1869. Ayant repris du poil de la bête, Lat Dior recourut à une razzia contre les provinces qui lui étaient hostiles : le Saniokhor et le Diander. À la tête de son armée, il se rendit à Louga et croisa, sur la route, les troupes françaises. Un combat sanglant eut lieu et il subit de nombreuses pertes qui l'incitèrent à battre en retraite tout en ayant dissuadé ses ennemis.

> « Sa vie, dès lors, consacrée à servir le même idéal, n'[était] qu'une succession d'épreuves et de victoires éclatantes. La politique coloniale de la France, qui [connut] une pause de quelques années après la défaite devant la Prusse, [reprit] avec plus de détermination dans les années 1880, quand le régime de la IIIe République s'[était] consolidé et que la compétition entre les États européens s'[engagea] avec âpreté. La construction de la ligne du chemin de fer entre Saint-Louis et Dakar, qui n'[était] qu'un épisode de la lutte de Lat Dior contre les Français, [prit], dans ce contexte, valeur de symbole de la domination économique et militaire. »[79]

Le 12 janvier 1871, Lat Dior Ngoné Latyr Diop fut reconnu par tous comme le Damel du Cayor. Il tira profit de la faiblesse momentanée de la France, due à la guerre contre la Prusse, pour annexer le Baol et cumuler les titres de Damel et de Teigne. Après avoir attaqué le Djolof et pris le titre de *bourba* en 1874, le Toucouleur Cheikhou Amadou se rua sur le Cayor mais Lat Dior repoussa l'assaut compte tenu du fait qu'il entretenait désormais de bonnes relations avec la France, en particulier avec le colonel Louis Brière de l'Isle. En janvier 1875, ils combattirent ensemble Cheikhou Amadou et l'écrasèrent.

---

[79] In *Lat Dior : le dernier souverain du Cayor*, Marie Casanova, *op. cit.*, p. 9.

Après avoir signé en 1879 un contrat avec la France pour la construction d'une ligne de chemin de fer Dakar-Saint-Louis, Lat Dior réalisa finalement en 1880 que cela pourrait affaiblir son autorité. Il déclarerait, en conséquence, la guerre aux Français si le projet relatif au chemin de fer était maintenu. Il refuserait également l'implantation de la culture de l'arachide, car il estima que cela donnerait aux colons de nouvelles possibilités d'imposer leur domination et de rester au Sénégal. En 1882, Lat Dior, toujours Damel du Cayor indépendant, fut soutenu par un membre de la famille royale, Samba Laobé Fall. Ensemble, ils déplacèrent les populations des zones où le tracé de la voie ferrée avait été effectué. Lat Dior sollicita à nouveau l'aide du Djolof, du Fouta-Toro et du Trarza, mais le gouverneur René Serviatus expédia une colonne contre lui. Le Damel du Cayor se réfugia au Baol et le nouveau Damel, Samba Yaya Fall, qui fut intronisé avec le soutien de la France sous le nom d'Almamy Ngoné Fall II, signerait l'accord favorable à la ligne de chemin de fer. Une autre tentative guerrière de Lat Dior et de son neveu Samba Laobé Fall serait enrayée par le colonel Alfred-Amédée Dodds en mai 1883. L'Almamy Ngoné Fall II fut déchu du pouvoir et remplacé par Samba Laobé Fall. La ligne ferroviaire fut inaugurée en juillet 1885.

Au Djolof, le roi Alboury Ndiaye accorda l'asile à Lat Dior avec qui il avait des liens de parenté. Également opposé à la colonisation française, il entra en conflit avec Samba Laobé Fall, le tout nouveau Damel du Cayor. La France aida le Damel, mais il fut battu le 6 juin 1886. Alboury Ndiaye tenta d'envahir le Cayor, mais finalement Samba Laobé Fall lui proposa une importante somme d'argent pour les dommages de guerre. Il se rendit à Tivouanea, où il sollicita auprès des riches commerçants français une aide financière, mais fut tué le 6 octobre 1886. Comme il n'y eut plus de Damel au Cayor, la France imposa donc son protectorat. Le Cayor fut divisé en six provinces. Ce fut dans ces conditions que Demba War Sall et ses frères assumèrent les présidences des provinces.

Quant à Lat Dior Ngoné Latyr Diop, à la tête de son armée, il se dirigea vers Dékheulé pour combattre les colons français et son ancien fidèle compagnon le farba kaba, chef des Tiédo, Demba War

Sall. Après une série d'affrontements sanglants avec les troupes de l'administrateur colonial Louis Faidherbe et d'Émile Pinet-Laprade, mais aussi quelques alliances ponctuelles, il livra un dernier combat sans espoir à Dékheulé. Brève mais intense, ce 27 octobre 1886, la tragique bataille fut d'une rare violence. Lat Dior fut tué, à cette occasion, vers onze heures du matin, avec deux de ses fils et un bon nombre de ses partisans.

> « Lat Dior [engagea] le combat avec acharnement et [succomba], car le rapport des forces entre l'Afrique et l'Europe [était] trop inégal. La mort [ajouta] une dimension tragique à son personnage. »[80]

Émis en 1981 et en 1986, à l'occasion du centenaire de sa mort, deux timbres sénégalais célèbrent la mémoire de Lat Dior. En 1982, l'artiste sculpteur fondeur Issa Khone Diop réalisa en sa mémoire une statue en bronze qu'il érigea à Dakar, à l'entrée principale du Centre international du commerce extérieur du Sénégal (CICES). Dans le même ordre d'idées, le stade de Thiès porte son nom, ainsi que le nouveau Palais de Justice de Dakar.

> « Peuplé de Ouolofs et de Sérères, paysans solides et opiniâtres, pénétré depuis le Moyen Âge d'influences islamiques, le Cayor, bien que de dimensions modestes, [opposa] une résistance farouche à la pénétration française pendant plus d'un quart de siècle.
> » Lat Dior, le dernier Damel du Cayor, [fut] le héros de cette résistance. »[81]

1.14 - Bokar Biro

Bokar Biro Barry fut aussi connu sous le nom de Boubakar Biro. Né vers 1852 et décédé le 13 novembre 1896 lors de la bataille de Porédaka, ses forces ayant été détruites par l'artillerie française, il fut le dernier dirigeant indépendant de l'Imamate[82] du Fouta-Djalon dans

---

[80] *Ibidem*, p. 9.
[81] *Ibidem*, p. 7.
[82] L'Imamate du Fouta-Djalon fut l'un des derniers États indépendants en terre sénégalaise, dans les hauts plateaux, vers les sources des fleuves Gambie et Sénégal.

le territoire qui constitue maintenant la Guinée.

> « Le puissant royaume du Fouta-Djalon fut fondé au début du XVIIIe siècle, à la suite d'une révolution musulmane dirigée par Karamoko Alfa, dit Ibrahima Sambégou, dans le massif montagneux de l'actuelle République de Guinée. Ce royaume, qui, grâce à sa remarquable organisation, avait su sauvegarder son indépendance, connaissait dans la seconde moitié du XIXe siècle une profonde crise politique et sociale. »[83]

En 1890, la situation semblait davantage explosive. De plus, pour la succession de l'Almamy Ibrahima Sory Dognol Fella, la lutte pour le pouvoir concernait les divergences internes au parti soriya.

> « L'aîné des fils [de l'Almamy] Oumar, Alfa Mamadou Pâté, paraissait bien devoir être l'élu. Mais son cadet, de mère différente, Bokar Biro, revendiquait ce droit tout autant que lui.
> » Les deux rivaux du parti soriya habitaient à peu de distance l'un de l'autre : Alfa Mamadou Pâté à Sokotoro et Bokar Biro à Tiatiako, d'où ils s'étaient épiés mutuellement en attendant la mort de leur oncle. »[84]

Après une période d'instabilité politique marquée par des divergences et assassinats entre les frères Barry de la lignée Seydiyankée de Timbo pour l'occupation du trône, les deux branches concernées des familles Alfaya et Soriya finirent par trouver un accord d'une réforme politique relativement plus démocratique pour garantir la paix et la stabilité du royaume. Celui-ci stipulait qu'aucune des deux branches familiales ne devait plus régner indéfiniment, le pouvoir devant être partagé de manière équitable avec une garantie d'alternance périodique tant entre les deux familles qu'au sein de chaque branche pour qu'après un Almamy d'Alfaya le prochain mandat puisse revenir à un Soriya. Dans cette optique, la période d'alternance

---

Ce territoire fut établi comme un État théocratique lors d'un djihad lancé en 1725 par Karamoko Alfa et consolidé par son successeur Ibrahima Sory Dognol Fella.

[83] In *Bokar Biro : le dernier grand almamy du Fouta-Djalon*, Boubacar Barry, ABC, 1976, p. 9.

[84] *Ibidem*, p. 25.

fut ramenée à deux ans afin d'éviter l'impatience pouvant conduire à des assassinats politiques. Cet accord négocié entre les deux branches de la famille Barry de Timbo trouva l'approbation de tout le Fouta.

> « Le pouvoir central des Almamys résidant à Timbo, la capitale, déjà affaiblie par une série de révoltes populaires dirigées par les Hubbu, était contesté au niveau des provinces par les chefs des diwé (singulier : diwal) qui avaient su conserver une large autonomie au sein du royaume. [Ce fut] ainsi qu'à la fin du XIXe siècle Alfa Yaya, le chef de la province du Labé, contrôlait à lui seul la moitié du Fouta. Ce déséquilibre politique entre pouvoir régional et pouvoir central était accentué par l'alternance, tous les deux ans, au pouvoir à Timbo, des deux familles régnantes, les Soriya et les Alfaya. Les candidats au trône avaient souvent recours aux armes pour briguer ou conserver le titre d'Almamy, affaiblissant de ce fait l'autorité du pouvoir central.
> [Ce fut] dans ce contexte de crise politique que Boubakar Biro, dit Bokar Biro, du parti soriya, [accéda] au pouvoir en 1890 après avoir vaincu par les armes et éliminé physiquement son frère, Alfa Mamadou Pâté. Mais, à cette époque, le Fouta-Djalon était déjà menacé par la convoitise des Portugais établis en Guinée-Bissau, des Anglais établis en Gambie et Sierra Leone, et surtout des Français, qui avaient acquis des positions stratégiques au Sénégal, dans les rivières du Sud et au Soudan. »[85]

En effet, le décès de l'Almamy Ibrahima Sory survenu en 1890 dans sa résidence de Dognol Fella déclencha une lutte de pouvoir au sein même de la branche Soriya. Le Conseil des anciens choisit donc à la suite d'un accord le frère aîné de Bokar Biro, en l'occurrence Alfa Mamadou Pâté, comme dirigeant.

> « Alfa Mamadou Pâté avait pour lui tous les notables, le Conseil des anciens, le chef des diwé, jaloux de leurs prérogatives diminuées ces dernières années par la politique centralisatrice et autoritaire de l'[Almamy] Ibrahima Sory. Alfa Yaya, le plus puissant des chefs des diwé, de la province de Labé, lui avait promis son concours et donné sa sœur en mariage.
> » Bokar Biro, lui, était trop brave et trop énergique pour être aimé. On le craignait. Dans toutes les guerres, il avait apporté de telles

---

[85] *Ibidem*, pp. 9-10.

preuves de bravoure que le Fouta appréhendait de se le donner pour maître. Mais il comptait sur la jeunesse attirée par son audace et sa générosité, pour asseoir son autorité et la conserver. »[86]

Accusant son frère Alfa Mamadou Pâté désigné, comme Almamy par le Conseil des anciens, de collaborer avec les Français, Bokar Biro l'assassina et s'empara *de facto* du pouvoir. Pour consolider son règne, il plaça ses hommes de confiance aux postes les plus importants. Ainsi pensa-t-il mieux faire face aux luttes entre les factions politiques Alfaya et Soriya, et aussi aux tentatives des dirigeants de quelques provinces –Labé, Timbo et Fougoumba – enclines à l'autonomie. Il se fixa donc un double objectif : consolider le pouvoir central et sauvegarder l'indépendance du Fouta.

> « Mais, la politique centralisatrice de Bokar Biro à l'intérieur du Fouta devait susciter l'opposition de tous les chefs et du conseil des anciens attachés à leurs privilèges. [Ce fut] ainsi qu'il se constitua autour d'Alfa Ibrahima, chef du diwal de Fougoumba, chargé de couronner les Almamys, une puissante coalition avec Alfa Yaya, soucieux avant tout d'obtenir l'indépendance du Labé, et de Mody Abdoulaye [Dokhiré], Sory Yilili, Oumar Bademba, des partis soriya et alfaya, hostiles à la réforme constitutionnelle qui les écartait à jamais du pouvoir. »[87]

En juillet 1892, Bokar Biro fut contraint à céder le pouvoir à Amadou de la faction d'Alfaya, mais il le reprendrait en juin 1894.

Épaulés par les Français en vue de l'indépendance totale de leurs provinces, certains chefs opposés à ladite réforme sollicitèrent évidemment l'aide de la France pour renverser Bokar Biro. Le 13 décembre 1895, les chefs mécontents dirigés par Mody Abdoulaye Dokhiré attaquèrent et battirent Bokar Biro à Bantignel. Mais il échappa à ses agresseurs. Pris pour mort, il réapparaîtrait plus tard. En provenance de Keebu, à l'Ouest de la province de Timbo, et à la tête d'une armée composée de 1 500 soldats, il vaincrait ses adversaires le 2 février 1896.

---

[86] *Ibidem*, p. 25.
[87] *Ibidem*, p. 10.

Les Français avaient pourtant dépêché Raoul de Beeckman, à la fin de 1894, pour rencontrer Bokar Biro et signer un traité. En mars 1895, après trois mois passés à la frontière du Fouta-Djalon, Raoul de Beeckman avait perdu l'espoir d'un entretien. Par conséquent, l'administrateur français avait franchi la frontière et attaqué le village de Nanso, près de Demukulima au prétexte que les villageois avaient pillé une caravane ayant appartenu à un de leurs alliés. Cet incident avait permis à Bokar Biro d'accuser ouvertement l'administrateur français d'une série d'agressions ; il l'avait ainsi désigné comme l'auteur de la suspension du commerce des esclaves avec le Soudan et du refus de renvoyer des esclaves en fuite. Le souverain avait carrément mis en cause les visites clandestines au Fouta-Djalon des agents français sous prétexte de négocier, ou d'entreprendre des études topographiques, alors qu'il s'agissait en réalité de la préparation d'une intervention militaire.

Tout compte fait, à la tête d'un détachement armé, Raoul de Beeckman retourna au Fouta-Djalon où il rencontra Bokar Biro à Timbo le 18 mars 1896. Ainsi demanda-t-il à son interlocuteur l'autorisation de construire des routes à travers son royaume, d'installer un représentant à Timbo, de veiller au bon déroulement de tous les rendez-vous avec des chefs provinciaux et de bénéficier d'un monopole commercial. Bokar Biro signa le traité de protectorat qu'on lui proposa, mais ledit document fut examiné à Saint-Louis, et il s'avéra qu'en lieu et place de sa signature, le souverain du Fouta avait écrit « Bismillah », c'est-à-dire « au nom de Dieu ». Convaincu de sa volonté de ne pas traiter avec l'administration française, les troupes de Raoul de Beeckman envisagèrent le recours à la force. Stratégiquement, elles se replièrent à Sangoya. Bokar Biro prit ce retrait comme une victoire.

Au terme de son mandat comme Almamy en avril 1896, Bokar Biro se maintint à son poste – violant ainsi le principe d'alternance entre les deux factions politiques.

> « Conséquence : cette double violation de l'ordre constitutionnel et des accords politiques [poussa] les deux branches de la famille (Alfaya et Soriya) à s'associer pour trouver un moyen de le détrôner. Elles choisirent un prince de chaque côté qui partit solliciter l'aide

des Français. C'est le prince d'Alfaya qui se [rendit] à Dubréka ou Boké et celui de Soriya […] à Siguiri. Le premier qui allait réussir à convaincre les Français devrait occuper le trône pour le premier mandat en respectant les principes d'alternance à nouveau. Ce fut celui d'Alfaya [qui le fit]. »[88]

Cela provoqua donc la lutte de pouvoir dont les incidents violents suscitèrent une guerre civile qui aboutit à l'assistance des Français. Ces derniers saisirent cette occasion et, grâce à la création de plusieurs États clientélistes, morcelèrent le Fouta-Djalon.

« À l'extérieur, Bokar Biro, en dénonçant le prétendu traité de protectorat signé entre la France et le Fouta-Djalon en 1881, et surtout en s'alliant militairement avec Samory [Touré], [allait] attirer sur lui la haine des Français. Les Français [exploiteraient] alors judicieusement les oppositions internes à la politique autoritaire de Bokar Biro pour conquérir le Fouta-Djalon le 14 novembre 1896 à la célèbre bataille de Porédaka. Ce jour-là, trahi par la plupart des chefs, Bokar Biro affronta seul, avec un contingent de Samory [Touré] alors en exode vers l'Est avec son peuple, l'armée française du capitaine Muller. Bokar Biro paya chèrement de sa vie pour sauvegarder l'indépendance du Fouta-Djalon. »[89]

Finalement, des troupes françaises furent dépêchées du Sénégal, de la Guinée et du Soudan, convergeant vers le Fouta-Djalon. Le 3 novembre 1896, la capitale Timbo tomba. Le 14 novembre 1896, Bokar Biro livra en effet bataille dans la plaine de Porédaka. Mais l'artillerie française détruisit son armée et il réussit à s'échapper. L'Almamy du Fouta-Djalon maudit alors, dans une phrase restée célèbre, le village qui l'avait vu défait par les colonisateurs étrangers : « Mo araali Porédaka, o yahay daaka poore. »[90] Mais il serait très vite capturé par des soldats de son ennemi, Sory Yilili, et serait

---

[88] In *Histoire du Fouta : petite rectification au récit du grand frère Thierno Siradio Bah*, un article de Sadio Barry paru en novembre 2013 sur le site Internet guineepressinfo.

[89] In *Bokar Biro : le dernier grand almamy du Fouta-Djalon*, Boubacar Barry, *op. cit.*, p. 10-11.

[90] « Les absents à la bataille de Porédaka seront demain les corvéables de la cueillette du caoutchouc. »

rattrapé décapité. Le fils de Bokar Biro mourut en sa compagnie.

1.15 - Moro Naba Wobgho

Moro Naba[91] Wobgho, né vers 1850 et mort en janvier 1904, fut un roi de Ouagadougou en Haute-Volta, aujourd'hui Burkina Faso, intronisé comme trente-deuxième Moro Naba. Venu au monde sous le nom de Boukary Koutou, il fut un fils du Moro Naba Hallilou Koutou et de la reine Hawa. Après s'être opposé à son frère Alassane Sanem désigné comme Moro Naba en 1871, il fut obligé de s'exiler de Ouagadougou.

> « Après l'Acte général de Berlin, qui en 1885 [délimita] les champs d'action des puissances européennes, les derniers royaumes indépendants de l'Afrique occidentale [furent] convoités, et en particulier le bloc mossi, qui se [trouvait] au centre stratégique de la boucle du Niger. »[92]

Depuis sa terre d'exil, Boukary Koutou effectua souvent des raids au Gourounsi et au Kipari. Il rencontra l'administrateur colonial français Louis-Gustave Binger à Bancma, en juin 1888, sur la Volta Rouge et se fit apprécier de l'Européen. À son propos, Binger écrivit que :

> « Boukary [Koutou était] du reste fort bien élevé pour un nègre. Par ses manières il [laissait] de suite deviner qu'il [appartenait] à une classe élevée de la société noire. C'[était] un grand bel homme d'une quarantaine d'années ; il [avait] la figure pleine et plutôt ronde qu'ovale ; son menton se [terminait] par une toute petite barbiche, et, quoique tatoué en Mossi, il n'[était] pas défiguré. Son regard [était] franc. L'ensemble de sa physionomie [dénotait] l'intelligence. Il [devait] être bon, mais en même

---

[91] Le Moro Naba, ou Mogho Naba, est le titre porté par les rois du Royaume mossi de Ouagadougou ou de l'Oubritenga, au Burkina Faso. Historiquement, le Moro Naba, représentant du soleil, était grandement vénéré. Il était traditionnellement choisi par les hauts dignitaires de la cour dans la descendance d'Oubri ou Wubri.
[92] In *Mogho Naba Wobgho ; la résistance du royaume mossi de Ouagadougou*, Françoise Bretout, ABC, 1976, p. 11.

temps très ferme dans ses résolutions. »[93]

À la mort du Naba Alassane Sanem en 1889, Boukary Koutou s'empara du pouvoir par la force et le collège électoral du Moro Naba se contenta de le nommer. Il prit alors le nom de règne de Wobgho, c'est-à-dire l'éléphant. Sa devise, « cent génies rouges n'effraient pas l'éléphant », fut un défi aux ennemis qui voudraient l'affronter. Il entra en conflit avec son homonyme le Naba de Lallé avec l'aide du Zerma.

> « Aussi, dès son avènement en 1889, le souverain des Mossi – le Mogho Naba (chef du monde des Mossi) Wobgho (éléphant) – [reçut-il] la visite d'émissaires des gouvernements européens, curieux de vérifier la réputation d'invincibilité des Mossi, les champions redoutés du paganisme, qui [avaient] su, depuis les origines d'un empire presque millénaire, préserver l'intégrité des territoires. »[94]

Après l'exploration du territoire burkinabé par George Eykem Ferguson et tant d'autres, la France reviendrait avec le capitaine Georges Destenave en 1895. C'est ainsi que le Liptako passa sous protectorat français durant la même année. En 1895, au Yatenga, le Mogho Naba Bogaré signa un traité de protectorat avec la France et au centre du pays, le Mogho Naba Wobgho refusa de recevoir les Français et s'enfuit au Ghana. Selon Apollinaire Kyelem de Tambela, s'adressant au capitaine Destenave, le Moro Naba Wobgho lui dit :

> « Je sais que les Blancs veulent me faire mourir pour me voler mon pays. Et tu prétends qu'ils vont m'aider à organiser mon pays ! Or, je trouve mon pays très bien, tel qu'il est. Je n'ai nul besoin des Blancs. Je sais ce qu'il me faut et ce que je veux. J'ai des marchands. Estime-toi heureux que je ne te fasse pas couper la tête. Va-t'en donc. Et surtout, ne reviens pas.
> » Il s'[agissait], pour l'Angleterre et pour l'Allemagne, de prolonger leurs zones côtières de la Gold Coast et du Togo vers le Niger, où la

---

[93] In *Du Niger au golfe de Guinée*, Louis-Gustave Binger, Hachette, 1892, pp. 449-450.
[94] In *Mogho Naba Wobgho ; la résistance du royaume mossi de Ouagadougou*, Françoise Bretout, *op. cit.*, pp. 11 et 13.

circulation du fleuve [était] encore libre ; pour la France, de relier ses conquêtes du Soudan occidental depuis le Sénégal, avec ses comptoirs du Dahomey et de la Côte d'Ivoire. »[95]

Bien qu'il fît bon accueil à la mission Binger[96], Boukary Koutou avait affiché une attitude de plus en plus hostile à l'égard des Français. Il avait une vision claire de la politique expansionniste des Européens et ne se faisait guère d'illusions sur le bénéfice que pouvait tirer son pays d'un protectorat de la France. En juillet 1896, il entra en résistance armée lors de la prise de Ouagadougou, puis, quelque temps après, il suscita un soulèvement d'autres chefs mossis, à cause d'un traité d'alliance conclu avec le délégué afro-britannique George Eykem Ferguson. Selon une anecdote, le chef Mossi aurait outrageusement cousu une jupe pour sa femme préférée avec, comme tissu, le drapeau que les Britanniques lui avaient remis lors de leur passage dans le royaume.

La résistance passive par la fuite pourrait ainsi permettre au Moro Naba Wobgho de conserver sa légitimité, et de refuser de reconnaître le traité imposé par le lieutenant Paul Voulet. Lorsque les troupes françaises occupèrent la cité, en septembre 1896, le Moro Naba Wobgho fit appel en vain aux Anglais. Il abandonna la ville et se retira, en fin de compte, à Nobéré, la terre d'origine des Mossi, pour chercher du renfort. Il y séjournerait de 1896 à 1897.

> « Après l'échec de toutes les missions diplomatiques, et dans la lutte de vitesse qui s'[était] engagée, [c'étaient] les Français qui, les premiers, [décidèrent] d'entamer la conquête pure et simple des territoires mossis en 1886. »[97]

Les Français prononcèrent la déchéance de Boukary Koutou le 21 janvier 1897, mais le Manga et une partie du Busansi lui restèrent

---

[95] In *Relations diplomatiques et souveraineté*, Apollinaire Kyelem de Tambela, Éditions L'Harmattan, Paris, 2007.

[96] Louis-Gustave Binger fut nommé commissaire d'une mission française pour délimiter la frontière entre les territoires français et anglais dans le pays Ashanti.

[97] In *Mogho Naba Wobgho ; la résistance du royaume mossi de Ouagadougou*, Françoise Bretout, *op. cit.*, p. 13.

fidèles. Il n'intenterait aucune initiative pour reconquérir son royaume. De plus, ses grands-parents, auprès de qui il s'était réfugié à Nobéré, avaient refusé de lui fournir des armes, ni de lui donner des hommes. Ils n'avaient pas non plus voulu le laisser repartir, un chef n'abandonnant pas son royaume.

Le 24 juillet 1897, le Moro Naba Wobgho signa un traité de protectorat avec les Anglais. Il obtint leur protection et demeura en Gold Coast jusqu'à sa mort en janvier 1904. Au lieu de se rendre aux représentants français ou de rester longtemps l'otage des Britanniques, Boukary Koutou, ou Moro Naba Wobgho, préféra mettre fin à ses jours comme l'avait fait Babemba Traoré[98].

---

[98] Il fut le fils de Mansa Daoula Traoré qui régna de 1845 à 1860 et frère de Tiéba Traoré qui dirigea le royaume du Kénédougou de 1866 à 1893. Babemba Traoré avait résisté férocement aux troupes coloniales françaises jusqu'à la chute de Sikasso le 1er mai 1898. Ainsi avait-il décidé de se suicider, ayant préféré la mort à la honte. Ce geste et la résistance qu'il opposa à l'armée coloniale font de lui un personnage emblématique de l'histoire du Mali.
Le Kénédougou était un royaume sénoufo situé dans la région de Sikasso (dans l'actuel Mali) qui avait été fondé au XVIIIe siècle par Mansa Daoula Traoré.

II – Prophètes, messianistes et hommes d'Église

Les mouvements prophétiques, ou messianiques, jouèrent un rôle capital aussi bien dans la dénonciation du système colonial que dans la sensibilisation pour se défaire du joug paternaliste ou asservissant, en vue des indépendances des pays de l'Afrique subsaharienne anciennement colonisés. Ainsi éveillèrent-ils à leur façon les consciences politique, culturelle, sociale, mystique... – le messianisme s'inscrivant notamment dans le mythe du salut. Il était question d'un discours sacré dans lequel l'acte de création, qui reliait le temps présent au temps historique, constituait dans l'absolu un fait à la fois de délivrance et de libération pour la communauté opprimée. Le royaume du Kongo, parmi tant d'autres surtout en Afrique de l'Ouest, en fut la parfaite illustration avec de très fortes et charismatiques personnalités comme Apollonia Mafuta Fumaria, Dona Béatrice Kimpa Vita, Simon Kimbangu, André Grenard Matsoua, Simão Gonçalves Toko, Francisco Kasola... Complètement subversifs aux yeux des occupants européens, ces mouvements, souvent menés par des jeunes gens[99] – femmes ou hommes –, furent durement réprimés par les autorités coloniales – l'objectif ayant consisté à les empêcher de s'affirmer et de contaminer les différentes régions du continent.

---

[99] Dona Béatrice Kimpa Vita avait dix-neuf ans quand elle avait mené sa révolution, Simon Kimbangu était âgé de vingt ans, tandis que Simão Toko de vingt et un ans, contre dix-sept ans pour Francisco Kasola... au moment de leurs actions contre la politique coloniale.

2.1 - Francisco Kasola

Francisco Kasola fut un jeune Mukongo né vers 1615. Son action de résistance et d'édification de la conscience nationale du peuple Kongo apparut au cours de l'année 1632, celle durant laquelle il créa une église congolaise et indépendante au regard de l'Église chrétienne vaticane qui, depuis 1488, était installée dans le territoire du Royaume du Kongo. Son initiative avait correspondu dans la cité royale Mbanza Kongo – qui fut au centre du plus grand trafic mondial d'esclaves vers les Amériques et les Caraïbes – à la période resplendissante de ladite église chrétienne dirigée depuis le Vatican, sous l'impulsion en Afrique centrale des missionnaires comme le père Pedro Tavarès.

Force est de constater que le phénomène relatif à une église indépendante africaine remonte presque à l'arrivée des premiers missionnaires blancs dans ce continent. Ainsi Francisco Kasola fut-il le premier Africain connu à s'être proclamé prophète et fils de Dieu. Il se considérait comme un intermédiaire entre Dieu et le peuple. Aussi, comme le Christ, il n'hésita pas à assumer son rôle de « Fils de Dieu » par l'exécution d'un bon nombre de miracles. Un exceptionnel thaumaturge de son temps !

> « Voici comment il procédait lorsqu'il arrivait dans un village : les habitants dont il était l'hôte lui construisaient, d'après le père [Pedro Tavarès], quatre cases : une pour dormir, une autre où il accordait le beau temps, une autre où il accordait la pluie, et une quatrième où il opérait les guérisons. »[100]

Toujours d'après les écrits du professeur Martial Sinda,

> « Francisco Kasola était profondément religieux comme tous les autres Congolais. Tirant parti des connaissances nouvelles acquises au cours des réunions de fidèles, Francisco Kasola se proclama prophète avant de prendre son bâton de pèlerin pour apporter et prêcher la bonne nouvelle à ses frères de race... Alliant ses dons de magicien à sa connaissance du milieu, Francisco Kasola réussit à

---

[100] In *Le messianisme congolais et ses incidences politiques*, Martial Sinda, Payot, Paris, 1972, p. 23.

mettre sur pied un mouvement qui exerça sur ses compatriotes une extraordinaire fascination. Prophète noir s'adressant à des Noirs dans un langage simple et adapté, Francisco Kasola remporta un réel succès lorsqu'il déclara sur les rives du Dande et de la Lufine qu'il était fils de Dieu. Serviable, imbu d'une forte culture religieuse, Kasola avait souvent accompagné le père [Pedro Tavarès] dans ses tournées pastorales »[101]

Dans un article paru en octobre 2014 sur le site Internet congoliberty intitulé *Kasola (Francisco), la première figure connue de la résistance et de la conscience nationale Koòngo*, Rudy Mbemba-Dya-Bô-Benazo-Mbanzulu rappela que :

> « Kasola [était] tout simplement, ce qu'on appelle dans le jargon Koòngo, un véritable Ngunza, c'est-à-dire un homme des lumières, un prophète, un intellectuel, un sage absolument pétri de savoirs et connaissances de ses ancêtres qu'il estime, avant tout, être l'unique voie d'authenticité, d'autonomie et de libération du peuple Kongo ».

Ainsi, surnommé « Bula matari »[102], Francisco Kasola fut-il, d'une manière ou d'une autre, le précurseur du kimpa-vitisme, du kimbanguisme ou du matsouanisme, plus précisément ces courants de pensée propres à la société bantoue basée dans le royaume du Kongo en vue de la réhabilitation ou de la restauration des valeurs identitaires ayant inoculé en amont les dispositions idoines et balisé la libération du peuple Kongo.

> « En somme, par son action et, en dépit d'une redoutable campagne contre sa personne et son enseignement par les missionnaires européens, en l'occurrence [les] Portugais qui, par ailleurs souhaitaient ou tenaient vivement à son arrestation, [...] Kasola avait réussi à poser les germes d'un patriotisme ardent qu'[allaient] incarner un siècle plus tard Kimpa Vita, ou Dona Béatrice, et plus tard [...] des fils Kongo comme le prophète

---

[101] *Ibidem*, p. 22.

[102] Celui qui fend les rochers. Le surnom de « Bula matari » serait plus tard attribué à l'explorateur Henry Morton Stanley, représentant officiel du roi Léopold II au Congo, à cause de la brutalité de son comportement.

Catéchiste catholique qui s'était distingué par ses pouvoirs de guérison miraculeuse, Francisco Kasola fut toléré pendant quelque temps par les missionnaires européens. Mais ces derniers donnèrent enfin l'ordre de l'arrêter lorsqu'il préconisa l'africanisation de l'Église chrétienne et critiqua, dans ses sermons, la résistance des missionnaires blancs. De ce fait, la personne qui aurait été envoyée comme « fils de Nzambi a Mpungu »[104] fut contrainte à la clandestinité dans l'optique d'échapper à l'arrestation et à l'emprisonnement. On n'aurait plus jamais, très étonnamment, de ses nouvelles. Disparition ou assassinat ? Secret de Dieu ? Les voies du Seigneur restent vraiment impénétrables, faut-il croire !

2.2 - Cheikh Ahmadou Bamba

Cheikh Ahmadou Bamba Mbacké naquit en 1853 à Mbacké-Baol dans le royaume de Baol au Sénégal et mourut le 19 juillet 1927 à Diourbel, à l'âge de soixante-quatorze ans. Appelé respectueusement Serigne[105] Touba, il fut un soufi chef religieux et aussi le fondateur de la confrérie des Mourides[106]. Soufi ascétique et mystique, il produisit

---

[103] In *Kasola (Francisco), la première figure connue de la résistance et de la conscience nationale Koòngo, op. cit.*

[104] C'est le nom attribué au Dieu créateur en langue kikongo. Mentionné et reconnu comme tel, dès le début du XVIe siècle par les Portugais ayant visité le royaume du Kongo, cette divinité avait été connue comme le Dieu haut et le Créateur bien avant cette époque, c'est-à-dire depuis la nuit des temps, et continue à l'être de nos jours. Les missionnaires européens, ainsi que les intellectuels Bakongo, dont le roi Afonso Ier de Kongo, avaient su transformer les concepts religieux chrétiens européens en kikongo et « tata Nzambi a Mpungu » pour représenter Dieu. Les missionnaires jésuites, dans les années 1540, avaient accepté cette relation en l'ayant intégrée dans le catéchisme qu'avaient produit les Carmélites en 1557.

[105] Cela veut dire marabout. Serigne Touba, c'est le marabout de Touba.

[106] La confrérie des Mourides (Al mouridiyya) concerne une confrérie, la deuxième voie à apparaître après le tidjanisme au Sénégal, qui est présente particulièrement au Sénégal et en Gambie. Elle joue un rôle économique et politique important. Abdoulaye Wade, élu en 2000 à la magistrature suprême, était le premier président mouride de la République du Sénégal.

une quantité prodigieuse de poèmes et de parchemins sur la méditation, les rituels, le travail et l'étude coranique. Au-delà du fait d'écrire sur le *tawhid*[107], le *fiqh*[108] et le *tassawouf*[109], ainsi que sur la grammaire, il fut également l'auteur de nombreuses fatwas qui étaient décrétées au Sénégal et en Mauritanie – notamment sur la théologie islamique et la récitation du coran. À la fois théologien, juriste musulman et soufi, Cheikh Ahmadou Bamba fut donc l'une des figures les plus importantes de l'islam dans la région. Il fonda la ville de Touba en 1887.

La plus grande partie de l'œuvre écrite de Cheikh Ahmadou Bamba fut consacrée principalement à la glorification de Dieu, aux prières et aux éloges sur le prophète Mahomet. Partisan de la paix, Serigne Touba avait promis le salut à ses disciples qui se seraient conformés à ses recommandations. Celles-ci provenaient de Dieu, ainsi que de son prophète dans l'islam. Pourtant, après plusieurs mesures restrictives à son encontre, il serait arrêté le 10 août 1895 à quatorze heures par les autorités coloniales, qui l'enfermeraient dans la prison de Saint-Louis, avant de l'exiler en Afrique centrale, plus précisément au Gabon.

> « Quand Ahmadou Bamba [avait] été arrêté, il n'[avait] pas été déféré au conseil général où siégeaient des chefs africains [...], des chefs métis, des citoyens sénégalais qui étaient plus démocratiques et où la plupart du temps ils [traitaient] les grandes questions politiques… mais on l'[avait] amené au conseil privé, qui [siégeait] aux côtés du gouverneur et qui était composé exclusivement de fonctionnaires

---

La tradition mouride est grandement marquée par la culture africaine et plus précisément wolof. Les talibés (disciples) effectuent un pèlerinage annuel dans la ville sainte de Touba, au centre du pays, lors du Magal. Celui-ci est une fête qui coïncide chaque année avec la célébration du départ en exil, en 1895, de Cheikh Ahmadou Bamba Mbacké du fait de l'autorité coloniale.

[107] Il est question d'une expression du dogme fondamental de l'islam relative au monothéisme.

[108] L'interprétation temporelle des règles de la charia. Il est quelquefois traduit par jurisprudence islamique, c'est-à-dire en référence aux avis juridiques pris par les juristes de l'islam. Il s'agit d'une compréhension du message de l'islam sur le plan juridique, bien qu'il ne s'y limite pas. Le savant, en matière de *fiqh*, se nomme *faqîh*.

[109] Le soufisme.

coloniaux. […] on [avait] arrêté, jugé, condamné et déporté Ahmadou Bamba en un court laps de temps pendant la saison des pluies… [période pendant laquelle] les grands chefs [retournaient] en France pour échapper aux moustiques, à la pestilence et aux maladies. Parmi les dix qui [avaient] siégé lors du jugement d'Ahmadou Bamba, sept étaient des intérimaires. […] Ce [n'étaient] pas les titulaires des postes qui [avaient] siégé mais […] des [remplaçants]. Et le gouverneur qui présidait la réunion, [Louis Mouttet], était lui-même un intérimaire parce que [Henri Félix de Lamothe] était parti et Chaudié, celui qui devait le remplacer, n'était pas encore arrivé. »[110]

Son disciple et bras droit Mame Thierno Birahim Mbacké le suppléa, en son absence, auprès de sa famille et de la communauté mouride. L'administration coloniale justifia sa décision en affirmant que :

« il [ressortait] clairement du rapport que l'on n'[avait] pu relever contre Ahmadou Bamba aucun fait de prédication de guerre sainte, mais son attitude, ses agissements, et surtout ceux de ses principaux élèves [étaient] en tous points suspects. »[111]

Il est important de rappeler qu'en 1886, Cheikh Ahmadou Bamba fut lié à des chefs traditionnels au premier rang desquels figurait un certain Lat Dior, le grand adversaire politique et militaire de la colonisation française depuis près d'un quart de siècle. Or, le Damel du Cayor, vaincu par les Français, décéda en octobre 1886. Et, par conséquent, plusieurs membres éminents de sa famille, ses dignitaires et ses partisans rallièrent la confrérie de Cheikh Ahmadou Bamba entre 1886 et 1895. Le trait d'union « identitaire » anti-colonial d'origine serait ainsi tracé – à tort ou à raison – entre Lat Dior et Cheikh Ahmadou Bamba.

« Dès la fin des années 1880, l'influence croissante de Cheikh Ahmadou Bamba [inquiétait] l'administration coloniale… et [attisait] les

---

[110] In *Sur les traces de l'exil de Cheikh Ahmadou Bamba*, interview de Cheikh Anta Babou accordée à Laurent Correau pour *Radio France Internationale*.
[111] In *L'islam mystique de Cheikh Ahmadou Bamba*, un documentaire d'Emmanuel Brisson.

jalousies de certains chefs traditionnels du Baol qui [craignaient] que leur autorité ne se trouve remise en cause. En 1888, un premier rapport [fut] adressé par l'administrateur colonial Leclerc à la direction des Affaires politiques du Sénégal sur les agissements présumés de [ce] chef mouride. La surveillance se [resserra] autour de lui. Après une première politique d'apaisement menée par le gouverneur Clément Thomas à la fin des années 1880, l'administration coloniale [procéda] au début des années 1890 à une politique de neutralisation de Serigne Touba. »[112]

Pour l'historien Cheikh Anta Babou, dans les propos rapportés dans une interview accordée en janvier 2011 à *Radio France Internationale*, Cheikh Ahmadou Bamba avait toujours déclaré qu'il n'était pas intéressé par le « djihad de l'épée », que son djihad était le « grand djihad », c'est-à-dire le djihad des Soufis, le « djihad naf » ou le Djihad contre l'âme charnelle :

> « Il a toujours dit et déclaré dans ses écrits, comme dans ses prêches publics que pour lui, le djihadiste n'est pas celui qui tue les hommes, qui verse leur sang mais celui qui fait face à ses faiblesses internes, les faiblesses de son âme pour les dominer. C'est celui qui lutte contre Satan, une lutte quotidienne… »[113]

Cheikh Ahmadou Bamba retourna à Dakar en 1902, après sept années et neuf mois d'exil forcé au Gabon dans la forêt équatoriale. La foule l'acclama alors que beaucoup pensaient qu'il y était mort. L'administration coloniale tenta à nouveau de l'arrêter, en envoyant des tirailleurs et des spahis, mais les talibés, c'est-à-dire les disciples de Serigne Touba, le protégèrent. Sa popularité n'ayant cessé de grandir en son absence, il fut placé en résidence surveillée au Nord du Sénégal, puis enfin dans sa région d'origine. Il serait finalement arrêté de nouveau, l'année suivante, et confiné pendant quatre ans en Mauritanie.

Après 1910, les autorités françaises réalisèrent enfin que Serigne Touba ne désirait pas la guerre. Dès lors, et comme la doctrine de

---

[112] In *Cheikh Ahmadou Bamba à travers les archives*, article de Jean-Pierre Bat paru dans *Libération* en février 2016.

[113] In *Sur les traces de l'exil de Cheikh Ahmadou Bamba*, *op. cit.*

Cheikh Ahmadou Bamba pouvait leur servir, elles décidèrent de collaborer avec lui.

> « Les Français [changèrent] à cette époque leur politique vis-à-vis du guide spirituel. Ils [tentèrent] de s'en faire un allié en l'élevant à la dignité de chevalier de la Légion d'honneur. »[114]

Mais le Serigne Touba refusa de cautionner le schéma des colonisateurs. Ainsi déclina-t-il la proposition relative à la Légion d'honneur. Son mouvement prit davantage de l'ampleur en 1926 quand les travaux de la construction de la Grande Mosquée de Touba, où il serait inhumé, commencèrent. Après sa mort, la confrérie des Mourides fut dirigée, avec une absolue autorité sur ses disciples, par ses héritiers. Le tombeau de Cheikh Ahmadou Bamba reste de nos jours un lieu de pèlerinage.

Selon l'historien sénégalais Iba Der Thiam, la première arrestation du Serigne Touba aurait été motivée par son désir de se rendre en pèlerinage à La Mecque, où son audience aurait pu encore s'élargir. De toute évidence, les Français avaient pu se forger un avis grâce aux rapports qu'ils recevaient de la part de chefs locaux, jaloux de son audience.

> « C'[étaient] des chefs africains qui [avaient] informé l'administration coloniale qu'Ahmadou Bamba était en fait en train de préparer un "Djihad de l'épée", qu'il avait acheté des fusils et qu'ils avaient vu des chameaux chargés de fusils qui allaient vers son village de Ndam (Darou marnane)… Ils disaient également qu'il avait commandé beaucoup de mils et que des pileuses étaient mobilisées pour le piler et préparer le couscous qui serait utilisé comme provision de guerre, parce qu'Ahmadou Bamba n'attendait que la fin de la saison des pluies pour commencer "le Djihad de l'épée". Ils disaient enfin qu'il allait déclencher ce djihad en collaboration avec certains chefs africains comme le chef du Djolof qui avait été nommé par l'administration coloniale mais qui n'était pas très heureux dans son royaume du Djolof. »[115]

---

[114] In *L'islam mystique de Cheikh Ahmadou Bamba*, *op. cit.*
[115] In *Sur les traces de l'exil de Cheikh Ahmadou Bamba*, *op. cit.*

Certes, l'histoire de Cheikh Ahmadou Bamba est celle d'une personne qui avait patriotiquement résisté aux colonisateurs français. Mais la lutte qu'il avait engagée contre l'empire colonial était plutôt pacifique. Il n'était pas du tout hostile aux Français par rapport à plusieurs marabouts Tijani, mais il ne souhaitait que l'indépendance de son pays, le Sénégal.

Actuellement, le mouridisme est présent dans toutes les sphères de la vie sociale au Sénégal et en Gambie. Organisés en différentes associations socioprofessionnelles et culturelles, les mourides véhiculent un enseignement de l'effort, une philosophie, presque une mystique du travail. Le mot d'ordre du fondateur, issu d'un *hadith* du prophète Mohamed qu'il avait fait sien, est d'ailleurs très significatif : « Travaille comme si tu ne devais jamais mourir, et prie comme si tu devais mourir demain ». Aujourd'hui, il reste une seule photo de Cheikh Ahmadou Bamba qui est sans arrêt reproduite à l'aide de la peinture sur les murs, les bus, les taxis.

2.3 - Le prophète Harris

William Wade Harris naquit vers 1860 au Liberia, des parents d'ethnie grebo[116] et de culte animiste, et y mourut en 1929. Il fut un évangéliste libérien, qui prêcha d'abord au Liberia, puis en Côte d'Ivoire, ensuite au Ghana. Selon l'africaniste et historien catholique Adrian Hastings, le prophète Harris fut :

> « le premier des prophètes chrétiens éminents de l'Afrique. Personne d'autre n'a jamais eu un si grand impact en un temps si court… Il [avait] effectué ce qui fut probablement la croisade évangélique la plus extraordinaire d'un homme que l'Afrique ait connue ».

On ne cesse de considérer ce prophète comme l'un des auteurs de l'Évangile de la prospérité.

---

[116] Les Grebo (ou Glebo) constituent un peuple d'Afrique de l'Ouest présent au Centre-Est et Sud-Est du Liberia et à l'Ouest de la Côte d'Ivoire, dans une zone largement forestière. Ils font partie du groupe des Krous.

Le jeune Wade vécut pendant six ans chez son oncle maternel, le révérend John C. Lowrie, qui le prit comme apprenti et écolier dans sa maison de pasteur-maître d'école méthodiste située à Sinoe, l'un des quinze comptés du Liberia, parmi les Libériens immigrés. Il grandit donc en dehors du territoire grebo, loin des influences de la vie traditionnelle. John C. Lowrie était un ancien esclave, converti et éduqué à Freetown. Prédicateur et enseignant remarquable, il baptisa Wade sous le nom de William Harris. Le jeune homme apprit aussi à lire et à écrire en anglais et en grebo. Ainsi fut-il marqué par la foi, la piété, la discipline, et la culture biblique de son instructeur, et par son rôle d'homme de la Bible dans la société. Il fréquenta à l'âge de seize ans l'école méthodiste épiscopalienne présidée, à l'époque, par le révérend Jesse Lavry.

En 1912, à peine sorti de prison, William Wade Harris se précipita au chevet de son épouse Rose Badock Farr qui était mourante. Cette dernière lui annonça ceci :

> « l'ange Gabriel m'a rendu visite. Il m'a demandé de le rejoindre au ciel pour que tu puisses accomplir librement ta mission de prophète. »

Quelque temps après s'être recueilli dans la prière et dans l'étude de la Parole de Dieu, il sentit le moment venu. Plus tard, William Wade Harris déclarerait :

> « Le Saint-Esprit est venu à moi. J'ai commencé à prêcher dans la première année de ma conversion. »

On peut aisément affirmer qu'au cours de cette évolution religieuse, ou messianique, deux modèles de pensées importants étaient en jeu pour William Wade Harris :

> « La très grande influence d'Edward Blyden [Wilmot], né aux îles Vierges et prééminent au Liberia – [étant] le Noir le plus éduqué et le plus capable de s'exprimer clairement à l'époque – rappelait sans cesse le manque d'efficacité, ainsi que l'impérialisme culturel des missions occidentales et [se positionnait] fermement du côté d'une

église autonome et panafricaine ; en même temps, il était convaincu que le salut politique du Liberia ne pouvait venir que d'un protectorat britannique. Mais aussi, à Cap Palmas, l'ami de Blyden [Wilmot], le prêtre sécessionniste Samuel Seton, avait déjà créé en 1887 l'église séparatiste de "l'Église du Christ" sous l'influence du leader religieux américain Charles T. Russell, qui avait fondé le groupe qui deviendrait par la suite les Témoins de Jéhovah, et dont les écrits apocalyptiques arrivaient en masse dans la région malgré l'opposition de l'évêque Samuel Ferguson. »[117]

Après sa libération et le décès de sa femme, Rose Badock Farr, qui lui donna six shillings devant lui permettre de voyager partout, William Wade Harris reçut trois fois à travers une grande vague de lumière une onction de Dieu quand l'Esprit fut descendu sur sa tête comme de l'eau. Plus tard, il dirait, « c'était comme de la glace sur ma tête et partout sur ma peau. » Pour se conformer à la volonté divine, il troqua une tunique blanche contre ses vêtements civils, y compris ses chaussures en cuir verni. Il se mit à détruire les fétiches, à commencer par les siens, et il prêcha le baptême chrétien.

Le prophète William Harris s'expatria en Côte d'Ivoire, où sa prédication connut un grand succès. En 1911, Monseigneur Jules Moury, vicaire apostolique chargé de la mission catholique en Côte d'Ivoire, fut très désespéré par rapport à l'avenir de l'Église chrétienne vaticane dans cette colonie française négligée, la lumière du Christ n'ayant produit qu'une récolte de 2 000 âmes baptisées. À cause de qui ? Vers les années 1913-1914, s'agissant de son ministère, l'œuvre du prophète Harris fut décrite par les missionnaires catholiques comme celui d'un charlatan, sans scrupule, qui s'adonnait à un « complot protestant » contre la mission. En Côte d'Or, les missionnaires méthodistes et les pasteurs africains furent divisés dans leur appréciation de l'homme dont ils ne savaient pratiquement rien, à part le fait qu'il avait auparavant eu des liens avec l'église méthodiste au Liberia. Par conséquent, le gouvernement français, en avril 1915, l'expulsa de Côte d'Ivoire vers le Liberia. Trois ans plus tard, dans son rapport annuel de 1914, Monseigneur Jules Moury serait complètement enthousiaste :

---

[117] In *Dieu a fait de son âme une âme enflammée ?*, David A. Shank, Dictionnaire biographique des chrétiens d'Afrique.

« Je serais incapable, ici, d'exposer les moyens externes que la Providence Divine a utilisés pour accomplir ses desseins gracieux, et je serais obligé de me limiter à la description des effets. Ces effets – en fait, c'est un peuple entier qui, ayant détruit ses fétiches, envahit nos églises en masse, et demande le saint baptême. »[118]

Providence divine due à l'œuvre de qui ? En 1926, au congrès international qui eut lieu au Zoute en Belgique, lors d'une discussion sur les méthodes évangéliques et leur efficacité, le révérend Edwin William Smith, ancien missionnaire ayant exercé en Rhodésie, fit remarquer avec ironie que :

« l'homme qui aurait dû parler au Zoute sur la prédication aux Africains, c'[était] le prophète Harris, l'homme qui [était] passé comme une comète à travers une partie de l'Afrique occidentale il y [avait] quelques ans. C'[était] l'évangéliste qui [avait] eu le plus grand succès en Afrique. En quelques mois seulement, il [avait] regroupé plus de croyants que le chiffre total des croyants de toutes les missions au Nyasaland après cinquante ans de travail ! Quelle était sa méthode ? »[119]

Rappelons que, à cette époque, l'héritage du prophète William Wade Harris revenait à plus de 100 000 Africains membres de tribus ayant été baptisés en dix-huit mois, et, encore dix années plus tard, beaucoup furent prêts à recevoir l'enseignement de « l'homme blanc avec le Livre ». Ce fut tellement sensationnel qu'un historien catholique décrivit ainsi cette évangélisation :

« [...] c'était la plus extraordinaire croisade évangélique d'un seul homme connu en Afrique, et la plus couronnée de succès. »

Et, quelques années plutôt, Charles Pelham Groves avait souligné l'existence de « trois [...] missionnaires remarquables durant la Première Guerre mondiale en Afrique : Charles de Foucault au Sahara,

---

[118] In *Archives de la Société des Missions Africaines (Rome)*, 12/804.07 h 28 : 761,1914.
[119] In *The Christian Mission in Africa*, Edwin William Smith, London and New York ; International Missionary Council, 1926, p. 42.

Albert Schweitzer dans les forêts tropicales du Gabon, et le prophète Harris, qui avait évangélisé les tribus païennes de la Côte d'Ivoire »[120], les deux premiers ayant été connus pour leurs écrits et leurs œuvres alors que William Wade Harris n'avait laissé aucun écrit.

Évoquant une discussion qu'il eut avec William Wade Harris, l'avocat de la Côte d'Or, Casely Hayford, raconta que :

> « il [parlait] avec le plus grand respect de son appel. C'[était] comme si Dieu avait fait de l'âme de Harris une âme en feu… Il [avait] appris la leçon de ceux qui [avaient] eu les lèvres touchées par un charbon ardent de l'autel, [la façon] de se laisser couler en Dieu… […] Dieu [avait] croisé le chemin de cet humble homme grebo et il [avait] eu le bon sens de céder. Il [avait] accepté d'avoir la volonté transformée hors mesure, et il [portait] partout le symbole de la croix. »[121]

Dans la doctrine originelle de William Wade Harris, la Bible, qu'il connaissait parfaitement, jouait un rôle essentiel dans la préconisation de l'abandon des fétiches, de l'obéissance à la loi mosaïque, de l'obligation du baptême…, alors que l'Ancien Testament était considéré comme un miroir de l'Afrique au regard de la tolérance envers la polygamie, de la tradition orale, de l'importance des songes divinatoires et des guérisons spirituelles. Pour les fidèles, très majoritairement africains, grâce à l'intercession du prophète Harris, ils obtiendraient autant de richesses que les Européens. De plus, libre du contrôle des hommes, William Wade Harris fut réellement un prophète au-dessus de toutes les religions. Il ne dépendait que de Dieu par l'intermède de l'ange Gabriel qui lui avait confié sa mission des temps derniers modernes, de l'ère de paix dont parlait saint Jean dans le vingtième chapitre de l'Apocalypse, plus précisément la paix de mille ans dont l'arrivée serait très proche.

En avril 1929, âgé de presque soixante-dix ans, le prophète fut très épuisé. Il mourut sans un sou. Au cimetière du village de Spring Hill,

---

[120] In *The Planting of Christianity in Africa*, Charles Pelham Groves, London, Lutterworth Press, 1958.
[121] In *William Waddy Harris : The West African Reformer*, Casely Hayford, London, C. M. Phillips, 1915, pp. 16-17.

au Liberia, une pierre tombale quelconque en ciment, peinte en blanc, porte cette épitaphe rudimentaire gravée à la main : « Avec affection, et à la mémoire de Propha Wade Harris né… mort le 15 juin de l'an 1928 ». Message laissé par Abraham Kwang en 1968. Selon différentes sources, là où il n'y avait eu qu'une simple pierre tombale, un homme qui venait du Ghana avait bâti cette dalle tombale en ciment par respect et par hommage au prophète qui, bien des années auparavant, avait fait revivre sa mère trois jours après sa mort.

Dix années après l'enseignement biblique du prophète William Wade Harris, les missionnaires anglais observeraient les phénoménales différences qui avaient existé entre la Côte d'Ivoire et le Dahomey ou le Togo, qu'ils connaissaient si bien. La description suivante, faite par le capitaine Paul Marty, administrateur colonial, évoqua sans aucune ambiguïté,

> « un fait religieux, presque incroyable, [ayant] bouleversé toutes les idées reçues sur les sociétés noires de la Côte – tellement primitives, tellement rustiques – et qui, de par [l'occupation européenne], et en conséquence de celle-ci, [serait] l'événement social et politique le plus important dans dix siècles d'histoire, qu'il s'agisse du passé, du présent ou de l'avenir de la Côte d'Ivoire maritime ».

Le harrisme, lequel est de nos jours scindé en plusieurs branches, tire son appellation de son fondateur William Wade Harris. Sa doctrine s'inspire uniquement de la Bible et de l'enseignement du prophète Harris. En Afrique, il est plus largement pratiqué au Liberia, au Ghana et, surtout, en Côte d'Ivoire, d'autant plus que,

> « dans la société ivoirienne actuelle, les harristes sont partout présents. Aux occasions les plus solennelles de la vie publique comme les grandes réunions politiques, les fêtes nationales, les réceptions en l'honneur des hôtes de marque étrangers, les présentations annuelles de vœux aux autorités supérieures de l'État, le clergé harriste figure en bonne place aux côtés des autres clergés, à l'instar des grands corps constitués de l'État et de la nation. »[122]

---

[122] In *Le prophète Harris : le christ noir des lagunes*, Christophe Wondji, ABC, 1977, p. 13.

À l'instar du kimbanguisme, le harrisme reste une religion fondée sur la sauvegarde de l'identité noire. Celle-ci, qui semble ne pas porter les marques de l'ethnicité, fonctionne avec une mémoire empruntée, c'est-à-dire de source biblique, et l'enseignement de son initiateur. On n'y perçoit ni les traces des ancêtres, ni la référence à un territoire, encore moins la sacralisation d'une langue quelconque. Cela ne doit nullement faire oublier aux croyants, néanmoins, la problématique du sens et de la signification de cette action.

> « En [ayant réussi] ainsi à créer l'adhésion populaire, [William Wade] Harris agissait-il en simple prophète talentueux au service d'une mission divine ou était-il un nationaliste anticolonialiste [ayant défendu] la cause de ses frères noirs opprimés ? »[123]

2.4 - Charles Lwanga

Saint Charles Lwanga, vit le jour en 1865 et décéda le 3 juin 1886 à Namagongo en Ouganda. Né dans le royaume du Buganda, au Sud de l'actuel Ouganda, il fut le chef des pages à la cour du roi Mwanga II. Il fut un laïc converti par les Pères Blancs qui le baptisèrent en novembre 1885. Martyr ougandais d'ethnie Baganda liturgiquement commémoré le 3 juin, avec les autres martyrs africains, il fut canonisé en 1964 par le pape Paul VI lors d'une visite pastorale en Ouganda.

Exigeant de ses sujets convertis au christianisme l'abandon de leur nouvelle foi, le roi Mwanga II fit exécuter de nombreux catholiques et anglicans entre 1885 et 1887. Beaucoup d'entre eux résidaient à la cour ou dans les environs, notamment le responsable des pages nommé Charles Lwanga.

À la suite d'un massacre de chrétiens anglicans en 1885, Joseph Mukasa, le catholique à qui les victimes avaient été confiées par les missionnaires, reprocha ce crime au roi. Le souverain Mwanga II le fit décapiter et ordonna l'arrestation de tous les fidèles dont le malheureux avait la responsabilité.

---

[123] *Ibidem*, p. 15.

« L'Église ougandaise était toute jeune : à peine dix ans depuis que les Pères Blancs avaient évangélisé le pays, avec l'appui du roi. Mais le roi [Mutesa Ier] était mort et son successeur [Mwanga II] était un homme sans moralité et tyrannique. Il avait renvoyé les missionnaires de la religion étrangère. Or, voici que certains de ses pages refusaient de se plier à ses désirs contre-nature sous prétexte que leur baptême leur faisait un devoir de rester purs.

» Le roi fit arrêter ceux de ses pages qui étaient chrétiens, catholiques et protestants mêlés dans le même témoignage : une vingtaine, âgés de 13 à 30 ans, avec leur meneur Charles Lwanga. Ils furent longuement torturés, mais sans qu'on pût les forcer à renier leur baptême. Ils furent brûlés vifs, à petit feu, sur une colline afin qu'on puisse les voir de loin, pour l'exemple. Un an plus tard, le nombre des baptisés et des catéchumènes avait plus que triplé, signe de la fécondité de leur martyre. »[124]

Compte tenu de l'imminence de la prochaine série d'exécutions, Charles Lwanga baptisa sans tarder ses catéchumènes avant d'être brûlé vif le 3 juin 1886. D'après le procès de canonisation, l'une des raisons de la colère du roi était le refus des chrétiens de pratiquer l'homosexualité.

« Charles Lwanga, magnifique athlète d'une vigueur peu commune, à qui le roi avait confié un groupe de pages auxquels il avait enseigné le catéchisme en cachette, fut séparé de ses compagnons afin d'être brûlé à part, d'une manière particulièrement atroce. Le bourreau alluma les branchages de manière à ne brûler d'abord que les pieds de sa victime. "Tu me brûles", dit Charles, "mais c'est comme si tu versais de l'eau pour me laver !" Lorsque les flammes attaquèrent la région du cœur, avant d'expirer, Charles murmura : "Mon Dieu ! mon Dieu !" »[125]

La dévotion populaire des martyrs de l'Ouganda finit par prendre un essor universel, après que saint Pie X les eut proclamés Vénérables le 16 août 1912. Leur béatification eut lieu le 6 juin 1920, par la déclaration du pape Bénédicte XV, et ils reçurent les honneurs de la cano-

---

[124] In *Martyr en Ouganda*, article paru dans le site Internet catholique.org.
[125] In *Saint Charles Lwanga et ses martyrs*, article paru dans le site Internet catholique.org.

nisation, par le pape Paul VI, le 18 octobre 1964. Ce dernier reconnut également le martyre des anglicans. De nos jours, ils font l'objet d'une dévotion toute particulière en Afrique. Plusieurs établissements scolaires et paroisses sont placés, dans ce continent, sous la protection de Saint Charles Lwanga.

2.5 - Simon Kimbangu

Simon Kimbangu, dont le nom veut dire « celui qui révèle les choses cachées », vit le jour le 12 septembre 1887 dans le Kongo central, deux années et trente-trois jours seulement après l'ouverture des travaux de la conférence de Berlin, et décéda le 12 octobre 1951 à Élisabethville, actuellement Lubumbashi, au Congo Belge qui deviendrait plus tard la République Démocratique du Congo. Pendant la grossesse de la mère du prophète, le révérend G. R. R. Cameron, un missionnaire protestant, annonça de manière prémonitoire à l'heureuse et future maman :

> « Femme, cet enfant que vous attendez sera appelé à de grandes choses ».[126]

Chef religieux congolais et fondateur du kimbanguisme, ses partisans considèrent Simon Kimbangu comme l'envoyé spécial de « Tata Nzambi a Mpungu », le Dieu des Bantous – plus précisément du peuple Kongo. La particularité de l'enseignement kimbanguiste réside, entre autres, dans l'annonce d'une probable libération de la race noire à l'échelle planétaire.

> « Dans l'espace Kongo, le rapport avec les évangélisateurs est ancien. Le roi [Nzinga Nkuvu] qui vit venir les premiers Portugais à la fin du XVe siècle les avait considérés, bien qu'ils fussent Blancs, comme ses ancêtres et il s'était converti.
> » Ensuite, après bien des vicissitudes, le symbole de la croix se répandit mais il n'avait pas nécessairement le même sens qu'en Europe. Dès le XVIIIe siècle avait surgi une prophétesse [Dona

---

[126] In *L'Église de Jésus-Christ sur la Terre par le prophète Simon Kimbangu (EJCSK)*, Yossa Way, Dictionnaire biographique des chrétiens d'Afrique.

Béatrice Kimpa Vita] qui signifiait déjà que c'étaient les Noirs qui étaient crucifiés. Au XXe siècle, quand commença la contestation de la colonisation (et aussi le mouvement panafricain des Noirs américains) se levèrent d'autres personnages d'exception : Simão [Toko] en Angola, André Matsoua au Congo-Brazza et, au Congo belge, Simon Kimbangu. »[127]

Simon Kimbangu fut baptisé par la *Baptist Missionary Society* le 4 juillet 1915, dans la rivière Tombu, et instruit pour devenir catéchiste. Il n'accéda pas à l'échelon de pasteur, mais resta néanmoins catéchistes. Il se maria religieusement avec Marie Mwilu et ils eurent, par la suite, trois fils : Daniel Charles Kisolokele, Salomon Dialungana Kiangani et Joseph Diangienda Kuntima.

Avant de commencer son ministère en 1921, le prophète aurait eu une première vision nocturne en 1918. Il aurait entendu une voix qui l'interpella en ces termes :

> « Je suis le Christ, mes serviteurs sont infidèles, je t'ai choisi pour être mon témoin auprès de tes frères et pour les convertir. »[128]

Selon le professeur Martial Sinda, ayant résisté longtemps à cet appel et à la voix qui s'adressa à lui en rêve, le jeune Simon Kimbangu répondit humblement :

> « Je ne connais pas ce travail, Seigneur, d'autres plus instruits, plus compétents, feront mieux paître ton troupeau. »[129]

Après avoir rencontré des militants anticolonialistes américains en 1920, à l'époque où il était ouvrier dans les huileries de Kinshasa, Kimbangu reçut le 18 mars 1921 une vision divine lui ordonnant d'aller enseigner aux Congolais et au monde un message nouveau, apporté par « Nzambi a Mpungu », c'est-à-dire le « Dieu tout-puis-

---

[127] In *Simon Kimbangu, histoire de prophètes*, Jean Lebrun, Radio France Internationale, le 28 février 2013.
[128] In *L'Église de Jésus-Christ sur la Terre par le prophète Simon Kimbangu (EJCSK)*, Yossa Way, *op. cit.*
[129] In *Simon Kimbangu : prophète et martyr zaïrois*, Martial Sinda, ABC, 1997, p. 14.

sant ». Il quitta sans tarder Léopoldville. Selon une anecdote, un dénommé Mfumfu le gifla et lui prit de force – sur le chemin de fer à la hauteur du territoire de Kasangulu dans l'actuel district de la Lukaya – l'anguille qu'il avait pêchée plus tôt. Désormais, tout ce que mangeait le fameux Mfumfu avait le goût du *nzombo* : c'est-à-dire l'anguille en langue lingala, ou *nzombu* en kikongo. Le futur prédicateur se retira donc à Nkamba dans le Kongo central, ou Bas-Congo. Le village de Nkamba serait désigné, par Simon que Kimbangu, comme le nouveau Jérusalem et deviendrait le centre d'un pèlerinage permanent.

> « En 1921, rien d'exceptionnel ne prédisposait Simon Kimbangu à jouer le rôle d'éveilleur des consciences des populations d'Afrique centrale et, plus particulièrement, de celles des deux grandes villes de [Léopoldville] et de Brazzaville.
> » [Ce fut] vers la fin mars 1921 que les premiers échos de la prédication du prophète Kimbangu, dont le renom attirait des foules immenses à Nkamba, se propagèrent comme une traînée de poudre dans le [Kongo central]. »[130]

Au début de son enseignement, thaumaturge, Simon Kimbangu revendiqua plusieurs guérisons, dont celle d'une jeune femme dénommée Kiantondo. Il acquit le pouvoir de ressusciter les morts, de rendre la vue aux aveugles, de faire entendre les sourds et parler les muets, de faire marcher les paralytiques. Il fut surnommé en langue kikongo « Ntumua ya Nzambi a Mpungu », à savoir l'« envoyé de Dieu tout-puissant ». On le reconnut alors comme un « Ngunza », à savoir comme un « prophète » par rapport à la version baptiste de la Bible. Son enseignement mit l'accent sur des causes nationalistes, à la plus grande inquiétude des autorités coloniales belges. Il se réclama de Dona Béatrice Kimpa Vita, qui vécut deux siècles plus tôt, et valorisa les symboles traditionnels et les lois ancestrales.

> « Un jour au mois d'avril, on apporta une fille morte depuis trois jours. Quand elle s'approcha du village, Dieu révéla à Simon [Kimbangu] qu'il y avait une morte qui s'approchait et qu'il devait la res-

---

[130] *Ibidem*, p. 13.

susciter au nom du Christ. La morte étant arrivée, on la plaça aux pieds du prophète. Le père dit : "Simon, prophète de Dieu, ayez pitié de mon enfant, qu'elle vive ; elle s'appelait Dina." Simon [Kimbangu] parla : "Votre fille n'est pas morte, elle dort seulement." Il dit à l'enfant : "Au nom du Christ, levez-vous." Sur-le-champ, elle se dressa et s'en alla. La foule était dans l'admiration et bénit le Seigneur dans un chant de louange. »[131]

À l'instar de Jésus-Christ, Simon Kimbangu choisit des apôtres – sept et non douze, en ce qui le concernait – pour l'accompagner dans sa mission, et édicta trois règles morales fondamentales : l'abolition des symboles religieux traditionnels, la suppression des danses érotiques et l'abolition de la polygamie. Il s'opposa également aux pratiques magiques et à la sorcellerie.

Simon Kimbangu s'identifia donc à « Nzambi a Mpungu ». Il prédit, bien que sa prédication n'eût pas de contenu politique affirmé, la libération de l'Homme noir sur un plan spirituel et physique, l'indépendance du Congo belge et la reconstitution du royaume du Kongo, prophétisant le « dipanda dianzole », plus précisément la « seconde indépendance » en kikongo. Il affirma surtout que :

« un jour l'homme blanc deviendrait Noir et l'homme noir deviendrait Blanc ».

Le mouvement kimbanguiste, lequel sembla particulièrement alimenter le sentiment anti-européen, suscita de fait l'inquiétude des colons belges. Les autorités coloniales, alertées par les missionnaires catholiques et protestants, firent rechercher Simon Kimbangu, ainsi que ses plus proches fidèles. Des troupes armées de mitrailleuses furent alors déployées dans les quartiers blancs de la capitale, Léopoldville, dans la crainte d'un soulèvement populaire.

La première tentative d'arrestation échoua mais, après s'être resté invisible pendant trois mois, Simon Kimbangu se rendit au début du mois de septembre 1921 de son propre chef aux autorités coloniales. Inculpé de sédition, il fut arrêté le 12 septembre 1921 et condamné à

---

[131] In *L'Église de Jésus-Christ sur la Terre par le prophète Simon Kimbangu (EJCSK)*, Yossa Way, *op. cit.*

mort le 3 octobre de la même année. Le roi Albert Ier commua la condamnation en réclusion à perpétuité avec cent vingt coups de fouet, et Simon Kimbangu fut envoyé au Katanga, loin de ses disciples, à plus de deux mille kilomètres de sa zone de prédication.

> « Bientôt, le parallélisme entre son destin et celui du Christ s'[imposa]. Simon Kimbangu [devint] le prophète et le martyr venu souffrir pour libérer l'homme noir. »[132]

Le procès transforma effectivement Simon Kimbangu en martyr. Pendant sa détention, il dispensa son enseignement aux autres prisonniers. Il serait considéré par ses fidèles, durant toutes les années passées en prison, comme un chef spirituel. Il devint également un symbole du nationalisme congolais.

Dès son incarcération en 1921, plusieurs mouvements religieux, de surcroît messianiques, se réclamèrent du prophète Simon Kimbangu et de son enseignement, surtout sur la croyance au culte des ancêtres au regard de l'héritage biblique et baptiste – Kimbangu y étant tantôt le simple prophète de Jésus pour les Noirs, tantôt le nouveau Messie noir.

Le prophète Simon Kimbangu mourut après trente années d'emprisonnement, le 12 octobre 1951 à Élisabethville. Mais l'incarcération n'eut aucune influence sur le mouvement, comme l'espéraient les autorités belges.

Après trente-cinq années de persécutions et de clandestinité, le kimbanguisme sortit finalement de l'ombre, de la clandestinité, sous l'influence des fils biologiques du prophète. En 1959, cette congrégation chrétienne fut effectivement reconnue par le gouvernement belge et autorisée à exercer ses activités. À la veille de l'indépendance du Congo belge, en 1960, sa branche « officielle » se transforma en l'Église de Jésus-Christ sur la terre selon Simon Kimbangu (E.J.C.S.K.). Elle se structura et grandit, regroupant plusieurs centaines de milliers de fidèles au Congo-Kinshasa et dans la région de Brazzaville en République du Congo. Elle fut la première Église noire à être admise, en 1969, au Conseil œcuménique des Églises lors

---

[132] In *Simon Kimbangu : prophète et martyr zaïrois*, Martial Sinda, *op. cit.*, p. 16.

de la réunion de son comité exécutif qui s'était tenue à Canterbury en Angleterre. De nos jours, l'Église Kimbanguiste est établie dans plusieurs pays à travers le monde.

> « Des groupes religieux puissants naquirent ainsi au confluent du christianisme et du prodige. L'Église kimbanguiste rassemble maintenant des millions de membres. Elle aurait pu considérer que l'univers tenait sur trois pieds, République Démocratique du Congo, Congo-Brazza, Angola. Mais elle dit : "Afrique où le prophète est mort au cachot, debout [et] montre ta lumière au monde". Le kimbanguisme estime qu'il a vocation universelle. »[133]

Pour l'éminent professeur Martial Sinda,

> « On [avait] pu croire même que le mouvement n'était qu'un feu de paille. Mais le développement prodigieux de l'histoire de Kimbangu en kimbaguisme, lequel [avait] abouti à la création d'une Église moderne reconnue en 1969 par le Conseil œcuménique des Églises ainsi que par la Conférence des Églises de toute l'Afrique (CETA), tenue à Abidjan au cours de la même année, [avait] démenti cette impression. »[134]

2.6 - André Matsoua

André Grenard Matsoua naquit le 17 janvier 1899 à Manzakala-Kinkala, dans la région du Pool et mourut le 13 janvier 1942 en République du Congo. Congolais appartenant à la communauté Lari, figure religieuse et acteur politique, il influença la politique congolaise avant l'indépendance obtenue le 15 août 1960. Il inspira un culte messianique, le matsouanisme, qui émergea à Brazzaville. Il reçut une formation catholique à M'Bamou chez les pères du Saint-Esprit et devint catéchiste à la mission de Kindamba dans la région de M'Pangala-Mayama dans le Pool, où il jouissait d'une popularité croissante auprès des villageois et des employés de la mission. Mais ses préoccupations dépassèrent de loin le plan strictement religieux, au point de le pousser à s'intéresser davantage aux rapports entre Blancs et

---

[133] In *Simon Kimbangu, histoire de prophètes*, Jean Lebrun, *op. cit.*
[134] In *Simon Kimbangu : prophète et martyr zaïrois*, Martial Sinda, *op. cit.*, p. 16.

Noirs dans les colonies, ainsi qu'à l'avenir de son pays, le Congo. Interrogateur et soucieux de s'enrichir intellectuellement, il préféra abandonner son apostolat pour s'installer à Brazzaville-la-Verte.

> « Le destin exceptionnel de Matsoua, comme d'ailleurs celui de Kimbangu, [avait] connu un développement prodigieux et curieux. À tous égards, l'histoire des deux destins [présenta] beaucoup de similitude. »[135]

André Matsoua obtint en 1923 un laissez-passer provisoire pour la ville de Marseille, dans le Sud-Est de la France, et intégra le 22ème régiment des Tirailleurs dits « sénégalais » au printemps 1925. Il servit ensuite pendant la Guerre du Rif et, après s'être courageusement battu à la guerre contre Abd el-Krim, fut promu sous-officier. Aussitôt la guerre finie, il s'installa à Paris en 1926 comme comptable à l'hôpital Laënnec et suivit des cours du soir destinés aux « indigènes » des colonies. Il fréquenta, en compagnie d'autres émigrés noirs, les cercles parisiens de gauche où circulaient les idéaux nouveaux contre les injustices et les brimades de la colonisation. On y parlait d'André Gide et de son *Voyage au Congo*, de Leo Frobenius et de son *Histoire de la civilisation africaine du Noir*, de René Maran auteur du célèbre roman *Batouala,* paru en 1921 dont le succès fut couronné par le prix Goncourt. Il se lia d'amitié avec l'Antillais Jules Alcandre, directeur du journal *Europe-Colonies*. Dans l'un de ces salons, on lui conta l'histoire du Dahoméen Kojo Tovalou Houénou qui avait servi durant la Première Guerre mondiale. Ce dernier avait créé une mouvance de protestation, contre le régime colonial, et de lutte pour l'amélioration des conditions des colonisés. André Matsoua fut tellement influencé par les idées diffusées dans ces milieux qu'il se construisit un bagage politique, prit le nom de « Grenard » et fonda à Paris, en juillet 1926, une structure apolitique dénommée l'*Association amicale des originaires de l'Afrique-Équatoriale française*, popularisée plus tard en Afrique sous l'appellation de « Mikalé ». Destinée à « secourir les Noirs libérés du service militaire en France », celle-ci fut une société

---

[135] In *André Matsoua : fondateur du mouvement de libération du Congo*, Martial Sinda, ABC, 1977, p. 11.

d'entraide très classique aux objectifs tout à fait éducatifs. Le programme de cette association consista à former une élite africaine, surtout congolaise, dans le but de hâter l'évolution de l'Afrique centrale.

André Grenard Matsoua désira en fait l'anticipation de l'indépendance de son pays – le Congo-Brazzaville – par des moyens pacifiques, notamment en axant le combat sur l'égalité afin que son mouvement puisse avoir plus d'impact. La formation d'une élite, que formerait l'Amicale, permettrait d'initier le dialogue avec le gouvernement colonial. Parmi les fondateurs de l'association figuraient Constant Balou, Pierre Kinzonzi, Pierre N'Ganga, Lucien Tchicaya et Kangou. Après l'arrestation des délégués envoyés au Congo pour faire connaître les motivations de l'Amicale, André Matsoua subirait le même sort en décembre 1929, puis il serait condamné en avril 1930 à trois ans de prison et dix ans d'interdiction de séjour au Moyen-Congo. Avec ses compagnons, il serait déporté à la prison de Fort-Lamy à N'Djamena au Tchad.

L'œuvre de Matsoua fut considérable dans la mesure où le nombre d'amicalistes vivant en Afrique équatoriale française (AEF) fut de 13 000, rien qu'à Brazzaville où se trouvait le siège social, et d'autres sections furent créées à Libreville, à Bangui et à Léopoldville. L'arrestation des amicalistes provoqua des contestations et des mouvements de grèves importants dans la région de Brazzaville. Certains chefs traditionnels, principalement Lari, s'activèrent. En mai 1930, la ville de Brazzaville fut paralysée, les chantiers restèrent vides – les employés de l'administration, les commis des grandes maisons de commerce, les cuisiniers, les maîtres d'hôtels ayant déserté leurs lieux de travail. Les marchés de la ville, principalement tenus par la communauté Lari, fermèrent et des troubles risquèrent de handicaper la ville de Pointe-Noire dont l'approvisionnement en manioc dépendait de Brazzaville. Les représailles de l'administration coloniale aboutirent à des arrestations. Les leaders furent expulsés de la capitale et renvoyés dans leurs villages. Quelques personnes connues sous le nom de « flatteurs noirs » dénoncèrent auprès des autorités les meneurs des troubles. La célébration de la fête nationale, 14 juillet 1930, fut boycottée. Le gouverneur de l'AEF, Raphaël Antonetti s'activa. Il intensifia le travail forcé et procéda à la dissolution de l'Amicale, la rendant *de facto* clandestine. La nomination d'un autre gouverneur, en la personne d'Édouard Renard, rassura les amicalistes qui reprirent espoir. En guise d'assouplissement de la gouvernance d'ouverture à l'évolution des conditions et des statuts des colonisés, la mesure de dissolution de l'Amicale fut annulée. La joie fut de courte durée, puisque l'avion conduisant le nouveau gouverneur au Tchad s'écraserait en mars 1935 à Boloko au Congo-Belge.

Le 17 septembre 1935, André Grenard Matsoua s'évada de la prison et s'enfuit à Jos au Nigeria. Le gouverneur Joseph-François Reste de Roca, le successeur d'Édouard Renard, réclama son extradition aux autorités britanniques qui réagirent négativement. Malade, Matsoua repartit pour le Tchad, où il fut arrêté à Berbérati. Il s'échappa de nouveau et atteignit, en passant par Bangui, le Congo belge où le recueillit Prosper Mahoukou, l'un des leaders de l'Amicale basé à Léopoldville. Ce dernier mit le fuyard en contact avec d'autres pairs pour réorganiser et redéfinir les lignes directrices de l'association.

Après que les amicalistes eurent cotisé et rassemblé les fonds nécessaires en vue de son voyage pour la France, André Matsoua retourna, cette fois-ci, à Paris sous un nom d'emprunt : André M'Bemba Loukéko Kivoukissi, c'est-à-dire le sauveur libérateur. En 1939, il s'engagea pour la seconde fois dans l'armée française. Était-ce pour s'affranchir de la justice coloniale ? En tout cas, sur le champ de bataille, Matsoua fut blessé au début de l'année 1940. Opéré et soigné à l'hôpital militaire Beaujon à Paris, il se rétablit et s'apprêta à rejoindre ses collègues sur le front lorsque deux gendarmes l'arrêtèrent le 3 avril 1940. Extradé au Congo, il fut condamné en février 1941 à la prison et aux travaux à perpétuité. Il mourut le 13 janvier 1942 dans des conditions suspectes dans la prison de Mayama.

> « Dans un premier rapport, l'administration [affirma] que Matsoua Grenard [était] mort, le 13 janvier 1942, d'une dysenterie bacillaire. Dans un second rapport, l'administration [affirma] que Matsoua Grenard [était] mort des suites d'une pneumonie. La contradiction flagrante entre ces deux rapports [tendait] à accréditer une troisième version : celle de la mort accidentelle de Matsoua, des suites de coups

portés contre lui par ses gardiens. »[136]

À l'appui de cette thèse, évidemment, le témoignage de l'abbé Auguste Nkounkou,

> « Quand j'eus appris que l'état de santé de Matsoua Grenard laissait à désirer, je me décidai à me rendre en hâte à Mayama, dans l'intention de lui proposer les derniers sacrements. Mais j'arrivai trop tard. Grenard était mort le 13 janvier, à 5 heures du matin, dans la prison de Mayama. Il avait reçu la veille un coup de crosse d'un milicien. Après ce coup, il vomit du sang et dit : "c'en est fait de moi". L'enterrement, sans pompe, avait eu lieu le jour même. Étaient présents à Mayama à mon arrivée : M. et Mme Perret, M. de Vivie, M. Néré N'Tounda, M. Ange M'Bemba... »[137]

Des cultes d'un mysticisme autour de la personne d'André Grenard Matsoua se multiplièrent à travers le territoire national, après son décès. Ainsi naquit le matsouanisme.

> « Mais, au-delà de ces manifestations objectives de la survie spirituelle d'un homme exceptionnel par le caractère prophétique de sa prise de conscience de la situation coloniale, par la constance de ses prises de position doctrinales et l'acceptation clairvoyante des actes qu'elles commandaient, [s'était déjà dessiné] l'hommage que les générations du Congo [rendraient] bientôt à cet homme en qui s'[était] incarné, à un certain moment, l'histoire du peuple congolais. »[138]

De toute évidence, le combat d'André Grenard Matsoua s'inscrivit dans la lignée des mouvements de contestation menés par des nationalistes et syndicaux africains dans les années de l'entre-deux-guerres, entre 1919 et 1939, contre le système colonial, donc en faveur des indépendances.

---

[136] In *Le messianisme congolais et ses incidences politiques*, Martial Sinda, *op. cit.*, 1972, p. 233.

[137] In *Le matsouanisme*, Fulbert Youlou, Imprimerie centrale, Brazzaville, 1955, p. 6.

[138] In *André Matsoua : fondateur du mouvement de libération du Congo*, Martial Sinda, *op. cit.*, p. 14.

2.7 - Simão Toko

Né en février 1918 à Kisadi Kibango, dans le Nord de l'actuel Angola, Simão Gonçalves Toko avait à peine vingt et un ans lorsque, en 1921, le prophète Simon Kimbangu lui fraya un chemin sur une terre desséchée. Déjà rebelle dans sa jeunesse face à l'enseignement colonial et favorable à la restauration de l'histoire ancestrale de l'Angola, il dirigerait le Mouvement Kitawala[139], *Watch Tower*, et ses adeptes seraient pourchassés par le pouvoir colonial belge au Congo-Léopoldville.

> « Comme dans la plupart des mouvements messianiques en Afrique, Simão Toko [fonderait] lui aussi une église et une doctrine, le "tokoïsme" fondé surtout sur les textes de l'Ancien Testament, notamment sur ceux qui présentent une possible transposition directe en rapport avec un futur "meilleur pour la race noire et la liberté finale", lit-on dans [un] fascicule de l'église de Simão Toko. Ce dernier [adopta] ces préceptes de la "kitawala", qui pour lui, [serait] une meilleure façon de résoudre [les] problèmes angolais, notamment la libération du pays, et une plus grande autonomie sur le plan économique et social. Il [mit] en place le fondement de son église, de plus en plus grandissante [...]. »[140]

À son arrestation et son emprisonnement, quelques-uns également de ses partisans ayant subi le même sort, son mouvement s'étendait déjà du Congo belge à l'Angola – avec une importante implantation dans le Nord de l'Angola, de Maquéla do Zombo à Luanda, puis dans le Sud du pays. Simão Toko devint ainsi le « prophète » de son église. Celle-ci survivrait à travers des actions régulières de résistance, de grèves, de désobéissance civile surtout dans la partie Nord de l'Angola.

---

[139] Ce précepte kimbanguiste qui mélangeait la pratique religieuse et la connaissance d'autres éléments empruntés aux religions traditionnelles africaines et à l'animisme.

[140] In *Simão Toko, ou la naissance du "tokoïsme" en Angola. Le messianisme africain*, article d'Alain Serbin.

« Ils [étaient] accusés de pratiquer les rites d'une doctrine mystico-religieuse hiérarchisée qui [prônait] l'arrivée d'un ordre nouveau, qui, sous le règne du nouveau Christ "noir" mettrait fin aux autorités et pouvoirs actuels, pour prendre leur place et faire régner la justice. »[141]

En 1950, Simão Gonçalves Toko demanda à son geôlier européen nommé Pirote de compter les doigts de ses mains. Ainsi apprit-il au citoyen belge qu'il restait exactement dix années aux colons pour quitter le sol congolais. En effet, le 4 janvier 1959, lors de la rébellion initiée à Léopoldville par les partisans de l'ABAKO de Joseph Kasa Vubu, des milliers de Kinois verraient, d'après plusieurs témoignages, des Chérubins apparaître devant les éléments de l'armée coloniale belge. Il s'agirait d'un contingent d'environ un millier de très petits êtres, d'une taille d'enfant ou de nain, ayant des corps très imposants, très musclés et dotés d'une force exceptionnelle. L'armée coloniale ouvrit le feu sur ces Chérubins, mais sans aucun effet. Terrifiés, les militaires belges prirent la fuite, incitant ainsi les petits êtres à disparaître comme ils étaient apparus. Désormais, la journée du 4 janvier 1959 est consacrée à Kinshasa aux Chérubins et aux Séraphins. Bien entendu, le Congo belge accéderait à l'indépendance, quelques mois plus tard, le 30 juin 1960. Exactement dix ans près l'avertissement de Simão Toko au geôlier belge.

À sa libération, Simão Toko reprit son bâton de pèlerin et poursuivit sa mission en Angola. Les missionnaires protestants et catholiques le dénoncèrent aux autorités coloniales, l'accusant de subversion et de prosélytisme auprès des Noirs sur fond d'une propagande politique afin d'inciter les Angolais à la rébellion. Emprisonné par les autorités portugaises, il passa douze années de sa vie dans neuf prisons différentes —l'objectif ayant consisté à réduire son influence et à anéantir son Mouvement religieux. Mais le tokoïsme se répandrait avec succès. Par conséquent, les Portugais condamneraient Simão Toko aux travaux forcés. Sa tête serait mise à prix.

Pendant qu'il purgeait la peine relative aux travaux forcés, Simão Toko révéla sa mission dans le cadre d'un plan céleste. En 1960, le

---

[141] *Ibidem.*

pape Jean XXIII fit un malaise après avoir découvert la présence sur terre de ce fils de l'Homme. S'agissant du serment fait dix ans plus tôt par le Vatican, le pape décida de ne pas révéler le Troisième secret de Fatima. Quarante années plus tard, en divulguant le 13 mai 2000 un faux qui laisserait sceptiques même les néophytes de cet extraordinaire mystère, respectant la trahison de Jean XXIII, le pape Jean-Paul II choisirait délibérément de mentir au monde entier alors que les gens attendaient impatiemment de connaître enfin la teneur du Message de Fatima. En tout cas, Jean XXIII dépêcha du Vatican à Luanda deux émissaires pour rencontrer Simão Toko et lui délivrer un message personnel. Un des deux émissaires tomba malade en arrivant à Luanda et dû être hospitalisé, tandis que l'autre fut reçu par le prisonnier angolais. L'émissaire papal voulut savoir, selon la demande de Jean XXIII, qui était réellement Simão Toko. Cela se passa en 1962, deux années après la date limite à laquelle le Vatican aurait dû divulguer le troisième secret de Fatima. Simão Toko répondit ainsi aux *missi dominici*, en l'occurrence l'envoyé spécial du souverain pontife :

> « Je suis surpris qu'une personne aussi haut placée que le pape soit intéressée par ma personne au point de vous faire effectuer un voyage de 8 000 kilomètres, juste pour me rencontrer. La réponse que vous devriez donner à votre Maître se trouve dans la Bible, dans Mathieu XI, 2-6 ».

Sachant que le pape s'appelait Jean, Simão Toko se servit dudit passage biblique. Ainsi le prophète répondit-il à un homme. Et, l'individu Jean, qui avait entendu parler des œuvres produites depuis une prison angolaise, se transforma en pape Jean XXIII qui, depuis sa prison romaine représentée par le Vatican, eut des nouvelles de ce prophète noir. À la suite de la réponse de Simão Toko, Jean XXIII contacta le président du Conseil des ministres du Portugal, en la personne d'António de Oliveira de Salazar. Et, le 18 juillet 1962, le prophète fut à nouveau déporté, au Portugal cette fois-ci, à bord d'un avion des forces aériennes portugaises.

À maintes reprises les hommes de Salazar tentèrent de tuer Simão Toko, mais en vain. À un moment donné, différents docteurs européens furent invités au Portugal afin de l'opérer, sous le prétexte de soigner une tumeur qui se développait du côté gauche de sa poitrine. Ils l'examinèrent et ne trouvèrent rien d'anormal. Simão Toko fut finalement relâché et il annonça, avant de quitter le territoire portugais, que le règne du colonisateur était à son terme. Le prophète rentra le 31 août 1974 en Angola et, une année plus tard, le 11 novembre 1975, l'Angola obtint son indépendance.

Dans la nuit du 31 décembre 1983 au 1er janvier 1984, la mort de Simão Toko fut annoncée par les médias angolais, provoquant une sorte de secousse séismique. Une pluie torrentielle se déversa pendant plusieurs heures sur Luanda, la capitale de l'Angola. Des rumeurs circulèrent selon lesquelles ce phénomène, pourtant naturel, avait certainement trait au décès du prophète.

Le commandant Domingos da Silva Paiva, un dignitaire du régime du président de la République d'Angola Agostinho Neto ayant férocement combattu les Portugais pendant quatorze ans, ne crut pas au décès de Simão Toko. Pour cet officier, qui avait reçu sept années plus tôt des instructions du président Agostinho Neto ayant consisté à éliminer Simão Toko, le prophète était tout simplement invincible ; il était Dieu en chair et en os.

> « L'église de Simão Toko est considérée comme une secte, par les missionnaires des autres églises, et hier, par le pouvoir colonial portugais. Simão Toko reste le "prophète de la libération de l'esprit". Aujourd'hui encore, l'église tokoïste est considérée comme celle qui a aussi participé à la lutte nationale. [...] Le tokoïsme est [...] une église typiquement africaine du messianisme annonciateur. »[142]

2.8 - Bernardin Gantin

Bernardin Gantin, né le 8 mai 1922 à Toffo au Dahomey et mort le 13 mai 2008 dans le quinzième arrondissement de Paris en France,

---

[142] *Ibidem.*

fut un cardinal béninois, ayant exercé de nombreuses fonctions au sein de la curie romaine. Son nom veut dire « l'arbre de fer » en langue fon, majoritairement parlée au Bénin. Ce fils d'un employé du chemin de fer adopterait sur ses armes cardinalices un « arbre de fer » (de son nom : GAN, renvoyant au fer, et TIN, faisant allusion à l'arbre).

Entré au séminaire en 1936, il fut ordonné prêtre le 14 juillet 1951 et resta alors au séminaire de Ouidah comme professeur de langue, puis compléta sa formation en 1953 au collège Saint-Pierre de Rome. Il suivit les cours de l'Université pontificale urbanienne, puis de l'Université pontificale du Latran. Il sortit diplômé de théologie et de droit canon.

Nommé le 11 décembre 1956 évêque auxiliaire de Cotonou avec le titre d'évêque *in partibus* de Tipasa en Mauritanie, il fut consacré le 3 février 1957 par le cardinal Eugène Tisserant et retourna au Dahomey. Le 5 janvier 1960, succédant à Monseigneur Parizot, il fut nommé archevêque de Cotonou, charge qu'il assuma jusqu'en 1971. Ainsi devint-il le premier archevêque métropolitain africain.

Bernardin Gantin créa diverses congrégations locales de sœurs et de moniales, encouragea plusieurs centres de formation religieuse et promut l'Action catholique localement. Très actif dans l'ouverture de l'Église à d'autres croyants, il fut à l'origine de la création de nombreux diocèses au Dahomey.

Président de la Conférence épiscopale régionale de l'Afrique de l'Ouest – réunissant le Togo, le Dahomey, la Côte d'Ivoire, la Haute-Volta, le Sénégal, le Nigeria et la Guinée –, il fut appelé à Rome par le pape Paul VI à la « Congrégation de la propagande de la foi »[143] en 1971, abandonnant ainsi sa fonction d'archevêque de Cotonou.

L'ancien archevêque de Cotonou fut créé cardinal par le pape Paul VI, en même temps que Joseph Ratzinger, le futur pape Benoît XVI, lors du consistoire du 27 juin 1977. En 1978, à la mort du pape Jean-Paul Ier, il fut considéré comme l'un des *papabiles*, à savoir l'un des favoris pour succéder au pape défunt lors du conclave. Du 16 au 23 juillet 1981, en tant que légat apostolique dépêché par Jean-Paul II convalescent à la suite de l'atten-

---

[143] De nos jours, Congrégation pour l'évangélisation des peuples.

tat du 13 mai de la même année, il présida le 42ème Congrès eucharistique international de Lourdes.

Le 8 avril 1984, le pape Jean-Paul II le nomma à la fois président de la Commission pontificale pour l'Amérique latine et préfet de la Congrégation des évêques. Il devint ainsi le premier cardinal africain à accéder à la tête d'un dicastère. De ce fait, il décréta le 1er juillet 1988, par le truchement du décret *Dominus Marcellus Lefebvre* que le chef de la Fraternité sacerdotale Saint-Pie-X, hostile au Concile Vatican II, en l'occurrence Monseigneur Lefebvre, avait « posé un acte schismatique ». À l'appui de sa déclaration, il cita les canons 1364-1 et 1382 du Code de droit canonique (1983). Sachant que « l'apostat de la foi, l'hérétique ou le schismatique encourent une excommunication *latæ sententiæ* », que « l'évêque qui, sans mandat pontifical, consacre quelqu'un évêque, et de même celui qui reçoit la consécration de cet évêque encourent l'excommunication *latæ sententiæ* réservée au Siège Apostolique », il déclara en conséquence excommuniés Monseigneur Marcel Lefebvre lui-même, Monseigneur Antonio de Castro Mayer, évêque co-célébrant, et les quatre nouveaux évêques dont Richard Williamson, Bernard Fellay, Bernard Tissier de Mallerais, et Alfonso de Galarreta Genua. Le lendemain, par le *motu proprio Ecclesia Dei*, Jean-Paul II rappela aux fidèles que ceux qui « [adhéreraient] formellement au schisme [encourraient] l'excommunication eux aussi ».

Devenu le 5 juin 1993 doyen du Collège des cardinaux, le cardinal Bernardin Gantin démissionna le 30 novembre 2002. Atteint par la limite d'âge, il ne put participer au conclave de 2005. Le religieux béninois mourut à Paris le 13 mai 2008, à l'hôpital Georges Pompidou, quelques jours après avoir fêté ses quatre-vingt-six ans. À l'annonce de son décès, le Pape Benoît XVI ferait une déclaration élogieuse en souvenir de :

> « ce fils éminent du Bénin et de l'Afrique, estimé de tous, animé d'un esprit profondément apostolique et d'un sens élevé de l'Église et de sa mission dans le monde ».

Dans le dernier hommage que lui consacra la nation béninoise, le président de la République Thomas Boni Yayi s'exprima en ces termes :

> « [...] Certes, les hommes sont mortels, cependant il y a des mortels qui ne meurent pas. [...] Figure exceptionnelle, vous avez marqué pendant plus d'un demi-siècle l'histoire de notre cher pays, le Bénin, l'histoire de l'Afrique et l'histoire de l'église universelle. [...] Et, puisque le très haut a voulu faire de vous son messager à travers le monde, puisse-t-il vous récompenser à la mesure de la mission que vous avez si bien accomplie sur cette terre. Alors, au nom du Bénin, au nom de cette Nation, je déclare solennellement en terminant presque cet hommage, la décision officiellement prise par le gouvernement de la République du Bénin, en ce jour mémorable du 22 mai 2008 ; comme à Dakar au Sénégal, comme à New York aux États-Unis, comme à Rome en Italie, comme à Paris ou à Abidjan, l'aéroport international de Cadjèhoun portera désormais ce nom prestigieux. Il s'appellera "Aéroport international Cardinal Bernardin Gantin de Cadjèhoun".
>
> » Éminence, et puisque notre pays, le Bénin tout entier en ses profondeurs veut vous honorer à travers son histoire et dans le destin qu'il veut forger pour les générations à venir, je demande à toutes les villes et principales agglomérations de notre cher pays, de signaler à jamais votre nom à l'un des grands carrefours de la cité. J'ordonne que le gouvernement de la République initie sans délai les démarches nécessaires à la création d'un grand Prix international cardinal Bernardin Gantin pouvant honorer une exception véritable, une personnalité ou une institution hautement et universellement appréciée dans le combat pour la Paix, la Solidarité, et le Développement. J'ordonne enfin que chaque année que le 13 mai la Nation sache se recueillir autour de votre illustre mémoire [...] »

Le pape Benoît XVI, les deux religieux ayant été créés cardinaux en même temps, s'inclinerait en novembre 2011, à Ouidah, sur la tombe du très illustre disparu lors d'une visite au Bénin. L'esplanade du Champ de foire à Cotonou s'appellerait, à partir du 15 novembre 2011, « place Cardinal Bernardin Gantin » ; une statue de l'illustre prélat y serait érigée et inaugurée le même jour par le président de la République, le docteur Thomas Boni Yayi en compagnie de l'ancien maire de Cotonou Nicéphore Soglo et du clergé béninois. L'Université pontificale Saint Jean de Latran honorerait le 23 mai 2013 à Rome, en présence du président Boni Yayi, la mémoire du Cardinal Gantin, en lui dédiant une Chaire sur la socialisation en Afrique au sein de l'Aire internationale de recherches – Études interdisciplinaires pour le développement de la Culture africaine.

Les Béninois reprochaient au cardinal Bernardin Gantin de n'avoir pas suffisamment œuvré pour le Bénin. Néanmoins, on lui doit d'avoir fait le nécessaire pour qu'Odon Vallet puisse s'intéresser autant au Bénin avec sa fondation ayant attribué de nombreuses bourses, selon le mérite, aux étudiants et lycéens béninois. On peut reconnaître que son parcours ecclésiastique est à l'origine de l'implication d'un bon nombre de prêtres du Bénin dans des paroisses les plus renommées de Paris – Saint-François-Xavier, la Chapelle Notre-Dame de la Médaille Miraculeuse sise rue du Bac… – ainsi que de la prolifération de beaucoup de prêtres africains dans des paroisses françaises. La prière ultime du cardinal Bernardin Gantin au Dieu Trinité par Marie fut : « *Non confuda in eterno* », c'est-à-dire « que je ne sois pas couvert de honte pour toujours ».

> « À Cotonou, certains l'appelaient "le sage dans la tempête" ou encore "la lumineuse intelligence chrétienne". Ceux qui ont connu Bernardin Gantin louent son incroyable mémoire, sa délicatesse légendaire et son humilité. Après trente ans de cardinalat, cette figure de l'Église catholique [aurait dû] finir ses jours à Rome, avec les honneurs dus à son rang. Cependant, en 2002, il [avait] préféré rentrer chez lui "comme un missionnaire romain en Afrique" »[144].

Comme le souligna judicieusement Jean-Yves Riocreux, évêque de Pontoise,

> « exceptionnel, le cardinal le fut par son lien avec tous les Béninois de toutes conditions et de toutes religions. Lié à tous les évêques béninois par les ordinations épiscopales qu'il a présidées, il était aussi admiré par tous ses compatriotes là-bas au Bénin comme ici en

---

[144] In *Le cardinal Gantin est mort*, chronique de Radio France Internationale du mois de mai 2008.

France. Aussi, l'Église catholique béninoise qui s'honore de nombreuses vocations [avait] été marquée par cette personnalité. Et le cardinal Gantin [fut] au Bénin ce que fut Jean-Paul II pour la Pologne ».

III – Des femmes courageuses et exemplaires

Dans son ouvrage intitulé *L'esclavage raconté à ma fille*, l'ancienne ministre de la Justice du gouvernement français sous la présidence de François Hollande, la Guyanaise Christiane Taubira, avait écrit que :

> « du XVIIe au XIXe siècle, [des] reines, [des] femmes [rayonnaient] et [tonnaient], exigeantes et exemplaires. Elles [avaient] des destins tragiques parfois, remarquables toujours. Dona Béatrice [Kimpa Vita] fut brûlée vive, avec son bébé dans les bras, pour avoir affronté les autorités [du royaume du Kongo] qui avaient pactisé avec les Portugais et provoqué pauvreté et misère dans la population. [Manthatisi], du Sotho, endigua la marche des Boers du Cap vers le Nord ; elle sauva son royaume au temps des grandes turbulences en Afrique du Sud, au début de la splendeur de Chaka [Zulu], l'empereur zoulou. Ranavalona Ière repoussa la colonisation européenne de Madagascar et réussit à y faire échec jusqu'à sa mort en 1861. Muganzirwazza conduisit la résistance du royaume d'Ouganda jusqu'à l'écrasement de ses troupes, prises en étau entre les négriers et son rival [Mutesa Ier], armé et corrompu par les envahisseurs. Yaa Asantewaa rendit invincible le royaume ashanti du Ghana face aux tentatives britanniques de pénétration de l'Afrique de l'Est. Nehanda [Nyakasikana] impulsa et mena la première guerre de résistance et d'indépendance du Zimbabwe ; elle fut considérée comme l'un des éminents esprits du Lion des Shona, tant son rayonnement était grand ; elle fut pendue après la victoire des Britanniques qui n'hésitèrent pas à utiliser

de la dynamite pour vaincre la rébellion du peuple shona. »[145]

Il y a de quoi, à la lecture de l'extrait ci-dessus, vanter la fierté d'être une femme noire ! Une femme africaine ! Mais les colonialistes occidentaux, y compris la plus grande majorité de leurs descendants, avaient sciemment occulté, voire ne cessent de le faire, leurs exploits indignes de l'humain et s'étaient contentés d'apprendre aux Africains, d'une certaine génération, que leurs ancêtres étaient réellement des Gaulois ou des Saxons alors que l'Humanité germa en Afrique. Simple ignorance ou cynisme ? Ils s'étaient ingéniés, ou espèrent pouvoir continuer à falsifier l'histoire, en osant encore évoquer auprès des descendants des colonisés les mérites de Jeanne d'Arc, de Léonie La Fontaine, de Napoléon Bonaparte, du duc de Wellington, de Jean-Baptiste Marchand, de Manneken-Pis… tout en ayant pris quelque précaution pour reléguer aux oubliettes les extraordinaires exploits de ces intrépides et indomptables femmes africaines, ainsi que de ces héros masculins que l'Afrique a offerts à l'Humanité depuis toujours et continue d'ailleurs de le faire. Sacrés mensonges impérialistes ! Derrière chaque menteur, nul ne l'ignore, se cache un voleur.

3.1 - Amina de Zaria

Amina de Zaria, ou Aminatou Sarauniya Zazzau, naquit en 1533 dans Zaria et mourut en 1610. Appelée aussi « la reine guerrière », elle fut la fille de Magajiya[146] Bakwa Turunku de la Cité État haoussa de Zazzau au XVIe siècle[147]. Très talentueuse sur le plan militaire, elle se distingua pour sa bravoure et ses exploits guerriers. Elle fut célébrée dans une chanson, en tant que « *fille de Nikatau, une femme aussi capable qu'un homme* ». Vingt-quatrième *heba*[148] de Zaria, elle régna

---

[145] In *L'esclavage raconté à ma fille*, Christine Taubira, Éditions Philippe Rey, 2015, p. 31.

[146] C'est-à-dire infatigable en langue haoussa.

[147] De nos jours, Zaria est l'une des principales villes de l'État de Kaduna dans le Nord du Nigeria. La mère d'Aminatou Sarauniya Zazzau, devenue alors Reine-Mère, décida de renommer ainsi la ville, en souvenir de la petite sœur d'Aminatou pour qui elle avait plus de préférence. Cette dernière avait préféré fuir la région.

sur Zazzau, ou Zaria, pendant plus de trente-quatre ans.

Ses conquêtes consistèrent à étendre le territoire de Zazzau au-delà de ses frontières de l'époque et à asservir les villes conquises. Pour le sultan Mohammed Bello de Sokoto,

> « elle fit la guerre et soumit toutes ces régions afin que les populations de Katsina paient un impôt et rendent hommage à Amina et aux hommes de Kano ».

Amina de Zaria parvint donc à étendre son royaume vers la mer à l'Ouest et au Sud, lequel se transforma en un florissant centre du commerce transsaharien. Il existe toutefois quelques controverses quant à son statut véritable. Un doute subsiste surtout sur le fait même d'être une princesse (gimbiya), ou une reine. Si quelques sources lui accordent un règne entre 1536 et 1573, d'autres affirment qu'elle ne devint reine qu'en 1576 à la mort de son frère cadet Karama qui dirigea de 1566 à 1576.

> « À la mort de son père en 1566, et selon la coutume Haoussa, son frère Karama [devint] Roi de Zazzau, malgré qu'il [fût] plus jeune qu'Aminatou. Cependant, Karama ne [régnerait] qu'une dizaine d'années après une mort soudaine, laissant le trône à Aminatou qui [prendrait] sa place sans aucune hésitation.
> » Ni le peuple, ni les militaires de l'armée de Zazzau ne [s'étaient] effrayés quant à son ascension au trône, car bien qu'elle ne [fût] qu'une femme, Aminatou [avait] déjà révélé des dons extraordinaires dans l'art militaire. De surcroît, elle [était] dotée d'une force physique inégalable qui lui [avait valu] le surnom de "femme aussi capable qu'un homme". En réalité, Aminatou avait déjà dirigé la cavalerie de son peuple à plusieurs reprises durant le règne de son frère. »[149]

Selon le chroniqueur P. J. M. McEwan,

> « Aminatou s'empara de toutes les villes du Nord autour de Kwararafa et celles du Sud autour de Nupe. Elle domina donc une grosse partie de la région d'Haoussaland, mais alla bien au-delà, en prenant

---

[148] Titre attribué au dirigeant dans l'État haoussa de Zaria.
[149] In *Reine Guerrière Haoussa, Femme aussi capable qu'un Homme…*, article de Natou Seba Pedro Sakombi paru dans *Reines & Héroïnes d'Afrique*.

le contrôle du territoire de Kasashen Baouchi. Aminatou imposa sa domination sur toutes les routes commerciales qui reliaient l'Ouest du Soudan à l'Égypte. Elle réussit aussi à conquérir une partie du Nord du Mali. »

L'asservissement des villes conquises permettait à la souveraine de contraindre les gouverneurs locaux à se contenter du statut de vassal. Ainsi devaient-ils faciliter le passage des commerçants haoussas. Les vaincus étaient également soumis à un impôt. Amina de Zaria serait à l'origine de la culture de la noix de kola dans la région.

Sur le plan architectural, on attribue à Amina de Zaria la conception des murs de terre autour des villes, prototype des fortifications utilisées dans tous les États haoussas. Les murs prirent d'ailleurs le nom de « Ganuwar Amina » ou « murs d'Amina ».

Sur le plan militaire, l'État moderne du Nigeria l'a immortalisée en ayant érigé une statue à son effigie dans le centre de Lagos, lance à la main, assise sur un cheval.

Sa réputation de libertine est renforcée par la légende, selon laquelle Amina de Zaria refusait de se marier et se contentait de partenaires temporaires choisis dans des légions d'ennemis vaincus après chaque bataille. Toujours selon la légende, elle tuait l'heureux élu le lendemain des ébats pour que ce dernier ne s'en vante pas. Une vraie mante religieuse ? Elle mourut seule, sans aucune descendance directe, probablement en 1610 lors d'une campagne militaire à Atagara, près de Bida au Nigeria. Ses exploits militaires ont fait d'elle l'héroïne de la série télévisée *Xena : Princesse guerrière*. Amina de Zaria incarne, de nos jours, l'esprit, l'intelligence et la force de la féminité.

3.2 - Nzinga Mbandi

Anne Nzinga Mbandi, ou Ana de Sousa Njinga Mbandi, née en 1581, fut connue aussi sous le nom de Nzinga du Ndongo et du Matamba. Fille du roi Kiluanji et de la reine Kangela, elle deviendrait la reine du Ndongo et du Matamba, les deux territoires étant situés dans l'actuel Angola. Elle fut prénommée *Nzinga*[150], car elle était née

---

[150] De « *kujinga* », en langue kimbundu, ainsi que « *kuzinga* » en langue kikongo,

avec le cordon ombilical autour du cou.

La première mention de Nzinga Mbandi dans les archives européennes remonte à 1622, lorsque son frère, Ngola Mbandi, l'envoya comme émissaire à une conférence sur la paix à Luanda initiée par le gouverneur du Portugal João Correia de Sousa. Nzinga Mbandi se convertit, à l'issue de cette rencontre, au christianisme. Elle le fit probablement par machiavélisme, l'objectif ayant consisté à renforcer le traité de paix avec le Portugal. Ainsi adopta-t-elle le nom de Dona Ana de Sousa, en hommage à sa marraine l'épouse du gouverneur. Cependant, le Portugal n'honora pas les obligations consignées dans le traité, ayant refusé de se retirer d'Ambaca, ni non plus de rendre les sujets du Ndongo capturés. Pis encore, les Portugais préférèrent contenir les assauts des Imbangala ou Mbangala[151]. Cet échec poussa son frère au suicide, convaincu qu'il ne récupérerait jamais ce qu'il avait perdu à la guerre. Par conséquent, Nzinga Mbandi assura la régence de son neveu et fils de son frère Ngola Mbandi, alors sous la garde du dirigeant imbangala Ngolaka Kaza. Elle demanda aux émissaires d'aller le chercher, puis le fit assassiner. Ainsi prit-elle le pouvoir.

> « Un an plus tard, elle [succéda] à son frère, affaibli. Tant bien que mal, elle [mènerait] une longue campagne contre les Portugais et leurs alliés, jouant d'alliances avec les Hollandais, de retraites stratégiques et d'offensives audacieuses. Femme de pouvoir, elle [occupa] tous les aspects de celui-ci : politique, diplomatique et militaire. [Mbandi] Nzinga se [convertirait] également au christianisme pour gagner la confiance des Européens et s'[avérerait] une redoutable femme de lettres. Elle [plaça] autour d'elle plusieurs femmes dont elle [était] proche. Sa sœur [serait] l'une de ses principales espionnes.

signifiant littéralement « tordre » ou « enrouler ».

[151] Guerriers redoutables, les Yaka apparurent dans l'histoire de l'Afrique en 1568. Ils franchirent le Kwango, en provenance de Mbata, et saccagèrent San Salvador, puis ravagèrent le royaume du Kongo. Les Portugais parvinrent à les chasser du Kongo au bout de deux années de guerre, mais ne purent les détruire. Les Yaka, ou Yaga, se disaient originaires des monts du Lion, probablement quelque part à l'Est du Kwango. Leur nom d'origine était Imbangola, ou Imbangala. Il fut vraisemblable qu'ils étaient apparentés aux Lunda. Après la destruction du royaume du Kongo, les Yaka se dirigèrent vers le Sud-Est. Ils furent probablement à l'origine des États yaka, humbe et ovimbundu.

D'autres confidentes [commanderaient] des unités militaires. »[152]

S'agissant de la mystification du personnage de Nzinga Mbandi, l'historien et spécialiste de l'histoire militaire de l'Afrique, Tim Stapleton, estime que :

> « Il y a beaucoup de romantisme autour de Nzinga [Mbandi]. Elle n'était pas supposée être reine du Ndongo : elle [avait] tué son frère et son héritier. Elle se faisait passer pour un homme. Et si elle était entourée de femmes, c'[était] parce qu'elle les faisait passer pour ses épouses.
> » On aime bien raconter que Nzinga [Mbandi] résistait aux esclavagistes. C'est de la mythologie : elle essayait surtout d'obtenir, de négocier les esclaves à un prix le plus avantageux possible. »[153]

En 1624, Nzinga Mbandi signait ses lettres *Madame du Ndongo* puis, à compter de 1626, elle prit le titre de *Reine du Ndongo*. Pragmatique et énigmatique, elle userait de tous les subterfuges et profiterait de la moindre occasion pour parvenir à ses fins.

Après l'occupation de Luanda par les Pays-Bas, soutenus par le royaume du Kongo, Nzinga Mbandi leur envoya un émissaire et finit par conclure une alliance avec eux contre le Portugal. Espérant reconquérir grâce aux nouveaux alliés ses territoires perdus, elle déplaça sa capitale vers Kavanga, au Nord des anciens domaines du Ndongo. Après avoir pourtant défait l'armée portugaise à Ngoleme en 1644, elle fut incapable de finaliser.

Les Pays-Bas envoyèrent alors des renforts à Nzinga Mbandi depuis Luanda et cette dernière remporta une victoire décisive en 1647 avant d'assiéger la capitale portugaise de Masangano. Cependant, bénéficiant de l'appui du Brésil, le Portugal finit par reprendre le dessus en récupérant Luanda l'année suivante et Nzinga Mbandi se replia à Matamba d'où elle continua à défier les forces armées lusophones. Elle essuya une défaite cuisante à Kavanga, vit sa sœur capturée et ses archives saisies. Cela permit d'ailleurs de rendre publique son alliance

---

[152] In *[Mbandi] Nzinga, reine angolaise, entre résistance et esclavagisme*, chronique de Romain Mielcarek diffusée en avril 2015 sur *Radio France Internationale*.
[153] *Ibidem*.

avec le peuple Kongo. Ces mêmes archives révélèrent que sa sœur avait tenu une correspondance secrète avec elle, lui transmettant les plans des Portugais.

> « En 1657, elle [imposerait] finalement aux Portugais un traité de paix, qui [ralentirait] considérablement leur installation dans la région. Elle [dirigerait] encore une quinzaine d'années, ouvrant la voie à une série de reines qui [régneraient] sur les peuples du Ndongo et du Matamba, créant une originale lignée de femmes dirigeantes dans cette partie de l'Afrique. »[154]

Âgée de plus de soixante ans, elle assurait toujours personnellement la conduite de ses armées sur les champs de bataille. Pour Tim Stapleton, connu comme étant l'un des spécialistes de la stratégie militaire africaine,

> « clairement, [Nzinga Mbandi] était un bon leader militaire au vu de ses résultats. Mais en général, elle [avait] surtout tâché de faire la paix. Elle combattait les Portugais, mais elle [avait] aussi beaucoup coopéré avec les Hollandais. À l'époque, les Portugais n'étaient pas nombreux, ils mourraient surtout de maladies et avaient des armes à feu très peu efficaces. Rien à voir avec les futures guerres coloniales. » Au vu du contexte aujourd'hui, on est facilement tentés de voir en elle la figure d'une femme noire [ayant affronté] les colons. »

Après plusieurs tentatives de coup d'État contre son régime politique, Anne Nzinga Mbandi mourut paisiblement le 17 décembre 1663 à Matamba, à l'âge de quatre-vingts ans. Une guerre éclata à son décès mais Francisco Guterres Ngola Kanini parvint à lui succéder.

Nzinga Mbandi marqua l'histoire de l'Angola du XVIIe siècle. Fine diplomate, habile négociatrice et redoutable stratège, elle opposa une résistance très farouche aux projets coloniaux portugais et ce jusqu'à son décès. Considérée comme l'une des icônes de l'histoire de l'Angola, une statue de la reine Nzinga Mbandi trône majestueusement à Kanixixi, au pied de laquelle les Angolaises à peine mariées posent souvent les jeudis et les vendredis, au cœur de la capitale

---

[154] *Ibidem.*

Luanda. La République angolaise reconnaissante a ainsi attribué son nom à une grande artère de Luanda. Quant à la Banque nationale d'Angola (BNA), elle a publié une série de pièces de monnaie en hommage à Nzinga Mbandi, en reconnaissance de son rôle dans la défense et l'autodétermination de l'identité culturelle de son peuple. Un film angolais produit en 2013, *Nzinga, Reine d'Angola*, glorifie ses exploits militaires.

Pour Sasha Rubel, coordinatrice à l'Unesco ayant eu en charge le dossier relatif aux Femmes dans l'histoire de l'Afrique, Nzinga Mbandi incarne leur visibilité dans les luttes pour les indépendances. Elle représente, en effet,

> « quelque chose de très important dans l'imaginaire angolais, mais elle [jouerait] aussi un rôle plus large dans l'imaginaire africain. Des femmes au Mali, par exemple, [pourraient] s'inspirer de ce personnage pour avoir une vision globale et continentale de la femme dans l'histoire de l'Afrique. »

Esclavagiste sanguinaire ou résistante courageuse ? Les avis sont partagés, au sein de la communauté scientifique, sur la nature et les motivations réelles de Nzinga Mbandi. Certains la perçoivent comme un exemple de résistance à l'envahisseur, tandis que d'autres considèrent qu'elle avait surtout fait preuve de prudence et de pragmatisme.

Aujourd'hui, considérée comme un symbole de la lutte contre l'oppression, d'aucuns se rappellent son sens politique et diplomatique, ainsi que ses brillantes tactiques militaires.

3.3 - Fatima Soudi bint Abderremane

Descendante de la famille royale Merina de Madagascar, Fatima Soudi bint Abderremane, ou Soudi Raketataka, naquit sur l'île de Mwali[155] à Ouallah vers 1836 et mourut en 1878. D'origines malgaches, elle fut la fille de Ramanetaka et de la princesse Rovao. Également appelée Djoumbé Fatima, elle n'avait que treize ans lorsqu'elle hérita du trône de son père.

---

[155] Mwali en shikomori, aussi appelée Mohéli.

« Radama Ier (Malgache) [succéda] à son père en 1810 et [régna] jusqu'à sa mort en juillet 1828. [Ramavo], l'une de ses épouses, [usurpa] alors le trône et la famille du feu roi [fut] massacrée. Le Prince Ramanetaka, cousin de Radama Ier, qui était gouverneur de la province de Majunga, se [réfugia] aux Comores. [...] Il [décéda] en 1841, Soudi n'[avait] que 5 ans et [ce fut] donc sa mère, Rovao, qui se [retrouva] au pouvoir. Cette dernière [fut] cependant sous l'influence des compagnons de son défunt mari. »[156]

En tant que reine (Djoumbé) de Mohéli, la plus petite île de l'archipel des Comores, Fatima Soudi fut inévitablement confrontée à la guerre d'influence que se livraient à cette époque la France et le sultanat de Zanzibar.

« La même année, la France s'[installa] à Maoré et [eut] des vues sur les îles de Mwali et de Madagascar. En 1843, la Reine [reçut] la visite du Commandant de Mayotte et, en 1846, [les éléments de la marine française] qui [débarquèrent] sur l'île afin de mettre fin aux relations entre Zanzibar et Mohéli. »[157]

Dans l'introduction d'un récit historique intitulé *Djoumbé Fatima, reine de Mohéli*, Christian Grosdidier rappelle que :

« pour comprendre l'histoire de Djoumbé Fatima [Soudi], il convient de se reporter à des événements qui se déroulèrent bien avant sa naissance [...], et à la suite d'un heureux naufrage qui [avait] précipité les navires de son ennemi le sultan d'Anjouan sur ses côtes, Ramanetaka [devint] sultan de Mohéli sous le nom d'Abderrahmane après avoir prêté allégeance au sultan de Zanzibar.
» [...] Au même moment, la France [était] en train de prendre possession de l'île voisine de Mayotte. Les idéaux saint-simonistes du commandant du territoire, [Pierre] Passot, aussi bien que le prosélytisme des jésuites de la mission de Mayotte, [amenèrent] en 1847 à Mohéli une gouvernante, Madame [Marie Alphonsine] Droit, censée dispenser à la jeune princesse, suivant les termes d'un contemporain, "une éducation à la fois française et chrétienne". »

---

[156] In *Djoumbé Fatima, Reine de Mohéli (1836-1878)*, article écrit en mars 2005 par Mahmoud Ibrahime.
[157] *Ibidem.*

L'enseignement à la fois français et chrétien dispensé par madame Marie Alphonsine Droit[158], lequel ne fut pas du tout du goût du sultanat de Zanzibar et en particulier du redoutable ministre Tsivandini, dura quatre années. Après avoir couronné Djoumbé Fatima Soudi le 26 mai 1849, la France se transforma en une étatique agence matrimoniale. En effet, elle s'intéressa carrément au choix de l'époux qui conviendrait à la jeune reine comorienne parmi de nombreux prétendants, aussi bien des Français que des princes et des sultans de la région.

> « la France n'[avait] pas oublié Madagascar et, afin d'assurer son entrée sur l'Île Rouge, elle [élabora] un stratagème : asseoir son influence sur l'héritière et la marier à un prince malgache. Ainsi, la France aurait un pied dans la grande île. »[159]

En 1851, Djoumbé Fatima Soudi finirait par rompre avec les autorités françaises, qui avaient organisé son couronnement deux ans plus tôt. Elle épouserait en 1852 le prince Saïd Mohammed Nasser Mkadara, le cousin du sultan de Zanzibar. Effectivement,

Par son mariage avec ce prince arabe de Zanzibar, surnommé Saïd Muhammad bin Nasser Mkadara, elle aurait trois enfants : Mohamed bin Saïdi Hamadi Makadara, sultan de Mohéli de 1865 à 1874 ; Abderremane bin Saïdi Hamadi Makadara, sultan de Mohéli de 1878 à 1885 ; Mahmudu bin Mohamed Makadara, régent de Mohéli au profit de la sultane Salima Machamba. Ainsi Djoumbé Fatima Soudi fit-elle échouer les prévisions françaises.

En 1860, son mari ayant été chassé de l'île, Djoumbé Fatima Soudi sollicita l'appui des navires de guerre français revenus à Mohéli à l'initiative du capitaine de vaisseau Alphonse Jean René Fleuriot de Langle. Pour faire échec aux manigances du parti zanzibarite de Mohéli, dirigé en réalité par l'Angleterre qui souhaiterait

---

[158] Suite à un soulèvement populaire survenu en 1851 dans la capitale, la gouvernante, en l'occurrence Marie Alphonsine Droit, née Jolicœur, quitta ses fonctions. Elle mourrait à l'hôpital de Mayotte dans des circonstances laissant croire à un empoisonnement.

[159] In *Fatima Djoumbé, reine de Mohéli*, Christian Grosdidier, Éditions L'Harmattan, Paris, 2004.

le mariage de la sultane avec son homologue d'Anjouan, une opération de police montée par la France contraignit le ministre Tsivandini à l'exil. Mais, un clou chassant l'autre, la présence française à Mohéli permit le débarquement de Joseph Lambert, *persona non grata* au Madagascar, dans l'intention soi-disant d'installer une usine sucrière dans l'île. Devenu très vite intime avec la sultane, l'homme d'affaires fit signer à Djoumbé Fatima une convention léonine lui permettant de faire main basse pendant soixante ans sur la totalité des terres insulaires afin de les mettre en valeur. Mais le projet ne vit jamais le jour. De plus, le décès de Ranavalona Ière en 1861 poussa Joseph Lambert à repartir précipitamment à Madagascar pour deux années.

Au cours de l'année 1867, sous la pression du parti zanzibarite de Mohéli à propos de l'erreur commise par la reine dans le passé, relative au contrat très favorable à Joseph Lambert, Djoumbé Fatima Soudi abdiqua en faveur de son fils aîné. Ainsi espéra-t-elle faire annuler le traité commercial l'ayant liée à l'homme d'affaires français qui, bénéficiant de l'appui du gouvernement de Mayotte, maintint ses prétentions. Par conséquent, le conflit dégénéra et un premier bombardement de Mohéli fit fuir Djoumbé Fatima Soudi à Zanzibar. Soutenue par les Anglais, elle entreprit en 1868 un voyage pour Paris afin d'obtenir l'arbitrage de l'empereur mais sans succès. De retour à Mohéli en 1871, sa présence agita la population locale contre Joseph Lambert : d'où un second bombardement qui détruisit la vieille ville de Fomboni. Toutefois, le planteur français mourut en 1873, après s'être réconcilié avec la sultane. En 1874, à la suite de l'assassinat de son fils le sultan Mohamed bin Saïdi Hamadi Makadara, Djoumbé Fatima Soudi remonta sur le trône dans l'indifférence générale. Émile Fleuriot de Langle, le fils de l'ancien capitaine de vaisseau devenu vice-amiral, venu gérer sur l'île les plantations de Joseph Lambert, devint son dernier époux. Deux enfants naquirent de cette union. Lorsque Djoumbé Fatima décéda à l'âge de quarante-deux ans après une vie riche en rebondissements, même à Mayotte, la nouvelle passa inaperçue.

« Ainsi s'accomplit le destin d'une femme, malgache de haute naissance, reine d'une île adossée à l'Afrique, musulmane et d'éducation française. »[160]

En tout cas, la littérature coloniale et cléricale, laquelle n'excellait pas que dans le machisme, avait systématiquement décrit Djoumbé Fatima Soudi comme un modèle académique de « duplicité arabe » ou de « traîtrise malgache ». En réalité, son attitude fluctuante aurait dû être interprétée comme la résultante des tensions politiques auxquelles l'île de Mohéli avait fait l'objet au cours de son règne.

3.4 - Dona Béatrice Kimpa Vita Nsimba

Dona Béatrice Kimpa Vita Nsimba naquit vers 1684 et mourut en 1706, au Nord de la région de Matamba après la destruction de la capitale Mbanza Kongo (São Salvador). Prophétesse, fondatrice de l'Antonianisme ou l'Antonien, un mouvement chrétien dont le prêche concernait l'adoration de Saint Antoine de Padoue, elle était issue d'une famille noble kongo et fut reconnue adolescente comme une *nganga marinda*, c'est-à-dire une intermédiaire entre le monde des hommes et celui des esprits. Ce fut dans un tel contexte que, en descendant du Mont Kibangu en 1703, le père Bernardo da Gallo rencontra sur la route une vieille femme s'appelant Apollonia Mafuta Fumaria. Cette dernière affirma, auprès du prêtre, que la Vierge Marie lui était apparue, lui ayant expliqué à cette occasion sa colère après la lignée royale et qu'elle avait été nommée sa messagère pour annoncer les châtiments à venir. Interloqué, le père Bernardo da Gallo conseilla à son interlocutrice de se confesser afin d'oublier ces sottises. Mais Apollonia Mafuta Fumaria devint l'objet d'un culte. Lors de l'instruction religieuse, elle recommandait à ses adeptes de bannir l'usage des fétiches. La famille de la jeune Dona Béatrice Kimpa Vita fut si impressionnée par cette prophétesse qu'elle se rallia à sa cause, et leur fille fut même initiée aux rites de ce culte que l'on qualifierait aujourd'hui de messianique.

---

[160] *Ibidem.*

En 1704, à l'approche de ses vingt ans, Dona Béatrice Kimpa Vita Nsimba confirma avoir vu saint Antoine de Padoue, qui lui apparut sous la forme d'un Noir, et lui annonça que Dieu punirait les habitants du royaume du Kongo si ce territoire n'était pas réunifié, ni restauré. Elle prêcha par la suite un christianisme hostile aux missionnaires européens, les Occidentaux ayant été à l'origine de l'anarchie, mais mâtiné de symbolisme culturel kongo. Bien avant son mysticisme antonien, Kimpa Vita, c'est-à-dire l'« instrument de guerre », aurait fait partie d'une société secrète traditionnelle, le « kimpasi »[161], honnie par les missionnaires portugais parce que cette congrégation avait pour mission de délivrer les gens des forces du mal à travers des cérémonies d'exorcisme appelées *mbumba kindonga*. On racontait que Dona Béatrice Kimpa Vita, initiée aux mystères de la vie et de la mort par Mama Apollonia Mafuta Fumaria, mourrait chaque vendredi et ressuscitait chaque dimanche, après avoir passé deux jours à s'entretenir avec Dieu.

Arrêtée, jugée et condamnée pour hérésie par le Conseil Royal des Capucins, lequel n'était composé que de missionnaires Bernardo da Gallo et Lorenzo da Lucca, elle fut brûlée vive sur le bûcher, avec son compagnon João Barro et leur bébé, dans la ville d'Evolulu. Elle mourut un vendredi 2 juillet 1706 à l'âge de vingt-deux ans. Mais, d'après John Thornton, leur fils nouveau-né fut sauvé grâce à l'intercession auprès du roi de leur dernier confesseur le père Lorenzo da Lucca. « Il

---

[161] Du kikongo « mpasi ». D'après le pasteur Josias Melo Nzeyitu, ce terme est à l'origine du mot latin *passio-passionis* qui signifie « *douleur, souffrance, peine* ». C'est de « mpasi » que vient le mot « Passion », dont le sens premier se retrouve dans les nombreux tableaux illustrant la *Passion de Jésus-Christ*. Dona Béatrice Kimpa Vita Nsimba faisait référence, deux siècles plus tôt, à Simão Gonçalves Toko, l'homme du « Mystère de Fatima », que ses fidèles avaient surnommé « le Vieux », « *o Mais Velho* ».
Dans le même ordre d'idées, le mot « nkula » se retrouve en lingala dans le substantif « makila », c'est-à-dire le sang, et en latin dans « macula », à savoir « tache de sang ». Dans cette optique, « Samba » est de la même racine que « sambuadi » – le chiffre sept, le septième jour – qui se retrouve dans le mot latin « sabbati ». Quant au mot « Bundu », il est contenu presque tel quel en allemand dans « Bundes » (Assemblée, rassemblement, alliance), d'où le Bundestag (l'Assemblée nationale allemande), le Bundesrat (le Conseil fédéral) ou le Bundesland (État fédéré).

fut donc baptisé Jerónimo, par ce prêtre, contrairement au souhait de sa mère qui voulait le nommer António »[162].

Dans un article publié dans le site Internet afrikavision.com et intitulé *Le rôle déterminant de Dona Kimpa Vita dans les révolutions américaines*, le pasteur Josias Melo Nzeyitu avait écrit que,

> « la renommée de Kimpa Vita menaçait celle des pharisiens et sadducéens de son temps, les prêtres venus du Vatican. Elle était une terrible menace pour l'Église catholique et la suprématie blanche au Kongo, il fallait qu'elle meure…
> » La magistrature suprême, représentée par le prélat portugais Dom Bernardo et le Vuzi a Nkanu (le Grand Juge) avec la complicité du Secrétaire du roi Dom Miguel de Castro, [avait] tôt fait de condamner Kimpa Vita à mort lors d'un procès expéditif durant lequel les droits de l'accusée à la défense [étaient] bafoués, foulés aux pieds. Les chefs d'accusation principaux étayant ce verdict [étaient] les crimes d'hérésie et l'insurrection contre l'ordre établi. »

Le mouvement antonianiste survivrait à la défaite de ses adeptes dans les années qui suivirent la mort de Dona Béatrice Kimpa Vita Nsimba, les missionnaires catholiques n'ayant pu l'enrayer aux XVIIIe et XIXe siècles. D'ailleurs, les différents messianismes congolais du XXe siècle, principalement le matsouanisme et le kimbanguisme, davantage actifs de nos jours, continuent de se référer à la figure de cette icône africaine parfois surnommée la « Jeanne d'Arc congolaise » en raison des ressemblances entre sa biographie et celle de cette héroïne française, brûlée vive à Rouen en 1431. Enfin, l'université de Uíge, en Angola, a été baptisée en 2009 « université Kimpa Vita ».

3.5 - Manthatisi

SAS Manthatisi (S101) est un sous-marin de classe *Heroine* de la marine sud-africaine. Le maire exécutif de la municipalité locale de Naledi, à plus forte raison la marraine de la S101, Ruth Segomotso

---

[162] In *The Kongolese Saint Anthony: Dona Beatriz Kimpa Vita and the Antonian Movement, 1684-1706*, John Thornton, Cambridge University Press, 1998, p. 178.

Mompati, avait annoncé le 8 avril 2006 le nom du sous-marin lors d'une cérémonie à Simon's Town. *SAS Manthatisi* avait été nommé ainsi en hommage au chef guerrier féminin de la tribu Batlokwa.

La reine Manthatisi naquit vers 1784, dans la province de l'État libre de l'Afrique du Sud dans la ville actuelle de Harrismith, et mourut en 1847. Elle monta sur le trône en 1813 après le décès de son cousin de mari, le Kgosi Mokotjo. Ainsi assura-t-elle la régence de son fils, Sekonyela, qui était encore mineur. Connue comme une dirigeante forte, courageuse et compétente, en temps de paix et de guerre, elle fut surnommée « Mosayane » par ses condisciples, c'est-à-dire la minuscule, à cause de sa petite taille. Bien que sa tribu fût connue sous la désignation de Batlokwa, pendant son règne, on les avait tous désignés sous l'appellation de Manthatisi. En raison de sa très forte personnalité, tous les leaders de Sotho-Tswana étaient connus par les Anglais sous le nom de Boo-Manthatisi ou Manthatee Horde.

Après avoir épousé le roi des Sotho, appelés à l'époque « Peuple du chat sauvage » (Batlokoa), et à la mort de ce dernier, Manthatisi devint donc la seule souveraine. Rappelons que le nom de Manthatisi à la naissance était Monyalue. Elle était la fille de Mothaha, un chef de la tribu Sia. Ainsi, par rapport à la succession du roi décédé, certaines personnes s'opposèrent à la direction de Manthatisi et estimèrent qu'elle était étrangère, alors qu'elle était Mosia d'origine et que les gens souhaitèrent être gouvernés par un « pur » Motlokwa. D'autres ne voulurent pas être dirigés par une femme. En dépit de toutes ces réticences, Manthatisi resta résolue dans la tâche qui était la sienne.

Dans l'article intitulé *Manthatisi la conquérante*, publié dans le site Internet nofi.fr, SK rappelait ceci :

> « On retient d'elle son courage, sa force et son dévouement au peuple. Car [Manthatisi] ou Mantatisi, ne craignait rien ni personne et se jetait, avec honneur dans toute bataille dirigée contre les siens. Toutefois, les guerres perpétuelles [provoqueraient] famine, désolation et cannibalisme. Pourtant, on dit que [Manthatisi] n'hésita pas à les nourrir de son propre lait ; on dit également que son regard était puissant et déstabilisant, comme celui d'une femme ayant triomphé des épreuves et prête à tout pour accomplir la destinée de son peuple. »

Évidemment, afin de protéger le trône de son fils et contrainte à imposer sa suprématie dans la très convoitée région de Caledone Valey, elle combattrait vaillamment, à la tête de ses troupes, les rois des tribus environnantes les plus conquérants. Ses conquêtes militaires s'étendirent jusqu'à l'actuel Botswana. À la hauteur de son pouvoir militaire et politique, son armée devait contenir près de quarante mille combattants. Mais son épopée guerrière prendrait un coup à Bechuanaland quand, en janvier 1823, elle subit une lourde défaite l'ayant obligée à battre en retraite vers l'Est, faisant ainsi de Makaba, « l'homme de la conquête », le chef Sotho à avoir vaincu une armée très aguerrie.

Des Européens avaient dépeint Manthatisi comme une femme maléfique, alors qu'elle était, dans l'absolu, une dirigeante charismatique, compétente et populaire tant en période de guerre que de paix. Contrairement à d'autres chefs qui avaient été victimes de la guerre de Difaqane, elle avait réussi à rassembler son peuple face aux incursions fréquentes de la part des groupes Nguni en provenance du Sud. En 1824, à la maturité de Sekonyela, elle se retira du pouvoir en confiant à son fils la responsabilité effective du seul chef des structures sociales et militaires de Batlokwa qui s'installeraient le long de la confluence des rivières Sengu et Mahlakeng. Manthatisi s'établirait dans le bastion de la montagne de Marabeng. Quant à son fils héritier, il s'installerait dans un autre territoire près de Jwala-Boholo dans l'État libre. Celui-ci avait d'abord été occupé par une branche de la tribu Bakoena, connue sous le nom de Moraba, que les Batlokwa combattraient plus tard sous le commandement de Manthatisi.

La reine Manthatisi mourut en 1847 en affichant un sourire, ravie sans doute d'avoir assuré le futur de son fils et de son peuple. Elle fut sans conteste l'un des dirigeants militaires et politiques les plus connus et les plus redoutés du début du XIXe siècle.

3.6 - La reine Pokou

Abla Pokou naquit au début du XVIIIe siècle. Elle fut une reine africaine qui, vers 1749, conduisit le peuple baoulé du Ghana jusqu'en

Côte d'Ivoire. Elle était la nièce de l'empereur Osei Tutu de la Confédération Ashanti du Ghana. Après la mort de ce dernier vers 1720, son neveu utérin, Opokou Ware Ier, frère aîné d'Abla Pokou, maintint tant bien que mal la cohésion du pays. Mais, vers 1749, sa disparition provoqua une querelle de succession entre son jeune frère, héritier désigné, et l'un de ses oncles, qui mit le pays à feu et à sang. La lutte fratricide incita à l'exode quelques familles.

Selon la légende, au cours du voyage migratoire, Abla Pokou aurait sacrifié son fils unique pour permettre la traversée de la rivière Comoé – frontière naturelle séparant le Ghana de la Côte d'Ivoire. Le mot « Baoulé », désignant sa tribu et par lequel on appelle désormais les descendants du peuple qu'elle aurait conduit, tirerait son origine de l'épisode de ce sacrifice. Après l'offrande de son enfant, elle s'était exclamée : « Ba-ouli », ce qui signifie « l'enfant est mort », d'où le nom « Baoulé ».

« Pourtant les femmes ashantis savaient [que dans] certaines circonstances les dieux pouvaient exiger la mort d'un enfant. De l'éducation et des valeurs transmises par leurs mères et leurs grands-mères, elles avaient toutes appris qu'il n'était permis ni de se révolter ni de pleurer l'enfant sacrificiel, sous peine de voir la colère des dieux s'abattre sur la tribu entière. Lorsque les esprits des ancêtres parlaient par la bouche du sorcier, quel recours restait-il aux mortels ? "Kouakou, mon unique enfant ! J'ai compris qu'il [fallait] que je donne mon fils pour la survie de cette tribu. C'est à cause de ma famille qu'ils ont été obligés de fuir. Une reine n'est-elle jamais que reine et non femme ni mère !" [...]

» Et, c'est dans la quarantaine, au moment où les femmes de sa génération devenaient grands-mères, que le miracle s'était accompli. Sa dernière union avait enfin porté [le] fruit. Celui d'Assoué Tano, le jeune guerrier venu la délivrer des griffes du roi du Sefwi voisin qui l'avait prise en otage après une attaque sur Kumasi. Cet enfant tendrement chéri et accueilli en don du ciel, c'était comme une sève vivifiante pour son corps vieillissant. Il fut aussi son seul réconfort lorsque, victime de cette tragique guerre de succession qui devait la jeter sur les routes de l'exil, son époux paya de sa vie son inopportune alliance avec la royauté en disgrâce. Et maintenant que lui restait-il ? Ces gens qui attendaient tout d'elle ? Pitié ! Ce petit être gazouillant n'avait pas trois ans. Pitié ! Une imploration intérieure que personne n'entendit. Pas plus qu'on ne vit sur son visage l'expression d'indicible douleur qui lui fracassait le cœur… N'[avaient-ils] donc aucune compassion, pour exiger d'une malheureuse veuve qu'elle sacrifie son unique enfant ? »[163]

Une autre légende raconte que l'enfant sacrifié aurait été plutôt le neveu d'Abla Pokou, la reine n'ayant pas eu de descendant. En souvenir de cet enfant, le berceau du peuple Baoulé aurait reçu le nom de Sakassou, autrement dit, « le lieu des funérailles ».

De son berceau, c'est-à-dire à partir du Ghana, jusqu'à sa terre d'exil, à savoir la Côte d'Ivoire, cette reine serait très largement célébrée dans la littérature orale et écrite. Le règne de la reine Pokou s'acheva, d'après quelques sources, en 1760, année de son décès. Le film d'animation ivoirien *Pokou, princesse ashanti* de N'ganza Herman et Kan Souffle, sorti en Côte d'Ivoire en 2013, s'inspira librement de la légendaire existence d'Abla Pokou.

Au-delà de la curieuse similitude de cette merveilleuse et tragique aventure humaine avec la version biblique du peuple d'Israël, les Hébreux traversant la mer Rouge en provenance d'Égypte, sous la direction du mythique premier prophète du judaïsme en la personne de Moïse, ainsi que le Jugement du roi Salomon, d'aucuns voient en cette histoire une épopée réelle. Incitant au respect et à l'hommage à une grande figure féminine de l'Histoire de la Côte d'Ivoire, la reine Pokou offrit ce qu'elle avait de plus précieux pour sauver toute une tribu.

Le trône du royaume Baoulé, lequel perdure depuis trois siècles, de 1730 à 2016, a vu succéder pendant ce long règne en Côte d'Ivoire douze têtes couronnées, dont deux femmes. Depuis l'installation du royaume Baoulé à Sakassou dans la moitié du XVIIIᵉ siècle, plusieurs reines et rois se sont donc transmis traditionnellement et coutumièrement le pouvoir. C'est la preuve tangible de la réalité, et non d'une légende, relative à l'exode du peuple Baoulé et à son installation dans le centre du pays : Bouaké, Yamoussoukro, Dimbokro, Béoumi, Sakassou, Daoukro, Bouaflé, Kouassi Koussaikro, Bokodro, Bocanda, Ouelle…

---

[163] In *Reines d'Afrique et héroïnes de la diaspora noire*, Sylvia Serbin, Sepia, 2004.

3.7 - Ranavalona Ière

Ranavalona Ière, reine malgache des hautes terres de l'île, naquit vers 1788 et décéda le 16 août 1861. Elle régna sur le royaume de Madagascar de 1828 à 1861. D'abord désignée sous l'appellation de Mavo, ou Ramavo, et ensuite Rabodonandrianampoinimerina[164] en référence à son oncle, le roi Andrianampoinimerina, elle accéda au trône le 11 août 1928, après la mort de son mari et cousin, Radama Ier, et son couronnement eut lieu le 12 juin 1829. On la désigna également par le titre de Ranavalo-Manjaka, c'est-à-dire « Ranavalona régnante ». Considérée comme une souveraine autoritaire, elle n'en resta pas moins une dirigeante dotée d'une envergure certaine, dont la référence alimenta l'imaginaire indépendantiste national.

À bien des égards, hormis l'aspect économique, la reine Ranavalona Ière se montra la digne continuatrice de l'œuvre d'Andrianampoinimerina et de Radama Ier. Du point de vue patriotique, elle apparut comme une grande souveraine, symbole de la fierté nationale[165]. Raison pour laquelle, dans les historiographies à la fois coloniales et chrétiennes traditionnelles, elle fut présentée, par les Européens, comme un symbole d'obscurantisme et de cruauté.

> « Superstitieuse, autoritaire, cruelle, inflexible, xénophobe exacerbée. C'[était] ainsi que ses contemporains [dépeigneraient] Ranavalona Ière, épouse et successeur de Radama Ier. Elle [devrait] régner pendant un tiers de siècle (1828-1861).
>
> » En réalité, au début de son règne, bien au contraire elle [fut] très appréciée de ses sujets qui enfin [pouvaient] vivre dans une atmosphère de calme et de sérénité, loin des troubles continuels et des travaux incessants qui [marquèrent] le règne des deux précédents rois. Elle [veilla] au maintien des écoles et à leur développement, [favorisa] l'éclosion du goût musical chez ses sujets. Elle-même [donna] l'exemple pour agrémenter sa cour en subventionnant deux illustres femmes chargées de former les Mpiantsa, chanteuses royales. Ainsi

---

[164] Ce qui signifie « la petite fille ingénue d'Andrianampoinimerina ».

[165] On a surtout retenu d'elle cette fameuse phrase, en réponse aux prétentions méprisantes des missionnaires chrétiens : « *Ny fomban-drazako tsy mba mahamenatra ahy na mampatahotra ahy !* », à savoir « *Je ne ressens ni honte ni crainte au sujet des coutumes de mes ancêtres !* »

fêtes, réunions de famille, événements heureux ou tristes [étaient-ils] autant d'occasions de chanter. Et d'ailleurs Antananarivo [devait] beaucoup à la reine et à Jean Laborde, son conseiller et agent dans le domaine de Mantasoa riche d'activités et de résultats. "Car ce serait une erreur de croire que Ranavalona [condamnait] sans restriction tout ce qui [était] européen".

» Mais bientôt à certains symptômes, elle [constata] que son autorité [risquait] d'être ébranlée et que l'ingérence des Européens [finirait] par mettre un terme à l'indépendance de Madagascar. Elle réagit avec violence sous la pression, selon les historiens, des conservateurs et traditionalistes : les Premiers ministres qui [s'étaient] succédé durant son règne, à savoir Rainiharo, puis le jeune et bel Andriamihaja, et de nouveau Rainiharo et Rainijohary, commandants en chef de l'armée ; les devins et les sorciers inquiets des progrès de la civilisation et du christianisme.

» Parmi ces symptômes qu'elle [nota], un début de révolution dont elle [soupçonna] les Anglais d'être les auteurs. Elle [déchira] les traités passés avec l'Angleterre depuis 1817 et [reprit] de plus belle le commerce des esclaves grâce aux débouchés offerts par les marchés de l'Inde, de l'Amérique et des Mascareignes. En outre, le 11 octobre 1829, le capitaine de vaisseau Gourbeyre désigné par la France [prit] Tintingue et [bombarda] Toamasina "pour venger l'affront qu'il estimait lui avoir été fait sous [Radama Ier]". Les troupes françaises [furent] cependant contraintes de battre en retraite devant l'armée hova. Et [ce fut] l'escalade.

» En 1832, elle interdit aux enfants esclaves de fréquenter les écoles car certains [faisaient] déjà preuve d'insoumission et [prétendirent] échapper à leur condition servile. En 1834, elle [entendit] limiter aux seules écoles contrôlées par le gouvernement l'enseignement de la lecture et de l'écriture afin de proscrire "la diffusion de la morale chrétienne pernicieuse aux traditions malgaches". 1835 : le Kabary du 1er mars interdit à tous ses sujets de collaborer de quelque manière avec les missionnaires. N'ayant plus de raison d'être, un à un ceux-ci s'en [allèrent].

» [Ce fut] le signal du début des persécutions contre les chrétiens qui s'[organisèrent] en "sectes indigènes dont les membres [frondaient] le pouvoir royal. La Société des priants qui [prêchait] le modernisme [était] la plus connue. Beaucoup d'entre eux [ignoraient] tout du Christ, mais tout comme cela s'[était] passé à Rome, c'[était] au nom du Christ qu'on s'[insurgeait]. Les castes inférieures et les mécontents [formaient] la clientèle des rebelles chrétiens"[166].

» À leur tour, les Européens restés dans la capitale [furent] aussi atteints par les mesures royales "car ils ne [pouvaient] pas ne pas être compromis dans la rébellion qui [couvait]". Le 13 mai 1845, une loi spéciale [fut] édictée par la reine aux termes de laquelle traitants et commerçants [furent] mis en demeure de quitter l'Île ou d'être assujettis aux corvées royales, à tous les travaux et même à l'épreuve du tanguin.

» Les Européens chassés, la reine et Rainiharo se [lancèrent] dans la répression : pendant près de 10 ans, 200 000 exécutions capitales auraient eu lieu. Avec la mort du Premier ministre en 1852, une période plus libérale [sembla] s'ouvrir. Mais un complot se [noua] pour porter le prince Rakoto [Radama] au pouvoir : la reine [chassa] alors les rares Européens encore présents, dont les cerveaux de la conspiration Jean Laborde et [Joseph] Lambert. En 1858, le régime de terreur [reprit] de plus belle, jusqu'à la mort de la reine en 1861. »[167]

Sur le plan linguistique, la reine Ranavalona Ière fit préparer un dictionnaire anglais-malgache. Pendant son règne, l'école de langue comptait quarante élèves qui joueraient un rôle diplomatique de premier plan dans la seconde moitié du siècle. Disons qu'elle lutta contre l'expansionnisme territorial de l'Europe, ayant soumis des régions côtières pour empêcher les Français de le faire à sa place. En 1845, elle repoussa des attaques britanniques et françaises ; en guise de représailles, elle mit un terme au commerce avec l'Europe pendant huit ans et imposa aux commerçants européens une indemnité en paiement des dégâts causés par leurs attaques. Cependant, elle maintint des liens commerciaux avec l'Europe, pour ne pas affecter les ressources du royaume.

À son décès, le 16 août 1861, son fils Radama II lui succéda. Au bout de trente-trois années de règne, Ranavalona Ière laissa derrière elle un pays puissant et autonome. Elle fut enterrée à la basilique royale qu'elle fit construire. Le tombeau fut couvert de bijoux, de perles et de couronne de la reine. L'échec du règne de son successeur, son fils

---

[166] *Revue de Madagascar* 1952, Spécial Tananarive.
[167] Extrait de l'*Express de Madagascar* – Édition n° 4188 du 19-12-2008 relative aux notes du passé – *Ranavalona Ière, la plus controversée des reines.*

qui serait assassiné quelques années plus tard, permettrait à sa cousine et épouse, la reine Rasoherina – née Rabodozanakandriana et appelée aussi Rabodo –, de devenir officiellement reine, suivant ainsi l'exemple de sa tante la reine Ranavalona Ière.

3.8 - Ilen Embet

Ilen Embet, née vers 1801 et morte en 1851, représentait au XIXe siècle l'une des femmes les plus émancipées de la région des hauts plateaux de Mareb Mellash, en zone frontalière de l'Érythrée et de l'Éthiopie. Toutes les sources indiquent qu'elle fut extraordinairement intelligente, une conférencière persuasive, une politicienne habile et une dirigeante courageuse. Ayant commandé personnellement des hommes dans différents combats, elle s'était vaillamment battue comme l'un d'entre eux, mais sans être capturée sur le champ de bataille.

Ilen Embet fut donnée en mariage à Ayte Salomon, qui régnait sur la région des hautes terres d'Asmara, à qui elle donna trois enfants : une fille, ainsi que deux fils. Son mari étant en proie à une santé précaire, à la fois impopulaire dans l'arène politique et minoritaire dans sa propre famille, le beau-père d'Ilen Embet aurait préféré son petit-fils comme héritier. Mais comme la tradition exigeait qu'il nommât son fils, il légua cependant ses biens, y compris les esclaves, à son petit-fils. Cela génèrerait une amère rivalité au sein de la famille dirigeante. Ainsi Ilen Embet était-elle contrainte de faire face à des intrigues incessantes du vivant de son mari, mais aussi après sa mort vers 1837, afin de préserver le droit de son fils à monter sur le trône. Elle aurait deux autres enfants, après le décès de son mari, avec quelqu'un du sérail politique.

Ilen Embet entra en politique non par choix, mais pour venger les défaites militaires de son mari. Raison pour laquelle elle mena elle-même les hommes au combat. Après avoir passé une alliance avec le souverain du Tigré, actuellement province de l'Éthiopie, elle fut nommée gouverneure de la région d'Asmara. À la fin des années 1840, elle se retira de ses fonctions en abandonnant la régence au profit de son fils aîné. En réalité, elle en avait assez des conflits incessants. Ainsi prit-elle sa retraite à la cathédrale Sainte Marie en devenant nonne.

3.9 - Yaa Asantewaa

Née vers 1840 dans le village de Besease près d'Edweso et morte le 17 octobre 1921, Yaa Asantewaa était une « Edwesohemaa », une reine mère de la tribu Ashanti d'Edweso (Ejisu), au Ghana actuel. Le rêve de Yaa Asantewaa de voir les Ashanti libérés des Britanniques se réaliserait plus tard, le 6 mars 1957, lorsque le protectorat Ashanti obtiendrait sous l'impulsion de Kwame Nkrumah son indépendance en tant que partie du Ghana, devenant *de facto* la première nation d'Afrique subsaharienne à se libérer du joug colonial.

Durant le règne de son frère, Yaa Asantewaa avait été confrontée à une série d'événements ayant progressivement menacé l'avenir de la Confédération Ashanti, y compris la guerre civile qui s'étalerait de 1883 à 1888. À la mort de son frère en 1894, elle occupa les fonctions de reine mère dans le but de nommer son propre petit-fils comme Ejisuhene. Lorsque les Britanniques exileraient ce dernier aux Seychelles en 1896, devenu entre-temps roi Otumfuo Nana Prempeh Ier et d'autres membres du gouvernement Asante, Yaa Asantewaa deviendrait régente du district d'Ejisu-Juaben.

En février 1887, elle fit couronner dans l'urgence Prempeh Ier. Le 26 mars 1888, la menace du prince Yaw Twereboanna étant définitivement écartée, Prempeh Ier monta sur le trône. Le nouveau souverain n'eut pas l'intention de brader l'empire Ashanti aux Européens, ni de le laisser se faire piller sans réagir. Lorsque le gouverneur britannique lui demanda d'accepter le protectorat de Sa Royale Majesté anglaise, Prempeh Ier refusa. Les Anglais apprendraient bientôt l'alliance faite entre Prempeh Ier et Samory Touré, le souverain de l'empire Wassoulou et fervent ennemi des colonisateurs français. Prétextant une dette mal remboursée, les troupes britanniques envahirent le Royaume Ashanti et s'emparèrent de Kumasi le 20 janvier 1896. Toute la famille royale fut arrêtée. Prempeh Ier, en présence du futur fondateur du scoutisme Robert Baden-Powell, accepta les conditions du vainqueur, en la personne de Sir Francis Scott. Le souverain fut emmené sous bonne garde au fort d'Elmina et assigné à résidence surveillée. Craignant des révoltes, les autorités anglaises décidèrent de l'envoyer en Sierra Leone en 1897 non sans avoir au préalable détruit à l'explosif le Mausolée Royal de Bantama. La ville de Kumasi fut annexée, dans la foulée, au territoire britannique et confiée à une administration anglo-saxonne.

Après la déportation de Prempeh Ier, le gouverneur général britannique de Gold Coast, Frederick Hodgson, exigea le tabouret d'or, c'est-à-dire le symbole du pouvoir de la nation Asante. Cette exigence aboutit à une réunion secrète à Kumasi des membres restants du gouvernement Asante, afin de discuter de la façon de garantir le retour de leur roi. Compte tenu du désaccord entre les personnes présentes, sur la manière d'obtenir gain de cause, Yaa Asantewaa, qui avait pris part à ladite réunion, se leva et s'adressa aux membres du conseil en ces termes :

> « Je vois que certains d'entre vous ont peur de se battre pour notre roi. Aux temps d'Osei Tutu, d'Okomfo Anokye et d'Opokou Ware Ier, les chefs ne seraient pas restés assis à regarder leur roi être exilé sans tirer un seul coup de feu. Aucun Européen n'aurait osé parler aux chefs d'Ashanti comme le gouverneur vous a parlé ce matin. C'est donc vrai que le courage d'Ashanti n'est plus ? Je ne peux pas le croire. Ça ne peut être vrai ! Je dois vous dire ceci : si les hommes d'Ashanti ne vont pas au front, nous le ferons. Nous, les femmes, nous le ferons. Nous nous battrons ! Nous nous battrons jusqu'à ce que la dernière d'entre nous tombe sur le champ de bataille. »

Ainsi Yaa Asantewaa parvint-elle à convaincre les chefs de rejeter la demande du général Hodgson et de préférer la voie de la guerre. Refusant de payer la taxe aux Britanniques, elle se demanda surtout, avec véhémence :

> « comment un peuple fier et brave comme les Ashanti peut-il s'asseoir et regarder, alors que les hommes blancs enlèvent leur roi et leurs chefs et les humilient avec la demande du tabouret d'or ? Le tabouret d'or ne signifie que de l'argent pour l'homme blanc. Ils ont fouillé et creusé partout. Je ne devrais pas payer un prédwan au gouverneur. Si vous, les chefs d'Ashanti, vous vous comportez comme

des lâches et ne vous battez pas, vous devriez échanger vos pagnes contre mes sous-vêtements. »

Yaa Asantewaa saisit ensuite un fusil et tira un coup de feu en l'air. Le pacte étant scellé, elle et tous les chefs « burent les dieux », c'est-à-dire les libations ; ils répandirent les boissons par terre en guise d'offrande. Ils prêtèrent serment dans le but de libérer les peuples Ashanti de la domination britannique. À la suite de ce discours très motivant et de sa forte volonté, Yaa Asantewaa fut nommée chef et commandant en chef des forces armées d'Ashanti. Reine mère du royaume Ashanti, grâce à des alliances politiques stratégiques et à la restructuration du pouvoir militaire, elle parvint à sécuriser le tabouret d'or pour son fils, le roi Prempeh Ier.

Yaa Asantewaa prit la tête du mouvement de révolte de l'empire Ashanti à partir de 1900. En très peu de temps, la rébellion assiégea le fort de Kumasi, où les Britanniques s'étaient réfugiés. Après plusieurs mois de siège, Frederick Hodgson, le gouverneur général britannique, envoya 1 400 hommes pour écraser la révolte. En mars 1900, Yaa Asantewaa donna son nom à la guerre pour l'indépendance, « la Guerre du trône d'or », qu'elle mena à la tête de milliers de combattants contre les forces de l'empire colonial britannique postées au Ghana. Bien qu'elle eût organisé une attaque puissante, elle fut vaincue par les Britanniques en 1901. Capturée avec quinze de ses conseillers, ils furent envoyés en exil aux Seychelles, où elle resterait jusqu'à sa mort, vingt ans plus tard, en 1921. Le 1er janvier 1902, l'empire Ashanti devint un protectorat de la couronne britannique.

Cette brave reine mère décéderait donc le 17 octobre 1921, en exil forcé, aux Seychelles. Trois années après sa mort, le 27 décembre 1924, Prempeh Ier et les autres membres exilés de la cour furent autorisés à retourner au royaume Ashanti. Le souverain s'assura du rapatriement des restes de Yaa Asantewaa et ceux des autres exilés Asantes en vue des honneurs et d'une véritable sépulture royale. Vœu qui serait réalisé le 6 mars 1957, lors de l'indépendance du Ghana.

On peut donc conclure aisément que Yaa Asantewaa reste une figure très aimée de l'histoire Ashanti et de celle du Ghana pour son rôle dans l'opposition aux colons britanniques. Elle est immortalisée dans une chanson très populaire :

« Yaa Asantewaa,
La femme qui se bat contre les canons,
Vous avez accompli de grandes choses,
Et vous avez bien fait. »[168]

Pour souligner l'importance de susciter l'émergence de femmes dirigeantes dans la société ghanéenne, la *Yaa Asantewaa Girls' Secondary School* fut créée dans la ville de Kumasi en 1960 avec des fonds de la *Ghana Educational Trust*. Dans cette optique, le Centre Yaa Asantewaa à Maida Vale, à l'Ouest de Londres, est depuis 1986 une structure sur l'art, ainsi que sur les populations africaines et caribéennes.

3.10 - Taytu Betul

Descendante d'une famille noble, Taytu Betul vit le jour vers 1851 à Debre Tabor, également appelé Samara, dans la province de Begemder (ou province de Gondar) dans le Nord de l'Éthiopie. Elle fut une reine et une impératrice remarquable. Après quatre mariages ayant échoué, elle épousa le Négus du Choa, Sahle Maryam, ou le cavalier Abba Dagnew, le futur Negusse Negest d'Abyssinie : c'est-à-dire Ménélik II.

Taytu Betul exerçait un véritable pouvoir politique sur le Choa, ou Shewa, que ce soit pendant le règne de son mari, ou sur tout l'Empire éthiopien. Elle fut l'une des plus remarquables femmes d'État du XIXe siècle. Elle représentait, à la Cour, le courant conservateur et patriote qui résistait aux progressistes partisans du développement de l'Abyssinie sur la base des modèles occidentaux en matière de modernisation étatique. Après avoir influencé son mari, et étant plus autoritaire que lui, elle parvint à imposer le lobby en faveur du Nord et de ses seigneurs. En effet, elle était partisane de la ligne dure face

---

[168] In *The Oxford Encyclopedia of Women* in *World History*, 2008, quoting Arhin, p. 97.

à la présence des Italiens. En effet, diplomate avisée, elle joua un rôle crucial pour contrecarrer les visées impérialistes de l'Italie sur le territoire éthiopien.

Très méfiante par rapport aux véritables intentions des Européens, Taytu Betul contribua beaucoup à la polémique relative au traité de Wuchale[169]. Lorsque les Italiens décidèrent d'envahir l'empire, elle prit le commandement, avec son époux le Negusse Negest Ménélik II, d'une armée impériale considérable à la bataille d'Adwa et remporta l'une des victoires les plus importantes jamais gagnées par un État africain contre l'agression colonialiste européenne.

L'état de santé de Ménélik II l'empêchant vers 1906 de régner aussi facilement qu'auparavant, Taytu Betul prit progressivement des décisions personnelles – contrariant ainsi ses rivaux originaires du Choa, du Tigré et du Wollo. Ces derniers, n'appréciant pas du tout une telle attitude et dénonçant ses origines gondariennes, la forcèrent en 1910 à quitter le pouvoir. En conséquence, la régence du *ras*[170] Tessema Nadew débuta. Chargée de s'occuper uniquement de son mari, elle disparut de la scène politique. Au décès de Ménélik II le 12 décembre 1913 sans avoir eu un enfant avec Taytu Betul, *lidj*[171] Iyasou V, baptisé Kifle Yaqob, lui succéda. L'épouse de Ménélik II fut bannie et dut se retirer à l'ancien palais situé à Entoto, près de l'église Entoto Maryam qu'elle avait fondée et où elle avait été couronnée avec son mari. Sa protégée et belle-fille, Zewditou, jugée moins dangereuse serait entre-temps nommée impératrice en 1916. Mais elle ne

---

[169] Le traité de Wuchale fut signé entre l'empire d'Éthiopie et le royaume d'Italie, le 2 mai 1889 à Wuchale, par le Négus du Choa Ménélik II et le comte Pietro Antonelli. Le traité, censé maintenir la « paix et l'amitié », consistait principalement en la cession par l'Éthiopie de diverses régions du Nord à l'Italie qui, en échange, fournirait du matériel militaire et une aide financière. Les régions cédées par l'Éthiopie correspondent à l'actuelle Érythrée.

[170] *Ras* est un titre seigneurial éthiopien. Équivalent du titre de duc, il désigne un responsable important non issu de la lignée impériale. Le titre de « *leul ras* » est attribué aux chefs de la branche cadette de la dynastie impériale, tels que les princes de Godjam et du Tigré.

[171] Titre donné à la naissance aux enfants mâles *mesafint*. Les *mesafint*, ou princes, regroupent la noblesse héréditaire et constituent l'échelon supérieur de la classe dirigeante.

pourrait manipuler la nouvelle souveraine. Taytu Betul mourrait le 11 février 1918, dans son lieu d'exil.

3.11 - Labotsibeni Mdluli

Labotsibeni Mdluli, ou Ndhlovukazi, née vers 1858 à Luhlekweni dans le Nord du Swaziland et surnommée Gwamile en raison de sa forte volonté, fut reine mère du Swaziland de 1894 à 1899 et régente de 1899 à 1921. Après avoir grandi à la cour royale, sous la tutelle de la reine mère Thandile, elle épousa en 1874 le roi Mbandzeni, appelé aussi Dlamini IV. Elle assuma le rôle de reine régente en 1890 après la mort du roi, ses sujets ayant estimé que les héritiers naturels n'étaient ni prêts ni aptes à gouverner.

Par rapport au système swazi, l'accession de Labotsibeni Mdluli au trône fut plutôt inhabituelle. Effectivement, les lois traditionnelles de Swazi ne permettaient pas à une femme dans sa situation de régner. En plus, son clan, Mdluli, n'était pas le suivant pour diriger le Swaziland. Mais elle défia toutes les forces opposées à sa désignation et s'imposa d'emblée. De plus, Labotsibeni Mdluli disposait d'un véritable pouvoir de commandement. Un atout considérable qu'elle utilisa pour défendre les droits et le territoire des Swazi contre les intrusions des Boers et des Britanniques. Porte-parole extraordinairement intelligente, intrépide et astucieuse, elle joua un rôle de premier plan en opposition à la troisième convention du Swaziland de 1894 modifiant celle de 1881, laquelle prévoyait l'établissement, en février 1895, d'un protectorat du Transvaal sur le territoire swazi en contrepartie des taxes que ses sujets commenceraient à payer en 1897. Mais Labotsibeni Mdluli et Bhunu Dlamini (le futur Ngwane V), fils qu'elle avait eu en 1877 avec le roi Mbandzeni, exigèrent l'implication des chefs Swazi dans la perception des impôts. Sa fermeté la poussa à demander à la reine Victoria d'intervenir dans ce sens. Elle fit en sorte que, grâce au système éducatif qu'elle mit en place, filles et garçons puissent maîtriser la langue des colonisateurs.

Pendant la plus grande partie de la crise ayant abouti aux trois années de guerre que connut l'Afrique du Sud, Labotsibeni Mdluli réussit à maintenir largement le Swaziland hors des hostilités. À la fin de la guerre, pourtant ratifiés par son Conseil[172], elle contesta les termes de l'ordonnance du Swaziland en 1903 et de la proclamation de l'administration du Swaziland en 1904, qui instaurèrent le mécanisme du gouvernement en vertu d'un commissaire résident[173]. À la suite de la pression de Labotsibeni Mdluli, de la menace posée par le récent soulèvement zoulou et de la question non résolue des concessions foncières, le Swaziland devint en réalité un territoire sous haute protection comme le Bechuanaland et le Basutoland, mais il ne fut jamais formellement déclaré protectorat britannique.

Durant tout son règne – en dépit d'un système complexe d'attribution de terres, de pâturages et de droits miniers –, Labotsibeni Mdluli s'opposa aux revendications britanniques sur le territoire des Swazi et essaya de racheter les concessions, que son mari avait accordées aux Boers et aux Britanniques. De plus, la partition terrestre de 1909 avait privé les Swazis d'environ deux tiers de leur pays. Convaincue de ne pas pouvoir récupérer militairement les terres concédées, elle tenta d'y parvenir par le marchandage. Elle mit ensuite en place un fonds, sur la base de contribution financière de ses sujets, pour le rachat des terres au gouvernement colonial. Ce système, abandonné en 1915, fut relancé par le roi Sobhuza II à la fin des années 1940 pour que le Swazi ait repris environ 60 % des terres à la fin des années 1960.

En tant que reine mère, Labotsibeni Mdluli s'était impliquée dans les affaires du Congrès national autochtone sud-africain (SANNC), le futur ANC, dans la mesure où elle avait fondé et financé en 1912 son organe de communication, le journal *Abantu-Batho*. En tout cas, elle avait apporté les fonds nécessaires au soutien des activités du SANNC, en bonne entrepreneure très astucieuse ayant géré cette affaire à la fois en actionnaire et directrice générale de la société à responsabilité limitée dénommée *Abantu-Batho*.

---

[172] En effet, après la guerre anglo-boer ayant été gagnée par les Britanniques, Labotsibeni Mdluli demanda aux vainqueurs de se protéger, malgré leur volonté dominatrice (Madlang Ngwenya).

[173] Elle s'opposerait aussi, avec son Conseil, aux termes de la cession de terres, qui avait été décidée en 1907, puis réalisée par George Grey, le frère du ministre libéral Sir Edward Grey.

Pendant la Première Guerre mondiale, la reine Labotsibeni Mdluli offrit à la Grande-Bretagne un avion d'une valeur de 1 000 livres à l'appui de ses efforts de guerre. L'appareil livré porta, à sa demande, son nom afin d'inciter tout le monde à réfléchir et à reconnaître le rôle joué, à cet effet, par les femmes. Cette initiative pousserait le journal *Abantu-Batho*, dans son numéro du 25 avril 1918, à louer et à féliciter « Ndhlovukazi » et le peuple du Swaziland pour « la fidélité et le dévouement à la Couronne britannique ».

« Quand je veux de l'eau, je fais la pluie moi-même », avait-elle déclaré un jour. Les Sud-Africains se rappelleraient cette déclaration car, lors d'un voyage au cours de l'année 1925, une très forte pluie provoqua des inondations dans beaucoup de territoires d'Afrique du Sud et du Swaziland. Ainsi la « pourvoyeuse de pluie » avait-elle tenu parole.

Labotsibeni Mdluli mourut après une longue maladie, le 15 décembre 1925, à Zombodze où elle fut enterrée. Elle est reconnue par les Swazi comme l'une des plus grandes Reines Mères et Régentes de l'histoire du Swaziland. Dans une nécrologie, *The Times* nota qu'elle avait été, depuis deux générations, « la femme indigène la plus connue en Afrique du Sud ». Le registre annuel africain de *TD Mweli Skota* précisa que :

> « elle était une femme merveilleuse ; [...] reconnue par tous les représentants du Trône britannique comme l'un des dirigeants les plus intelligents d'Afrique ».

Labotsibeni Gwamile Mdluli, cette lionne indomptable, joua un rôle très important dans le développement de son pays. Elle contribua sans conteste à l'émergence d'une élite ayant changé le cours de l'histoire du Swaziland.

3.12 - Nehanda Nyakasikana

Originaire du Mashonaland au Zimbabwe, Nehanda Charwe Nyakasikana, née vers 1863, était une femme, chef spirituel et l'une des principales figures de proue du premier Chimurenga, ou « guerre de libération », contre les colons britanniques, entre 1896 et 1897. Cette médium ; et prêtresse du peuple Shona, fut sans l'ombre d'un doute un rouage indispensable pour la coordination et l'inspiration de la révolte contre la colonisation par la *British South Africa Compagny* du Mashonaland et du Matabeland. Elle était considérée comme l'incarnation féminine de l'esprit de l'oracle Nehanda.

> « Dans la plupart des cultures africaines, la femme [était] gardienne de l'ordre social. Les hommes, rois, guerriers ou simples mortels [prenaient] conseils auprès des femmes, et n'[avaient] aucun problème avec cela. Elles [étaient] à la fois gardiennes de la sagesse, mais aussi de redoutables guerrières, et n'[hésitaient] pas à s'emparer du pouvoir quand c'[était] nécessaire. Parce que pour l'Africain la royauté n'était pas une question de pouvoir, et de privilèges, malgré ce qu'on peut observer en ce moment en Afrique, mais lien qui [reliait] l'homme à Dieu, c'[était] la gouvernance divine sur terre. Si on [était] branché sur le canal du tout-puissant, le despotisme n'[avait] pas lieu d'être. »[174]

En réalité la jeune femme s'appelait Nyamhika, et était une descendante du célèbre Nyatsimba Mutota, fondateur et premier souverain de l'empire Monomotapa[175] dont le fils et successeur, Matope Nyanhehwe Nebedza, avait consolidé l'apogée et poursuivi l'expansion de façon considérable. En devenant « Nehanda », Nyamhika dirigerait le territoire de Handa dont la renommée dépasserait sans conteste celle de Matope Nyanhehwe Nebedza.

Les premiers contacts de Nehanda Nyakasikana avec les colons européens furent cordiaux. Finalement, l'accumulation de taxes et d'impôts poussa les peuples Ndebele et Shona à la révolte en juin 1896. Cet acte fut considéré comme la première guerre d'indépendance, ou premier « Chimurenga ». La rébellion, dans le Mashonaland au moins, fut surtout encouragée par les leaders religieux traditionnels,

---

[174] In *Nehanda Nyakasikana, la mère de l'indépendance du Zimbabwe*, article de Shalley publié dans *Le blog du griot*.

[175] L'empire Monomotapa, aussi appelé empire du Grand Zimbabwe, Mwene Mutapa, Munhumutapa ou Mutapa, était un royaume médiéval (vers 1450-1629) situé en Afrique australe et recouvert des territoires des actuels Zimbabwe et Mozambique méridional. Sa capitale était le Grand Zimbabwe.

y compris Nehanda Nyakasikana.

Accusée d'assassinat du commissaire indigène Pollard, haï par son peuple après avoir battu le chef Chiweshe pour avoir omis de signaler une épidémie de peste bovine parmi ses troupeaux, Nyakasikana fut capturée en 1897 par les Anglais, avec son compagnon de lutte et mari spirituel Gumboreshumba, c'est-à-dire « le pied ou les griffes du lion », également connu sous le nom de Kagubi. Elle fut pendue en 1898, au bout de la troisième tentative.

> « On raconte que la corde se rompit par deux fois. Suivant les conseils d'un autochtone, les Anglais lui retirèrent sa blague à tabac, [source de] son pouvoir. »[176]

Des photographies de presse ayant été prises par les colons anglais lors de sa capture pour afficher leur réussite, furent au contraire de Nehanda Nyakasikana, dans les années 1960 et 1970, le symbole de l'héroïsme à l'origine de l'inspiration légendaire dans la lutte nationaliste pour la libération. Surnommée affectueusement « Mbuya », ou « Grand-Mère », et considérée comme la réincarnation d'une ancienne reine de l'empire Monomotapa, elle est devenue une héroïne de la lutte contre le colonialisme. Avant de mourir, Nehanda Nyakasikana avait défié les Britanniques. « Mes os renaîtront », avait-elle déclaré. Elle avait prédit également une deuxième Chimurenga, laquelle surviendrait en 1972 et conduirait officiellement son pays à l'indépendance le 17 avril 1980. Elle repose désormais au Zimbabwe *Hereo's Acre*.

3.13 - La « reine » Ngalifourou

La reine Ngalifourou naquit en 1864 à Ngabé, sur la rive droite du très majestueux fleuve Congo à l'endroit dénommé « couloir » dans le département du Pool. Décédée le 8 juin 1956, elle était connue pour ses pouvoirs mystiques et son influence politique sur les souverains. Née sous le nom de Ngassé, elle prit en 1892 celui de Ngalifourou, c'est-à-dire « maîtresse du feu ». On lui attribue souvent

---

[176] In *Nehanda Nyakasikana, la mère de l'indépendance du Zimbabwe*, *op. cit.*

la qualité de « reine », alors qu'elle n'avait jamais été l'épouse du roi mais plutôt le membre d'une dynastie parallèle dans laquelle la transmission du pouvoir passe par une lignée héréditaire maternelle. En tant que détentrice du pouvoir spirituel, elle exerça aussi la fonction de gardienne suprême de l'armée et du Nkwe Mbali, ce pouvoir ancestral qui protégeait le royaume et servait le roi. Ainsi coopéra-t-elle particulièrement, à ce titre, avec la France. En 1923, l'explorateur Pierre de Savorgnan de Brazza lui remit en signe de respect une épée, appelée communément « l'épée de Brazza ». Elle reçut également la médaille de la Légion d'honneur[177] pour avoir demandé à ses compatriotes de combattre aux côtés de la France pendant la Seconde Guerre mondiale, dont beaucoup seraient morts pour l'indépendance des peuples de Gaule. Rappelons surtout le très bel hommage de Léopold Sédar Senghor, dans *Noirs dans les camps nazis*, à l'héroïsme de tous ces combattants africains qualifiés génériquement de tirailleurs sénégalais :

> « Non, vous n'êtes pas morts gratuits. Vous êtes les témoins du nouveau monde qui sera demain. »

Pour Noella, dans un article intitulé *Ngalifourou, souveraine intemporelle du Royaume Téké*, publié sur le site Internet nofi.fr :

> « il [fallait] cependant comprendre la curiosité des Français face à cette souveraine hors du commun : trente ans après la mort de Pierre Savorgnan de Brazza [...], les femmes françaises occupaient encore des places de femmes au foyer. Elles n'avaient ni le droit de voter ni le droit de participer aux activités politiques et administratives.
> » Alors que la plus grande préoccupation de l'administration coloniale était de "civiliser" la société africaine, la position qu'occupait Ngalifourou était une rare exception. »

Par le truchement de la coopération avec la puissance coloniale et de ses rencontres avec le général Charles de Gaulle, la reine Ngalifourou n'avait pensé qu'à préserver certains droits au profit des populations locales. Elle les négocia moyennant quelques privilèges cédés

---

[177] Ainsi que d'autres décorations comme l'Étoile d'Anjouan…

aux Français. Elle fut l'une des personnalités les plus charismatiques ayant su incarner la puissance du royaume des Tékés.

3.14 - Joséphine Bakhita

Joséphine Bakhita naquit en 1869 à Olgossa, dans la tribu nubienne de Dagiù, et mourut le 8 février 1947. Ancienne esclave soudanaise, elle devint religieuse. Venue au monde dans la région du Darfour d'une famille musulmane composée de cultivateurs aisés, elle fut enlevée à l'âge de neuf ans par des trafiquants d'esclaves. Ce traumatisme lui fit oublier son prénom : celui de Bakhita, c'est-à-dire la « chanceuse » en arabe, lui fut alors attribué. En 1883, le consul d'Italie en poste à Khartoum l'acheta, avant de l'emmener en Europe l'année suivante. Affranchie en 1889, elle souhaita devenir nonne et entra en noviciat en 1896. Elle devint ainsi Sœur Joséphine.

S'agissant de son décès, d'après les témoignages recueillis à l'époque, le corps de Joséphine Bakhita resta tiède et souple jusqu'au moment de la fermeture du cercueil. Un chômeur, père de famille, fit le vœu devant le cercueil de trouver un emploi. Il serait embauché quelques heures plus tard. Ainsi commencèrent les miracles. En 1950, trois années seulement après sa mort, le bulletin *Canossien* publia six pages de noms de personnes qui attestèrent avoir reçu des grâces par l'intercession de Joséphine Bakhita. Le procès ordinaire en vue de la Béatification se déroulerait à Vicence, en Italie, entre 1955 et 1957. Le procès apostolique se tiendrait ensuite de 1968 à 1969. En septembre 1969, le corps de la « chanceuse » serait exhumé et transporté au cimetière de Schio, à l'Institut des Filles de Charité où elle avait vécu. Le pape Jean-Paul II signerait le Décret sur l'héroïcité des vertus de Joséphine Bakhita le 1er décembre 1978, et, le 6 juillet 1991, le Décret de Béatification.

Béatifiée le 17 mai 1992, Joséphine Bakhita fut canonisée le 1er octobre 2000 par Jean-Paul II, représentant suprême de l'Église catholique. Le pape dirait à cette occasion que :

> « cette sainte fille d'Afrique [avait montré] qu'elle [était] véritablement une enfant de Dieu : l'amour et le pardon de Dieu [étaient]

des réalités tangibles qui [avaient transformé] sa vie de façon extraordinaire ».

Dans le discours adressé par le Pape Jean-Paul II aux membres de la Conférence Épiscopale du Soudan, reçus le 15 décembre 2003 à l'occasion de leur visite *ad limina apostolorum*, le Saint-Père indiqua que sainte Joséphine Bakhita :

> « [avait] fait l'expérience de la cruauté et de la brutalité avec lesquelles l'homme [pouvait] traiter ses semblables. Enlevée et vendue comme esclave quand elle était encore enfant, elle [avait] connu beaucoup trop la souffrance et ce que c'[était] que d'être réduit à l'état de victime, des maux qui [affligeaient] [...] d'innombrables hommes et femmes dans sa patrie, dans toute l'Afrique et dans le monde. Sa vie [a inspiré] la ferme détermination de travailler de manière efficace pour libérer les personnes de l'oppression et de la violence, en assurant que leur dignité soit respectée dans le plein exercice de leurs droits ».

Joséphine Bakhita était spécialement prisée par le pape Benoît XVI qui la mentionna dans son encyclique *Spe Salvi*[178]. Première Sainte du Soudan et première femme africaine à être élevée à la gloire des autels sans être martyre, Joséphine Bakhita était citée, en effet, comme exemple dans ladite Encyclique papale :

> « Pour nous qui vivons depuis toujours avec le concept chrétien de Dieu et qui nous y sommes habitués, la possession de l'espérance, qui provient de la rencontre réelle avec ce Dieu, n'est presque plus perceptible. L'exemple d'une sainte de notre temps peut en quelque manière nous aider à comprendre ce que signifie rencontrer ce Dieu, pour la première fois et réellement. Je pense à l'Africaine Joséphine Bakhita, canonisée par le pape Jean-Paul II. »

---

[178] *Spe salvi*, c'est-à-dire « Sauvés dans l'espérance », est la deuxième encyclique du pape Benoît XVI, publiée le 30 novembre 2007. Elle constitue une réflexion sur le thème de l'espérance chrétienne, prenant comme référence la *Lettre de saint Paul aux Romains*, « *spe salvi facti sumus* », à savoir « *dans l'espérance nous avons été sauvés* », chapitre VIII, verset 24.

Encyclique papale, dont la remarque particulière se décline ainsi :

« Je voudrais encore ajouter une petite annotation qui n'est pas du tout insignifiante pour les événements de chaque jour. La pensée de pouvoir "offrir" les petites peines du quotidien, qui nous touchent toujours de nouveau comme des piqûres plus ou moins désagréables, leur attribuant ainsi un sens, était une forme de dévotion, peut-être moins pratiquée aujourd'hui, mais encore très répandue il n'y a pas si longtemps. Dans cette dévotion, il y avait certainement des choses exagérées et peut-être aussi malsaines, mais il faut se demander si quelque chose d'essentiel qui pourrait être une aide n'y était pas contenu de quelque manière. Que veut dire "offrir" ? Ces personnes étaient convaincues de pouvoir insérer dans la grande compassion du Christ leurs petites peines, qui entraient ainsi d'une certaine façon dans le trésor de compassion dont le genre humain a besoin. De cette manière aussi les petits ennuis du quotidien pourraient acquérir un sens et contribuer à l'économie du bien, de l'amour entre les hommes. Peut-être devrions-nous nous demander vraiment si une telle chose ne pourrait pas redevenir une perspective judicieuse pour nous aussi. »

Les gens qui connaissaient Joséphine Bakhita l'appelaient la « Mère noire ». S'agissant de son message pour le monde contemporain, Monseigneur Macram Max Gassis souligna qu'il consistait à exhorter la foi dans l'espérance d'être libérés de l'esclavage, dans tous les sens :

« Il y a un esclavage physique, dont la sainte a été libérée. C'est le même esclavage que vivent de nombreux enfants et de femmes du Soudan. Mais Bakhita [intercéderait] pour les libérer d'autres esclavages. Et puis, il y a une autre espérance [venue] de Bakhita : l'espérance pour tous ceux qui abandonnent leur propre terre. Elle a vécu en Vénétie, où, aujourd'hui il y a de nombreux émigrés que vous appelez des extra-communautaires. Bakhita a eu de la chance. Elle a trouvé là la liberté, la foi et l'amour. C'est une figure qui peut encourager les immigrés en Occident à ne jamais perdre l'espérance. De nombreux immigrés ont souffert et souffrent encore. Bakhita est pour eux un exemple d'espérance, parce que, après la Croix, il y a toujours la Résurrection ».

Joséphine Bakhita est fêtée le 8 février, jour de sa mort. Au Soudan, une fresque de l'abside de la cathédrale d'El-Obeid représente une Vierge portant un enfant : *Marie montre son Fils à l'Afrique*. À ses côtés, s'agenouillent sainte Joséphine Bakhita et le bienheureux Daniel Comboni[179].

3.15 - Ntebogang Ratshosa

Ntebogang Ratshosa vit le jour en 1882 et décéda en 1979. Pendant quatre années, entre 1924 et 1928, elle fut régente des Bangwaketse, l'un des huit groupes ethniques de l'actuel Botswana. Fille du roi Bathoen Ier et de la reine Gagoangwe, elle dirigea le royaume à la demande de sa mère mourante, alors que l'héritier, le futur roi Bathoen II, était mineur. Sœur du Kgosi Seepapitso II, elle fut la deuxième femme de Ratshosa Motswetle avec qui elle eut trois enfants. Après la mort de ce dernier en 1917, elle retourna à GaNgwaketse, où elle assuma la régence à la suite de l'assassinat de son frère Seepapitso II. Assistée de six conseillers, elle restaura la stabilité d'un pouvoir fragilisé par la succession de trois rois en sept années. Avec l'appui de l'Église adventiste du Septième jour, dont elle était membre active, elle développa plusieurs projets d'infrastructures (aqueduc, hôpitaux…).

La régence de Ntebogang Ratshosa permit aussi non seulement le respect des codes de conduite publics expirés depuis le décès de son frère, notamment la relance de l'interdiction de la vente de khadi, mais surtout sa présence à l'extérieur de Bangwaketse. Elle approvisionna Kanye en eau et établit un élevage de taureaux, en vue de la reproduction bovine. Elle permit aussi l'installation, dans Kanye et dans les villages voisins, d'une mission médicale qui deviendrait un modèle pour le protectorat.

Ntebogang Ratshosa fut la première femme à siéger au conseil consultatif représentant les Africains. Elle devint l'un des membres

---

[179] Né le 15 mars 1831 et mort le 10 octobre 1881, Daniel Comboni fut l'un des principaux missionnaires catholiques du XIXe siècle en Afrique ayant été évêque de Khartoum au Soudan. Il fut le fondateur des missionnaires comboniens du Cœur de Jésus et des sœurs missionnaires comboniennes.

les plus francs dudit conseil, souvent confrontés à la menace de l'intégration de la partie Sud du protectorat de Bechuanaland dans l'Union sud-africaine. En 1927, elle rejoignit Tshekedi Khama et Sebele II dans la protestation contre les implications coloniales dans le pouvoir du Kgosi Seepapitso II, avec comme conséquence directe l'installation par les Anglais de Bathoen II sur le trône. Enfin, elle s'opposa à une aide sud-africaine souhaitée par le gouvernement du protectorat en vue de la prospection géologique. Effectivement, Ntebogang Ratshosa craignait que, si de tels hommes creusaient des puits ou découvraient des minerais au cours de cette opération, ils puissent essayer de réclamer la terre comme leur propriété.

3.16 - Les Amazones du Dahomey

Les Amazones du Dahomey constituèrent un ancien régiment militaire[180] entièrement féminin et Fon[181] du royaume du Dahomey, l'actuel Bénin depuis 1975, lequel exista jusqu'à la fin du XIXe siècle. Elles furent nommées ainsi par les Occidentaux et les historiens pour les similitudes avec les mythiques Amazones de l'ancienne Anatolie, dans la mythologie grecque, plus précisément à la reine des Amazones Hippolyte et son armada de guerrières qu'Hercule avait dû combattre.

> « À l'approche du village, les Français [étaient] soudainement assaillis par des groupes entiers de… femmes ! Mais pas n'importe lesquelles : ces femmes [étaient] des guerrières, [c'étaient] les "Amazones" du roi Béhanzin, une garde prétorienne qui [combattait] avec une énergie étonnante, un mépris total de la mort et qui

---

[180] Ce régiment appelé « Minos », c'est-à-dire « nos mères » en langue fon, était dirigé par Seh Dong Hong-beh. L'origine de ces bataillons pourrait remonter au tout début du XVIIIe siècle. La tradition orale raconte que le roi Dossou Agadja, qui régna de 1711 à 1740 et menait des guerres de conquête sur plusieurs fronts, avait recruté des femmes dans son armée pour pallier le manque d'effectifs masculins.

[181] Les Fons représentent un important groupe ethnolinguistique de plus de 1,5 million de personnes basées en Afrique de l'Ouest. Outre les Fons proprement dits, surtout présents dans le Sud du Bénin où ils sont majoritaires, il existe de nombreux sous-groupes établis au Togo, notamment dans la région d'Atakpamé.

[était] toujours placée en première ligne ! »[182]

En effet, le 4 novembre 1892, des femmes guerrières décideraient de tenir tête aux colonnes armées du colonel mulâtre franco-sénégalais Alfred-Amédée Dodds. Ainsi les Amazones du roi Béhanzin du Dahomey défendraient-elles fièrement leur terre. Courageuses, ces femmes livreraient leur dernier combat, en faisant face aux chars d'assaut et autres armes de pointe. Elles prouveraient, à travers ce fait d'armes, que la bravoure n'était pas une question de taille, ni de force, ni de sexe d'ailleurs, mais de volonté et de dépassement de soi.

Dès le milieu du XIXe siècle, les rois du Dahomey (re)instaurèrent les Amazones. Ce système était parvenu à son apogée, en début de l'année 1890, lors de la résistance contre les Français. Ces groupes de guerrières étaient composés à cette époque de 4 000 à 5 000 femmes, soit le tiers de l'armée du Dahomey, recrutées en général au début de leur adolescence. Elles apprenaient le maniement des armes, le combat à la main. Ainsi s'adonnaient-elles également, dans le cadre de leur formation, aux exercices de tir et aux stratégies militaires. Leur physique et leur mental étaient le résultat d'un entraînement quotidien et très éprouvant : un conditionnement psychique en vue d'une dévotion absolue à la personne du roi. Ce mode de vie excluait naturellement toutes possibilités de fonder un foyer, dans la mesure où ces militaires femmes étaient condamnées au célibat.

> « Dès leur plus jeune âge, les Amazones suivaient un entraînement intense au combat et au maniement des armes. Elles étaient conditionnées psychologiquement pour résister à la douleur et ignorer la pitié. Craintes et respectées par la population, elles avaient un statut presque sacré. Chaque fois qu'elles sortaient du palais, des groupes de fillettes agitant des clochettes les précédaient afin que la foule s'écartât respectueusement de leur chemin. Ces femmes, propriétés du roi, devaient rester vierges et quiconque devenait leur amant était aussitôt exécuté. »[183]

---

[182] In *Les Amazones de choc du Dahomey*, article paru en octobre 2002 dans *La Plume et le Rouleau*.

[183] In *Les Amazones du Bénin : elles ont dit non à la colonisation française*, Valérie Kubiak, dans *Géo Histoire* du 23 mai 2016.

Sur le plan strictement militaire, se parant d'amulettes censées les protéger contre les mauvais esprits et les balles ennemies, elles étaient organisées en cinq spécialités dont trois d'infanterie : les fusilières, ou « gulonento », qui portaient une cartouchière à compartiments contenant de la poudre dans des feuilles de bananiers ainsi qu'un sabre court ; les archères, ou « gohento », qui avaient vu leur rôle décliner avec l'apparition des armes à feu et qui servaient d'auxiliaires et de porteuses durant les combats ; ainsi que les « faucheuses », ou « nyek-plohento »[184], qui étaient armées d'un énorme rasoir de 45 centimètres au bout d'un manche de 60 centimètres ; les artilleuses et l'élite des amazones, les « chasseresses » qui étaient sélectionnées pour leur stature et leur force physique. Leur prestige était grand et leurs officiers portaient sur le crâne des cornes d'antilope attachées par un cercle de fer. Pour le capitaine Jouvelet, dans les propos tirés de ses mémoires,

> « ces Amazones [étaient] des prodiges de valeur, elles [venaient] se faire tuer à 30 mètres de nos carrés ».

Mais, le courage ne suffit pas à lutter contre les fusils Lebel et les pièces de canon de l'armée coloniale. Après les derniers combats menés par les hommes du colonel Alfred-Amédée Dodds dans Abomey en novembre 1892 – ayant contraint les Amazones de combattre selon la technique dans laquelle elles excellaient, à savoir le corps-à-corps –, il ne resta plus des « Minos » que le souvenir de leurs exploits sur les ruines de l'ancien royaume du Dahomey transmis de génération en génération. Effectivement, le 26 octobre 1892, un violent combat eut donc lieu à Kotokpa. Pourtant très braves, les Amazones ne purent contenir les charges des soldats français. À l'issue d'un assaut mené à la baïonnette, les Français pénétrèrent dans le village. Dans un ultime sursaut, quelques guerrières désormais désarmées se mutilèrent en se coupant un sein et en frappant leurs adversaires ! Un dernier baroud d'honneur devant Abomey, le 17 novembre 1892, n'empêcha guère la prise de la ville. Depuis le début de la guerre, les Français perdirent 85 hommes et 440 furent

---

[184] Une arme en fait peu maniable qui ne serait pas utilisée contre des troupes françaises.

blessés. Les Dahoméens enregistrèrent 4 000 morts et 8 000 blessés sur les différents champs de bataille. Quant aux 1 200 Amazones qui combattaient dans les rangs dahoméens en 1890, elles succombèrent quasiment toutes dans les combats et, en octobre 1892, elles ne restaient plus qu'une cinquantaine. Le roi Béhanzin fuirait à l'intérieur du pays. Sa guérilla sporadique durerait encore deux années avant la reddition survenue le 25 janvier 1894. Il serait déporté en Martinique, puis en Algérie où il décéderait.

La conquête définitive du Dahomey mit donc un terme à l'intrépide corps de soldats féminins que furent les « Amazones » dahoméennes.

3.17 - Rose Ziba Chibambo

Née Ziba le 8 septembre 1928, Rose Lomathinda Chibambo fut une femme politique, militante anti-coloniale malawite. Dans les années 1950, elle créa la *Nyasaland Women's League* afin de promouvoir la cause des femmes et de sensibiliser ces dernières aux questions politiques – notamment celles relatives à la lutte contre la présence britannique et l'implication en vue de l'indépendance du Nyassaland. Elle organisa de ce fait la lutte des femmes contre les Britanniques, dans ce protectorat, et établit le rapport de force politique indispensable aux côtés des hommes dans la lutte pour la libération.

En 1952, la controverse sur la décision du gouvernement colonial d'incorporer une partie du Nyassaland dans la Fédération de la Rhodésie et du Nyassaland poussa Rose Ziba Chibambo à s'intéresser à la politique. Elle adhéra au *Nyasaland African Congress* (NAC). Convaincue de la nécessité de l'implication des femmes dans la lutte pour l'indépendance, elle rassembla ses amies de Zomba et les sensibilisa en ces termes :

> « Vous le savez, nous sommes des mères. Nous sommes ceux qui apportent des enfants au monde, et ces enfants sont employés par Wenela[185]. La plupart d'entre eux y meurent. Ils ne reviennent pas vivants. Et puis, il y a beaucoup d'oppression. Nous sommes chassés de nos terres pour les laisser aux Européens. »

---

[185] Agence sud-africaine d'emploi pour le secteur minier.

Son époux Edwin Chibambo ayant été muté à Blantyre en 1953, Rose Ziba Chibambo le suivit. Elle rejoignit la branche locale du NAC et fut élue trésorière, devenant la première femme à occuper un poste de direction au sein de cette institution. Les activités de la *Ligue des femmes africaines du Nyasaland*, qu'elle mit sur pied avec la juriste et militante des droits fondamentaux de la personne Vera Chirwa, lui valurent d'être arrêtée en 1959, deux jours après avoir donné naissance à une fille, et emprisonnée pendant un an. À l'indépendance du Malawi en 1964, elle fut élue députée et nommée ministre adjointe chargée des Hôpitaux, des Prisons et de la Protection sociale. Après une crise interne au sein du gouvernement Kamuzu Banda, elle fut limogée et forcée de s'exiler. Elle et son mari, ainsi que leur fille, se réfugièrent en 1965 en Zambie pendant trente années. En 2009, le président de la République Bingu wa Mutharika lui rendit hommage en nommant une rue de Mzuzu de son nom. En janvier 2012, son effigie apparut sur le billet de banque du Malawi de deux cents kwachas. Elle mourut le 12 janvier 2016 à l'hôpital Mwai-wathu de Blantyre, à l'âge de quatre-vingt-six ans.

3.18 - Gisèle Rabesahala

Illustre femme politique malgache du XXe siècle, Marie Gisèle Aimée Rabesahala naquit le 7 mai 1929 à Antananarivo et mourut le 27 juin 2011, à l'âge de quatre-vingt-deux ans, à son domicile situé à Anosy-Avaratra. Fille d'un sous-officier de l'armée française, elle vécut entre la France, la Tunisie et le Soudan français, le Mali d'aujourd'hui. Celle que l'on avait surnommée « Gisou » avait consacré sa vie à l'indépendance de son pays, aux droits de l'Homme et à la liberté des peuples. Témoin de l'insurrection malgache de 1947 et des représailles sanglantes qui suivirent, elle participa à la création d'un comité de soutien aux victimes de la répression politique, aida les avocats, multiplia les articles auprès des médias internationaux, et fit signer des pétitions adressées au président de la République Française, Vincent Auriol. Favorable aux idées communistes, elle reçut des soutiens des pays du bloc de l'Est.

En 1955, Gisèle Rabesahala co-fonda *Imongo Vaovao*, un journal militant de tendance communiste dont elle ferait partie du comité rédaction, en tant qu'éditorialiste, jusqu'à sa mort. En 1956, elle créa son propre parti politique, l'Union du peuple malgache, et devint la première femme élue conseillère municipale, lors des premières élections au suffrage universel permises par la loi-cadre Defferre[186]. En 1958, elle accéda au poste de secrétaire générale du Parti du congrès de l'indépendance de Madagascar, appelé encore AKFM (Antoko'ny Kongresi'ny Fahaleovantenan'i Madagasikara)[187]. Cette structure fusionna différentes forces politiques qui se battaient pour l'accession à l'indépendance. Celle-ci serait proclamée le 26 juin 1960.

Première femme malgache élue en 1956, chef de parti politique en 1958, nommée ministre de la Culture et de l'Art révolutionnaire en 1977 sous la présidence de Didier Ratsiraka, elle fit figure de pionnière au sein du monde politique malgache, ainsi que, pendant quatorze années, dc promoteur infatigable de l'identité, de la langue, de la culture et du patrimoine malgaches. À son bilan ? La création d'une bibliothèque nationale, la restauration des sites historiques, le soutien des artistes malgaches et la valorisation du patrimoine immatériel. En 2001, Gisèle Rabesahala reprit un rôle politique important et devint vice-présidente du Sénat. Lorsque Marc Ravalomanana s'empara du pouvoir en 2002, elle critiqua ouvertement, au sein de l'opposition, les influences étrangères et le néolibéralisme de sa politique.

Gisèle Rabesahala reçut avant la mise en terre de son corps en 2011, à titre posthume, la plus haute décoration malgache, à savoir la distinction honorifique de Grand-Croix de l'Ordre. En visite officielle à Madagascar en mai 2016, Ban Ki-moon, à l'époque secrétaire géné-

---

[186] La loi n° 56-619 du 23 juin 1956, dite loi-cadre Defferre, avait autorisé le gouvernement français à mettre en œuvre les réformes et à prendre les mesures propres à assurer l'évolution des territoires qui relevaient du ministère de la France d'outre-mer. Elle était adoptée sur l'initiative de Gaston Defferre, ministre français d'Outre-mer et maire de Marseille, et de Félix Houphouët-Boigny, premier président de la Côte d'Ivoire et maire d'Abidjan, mais à l'époque ministre du gouvernement français.

[187] L'AKFM ferait partie du Front de défense de la Révolution, la coalition unique qui soutiendrait plus tard Didier Ratsiraka, le futur président de la République démocratique du Madagascar.

ral des Nations Unies, rendit un vibrant hommage à Gisèle Rabesahala, cette femme de principe qui resta jusqu'au bout fidèle à ses idéaux, en précisant que :

> « la regrettée Gisèle Rabesahala était une grande dame de Madagascar et un exemple pour le monde entier. Elle [était] entrée en politique alors qu'elle n'avait que 17 ans. Elle [avait] lutté contre le colonialisme et défendu les pauvres. Elle [était] devenue la première femme ministre de Madagascar. Un jour, elle [avait] dit : "Si on ne sait pas d'où on vient, on ne sait pas où on va". Je vous encourage à écouter ces paroles, à apprendre de votre histoire et à construire un avenir meilleur pour tous. »[188]

Le 7 mai 2014, à l'occasion du quatre-vingt-cinquième anniversaire de sa naissance, une stèle commémorative a été inaugurée en sa mémoire à Andravoahangy-Ambony, lieu symbolique à la fois de son histoire et de son militantisme. « Ho tonga anie ny Fahafahana ! » : « que vienne la Liberté ! »

3.19 - Jeanne-Marie Ruth-Rolland

Jeanne-Marie Ruth naquit sous le patronyme de Rolland le 5 juin 1937 à Bangassou en Centrafrique, d'un père Français et d'une mère Nzakara. Elle commença sa carrière en 1956 comme superviseur pour le système français d'éducation dans la colonie de l'Oubangui-Chari (actuelle République centrafricaine). Elle devint assistante sociale en 1964, puis ministre de la promotion de la femme en 1979.

Devenue conseillère du gouvernement en 1979, Jeanne-Marie Ruth-Rolland serait nommée plus tard ministre de la Promotion de la condition de la femme. Elle fonderait ensuite et dirigerait le Parti républicain centrafricain, tout en continuant de s'occuper des enfants de rue en tant que Présidente de la Croix-Rouge centrafricaine. Dévouement qui lui vaudrait affectueusement le surnom de « Tante Ruth ».

Opposante déterminée au président André Kolingba, Jeanne-Marie Ruth-Rolland avait été plusieurs fois emprisonnée entre 1986 et 1991.

---

[188] In *La grandeur d'une dame : Gisèle Rabesahala*, article publié en mai 2016 dans le quotidien malgache *Témoignages*.

En 1993, réélue députée en dépit des tentatives d'annulation du scrutin par le président de la République, elle fut nommée ministre des Affaires sociales, de la Condition féminine et de la Solidarité nationale. Elle démissionna le 22 août de la même année, afin de se présenter à l'élection présidentielle – devenant *de facto* la première femme africaine à briguer la magistrature suprême.

Jeanne-Marie Ruth-Rolland mourut à Paris, à l'âge de cinquante-huit ans, le 4 juin 1995. On ne connaît pas du tout la cause de son décès. Un mémorial a été érigé en son honneur à Bakouma, une ville située dans la préfecture de Mbomou dont elle constitue l'une des quatre sous-préfectures de la République centrafricaine.

IV – Le dernier empereur d'Éthiopie

La plus grande majorité des rastas considère, à n'en pas douter, Haïlé Sélassié Ier comme le « dirigeant légitime de la Terre » (*Earth's rightful ruler*) et le Messie du fait de son ascendance, selon la tradition éthiopienne, de la dynastie dite « salomonide ». Celle-ci remonte, par la reine de Saba, aux rois Salomon et David. Tafari Makonnen[189] naquit le 23 juillet 1893 à Ejerza Goro, une ville de la province du Harar dans l'empire d'Éthiopie. D'ailleurs, le très populaire chanteur jamaïcain Robert Nesta, connu mondialement sous le pseudonyme de Bob Marley, n'attendit pas l'autorisation d'Addis-Abeba pour l'immortaliser dans ses compositions. Dans une chanson intitulée *Selassie Is the Chape*[190], Bob Marley l'expliquait en ces termes :

> « Haïlé Sélassié est le temple,
> Le pouvoir de La Trinité,
> La Trinité, La Trinité il est.
> » Construis ton esprit dans ce sens,
> Sers le Dieu vivant et vis,
> Le Dieu vivant, le Dieu vivant et vis.
> » Mets tes problèmes dans la main de Sélassié,
> C'est le seul Roi des Rois,
> Le Roi des Rois, le Roi des Rois il est.

---

[189] Tafari signifie « celui qui est redouté », tandis que Makonnen veut dire « grand, noble ».

[190] *Sélassié est le Temple*.

» Le conquérant Lion de Judée,
Triomphalement nous devons tous chanter,
Nous devons tous chanter, nous devons tous chanter.
» Je cherche et je cherche,
Le livre Sacré de la vie,
Dans la Révélation,
Regarde ce que j'ai trouvé.
» Haïlé Sélassié est le Temple,
Tout le monde devrait le savoir,
Tous devraient le savoir, tous devraient le savoir,
Cet homme est l'ange,
Et notre Dieu, le Roi des Rois. »

Le *rastafarisme* tire donc son origine du *ras* Tafari Makonnen, le dernier empereur d'Éthiopie qui régna, sous le nom de Haïlé Sélassié Ier, d'abord de 1930 à 1936 et, ensuite, de 1941 à 1974. Le souverain éthiopien n'avait jamais voulu reconnaître l'occupation de son pays, entre 1935 et 1941, par l'Italie. Ainsi considérait-il avoir encore régné pendant cette période, ayant carrément ignoré l'administration coloniale italienne.

Après que *lidj* Iyasou V fut déposé le 27 septembre 1916 par une assemblée de nobles avec l'accord du patriarche de l'Église orthodoxe, accusé de s'être converti à l'islam et d'être un apostat, la fille de Ménélik II et tante d'Iyasou V, Zewditou, fut proclamée impératrice d'Éthiopie sous le nom de Zewditou Ière et son cousin Tafari Makonnen fut élevé au rang de prince héritier et régent de la couronne. En sa qualité de régent, portant le titre de *négus*[191] du 7 octobre 1928 au 2 avril 1930, *ras* Tafari Makonnen exerça la réalité du pouvoir durant le règne de Zewditou Ière. Après le décès de l'impératrice, il fut couronné empereur le 2 novembre 1930 sous le nom de Haïlé Sélassié Ier, pouvoir de la Trinité, lors d'une cérémonie organisée à la Cathédrale Saint-Georges d'Addis-Abeba. *Ras* Tafari Makonnen reçut à cette occasion plusieurs titres. Il devint à la fois le *Negusse Negest*[192] d'Éthiopie, le seigneur des seigneurs, le lion conquérant de la tribu de Juda, la lumière du Monde, ainsi que l'élu de Dieu.

---

[191] Négus, ou négus, est un titre de noblesse éthiopien, équivalent de roi.
[192] Roi des Rois.

En matière de politique internationale, l'empereur Haïlé Sélassié
Ier avait déjà obtenu en 1923, en tant que prince héritier et régent
de la couronne, l'admission de son pays à la Société des Nations
(SDN)[193]. Cette affiliation n'empêcherait nullement le cruel isolement dans lequel se retrouverait l'Éthiopie au moment de l'invasion
de son territoire par l'armée de l'Italie fasciste de Benito Mussolini
en 1935, opération ayant obligé le *Négus* à commander en personne
les troupes éthiopiennes et à les engager dans une résistance valeu-
reuse, certes, mais insuffisante.

En politique intérieure, emboîtant le pas à ses prédécesseurs,
Haïlé Sélassié Ier avait tenté officiellement de supprimer la pratique
de l'esclavage par des décrets pris en 1918 et 1923. L'empereur
décréterait également la première Constitution écrite qui entrerait
en vigueur en 1931, mettant en place une Assemblée nationale avec
deux entités dont une chambre de sénateurs. Toujours dans le cadre
de la politique progressiste de ses prédécesseurs, le tout nouveau
Négus poursuivit un vaste programme de modernisation sociale et
économique, avec des succès souvent mitigés, notamment en
matière de réformes agraires. Durant son règne émergèrent les premières écoles, les universités, le premier hôpital, la compagnie
aérienne *Ethiopian Airlines* et celle d'électricité, la radio et la télévision ainsi qu'une armée moderne.

À la suite de la seconde invasion italienne, l'empereur Haïlé Sélassié Ier, lâché par la communauté internationale, s'exila à Bath en
Angleterre après avoir prononcé à la tribune de la SDN, en juin 1936,
un long discours dans le but d'être soutenu :

> « Je suis venu en personne, témoin du crime commis à l'encon-
> tre de mon peuple, afin de donner à l'Europe un avertissement
> face au destin qui l'attend si elle s'incline aujourd'hui devant
> les actes accomplis »[194].

---

[193] La Société des Nations était une organisation internationale introduite par le
Traité de Versailles en 1919, lequel était élaboré au cours de la Conférence de paix
de Paris pendant laquelle avait été signé le Covenant ou le Pacte qui l'institua, afin
de préserver la paix en Europe à la fin de la Première Guerre mondiale.
[194] In *Les rois dans la guerre 1939-1945*, Point de vue – Hors-série, *Histoire*, du
5 octobre 2010, p. 13.

Les Italiens finalement étant chassés du territoire éthiopien lors de la Seconde Guerre mondiale par les soldats britanniques, secondés dans cette difficile et complexe opération par des forces françaises libres et belges venues du Congo-Léopoldville, Haïlé Ier Sélassié recouvrit une totale souveraineté dans son pays. L'empereur obtint par la suite l'entrée de l'Éthiopie dans l'Organisation des Nations Unies, dès sa fondation, et s'intéressa de plus en plus au positionnement des pays non-alignés par rapport à la Guerre froide, participant ainsi à la conférence de Bandung[195]. Pour contenir la menace égyptienne, en particulier sur la question du contrôle des eaux du Nil, il se rapprocha davantage des pays africains en œuvrant à la création d'une organisation panafricaine. Il fallait à tout prix isoler le *Raïs*[196] Gamal Nasser. Lorsque l'Organisation de l'unité africaine[197], OUA en sigle, vit le jour en 1963, elle établit son siège à Addis-Abeba à l'instigation de l'empereur.

La résistance de l'empereur Haïlé Sélassié face à l'Italie coloniale, dirigée par un gouvernement fasciste et alliée de l'Allemagne hitlérienne, servit de modèle aux mouvements indépendantistes à travers l'Afrique. En tant que l'un des premiers représentants du continent noir sur la scène mondiale,

---

[195] Du 18 au 24 avril 1955 eut lieu à Bandung, sur l'île de Java, la première conférence afro-asiatique, ayant réuni vingt-neuf pays dont la plupart étaient décolonisés depuis peu et appartenaient au Tiers-Monde. L'initiative de ce sommet revint notamment au Premier ministre indien Jawaharlal Nehru, soucieux de créer sur la scène internationale un ensemble de puissances qui échapperait aux deux Grands et à la logique de guerre froide. Le texte adopté au terme de la conférence rejeta le racisme et le colonialisme, réclama une coopération économique mondiale pour lutter contre le sous-développement et tenta de promouvoir une charte des relations entre États. Mais il ne parvint pas à déterminer une ligne commune face aux États-Unis et à l'ancienne URSS : aux non-engagés comme l'Inde et l'Égypte s'opposèrent, d'une part, les pays pro-occidentaux comme le Pakistan et la Turquie, et d'autre part les pays communistes comme la Chine et le Vietnam du Nord. Si Bandung marqua l'irruption du Tiers-Monde sur la scène internationale, le non-alignement ne naquit qu'en juillet 1956, avec la conférence de Brioni en Yougoslavie ayant réuni Gamal Nasser, Jawaharlal Nehru et Josip Broz Tito.
[196] Mot arabe signifiant le chef.
[197] L'actuelle Union africaine.

« il alla jusqu'à rompre les relations diplomatiques avec le Portugal en guise de protestation contre la politique coloniale de Lisbonne et déposa plainte à la Cour internationale de La Haye contre la politique de discrimination raciale pratiquée en Afrique du Sud. »[198]

Le 12 septembre 1974, à l'initiative du lieutenant général Aman Mikael Andom, Haïlé Sélassié fut destitué et enfermé dans l'ancien palais de l'un de ses prédécesseurs en la personne de Ménélik II. La constitution fut alors suspendue, le parlement dissous et la loi martiale proclamée. Finalement, l'empereur serait étouffé sous un oreiller, le 27 août 1975, sans aucune autre forme de procès. Officiellement, il mourut des suites d'une opération de la prostate.

En novembre 2000, plus de vingt-cinq années après la mort du dernier empereur d'Éthiopie, sa dépouille fut conduite à sa dernière demeure, la cathédrale orthodoxe de La Trinité à Addis-Abeba. Le patriarche et les évêques, en tenues de cérémonie et arborant d'énormes croix d'or et d'argent, célébrèrent une messe à la mémoire du *Négus*, renversé en 1974, au moment où le cercueil quitta le mausolée du centre de la capitale où il se trouvait depuis huit ans. Après avoir parcouru les rues de la capitale, le corps de l'empereur fut déposé dans l'après-midi dans un tombeau en granit de la crypte de la cathédrale où il reposerait désormais. Ses restes avaient été enterrés sous des toilettes du palais impérial, affront caractérisé ayant été fait contre un homme qui avait exercé un pouvoir à peu près absolu pendant quarante-quatre ans. La dépouille de l'empereur avait été exhumée une première fois en 1992, une année après la chute du régime marxiste de Mengistu Haïlé Mariam, et déposée au mausolée d'Addis-Abeba où reposaient l'empereur Ménélik II et trois autres membres de la dynastie.

D'aucuns gardent dans la plus grande majorité de l'empereur Haïlé Sélassié Ier l'image d'un réformateur anti-fasciste, doublé d'un pana-fricaniste féodal.

---

[198] In *N comme Négus : Haïlé Sélassié, dernier empereur d'Éthiopie*, chronique de Tirthankar Chanda diffusée en août 2015 sur Radio France Internationale.

« Ses admirateurs le créditent d'avoir sorti son pays du Moyen Âge pendant son long règne de 44 ans et [...] réussi à lui donner, grâce à sa diplomatie tous azimuts et son charisme, un rayonnement international que peu de nations africaines connaissaient à l'époque. Lors de son couronnement en 1930, l'Éthiopie s'appelait encore Abyssinie. La présence du *Négus* vieillissant aux funérailles de Kennedy et de [Charles de Gaulle], partageant la tribune avec les grands du monde, [illustra] combien l'image internationale de ce pays avait changé sous la houlette de son souverain réformateur. »[199]

---

[199] *Ibidem.*

V - Les panafricanistes et les pères des indépendances

À la fois idée politique et mouvement censé promettre et encourager la pratique de la coopération, ainsi que de la solidarité entre les Africains, où qu'ils soient dans le monde, le panafricanisme reste encore au XXIe siècle une excellente vision à la fois sociale, économique, culturelle et politique. Ce mouvement vise surtout à les rassembler dans une communauté africaine globale, en vue de la réalisation d'une organisation politique intégrée de toutes les nations et de tous les peuples d'Afrique, ainsi que, dans l'absolu, de l'Union douanière intercontinentale, ou alors des Unions économiques régionales. Ainsi préconise-t-il l'émancipation des Africains du continent et de la diaspora. Le panafricanisme est toujours, surtout dans le contexte de mondialisation, l'idée la plus salvatrice pour le continent africain.

Le qualificatif « panafricain » apparut à la fin du XIXe siècle, lors de la préparation de la Première Conférence, en 1900, des personnes ayant, de près ou de loin, des ascendants africains. On attribue sa paternité au Caribéen George Padmore. Historiquement, l'idée s'était développée en réaction aux conséquences de l'abolition progressive de l'esclavage en Amérique. L'expansion du panafricanisme se développa surtout dans les écrits et les discours de quelques figures fondatrices, parmi lesquelles Edward Wilmot Blyden et Anténor Firmin. Au début du XXe siècle, d'autres figures telles que Benito Sylvain ou

William Edward Burghardt Du Bois contribuèrent beaucoup à l'affirmation politique du projet panafricain. Avec la décolonisation, celui-ci prit une autre ampleur par le biais des dirigeants tels que Kwame Nkrumah, Ahmed Sékou Touré, Haïlé Sélassié Ier, Hamani Diori, Jomo Kenyatta, Julius Kambarage Nyerere et consorts.

5.1 - Jomo Kenyatta

Kamau wa Ngengi, baptisé John Peter Kamau avant d'être appelé Johnstone Kamau et d'être connu publiquement à partir de 1938 sous le nom de Jomo Kenyatta[200], naquit le 20 octobre 1894 à Gatundu, une petite ville du comté de Kiambu. Il mourut le 22 août 1978 à Mombasa au Kenya. Il fut un homme d'État kényan d'origine kikuyu. Premier ministre de 1963 à 1964, puis président de la République de 1964 à 1978, il fut considéré comme le père de la nation kényane.

> « Élevé dans la tradition tribale, j'[avais] subi les divers stades d'initiation aux degrés d'âge, et je [pouvais] donc apporter mon expérience personnelle des rites et des cérémonies […]. J'[avais] participé aux activités de mon degré d'âge ; j'[avais] même été choisi comme chef […]. J'[avais] souvent assisté à des rites magiques, tant dans ma propre maison qu'ailleurs. Mon grand-père était sorcier, j'[avais] voyagé avec lui, portant son équipement, faisant office d'apprenti. »[201]

Membre du *Kikuyu Central Association* (KCA), un parti politique dirigé par James Beuttah et Joseph Kangethe, Jomo Kenyatta débuta en politique en 1924. Secrétaire du parti en 1925, il s'occupa en 1928 de l'édition du journal du KCA, le *Mwigwithania*[202], imprimé par une entreprise asiatique. En mars 1930, il diffusa un article dans la publication londonienne *The Times* dans lequel figuraient les cinq questions

---

[200] C'est-à-dire le « javelot flamboyant du Kenya ». Cette métaphorique appellation fut reprise et popularisée par le chanteur jamaïcain de reggae Burning Spear, de son vrai nom Winston Rodney.

[201] In *Au pied du Mont Kenya*, Jomo Kenyatta, collection Cahiers libres, François Maspero, 1960.

[202] Qui signifie « le réconciliateur » en langue kikuyu.

essentielles défendues par le KCA : la sécurité du régime foncier et la rétrocession des terres attribuées aux colons européens, l'augmentation des établissements d'enseignement, l'abrogation des taxes sur les cabanes à propos des femmes ayant obligé certaines personnes à gagner de l'argent grâce à la prostitution, la représentation africaine dans le Conseil législatif et la non-interférence dans les traditions coutumières. Pour Jomo Kenyatta, le fait de ne pas prendre en compte ces revendications devait inévitablement entraîner l'explosion sociale – la seule chose que tous les hommes sensés souhaitaient éviter.

> « En volant les terres des Kikuyu, l'Européen les [privait], non seulement de leur gagne-pain, mais du symbole matériel qui [unissait] la famille et la tribu. Ce faisant, il [détruisait] les fondements sociaux, moraux et économiques du système de vie des Africains. Lorsqu'il [expliquait] avec suffisance qu'il n'[agissait] "que pour leur bien", qu'il les "[civilisait]", qu'il leur "[apprenait] à travailler régulièrement et avec discipline" et qu'il [voulait] "leur faire bénéficier du progrès européen", il [ajouta] l'insulte au préjudice. »[203]

Jomo Kenyatta aida également à l'organisation du cinquième Congrès panafricain qui s'était réuni à Manchester, en Angleterre, du 15 au 18 octobre 1945, avec la participation de William Edward Burghardt Du Bois et de Kwame Nkrumah. En 1946, le « javelot flamboyant » devint le secrétaire général de la *Kenya African National Union* (KANU), structure politique qui militait activement pour l'indépendance du Kenya. D'ailleurs, l'influence du garveyisme sur ces premiers mouvements nationalistes contribua beaucoup au développement des groupuscules associatifs anti-colonialistes. Harry Thuku, qui correspondait souvent avec les deux principales figures du mouvement noir aux États-Unis, en l'occurrence Marcus Mosiah Garvey – dit *The Black Moses* – et William Edward Burghardt Du Bois, expliqua dans un courrier adressé à l'écrivain antillais indépendantiste et panafricain Cyril Lionel Robert James, ce qu'avait relaté Jomo Kenyatta sur l'influence du Moïse noir, en la personne de Marcus Garvey, sur le mouvement national kényan :

---

[203] In *Au pied du Mont Kenya*, Jomo Kenyatta, *op. cit.*

« Ceux des nationalistes kényans qui ne savaient pas lire s'assemblaient autour d'un lecteur du *Negro World*, le journal de Garvey, et écoutaient deux ou trois fois le même article. Puis ils reprenaient leur course à travers la forêt, chacun suivant son chemin, pour répéter avec soin tout ce qu'ils avaient retenu à d'autres Africains assoiffés d'une doctrine qui [pût les tirer] de la conscience servile dans laquelle ils baignaient »[204].

Incarcéré, avec son compagnon de lutte Daniel Arap Moï, les colons britanniques les accusèrent de soutenir l'organisation secrète des Mau Mau[205] qui revendiquaient par la violence la restitution de leurs terres et de leurs droits.

« Quand les missionnaires sont venus, nous avions la terre et ils avaient la Bible. Ils nous ont appris à prier les yeux fermés. Quand nous les avons ouverts, ils avaient nos terres et nous avions leur Bible »[206]

D'ailleurs, Fenner Brockway, un parlementaire britannique et président du congrès des peuples contre l'impérialisme, illustra avec beaucoup de pertinence ce qu'il qualifia de « désagrégation du système tribal » kikuyu, par le fait que :

« autrefois, c'était une coutume chez eux qu'un jeune couple, après son mariage, s'en allât sur une terre inoccupée. Une autre coutume voulait qu'à la mort du chef de famille, la terre soit partagée entre ses fils. La première pratique [était...] devenue impossible du fait que, dans les réserves attribuées aux Kikuyu par les Européens, il n'y [avait] pas de terres inoccupées. L'autre coutume, par contre, survit avec ses conséquences désastreuses. La terre [fut] divisée en parcelles trop petites pour qu'on puisse

---

[204] In *Les Jacobins noirs*, Cyril Lionel Robert James, Éditions caribéennes, 1984 (réédition), Paris, p. 341.
[205] Un mouvement insurrectionnel en vogue au Kenya dans les années 1950, qui agissait à cette époque au nom du peuple Kikuyu opprimé par l'empire britannique.
[206] In *Jomo Kenyatta*, article paru dans *L'intelligent* du 19 septembre 2005. Citation reprise par Jean-Paul Gouteux, dans *Apologie du blasphème*, Éditions Syllepse, p. 65, 2006.

en arracher de quoi vivre [...] »[207].

Les autorités coloniales accusèrent à tort Jomo Kenyatta, qu'elles avaient d'ailleurs incarcéré de 1952 à 1956, d'être l'inspirateur du soulèvement dit « Mau Mau ». Selon les politologues Gene Dauch et Denis Martin, la révolte reflétait en réalité des spécificités d'âge, d'ethnie, de classe et d'expérience :

> « Les jeunes nationalistes radicaux qui [prépareraient] le soulèvement Mau Mau et se [désigneraient] comme "Groupe des 40" en mettant au premier plan leur appartenance à une classe d'âge circoncise la même année [étaient] aussi d'anciens combattants des fronts africains et orientaux pendant la guerre 1939-45 ; leur idéologie [faisait] très logiquement coïncider l'attachement à la terre-matrice de la société tout entière [...] avec les idéaux de liberté, voire le droit des peuples à disposer d'eux-mêmes au nom desquels on les [avait] conduits à se battre »[208].

Même si Malcolm X, également connu sous le nom d'El-Hajj Malek El-Shabazz mais né Malcolm Little, de retour en 1965 d'un long voyage en Afrique subsaharienne qui l'avait conduit à rencontrer quelques présidents africains, parmi lesquels figuraient Julius Nyerere, Kwame Nkrumah, Sékou Touré et Jomo Kenyatta lui-même, présenta ce dernier comme le « chef des Mau Mau » :

> « Il était le chef des Mau Mau, qui [avaient] réellement apporté la liberté à de nombreux pays africains. C'[était] la vérité. Les Mau Mau [avaient] joué un rôle décisif en apportant la liberté au Kenya, et pas seulement au Kenya mais à d'autres pays africains. »[209]

En prison, Jomo Kenyatta promit à Daniel Arap Moï sa succession s'il devenait un jour président de la République. À la libération

---

[207] In *Crise sociale au Kenya*, Fenner Brockway, article paru dans *La tribune des peuples*, n° 1, mars-avril 1953, p. 105.

[208] In *L'héritage de Kenyatta. La transition politique au Kenya*, 1975-1982, Gene Dauch et Denis Martin, Éditions L'Harmattan, Paris, 1985, p. 14.

[209] *Malcolm X, Discours de Détroit du 14 février 1965*, in *Aimé Césaire et Malcolm X, Black Revolution*, Demopolis, Paris, 2010.

des deux prisonniers politiques, le « javelot flamboyant » serait élu Premier ministre du Kenya le 1er juin 1963, et il proclamerait l'indépendance de son pays le 12 novembre de la même année. Un an et quelques mois plus tard, le 12 décembre 1964, il deviendrait le premier président de la République et le demeurerait jusqu'à sa mort.

Dans un article intitulé *Jomo Kenyatta et les méandres de la mémoire de l'indépendance du Kenya*, Hélène Charton restitua les circonstances de la construction du mythe du « javelot flamboyant du Kenya », emprisonné par les autorités coloniales à la suite de la révolte des Mau Mau. Elle dévoila la façon dont Jomo Kenyatta avait éclipsé d'autres figures du nationalisme kényan en ayant accédé au pouvoir peu après sa libération, sous les traits d'une figure sacrificielle et sacralisée. Certes, Jomo Kenyatta fut un nationaliste. Mais surtout un grand protecteur des intérêts politiques et économiques occidentaux. Les Européens avaient considéré le président kényan, indépendamment de ses convictions patriotiques, comme un chantre du capitalisme libéral et un croisé de l'anticommunisme. Au-delà du fait d'avoir lutté pour l'indépendance du Kenya, malgré la multiplicité des tribus et des races, Kenyatta avait aussi essayé d'en faire une nation unie. Il avait su pardonner et amener son peuple à agir de même à l'égard des colonisateurs qui leur avaient fait subir de profondes injustices.

> « Le règne absolu de Jomo Kenyatta, mélange de paternalisme musclé sur le plan politique et de libéralisme laxiste au niveau économique, [avait] vécu et duré, [avait été] fondé sur la seule présence du vieux chef. La conception du pouvoir de cet homme, qui aimait se présenter au public revêtu des attributs traditionnels kikuyu, [semblait] se résumer à merveille dans une phrase qu'il prononça le 5 octobre 1975 devant les parlementaires qu'il venait d'épurer : "Le peuple semble oublier qu'un épervier est toujours prêt à fondre sur les poulets." »[210].

L'instauration d'un parti unique à partir de 1969, même si quelques Kikuyu s'étaient déjà enrichis de cette situation et du retrait progressif

---

[210] In *Kenyatta n'est plus*, article de François Soudan paru dans *Jeune Afrique* du 30 août 1978, p. 18.

de Jomo Kenyatta de la scène politique, n'empêcha guère le développement de l'économie nationale. De toute évidence, avec son physique d'athlète, sa barbe hirsute et sa canne d'ébène à pommeau d'argent, le « javelot flamboyant » aurait sans aucun doute marqué l'histoire contemporaine du Kenya.

5.2 - Albert Lutuli

Albert John Lutuli ou Luthuli, ou alors « Mvumbi »[211], naquit le 4 juin 1898 à Bulawayo en Rhodésie du Sud, l'actuel Zimbabwe, et mourut le 21 juillet 1967 à Stanger, dans le Kwazulu-Natal en Afrique du Sud. Il fut un chef zoulou, professeur et homme politique d'Afrique du Sud, président du Congrès national africain (ANC) de 1952 à 1967. Prix Nobel de la paix en 1960, il devint le premier Africain à l'obtenir, pour son combat contre l'apartheid. D'ailleurs, à la suite de cette attribution, la lutte contre la ségrégation raciale se démarquerait étonnamment de la non-violence qui l'avait caractérisée avec la co-création par Nelson Mandela et le militant communiste Joe Slovo du *Umkhonto we Sizwe*[212], une organisation paramilitaire, qui se ferait connaître en commettant plusieurs attentats à la fin du mois de décembre de l'année 1961.

> « Un homme noble, charitable, intolérant à la haine et inflexible dans ses revendications d'égalité et de paix parmi tous les hommes, Lutuli [avait] forgé une compatibilité philosophique entre deux cultures : la culture zouloue de son Afrique natale et

---

[211] C'est-à-dire « la pluie continuera » en langue zouloue.

[212] Traduit en français, *Umkhonto we Sizwe* (ou MK) veut dire « *fer de lance de la nation* ». Il s'était agi de la branche militaire du Congrès national africain qui agissait en collaboration avec le Parti communiste sud-africain contre le régime d'apartheid alors au pouvoir. *Umkhonto we Sizwe* compta à son apogée pas plus de 11 000 adhérents éparpillés principalement dans des camps d'entraînement en Angola, en Zambie, ainsi qu'en ancienne URSS et dans les pays du pacte de Varsovie. Son armement en Afrique du Sud était essentiellement composé de bombes et de kalachnikov. Si elle ne parvint jamais à se doter d'une logistique suffisante pour tenir une guérilla urbaine à large échelle, elle devint néanmoins une référence symbolique pour ceux qui luttaient contre l'apartheid.

la culture chrétienne démocratique d'Europe. »[213]

En 1944, Albert Lutuli intégra naturellement le Congrès National Africain (ANC), une organisation dont l'objectif consistait à assurer l'affranchissement universel et le respect légal des droits de l'Homme. Élu en 1945 au Comité de la Division provinciale du Natal de l'ANC et à la présidence de la Division dudit parti en 1951, il se joindrait à d'autres dirigeants pour organiser des campagnes non violentes afin de défier les lois discriminatoires. Refusant de se conformer à l'exigence de retirer son adhésion à l'ANC ou de renoncer en tant que chef tribal à l'usage de son bureau, le gouvernement sud-africain l'accusa de conflit d'intérêts. Ainsi fut-il renvoyé de sa propre initiative, car les chefs occupaient leurs fonctions au bon plaisir du gouvernement même s'ils avaient été élus par les anciens dignitaires tribaux. Albert Lutuli serait désigné, un mois plus tard, président général de l'ANC. En guise de réaction à cette promotion, le gouvernement minimisa son efficacité comme leader en lui interdisant toujours l'accès aux grands centres sud-africains et la participation à toutes les réunions publiques pendant deux ans. À l'expiration de cette interdiction, Albert Lutuli se rendit à Johannesbourg pour s'exprimer à une réunion. Mais, à l'aéroport, on lui signifia une deuxième interdiction le confinant à un rayon d'une trentaine de kilomètres de son domicile pendant encore deux ans. À l'expiration de cette deuxième sanction, il assista à une conférence de l'ANC en 1956. Il fut arrêté, à cette occasion, et accusé de trahison quelques mois plus tard, ainsi que cent cinquante-cinq autres membres de l'ANC. Après avoir été détenu pendant environ une année, à l'issue des audiences préliminaires, il fut libéré en décembre 1957, et les accusations portées contre lui et soixante-quatre autres de ses compagnons de lutte furent abandonnées.

Albert Lutuli ferait l'objet en 1958 d'une troisième interdiction, de cinq années cette fois, lui privant le droit de publier quoi que ce soit et le confinant dans un rayon d'à peu près vingt-quatre kilomètres de son habitation. La sanction serait temporairement levée, car il devait témoigner lors des procès de trahison continue ayant abouti à un verdict en 1961 qui taxerait l'ANC de servitude communiste et de tenta-

---

[213] In *Albert Lutuli – Biographique*, article paru sur le site Internet Nobelprize.org.

tive de renversement du gouvernement par la violence. Cette interdiction serait de nouveau provisoirement levée en mars 1960 en vue de son arrestation pour avoir brûlé publiquement son *Pass* par solidarité avec les manifestants, contre les Lois du *Pass*, morts dans le « massacre de Sharpeville ». Il serait reconnu coupable, condamné à une amende et à une peine de prison qui serait suspendue en raison de l'état précaire de sa santé. Il retournerait à l'isolement à Groutville. Une dernière fois, l'interdiction serait levée, seulement pendant dix jours au début de décembre 1961 pour permettre à Albert Lutuli et à sa femme d'assister aux cérémonies du Prix Nobel de la paix à Oslo en Norvège.

Une quatrième interdiction ayant confiné pendant cinq années Albert John Lutuli au voisinage immédiat de son domicile serait délivrée en mai 1964, avant la fin de la troisième interdiction. Pourtant, il resterait déterminé dans son engagement contre les traitements inhumains et dégradants.

Les membres du Congrès populaire sud-africain, lequel était composé uniquement de personnes non blanches, nommeraient Albert Lutuli président de leur mouvement, l'Union nationale des étudiants sud-africains le bombarderait président d'honneur, les étudiants de l'université de Glasgow l'éliraient recteur de leur établissement, le Conseil protestant de New York City lui conférait un prix. Malgré l'interdiction de publication, son autobiographie circulerait à travers le monde, à l'extérieur des frontières sud-africaines, et son nom apparaîtrait sur les pétitions des droits de l'Homme déposées aux Nations Unies.

Il est évident que, après le décès d'Albert John Lutuli survenu le 21 juillet 1967, eu égard à son surnom évocateur « Mvumbi », la « pluie continuerait ».

5.3 - Kwame Nkrumah

Kwame Nkrumah naquit le 21 septembre 1909 à Nkrouful, en Côte-de-l'Or, l'actuel Ghana alors colonie britannique et mourut le 27 avril 1972 à Bucarest en Roumanie. Homme politique indépendantiste et panafricaniste, il dirigea le Ghana à peine libéré du joug colonial, d'abord comme Premier ministre de 1957 à 1960, puis en qualité de président de la République de 1960 à 1966.

À l'issue des élections législatives de 1956, la *Convention People's Party*, CPP en sigle, obtint trois quarts des sièges. Kwame Nkrumah, fort de son succès électoral, obligea alors le Royaume-Uni à concéder l'indépendance, laquelle serait proclamée le 6 mars 1957. La Côte-de-l'Or emboîta ainsi le pas au Soudan, qui avait obtenu son autonomie l'année précédente. Le jour même de l'indépendance, Kwame Nkrumah décida de nommer le pays Ghana, en hommage à l'empire du Ghana, sans pourtant quitter le Commonwealth. Le 1er juillet 1960, le pays changea de régime politique en devenant une république.

Kwame Nkrumah organisa, en compagnie de George Padmore, les conférences panafricaines de 1953 à Kumasi et de 1958 à Accra, celle-ci ayant été particulièrement la première conférence de quelques États indépendants d'Afrique. Revendiquant l'indépendance immédiate des pays africains, il prôna la formation d'une entité supranationale : les « États-Unis d'Afrique » qui permettraient au continent de devenir l'une des plus grandes forces du monde – idée qu'un colonel libyen essaierait de matérialiser quelques années plus tard, sans y parvenir puisqu'il serait assassiné. Dans cette optique, il s'engagea en 1958 à poursuivre avec ses homologues du continent « une politique africaine commune ». Cela se manifesterait par le soutien financier apporté à la Guinée de Sékou Touré, nouvellement indépendante, ainsi que par la rédaction de la charte de l'Organisation de l'unité africaine.

Toutefois, l'accession du Ghana à l'indépendance ne permit aucun changement radical dans le système hérité de la colonisation. Hormis quelques infrastructures ayant connu un développement significatif – notamment l'érection du barrage hydroélectrique d'Akosombo en mesure de produire 912 MW et la construction d'un grand port en eau profonde à Tema relié à la capitale par une autoroute –, la vie quotidienne resta inchangée pour le citoyen *lambda*. La politique de modernisation détériora plutôt la situation économique, occasionnant le déficit public et déséquilibrant encore plus la balance des paiements. L'économie d'inspiration libérale fut inefficace, à cause de la quasi-nullité des investissements étrangers. Le fait de contenir l'inflation n'eut, par exemple, aucune répercussion favorable sur les salaires des planteurs de cacao. Bref, la crise ne fut guère jugulée. Cet échec économique, imputé à Kwame Nkrumah, se transforma en crise politique. Prémices d'une ruine imminente.

À la crise économique s'ajoutèrent quelques dérives dictatoriales. Celles-ci ternirent cependant l'image du père de l'indépendance du Ghana. Déjà, en 1959, Kwame Nkrumah avait restreint la démocratie en ayant emprisonné certains membres de l'opposition, ou bien en les ayant forcés à l'exil. Mais ce ne fut qu'à partir d'octobre 1961, après une tournée de deux mois (juillet-août) dans les pays communistes d'Europe de l'Est que Kwame Nkrumah instaura réellement une dictature au Ghana. Les grèves et les manifestations se multiplièrent à travers le pays pour protester contre la pratique de plus en plus mégalomaniaque et solitaire du pouvoir mené par chef de l'État.

> « Tombé dans l'excès de la mégalomanie et le culte de la personnalité, [Nkrumah] n'en [resta] pas moins l'un des plus grands penseurs de l'unité africaine. Et si la radicalité de sa pensée panafricaniste, en avance sur son temps, était la véritable cause de sa chute ? »[214]

Pendant que Kwame Nkrumah se trouvait en voyage officiel en Chine, son régime fut renversé le 24 février 1966 par un coup d'État militaire. À l'annonce du putsch, la population descendit dans la rue pour faire la fête, se faisant même le plaisir de traîner par terre la statue du président de la République qui avait été érigée devant le Parlement. Un bémol, toutefois, car :

> « certains [virent] dans ce putsch la main de puissances occidentales pour lesquelles le rapprochement du leader ghanéen avec l'Union soviétique et la Chine, doublé de son engagement pour l'unité panafricaine et le nationalisme économique, le plaçait, *de facto*, dans le camp communiste. D'ailleurs, des documents du Département d'État américain, déclassifiés depuis, ont montré que le putsch avait été mené par, comme l'[avait] écrit le sociologue et militant tiers-mondiste Jean Ziegler, "deux officiers subalternes,

---

[214] In *Grandeur et déclin de Kwame Nkrumah, père du panafricanisme*, chronique de Tirthankar Chanda diffusée en février 2016 sur Radio France Internationale.

intimement liés à l'Intelligence Service britannique". »[215]

Rappelons également que Kwame Nkrumah fut, en 1963, l'un des pères fondateurs de l'Organisation de l'union africaine (OUA) devenue Union africaine en 2002. Auteur d'un ouvrage sur le panafricanisme, Amzat Bokari-Yabara a supposé que :

> « [c'était] la radicalité de la vision panafricaniste de Nkrumah appelant à la création des États-Unis d'Afrique comme le seul rempart possible contre le néocolonialisme et la poursuite de l'exploitation du continent par les grandes puissances, qui était peut-être la véritable cause de la ruine de ce grand homme, en avance sur son temps. Aujourd'hui encore, près de cinquante ans après la disparition de Nkrumah, son idée de l'abandon de souveraineté au profit d'une Union africaine fait débat et divise les pays africains »[216].

Paradoxalement, Nkrumah fut chassé du pouvoir au moment où sa pensée visionnaire sur l'intégration africaine commençait à s'enraciner dans les esprits à travers le continent, au point de le désigner comme le chantre, le symbole irréfutable du panafricanisme. Nul n'est jamais prophète chez soi ? En tout cas, aux dires de l'essayiste kényan Ali Mazrui, il fut à la fois « héros africain et dictateur ghanéen ». Exilé en Guinée, où l'accueillit à bras ouverts le président Ahmed Sékou Touré, Kwame Nkrumah mourut, sans jamais avoir remis les pieds au Ghana de son vivant, le 27 avril 1972 à Bucarest, en Europe de l'Est, des suites d'un cancer de l'estomac.

5.4 - Félix Houphouët-Boigny

Félix Houphouët-Boigny serait né Dia Houphouët le 18 octobre 1905 à N'Gokro, le village ayant précédé l'actuelle ville de Yamoussoukro. Surnommé « le sage » ou « Nanan Boigny », ou alors « Nanan Houphouët », ou encore « le Vieux » au sens africain du terme, c'est-à-dire respectueux, il fut le « père » de l'indépendance de la Côte

---

[215] *Ibidem.*
[216] *Ibidem.*

d'Ivoire après avoir été successivement chef traditionnel, médecin, planteur, dirigeant syndical, député ivoirien en France, ministre de différents gouvernements français, président de l'Assemblée nationale ivoirienne, maire d'Abidjan, Premier ministre ivoirien et premier président de la République de Côte d'Ivoire de 1960 à 1993. Félix Houphouët-Boigny joua un rôle de premier ordre dans le processus de décolonisation de l'Afrique et maîtrisa, jusqu'à la fin de son existence, la scène politique de son pays natal.

À l'Assemblée nationale française, en tant que membre de la Commission des territoires d'outre-mer, Félix Houphouët-Boigny proposa, le 3 avril 1946, d'unifier la réglementation du travail dans les territoires d'Afrique et obtiendrait gain de cause en 1952. Il s'attela à la mise en application des revendications du Syndicat agricole africain (SAA). Ainsi parvint-il à faire adopter le 11 avril 1946 par la chambre basse, sous le nom de loi Houphouët-Boigny, un projet de loi tendant à la suppression du travail forcé. Enfin, le 27 septembre 1946, il déposa un rapport en vue de la réforme du système de santé des territoires d'outre-mer. Outre le fait de militer en faveur de l'Union française, expliquant *de facto* neuf ans plutôt sa réponse au Chef du gouvernement du Ghana, Kwame Nkrumah, qui, en déplacement en Côte d'Ivoire, appellerait pourtant le 7 avril 1957 toutes les colonies d'Afrique à prendre l'indépendance :

> « Votre expérience est fort séduisante… Mais en raison des rapports humains qu'entretiennent entre eux Français et Africains et compte tenu de l'impératif du siècle, l'interdépendance des peuples, nous avons estimé qu'il était peut-être plus intéressant de tenter une expérience différente de la vôtre et unique en son genre, celle d'une communauté franco-africaine à base d'égalité et de fraternité. »[217]

Félix Houphouët-Boigny proposa la réforme en profondeur du système des conseils généraux des territoires de l'Afrique Occidentale Française (AOF) et de l'Afrique Équatoriale Française (AEF), ainsi que du Conseil fédéral, afin que ces institutions soient plus représen-

---

[217] In *Houphouët-Boigny : L'homme de la France en Afrique*, Pierre Nandjui, Éditions L'Harmattan, Paris, 2000.

tatives des populations autochtones. Il réclama également, à de nombreuses reprises, la création d'assemblées locales en Afrique pour que les indigènes puissent faire l'apprentissage de leur autonomie et de la gestion de leurs entités administratives. Enfin, avec Gabriel d'Arboussier, il fonda le Rassemblement Démocratique Africain (RDA) dans le but de rassembler ce qui était épars : à savoir parvenir à la plus large union de forces politiques africaines au-delà des clivages idéologiques, religieux et culturels.

> « Les résolutions adoptées à *Bamako* fixèrent les principes du Rassemblement Démocratique Africain. Considérant l'absence en Afrique noire d'oppositions entre classes sociales, analogues à celles existant dans les pays impérialistes, et au contraire l'identité d'intérêts, dans la lutte contre l'impérialisme, de tous les Africains sans distinction de race, de religion, de situation sociale, le [premier] Congrès du RDA appela à l'*Unité politique* : il proposa la fusion des groupements et partis démocratiques de chaque territoire dans un parti démocratique unifié, section du Rassemblement Démocratique Africain. »[218]

L'un des acteurs de la *Françafrique*[219], à travers le « miracle ivoirien », il sut dynamiser économiquement la Côte d'Ivoire, notamment dans le secteur agricole, et faire de son pays un îlot de prospérité dans un continent ayant beaucoup de mal à se développer. Au-delà du partenariat économique, la coopération avec la France s'appuya solidement sur les réseaux d'influence français initiés par Jacques Foccart, un homme de l'ombre très proche du général Charles de Gaulle. Ainsi la politique du soutien inconditionnel et mutuel entre les deux pays permit à la France de régner longtemps sur son « pré carré », tant convoité par l'ancienne Union soviétique et les États-Unis pendant la « guerre froide »[220]. En échange, Félix Houphouët-Boigny conforta

---

[218] In *Histoire de l'Afrique occidentale*, Djibril Tamsir Niane et Jean Suret-Canale, Présence Africaine, Paris, 1933.

[219] On lui prête d'ailleurs la paternité de ce terme, relatif à une étroite collaboration avec l'ancienne métropole.

[220] La guerre froide, entre 1947 et 1991, renvoie à la confrontation politique et économique durant la deuxième moitié du XXᵉ siècle entre les États-Unis et l'ancienne URSS et, de manière plus large, entre les démocraties occidentales et les

davantage son influence sur la scène politique africaine, particulièrement en Afrique francophone et dans le Golfe de Guinée.

La volonté de la présidence de Félix Houphouët-Boigny d'instaurer le pouvoir personnel se manifesta surtout par la décision de se
débarrasser de l'opposant Jean-Baptiste Mockey en inventant, en septembre 1959, le « complot du chat noir » pour lequel Mockey, accusé
d'avoir tenté de mettre un terme à la vie du président de la République
au moyen des fétiches maléfiques, fut exilé. Cette personnalisation du
pouvoir se poursuivit à travers la transformation de l'Assemblée nationale en une simple chambre d'enregistrement, laquelle se contentait
de voter les lois et le budget[221]. L'incarcération des trois ministres, des
sept députés et des cent vingt-neuf autres personnes membres du mouvement de la Jeunesse du rassemblement démocratique de Côte
d'Ivoire (JRDACI), ainsi que le traitement réservé aux supposés
« comploteurs » censés être appuyés par les dirigeants africains progressistes et à l'encontre des Francs-Maçons, sans oublier les sanctions infligées aux opposants au Parti démocratique de Côte d'Ivoire
(PDCI) et aux jeunes diplômés, confirmèrent le climat de terreur ins-
tauré par le pouvoir du « bélier de Yamoussoukro ». La création d'une
milice au service du parti présidentiel et l'arrestation de nombreux
« mauvais citoyens », ainsi que la réduction au strict minimum des
éléments des forces armées, confiant par conséquent la défense du territoire national aux forces armées françaises, confortèrent la volonté
de consolider le pouvoir personnel.

Après la mort du « vieux », le 7 décembre 1993, la Côte d'Ivoire
fut dirigée par Henri Konan Bédié qui incita en 1995 le concept
d'« ivoirité », à cause des rivalités personnelles avec Robert Guéï,
Laurent Koudou Gbagbo et Alassane Dramane Ouattara. La « nation »
ivoirienne prônée par Félix Houphouët-Boigny se transforma ainsi,

---

régimes communistes. Elle s'installa progressivement à partir de la fin de la Seconde
Guerre mondiale, dans les années 1945 à 1947, et dura jusqu'à l'effondrement des
régimes communistes d'Europe de l'Est, ayant été suivi dans la foulée de la
désintégration de l'URSS en 1991.

[221] Les députés étaient désignés directement par lui, et le PDCI, totalement inféodé
au président de la République, devait se contenter de servir comme simple intermédiaire entre les masses populaires et l'État.

avec ses successeurs, en un avatar xénophobe à l'origine du conflit politico-militaire ouvert en 2002.

5.5 - Léopold Sédar Senghor

Léopold Sédar Senghor naquit le 9 octobre 1906 à Joal, un village du Sénégal, et mourut le 20 décembre 2001 à Verson, dans le département du Calvados en Normandie en France. Poète, écrivain, brillant homme d'État français, puis sénégalais et premier président de la République du Sénégal de 1960 à 1980, il fut également le premier Africain à siéger à l'Académie française. Il avait aussi été, ministre en France avant l'indépendance de son pays. Il avait figuré, avec Félix Houphouët-Boigny, parmi les rares symboles de la coopération entre la France et ses anciennes colonies, pour les uns, ou du néocolonialisme français en Afrique, pour les autres.

La poésie de Senghor se situe, sur le plan littéraire, au cœur d'une *Civilisation de l'Universel*, fédérant les traditions par-delà leurs différences. Par ailleurs, il défendit avec ferveur le concept de négritude, notion introduite par Aimé Césaire vers 1936. Pour Léopold Sédar Senghor,

> « la Négritude [reste] la simple reconnaissance du fait d'être Noir, et l'acceptation de ce fait, [du] destin de Noir, [de son] histoire et de [sa] culture. »[222].

Léopold Sédar Senghor fut titulaire de la chaire de linguistique de l'École nationale de France d'Outre-mer dès 1945, fondateur en 1948 avec Mamadou Dia du Bloc démocratique sénégalais, partisan d'un modèle associatif de l'Union d'États confédérés au sujet des territoires africains[223], élu à l'Assemblée nationale française, secrétaire d'État à la présidence du Conseil dans le gouvernement Edgar Faure, maire de Thiès au Sénégal, ministre conseiller du gouvernement Michel Debré, membre de la commission chargée d'élaborer la Constitution de la

---

[222] In *Liberté 3*, pp. 269-270.

[223] Se positionnant à l'opposé de Félix Houphouët-Boigny, qui préférait les territoires aux fédérations.

Ve République française, conseiller général du Sénégal, membre du Grand Conseil de l'Afrique occidentale française et membre de l'Assemblée parlementaire du Conseil de l'Europe...

Élu le 5 septembre 1960 à l'unanimité des représentants à l'Assemblée fédérale, Léopold Sédar Senghor présida la République du Sénégal jusqu'au 31 décembre 1980. Il est l'auteur de l'hymne national sénégalais, le *Lion Rouge*.

Léopold Sédar Senghor encouragea la création de la Francophonie, dont il serait considéré comme l'un des pères fondateurs avec le président de la Tunisie Habib Bourguiba, le président du Niger Hamani Diori et le roi du Cambodge Norodom Sihanouk ; il fut aussi le vice-président du Haut Conseil de la Francophonie. Pour le président Senghor,

> « la Francophonie, c'est cet Humanisme intégral, qui se tisse autour de la terre ».

Ainsi Léopold Sédar Senghor théorisa-t-il un idéal de Francophonie universelle, qui serait respectueuse des identités. Il imagina même une collaboration avec les autres langues latines. Son émissaire à la première conférence de Niamey, laquelle s'était tenue du 17 au 20 février 1969, avait lu le message dans lequel l'ancien président de la République du Sénégal expliqua que :

> « la création d'une communauté de langue française [serait] peut-être la première du genre dans l'histoire moderne. Elle [exprimait] le besoin de notre époque où l'homme, menacé par le progrès scientifique dont il est l'auteur, [voudrait] construire un nouvel humanisme qui soit, en même temps, à sa propre mesure et à celle du cosmos. »

Après avoir été désigné en 1978 Prince des poètes, Léopold Sédar fut élu à l'Académie française le 2 juin 1983, au seizième fauteuil. Il succéda au duc de Lévis-Mirepoix. La cérémonie par laquelle Léopold Sédar Senghor entra dans le cercle des immortels eut lieu le 29 mars 1984, en présence du président de la République française en fonction François Mitterrand. Ce fauteuil serait occupé, à la mort de

Senghor, par l'ancien président français Valéry Giscard d'Estaing. De Léopold Sédar Senghor, lors de son installation au seizième fauteuil, Valéry Giscard d'Estaing parlerait :

> « de l'élève appliqué, puis de l'étudiant déraciné ; du poète de la contestation anti-coloniale et anti-esclavagiste, puis du chantre de la négritude ; et enfin du poète apaisé par la francisation d'une partie de sa culture, à la recherche lointaine, et sans doute ambiguë, d'un métissage culturel mondial ».

Quant au président de la République française François Hollande, il déclarerait le 29 novembre 2014, en marge du sommet de la Francophonie organisé à Dakar, que :

> « au nom de l'ensemble de ses prédécesseurs et du peuple français, il était important [qu'il soit venu] dire ce que [les Français avaient] comme reconnaissance et gratitude à l'égard du président Senghor ».

5.6 - Philibert Tsiranana

Philibert Tsiranana vit le jour le 18 octobre 1910 dans le village d'Ambarakorano, dans le Nord-Ouest de Madagascar, et mourut le 18 avril 1978 à Antananarivo à l'âge de soixante-sept ans. Homme politique malgache, il présida la République malgache de 1959 à 1972. Pendant douze années, le Madagascar connut une stabilité institutionnelle, contrairement à la plupart des pays francophones d'Afrique en proie à des troubles politiques. Le progrès de l'économie suivait progressivement la voie d'un socialisme pragmatique. Madagascar se vit attribuer, de surcroît, le surnom d'« Île heureuse ». Cette particularité contribua à la popularité de Philibert Tsiranana, le « fils du bouvier » ayant appartenu à l'ethnie Tsimihety.

Après avoir adhéré en 1943 au Syndicat professionnel des instituteurs, Philibert Tsiranana prit sa carte à la Confédération générale du travail (CGT) en 1944. Il rejoignit en janvier 1946 les Groupes d'études communistes (GEC) de Madagascar, sur les conseils de son mentor Paul Ralaivoavy. Les GEC lui permirent de rencontrer les futurs cadres du Parti des déshérités de Madagascar (PADESM)[224], organisation dont il deviendrait l'un des membres fondateurs en juin 1946. Il se ferait remarquer pour ses contributions au journal du PADESM, *Voromahery*[225], dans lequel il signait ses articles sous le pseudonyme de Tsimihety, en référence à sa province natale.

Réformiste, Philibert Tsiranana milita en vue de l'union de l'ensemble des Malgaches, toute composante confondue. Dans un article publié le 24 avril 1951 dans *Voromahery*, intitulé *Mba Hiraisant-sika*[226], il invita, sans aucun succès, les côtiers et les Merina à une réconciliation pour les prochaines élections législatives. En octobre de la même année, dans le bimensuel *Ny Antsika*[227] qu'il fonda, il s'adressa à l'élite malgache afin qu'elle forme une seule tribu. Conseiller provincial de la troisième circonscription de Majunga et conseiller à l'Assemblée représentative de Madagascar, il adhéra à la nouvelle Action madécasse, laquelle représentait la troisième force politique entre nationalistes durs et partisans du *statu quo*. Il prônait ainsi la réalisation de la paix sociale dans l'égalité et la justice.

En 1952, Philibert Tsiranana intégra la Section française de l'internationale ouvrière (SFIO) en vue des élections législatives de janvier 1956. Soutenu politiquement par le Front national malgache (FNM) dirigé par des Merina issus de l'Action madécasse, et, surtout, par le haut-commissaire André Soucadaux qui voyait en lui le nationaliste raisonnable que recherchait l'administration coloniale, il fut triomphalement élu député dans la circonscription de l'Ouest. Il s'inscrivit logiquement, à l'Assemblée nationale française, dans le groupe socialiste. Doté d'une réputation de franc-parler, il affirma l'insatisfaction des Malgaches pour l'Union française qu'il qualifia de simple continuité du colonialisme sauvage, plus précisément une façade dont le fond resta le même. Ainsi demanda-t-il l'abrogation de la loi d'an-

---

[224] Le PADESM était une organisation politique composée essentiellement de Mainty et de Tanindrana originaires du littoral, c'est-à-dire les « côtiers ». Il fut créé à la suite de la tenue des élections constituantes françaises de 1945 et 1946.

[225] In *Philibert Tsiranana, 1910-1978, premier président de la République de Madagascar*, Tome I, André Saura, Éditions L'Harmattan. 2006. p. 16.

[226] C'est-à-dire « pour nous unir ».

[227] À savoir « les Nôtres ».

nexion d'août 1896, puisque « le mot de colonie [sonnait] trop mal aux oreilles des Malgaches ». Dans le plaidoyer pour l'unité de Madagascar, fait au Palais Bourbon, il conclurait en ces termes :

> « Nous, Malgaches, nous ne voulons pas être divisés… nous voulons que notre unité soit renforcée… nous demandons vivement un conseil de gouvernement à Tananarive, où toutes les provinces seront représentées. »

Prêchant donc la réconciliation, en juillet 1956, Philibert Tsiranana réclama la libération de tous les prisonniers de l'insurrection de 1947. Par cette politique liant amitié avec la France, revendication indépendantiste et recherche de l'unité nationale, Tsiranana acquit une véritable stature nationale.

Philibert Tsiranana fonda le 28 octobre 1956 à Majunga, avec des éléments de l'aile gauche du PADESM dont André Resampa, le Parti social-démocrate (PSD), lequel serait aussi affilié à la SFIO. De ce fait, ce parti politique représenta tout à la fois les notables ruraux côtiers, les fonctionnaires, ainsi que les anticommunistes partisans de l'indépendance. Cette structure bénéficia des préférences de l'administration coloniale, dans la perspective des transferts progressifs du pouvoir exécutif prévus par la loi-cadre Defferre dont il reprocherait, plus tard, le caractère bicéphale au regard du Conseil du gouvernement. Nommé président de l'Assemblée provinciale de Majunga en 1957, tout en étant reconduit à ses autres fonctions locales, Tsiranana deviendrait vice-président du gouvernement de coalition, le président étant de droit le haut-commissaire André Soucadaux. En 1958, l'accession du général De Gaulle au pouvoir aboutit à une ordonnance du gouvernement national modifiant l'ordre hiérarchique dans les territoires d'outre-mer à l'avantage des élus locaux. Par conséquent, Philibert Tsiranana devint le 22 août de la même année le président officiel du Conseil du gouvernement de Madagascar.

Contrairement à ses précédentes prises de position, Philibert Tsiranana souhaita davantage une forte autonomie interne que l'indépendance. Il afficha, d'ailleurs, un nationalisme très modéré :

> « Nous considérons qu'il vaut mieux avoir une indépendance bien
> préparée, car une indépendance politique anticipée nous conduirait à
> la dépendance la plus atroce qui soit, la dépendance économique.
> Nous continuons à faire confiance à la France et comptons sur le
> génie français pour trouver, le moment venu, une formule compara-
> ble à celle du Commonwealth britannique. Car, nous Malgaches,
> nous ne voudrons jamais nous séparer de la France. De culture fran-
> çaise nous sommes, et nous voulons rester Français. »[228]

Mais le général De Gaulle décida d'accélérer le processus d'émancipation des colonies, l'Union française devant être remplacée, de ce
fait, par une nouvelle organisation relative à un projet de « communauté » défendu par Philibert Tsiranana au détriment d'une fédération
« franco-africaine » soutenue par Félix Houphouët-Boigny et d'une
« confédération » souhaitée par Léopold Sédar Senghor. Philibert Tsiranana battit donc activement campagne pour le « oui » au référendum
du 28 septembre 1958, aux côtés de l'Union des démocrates sociaux
de Madagascar (UDSM) du sénateur Norbert Zafimahova, afin que
Madagascar puisse intégrer la Communauté française. Le « oui »
l'ayant remporté par 1 361 801 votes contre 391 166 pour le « non »,
Tsiranana obtint du général De Gaulle l'abrogation de la loi d'annexion de 1896. Le 14 octobre 1958, lors du congrès des conseillers
provinciaux, Philibert Tsiranana proclama la République autonome
malgache dont il devint le Premier ministre provisoire. Le lendemain,
au nom de la France, la loi d'annexion de 1896 serait solennellement
proclamée caduque par le Commissaire André Soucadaux.

La nomination par le général De Gaulle de Philippe Tsiranana et
des quatre responsables politiques africains – parmi lesquels figuraient Félix Houphouët-Boigny et Léopold Sédar Senghor – au poste
de « ministres conseillers » du gouvernement français pour les
affaires intéressant la Communauté, permit au Premier ministre malgache d'évoquer l'accès à la souveraineté nationale de Madagascar.
Le 1er mai 1959, le parlement malgache élit au sein d'un Collège
comprenant également les conseillers provinciaux et les délégués des
communes, le président de la République malgache. Quatre candi-

---

[228] In *Philibert Tsiranana, 1910-1978, premier président de la République de
Madagascar*, Tome I, André Saura, *op. cit.* p. 34.

dats, à cet effet, se présentèrent. Finalement, sur les 114 suffrages exprimés par les congressistes, Philibert Tsiranana fut unanimement élu premier président de la République de Madagascar par 113 votes favorables, une seule abstention étant relevée, battant ainsi Basile Razafindrakoto, Prosper Rajoelson et Maurice Curmer. Le général De Gaulle étant déjà favorable au principe de l'accès à la souveraineté nationale, une délégation malgache dirigée par André Resampa se rendit en février 1960 à Paris pour négocier le transfert des compétences. Le 2 avril 1960, les Accords franco-malgaches étant signés à l'Hôtel Matignon entre le Premier ministre français Michel Debré et le président Philibert Tsiranana, le parlement malgache les adopta à l'unanimité. Le 26 juin de la même année, Madagascar accéda à l'indépendance.

Tout en entendant réaliser l'unité nationale au moyen d'une politique fondée sur la stabilité et la modération, Philippe Tsiranana réaffirma son appartenance au bloc occidental :

> « Nous sommes résolument intégrés au Monde occidental, parce qu'il est le Monde libre, et que notre aspiration la plus profonde est la liberté de l'homme et la liberté des peuples. »[229]

Ainsi la République malgache, sous la présidence de Philibert Tsiranana, se positionna en chantre du respect des droits de l'Homme. Le magistrat suprême s'érigea en protecteur des partis politiques, refusant de céder à la « mode » du parti unique :

> « Je suis trop démocrate pour cela, le parti unique conduisant toujours à la dictature. Nous, au PSD, comme le précise le titre de notre parti, nous sommes des sociaux-démocrates et refusons, en tant que tels, ce type de parti. Nous pourrions facilement l'instituer dans notre pays, mais nous préférons qu'existe une opposition. »[230]

Après avoir obtenu l'indépendance et consolidé les nouvelles institutions, le gouvernement se consacra à la réalisation du « socialisme malgache », pragmatique et humaniste, lequel devait permettre de

---

[229] *Ibidem*, p. 174.
[230] *Ibidem*, p. 248.

résoudre les problèmes du développement en apportant des solutions économiques et sociales adaptées au pays. La politique économique s'inspira d'un néo-libéralisme nuancé, associant l'encouragement à l'initiative privée (nationale et étrangère), ainsi que l'intervention de l'État : d'où l'adoption, en 1964, d'un plan quinquennal fixant les grands choix gouvernementaux en matière d'investissements.

> « Je suis socialiste libéral. Par conséquent, l'État doit jouer son rôle en laissant libre le secteur privé. Nous, nous devons combler les vides, car nous ne voulons pas faire une nationalisation paresseuse, mais, au contraire, dynamique, c'est-à-dire que nous ne devons pas spolier les autres, et l'État n'intervient que lorsque le secteur privé est déficient. »[231]

Cela n'empêcha nullement le gouvernement de taxer à 50 % les bénéfices commerciaux non réinvestis à Madagascar. Hostile à toute idée de socialisation des moyens de production, Philibert Tsiranana n'en fut pas moins socialiste. Son gouvernement incita au développement de coopératives et autres techniques de participation volontaire. Le bilan de son gouvernement aurait apparu honorable si le président de la République n'avait pas connu une fin de mandat plus que mitigée. Usé sur les plans physique et politique, corrompu par le pouvoir, Philibert Tsiranana comptait tout d'abord sur l'image d'un bienveillant maître d'école pour masquer son penchant pour l'autoritarisme. Néanmoins, il demeura une figure politique malgache de premier plan connu dans son pays comme le « père de l'indépendance ».

Le président Philibert Tsiranana souffrait d'une maladie cardiovasculaire l'ayant obligé, en juin 1966, de se reposer deux mois et demi pour des raisons de convalescence, puis de se rendre trois semaines en France afin d'y parfaire sa guérison. Son autorité étant de plus en plus contestée et ne réussissant plus à mobiliser, ni à galvaniser ses fidèles, Tsiranana confia le 18 mai 1972 les pleins pouvoirs au général Gabriel Ramanantsoa, chef d'état-major de l'armée, mais il resta toujours le président de la République malgache. À ses yeux, les pleins

---

[231] *Ibidem*, p. 207.

pouvoirs donnés au général Ramanantsoa ne constituaient qu'une parenthèse. À Jacques Foccart, il déclara le 22 mai 1972 :

> « J'ai été élu par le peuple. On me tuera peut-être, mais je ne m'en irai pas. On mourra ensemble, avec ma femme, s'il le faut ! »

Le 8 octobre 1972, acquis à 96,43 % des suffrages, le référendum constitutionnel confia définitivement les pleins pouvoirs au général Ramanantsoa pour cinq années. Philippe Tsiranana fut alors déchu de ses fonctions de président de la République. Après la démission du général Gabriel Ramanantsoa et l'accession à la tête de l'État du colonel de gendarmerie Richard Ratsimandrava le 5 février 1975, Philibert Tsiranana décida de se retirer de la vie politique.

5.7 - Barthélemy Boganda

Barthélemy Boganda naquit sous le nom de Gboganda – ce qui signifie « je suis ailleurs, je ne suis nulle part » –, le 4 avril 1910 ou en 1912 à Bobangui, un village de la Lobaye rattachée au Moyen-Congo, et mourut le 29 mars 1959. Il fut un homme politique centrafricain ayant détenu la citoyenneté française et surtout connu, à propos des pays de l'Afrique centrale, pour sa vision panafricaniste.

Orphelin recueilli par le lieutenant François Meyer, qui le confia à l'orphelinat de Mbaïki où il serait sous la coupe du père spiritain Gabriel Herriau, Barthélemy Boganda fut le 27 mars 1938 le premier prêtre indigène ordonné d'Oubangui-Chari. En 1946, alors que les instances métropolitaines françaises souhaitaient la représentation des colonies au Parlement dans le cadre de l'Union française, il se fit élire député au palais Bourbon avec le soutien du diocèse de Bangui sous l'étiquette du Mouvement républicain populaire (MRP). En sa qualité de parlementaire français, il défendit régulièrement des brûlots et demanda le maintien de tous les droits républicains au peuple d'Afrique équatoriale française. De manière véhémente, il prôna l'indépendance des colonies et proposa la création d'un État d'Afrique centrale unique, regroupant le Gabon, le Congo-Brazzaville, le Cameroun et la République centrafricaine. Il y voyait la seule solution pouvant permettre d'éviter l'éclatement de la région en territoires trop petits, non viables, et sans rôle à jouer sur la scène internationale. Plus audacieux, incluant l'Angola et le Congo belge, il imaginerait les États-Unis de l'Afrique latine bien au-delà de l'Afrique-Équatoriale française (AEF).

En Oubangui-Chari, Barthélemy Boganda créa son propre parti en 1949, le Mouvement d'évolution sociale de l'Afrique noire (MESAN), structure indépendante à connotation messianique dont l'objectif consisterait à « nourrir, vêtir, guérir, instruire, loger » les Africains sur le modèle de l'Occident chrétien anticommuniste. Ses prises de position commencèrent à inquiéter l'ordre colonial. En 1950, à cause du christianisme propagé par les missionnaires coloniaux ayant largement contribué à l'hégémonie française et à la puissance coloniale, il renonça à l'état ecclésiastique et épousa une Française, Michelle Jourdain, et rompit l'alliance politique avec le MRP. D'ailleurs, dans *Instruction « Quo Efficacius »* de Benoît XV du 6 janvier 1920, citée dans *Merle* (1967 : 76), il était recommandé aux missionnaires de veiller :

> « à éviter d'introduire parmi les populations en cours d'évangélisation les lois et usages particuliers à leur patrie personnelle [...]. Ils [auraient] grand soin au contraire qu'en tout et partout ce soit la discipline ecclésiastique telle qu'elle [était] en vigueur dans l'Église universelle qui soit introduite et fidèlement observée. Les missionnaires [auraient] également souci de bannir toute idée de préparer la voie parmi les populations qui leur [étaient] confiées à une pénétration politique de leur nation, afin de ne pas passer pour rechercher le bien de leur patrie terrestre, non celui de Jésus-Christ et du royaume céleste. »

L'abbé élu député de l'Oubangui-Chari quitta enfin la métropole pour l'Afrique centrale, où il s'imposa comme un tribun autochtone de premier plan au service de l'émancipation des locaux. Dans *Barthélemy Boganda et l'Église catholique en Oubangui-Chari*, article paru en 2004 dans *Cahiers d'Études africaines*, Côme Kinata a rappelé que :

« c'était l'objectif de Boganda depuis son baptême : défendre les intérêts des Oubanguiens qui étaient considérés par les Blancs comme moins que rien. Boganda, le plus instruit des fils du pays, avait une très forte réputation fondée sur trois éléments : prêtre, il était censé être en rapport avec le monde invisible ; fils de sorcier, il était craint. Il était ainsi censé être capable de découvrir des choses cachées maintenant les indigènes dans un état d'infériorité d'où ils espéraient sortir. Enfin, marié à une Blanche, il devenait l'égal des Blancs. La question des relations entre Boganda et l'Église [devait] tenir compte de tous ces élèments qui s'entremêlaient étroitement. »

En 1955, le processus d'émancipation des colonies étant irréversible, la forte implantation territoriale du MESAN fit de Barthélemy Boganda un personnage-clé pour l'Oubangui-Chari. Les colons de Bangui dont le leader fut Roger Guérillot, pourtant hostiles à Boganda, fondèrent avec le MESAN l'Intergroupe libéral oubanguien (ILO). Boganda bénéficia *de facto* de leur soutien dans la conquête de la mairie de Bangui, en 1956, et lors des élections territoriales de mars 1957, au cours desquelles le MESAN remporta la totalité des 50 sièges à pourvoir. L'enjeu de ces élections fut très important. De plus, conformément à la loi-cadre Defferre, elles permirent la nomination du premier gouvernement local. Moins intéressé par la gestion quotidienne des affaires administratives, Barthélemy Boganda délégua beaucoup, notamment à des colons. Ainsi plébiscita-t-il la coopération.

En 1957, dans l'optique d'intégrer le MESAN en son sein, le Rassemblement démocratique africain offrit à Barthélemy Boganda la présidence du Grand Conseil de l'AEF. Ce poste honorifique lui permettrait de gagner en notoriété à l'échelle régionale. Ainsi Barthélemy Boganda rallia-t-il les thèses panafricaines et se drapa désormais dans l'étoffe de défenseur de l'AEF. Mais ses idées n'ayant suscité que très peu d'enthousiasme, il se contenta en 1958 de la création de la République centrafricaine pour le seul territoire de l'Oubangui-Chari, espérant toutefois pouvoir convaincre les dirigeants de l'Afrique centrale.

Le sort de l'AEF fut pourtant scellé, et Barthélemy Boganda mourut tragiquement le 29 mars 1959 à Boukpayanga en Centrafrique, peu après son élection, dans un accident d'avion trois jours avant la dissolution pure et simple de ladite entité territoriale. Sa disparition, à la veille des indépendances, créa un grand vide politique en République centrafricaine, à tel point que Boganda reste toujours un référent obligé pour tout homme politique centrafricain. Les causes de cet accident ne seraient jamais élucidées. Mais, pour Albert Tangawisi, dans un article paru en mars 2011 sur le blog Centrafrique en ligne *Il y a 52 ans disparaissait Barthélemy Boganda…*,

> « si l'Homme [allait] être brisé, foudroyé en pleine ascension en se rendant par avion à Berbérati, le mythe, quant à lui, [resterait] vivace, même plus d'un demi-siècle après sa mort. Face à toutes les inimitiés dont faisait l'objet Barthélemy Boganda, la thèse de l'accident simple semble ne pas faire le poids, laissant place à la théorie du complot. »

En Centrafrique, Barthélemy Boganda est considéré comme le « père fondateur » de la nation devenue indépendante le 13 août 1960 et le premier président de la République. Effectivement, par son impulsion, le territoire français de l'Oubangui-Chari devint le 1er décembre 1958 un État sous l'appellation de République centrafricaine, qu'il dota d'un drapeau, d'une devise et d'un hymne conçus originellement pour l'AEF.

5.8 - Hamani Diori

Hamani Diori naquit le 6 juin 1916 à Soudouré[232], un village zerma situé au bord du fleuve Niger à une dizaine de kilomètres de la ville de Niamey, et mourut le 23 avril 1989 à Rabat au Maroc. D'ethnie Zerma, il était l'une des figures nigériennes très en vue à l'indépendance du pays. Il fut le premier président de la République, et l'un des artisans de la création de la Francophonie dont l'Agence pour la coopération culturelle et technique (ACCT), de nos jours l'Organisation internationale de la francophonie (OIF).

---

[232] Dont la région, où le souvenir de l'équipée meurtrière de la colonne Voulet-Chanoine resta vif dans la population, avait fourni plusieurs lots de tirailleurs dits « sénégalais » destinés aux champs de bataille européens.

Après des études de formation de professeur à l'École normale William Ponty (École normale fédérale de l'AOF), à Dakar au Sénégal, Hamani Diori travailla en tant que professeur dans les écoles régionales de son pays entre 1936 et 1938, puis fut instructeur de langues zerma et haoussa à l'Institut des études d'outre-mer à Paris. L'engagement politique de Diori commença après la Seconde Guerre mondiale, au moment où les territoires de l'empire bénéficièrent d'une représentation à l'Assemblée nationale. Syndicaliste, il fut militant et secrétaire général de l'Association des Enseignants du Niger (AEN) de 1937 à 1946. Hamani Diori fonda ensuite le Parti progressiste nigérien (PPN) et se fit élire député du Niger en 1946. La même année, avec l'Ivoirien Félix Houphouët-Boigny, le Guinéen Ahmed Sékou Touré et le Malien Modibo Keïta, il traça les sillons, à Bamako, du Rassemblement démocratique africain (RDA) et fit du PPN la section nigérienne du mouvement. Le Parti communiste français (PCF) étant le seul à avoir envoyé une délégation à Bamako, les leaders africains furent taxés d'extrémisme, d'autant plus que le PCF se proposa d'héberger dans son groupe parlementaire ces néophytes en politique française. Le très pragmatique François Mitterrand, à l'époque ministre de la France d'outre-mer et fondateur de l'Union démocratique et socialiste de la Résistance (UDSR), un petit parti qui avait toujours tenu un rôle charnière dans la formation des gouvernements de la IVe République, s'ingénia à éloigner le RDA des communistes. En 1950, le RDA quitta le Parti communiste pour s'apparenter à l'UDSR. En 1958, au moment du référendum d'autodétermination, Hamani Diori fit campagne pour le « oui », et il devint président du gouvernement temporaire, puis Premier ministre en 1959. Comme le gouvernement français avait interdit tous les partis politiques au Niger, le PPN-RDA ferait office de parti unique.

L'Assemblée nationale nigérienne, présidée par Boubou Hama, où ne siégeait que le parti unique PPN-RDA, en cette journée du 11 novembre 1960, confia la présidence de la République à Hamani Diori à la suite de l'indépendance du pays survenue le 3 août 1960. Le gouvernement de Diori favoriserait les *Samaria*[233] dans l'intérêt

---

[233] Des structures traditionnelles regroupant des jeunes filles et garçons.

du parti et conserverait des liens économiques étroits avec la France. Réélu en 1965, Hamani Diori joua un rôle considérable en tant que porte-parole des affaires africaines et arbitra souvent à travers le continent les conflits entre nations. Il donna l'impression de privilégier les enjeux continentaux et extra-continentaux, ayant occasionné une forte contribution de l'administration nigérienne, au détriment des problématiques nationales : une famine catastrophique répandue dans tout le pays qui causa la dégradation du Sahel au début des années 1970, et des désordres civils dus aux détournements par quelques ministres des stocks d'aide alimentaire… En outre, le président de la République avait surtout tenté de reprendre l'exploitation de l'uranium du Niger toujours sous la mainmise de la France et cautionné une entente de défense mutuelle entre le Niger et la Libye[234]. Cela contribua probablement à la chute du gouvernement du président Hamani Diori.

Le 15 avril 1974, le régime du président Hamani Diori fut renversé par le coup d'État militaire qui permit au lieutenant-colonel Seyni Kountché, commandant en chef de l'armée nigérienne, de s'emparer du pouvoir. Cette tragédie lui coûta surtout la vie de sa femme Aïchatou Diori. Dans une annonce radiophonique diffusée le 15 avril, Seyni Kountché accusa Hamani Diori d'avoir mal géré les six années de famine qui avaient conduit le pays dans une situation désastreuse.

> « Diori [fut] quant à lui mis aux arrêts. Le 17 avril, Seyni Kountché se [nomma] chef de l'État et [prit] la tête du Conseil militaire suprême comprenant un cabinet de 12 officiers de l'armée. Il [suspendit] la Constitution, [confirma la dissolution de] l'Assemblée nationale, bannit tous les groupes politiques et [imposa] un couvre-feu.[...] Trois mois après le coup d'État [...] même s'il [avait demandé] le retrait des troupes françaises stationnées à Niamey, en mai 1974, le Niger [conserva] de bonnes relations avec la France qui [était] très intéressée par l'uranium nigérien. »[235]

---

[234] Selon des diplomates occidentaux, l'entente avec la Libye, qui déplut particulièrement à l'armée, aurait précipité l'action des militaires opposés à Hamani Diori.

[235] In *Renversement du président Hamani Diori au Niger*, article rédigé par l'équipe de *Perspective monde*.

Après avoir été libéré en 1987 par le successeur de Seyni Kountché, Ali Saïbou, peu après son accession au pouvoir, Hamani Diori quitta le Niger pour le Maroc, où il mourut le 23 avril 1989 à Rabat.

Qu'a-t-on globalement retenu de l'action politique du président nigérien Hamani Diori ? Chef d'État charismatique, intelligent, dynamique et à l'écoute de son peuple, il avait su se faire une place à l'échelle régionale et internationale. Chef d'État visionnaire, patriote et fidèle à ses engagements, il était au service de son pays et non de ses intérêts personnels ni de celui des puissances impérialistes. Puissent l'avenir et les forces de l'esprit satisfaire le souhait du président Hamani Diori, émis en conclusion de sa première allocution présidentielle faite le 3 août 1960 en ces termes :

> « Puissent ces hauts mandataires propager le message de Paix et de Fraternité de notre jeune Nation !
> » Puissent-ils aller rapporter aux hommes de leurs pays respectifs que le Niger indépendant désire ardemment tendre la main à tous ceux qui, de près ou de loin, par le cœur ou par l'esprit, par l'art ou la technique, veulent sincèrement coopérer à l'œuvre fraternelle de sauvegarde et de développement de la civilisation, dans le respect du Génie propre à chaque Peuple. »

5.9 - Joseph Kasa Vubu

Premier président de la République Démocratique du Congo, Joseph Kasa Vubu naquit en 1917 à Dizi, près de la ville de Tshela dans le Mayombe situé dans la province Bas-Congo ou Kongo central. Il mourut le 24 mars 1969 à Boma, dans le Bas-Congo. Il fut le premier Congolais à réclamer en 1947, auprès du colonisateur belge, les droits des autochtones. Le grand public, national et international, le connut surtout en tant que dirigeant et président de l'association des Bakongo[236] (ABAKO).

L'association culturelle ABAKO[237] s'étant muée en structure poli-

---

[236] Peuple originaire du Kongo central, qui constituait plus de 60 % de la population qui habitait la ville de Léopoldville, actuellement Kinshasa, dans les années 1950.
[237] De nos jours, deux partis politiques *abaquistes* sont officiellement reconnus par l'administration congolaise : l'Alliance de Base pour l'action Commune (ABACO)

tique vers 1955, Joseph Kasa Vubu, en sa qualité de président de parti, réagit au plan Joseph Van Bilsen qui préconisa la préparation pendant trente années de l'élite congolaise avant d'accéder à l'indépendance. Alors que le groupe congolais de la conscience africaine – composé de Joseph Albert Malula, Joseph Ileo… – répondit au plan Van Bilsen par un manifeste pour l'approuver tout en demandant l'intégration progressive du peuple congolais dans la gestion de la chose publique avant l'échéance de 30 ans, l'ABAKO, à travers un contre-manifeste, souhaita plutôt son annulation. Ainsi revendiqua-t-elle l'indépendance immédiate du Congo et sans condition : d'où la première crise politique belgo-congolaise. Par cet acte, l'ABAKO fut le premier parti politique à avoir exigé l'indépendance du Congo-Léopoldville.

En 1958, à l'issue d'un scrutin communal très largement remporté par l'ABAKO à Léopoldville, Joseph Kasa Vubu devint le premier bourgmestre noir de la commune de Dendale[238]. Le 4 janvier 1959, à la suite de l'interdiction par le pouvoir colonial d'un rassemblement politique de l'ABAKO, de graves incidents éclatèrent dans la ville de Léopoldville.

> « Toutefois, la cause profonde de cette insurrection du prolétariat congolais [serait] due au marasme économique et au chômage (13 000 chômeurs officiellement recensés à Léopoldville). En outre, pour les ouvriers africains qui [avaient] repris le mot d'ordre de l'indépendance à leur compte, cette dernière perspective [représentait] avant tout : égalité des salaires, réduction du chômage, africanisation, libertés publiques »[239].

Ce fut carrément l'émeute dans la capitale congolaise dont l'une des conséquences fut la détérioration des édifices coloniaux. Il s'ensuivit un affrontement sanglant et meurtrier entre les forces de l'ordre, très lourdement armées, et les partisans de l'ABAKO.

> « Car les Belges qui n'[auraient] jamais envisagé sérieusement l'éventualité de leur départ du Congo et qui n'[auraient], par

---

et l'Alliance des Bâtisseurs Kongo (ABAKO).

[238] Aujourd'hui commune de Kasa Vubu.

[239] *In* CRISP : *Élément pour une sociologie d'une émeute.*

conséquent, jamais rien prévu en fonction d'une émancipation éventuelle des autochtones, n'[auraient] même pas pensé à préparer l'équipement généralement utilisé en cas de "troubles" : lances à eau, grenades lacrymogènes, etc. Ils [recourraient] donc, plus simplement, aux moyens dits "conventionnels" : mitraillettes, grenades et mortiers. Des centaines de morts et des milliers de blessés, tous congolais, [seraient] dénombrés après le passage des "forces de l'ordre", que la propagande officielle [réduirait] pudiquement à 42 morts et 208 blessés. De nombreuses personnalités politiques de l'ABAKO et du MNC, dont Joseph Kasa Vubu, seraient arrêtées et emprisonnées. »[240]

La puissance colonisatrice, en l'occurrence le royaume de Belgique, fut contrainte d'ouvrir des pourparlers avec les forces politiques congolaises, par le biais des négociations dites « de la table ronde de Bruxelles », en vue d'une indépendance immédiate.

« Joseph Kasa Vubu fut sans aucun doute le plus pur des nationalistes congolais. Petit homme timide, portant des lunettes [...] il avait une volonté de fer. [...] Kasa Vubu était calme et lent, oriental dans son comportement et sans aucune ambition personnelle.
» Paradoxalement, Kasa Vubu donna le signal du départ du nationalisme et Lumumba lui emboîta le pas. C'était en 1957 [...] Dès son installation, devant des fonctionnaires belges ahuris et scandalisés, il [évoqua] l'indépendance de son pays, qui [serait] dorénavant son seul objectif. Quelques mois plus tard, le 24 août 1958, le général de Gaulle [promit] l'indépendance africaine de l'autre côté du fleuve, à Brazzaville. Aussitôt le Congo belge [eut] les nerfs à fleur de peau. Le dimanche 4 janvier 1959 la poudrière [éclata] dans la capitale, malgré les appels au calme de Kasa Vubu, adepte de la non-violence. L'émeute [gronda], le sang [coula]. L'armée [intervint], Kasa Vubu [fut] arrêté et considéré comme responsable de l'explosion. »[241]

En pleine table ronde de Bruxelles, Joseph Kasa Vubu conditionna sa participation à la libération immédiate de Patrice Lumumba, incarcéré à la prison de Stanleyville (actuellement Kisangani), ainsi que sa

---

[240] In *Perspectives de la décolonisation : les deux versants de l'histoire*, Guy de Bosschère, Éditions Albin Michel, 1969, pp. 191-192.
[241] In *Joseph Kasa Vubu est mort oublié*, article paru dans *Le monde diplomatique* du mois d'avril 2009, p. 6.

présence aux travaux relatifs au devenir du Congo belge. Grâce à son intervention, Lumumba serait libéré et rejoindrait ses compatriotes aux pourparlers de la « table ronde ».

À l'indépendance du pays, proclamée le 30 juin 1960, Joseph Kasa Vubu fut élu à la plus grande majorité premier président de la naissante République Démocratique du Congo, au détriment de Jean Bolikango, par le premier Parlement congolais.

> « [...] le 21 juin [1960], à l'occasion de l'élection du président et des vice-présidents de la Chambre, une majorité absolue se [dégagerait] nettement en faveur de la coalition de Lumumba. Celui-ci, reprenant ses consultations, [réussirait] *in extremis* à former un gouvernement et à le faire agréer par l'Assemblée, grâce à une manœuvre d'une extrême habileté qui [consisterait] à faire élire Joseph Kasa Vubu à la présidence de la République. Au nom du nouveau gouvernement, Lumumba [signerait] le 29 juin le traité d'amitié belgo-congolais, véritable charte du néo-colonialisme. »[242]

Joseph Kasa Vubu dirigerait avec honnêteté politique et discernement démocratique le pays du 30 juin 1960 au 24 novembre 1965, malgré les différentes crises politiques, rébellions et tentatives de sécessions dont le pays ferait l'objet. La courte et tumultueuse présidence de Kasa Vubu fut surtout marquée par l'intégrité morale, la bonne gouvernance et l'excellente gestion de la chose publique. Après le coup d'État militaire fomenté par le colonel Joseph-Désiré Mobutu le 24 novembre 1965, Joseph Kasa Vubu fut assigné à résidence à Kisundi à Boma[243], dans le Bas-Congo, où il finirait par mourir, faute de soins, le 24 mars 1969. Ses derniers mots pour la République Démocratique du Congo, il les confia à Monseigneur Raymond Ndudi en ces termes :

---

[242] In *Perspectives de la décolonisation : les deux versants de l'histoire*, Guy de Bosschère, *op. cit.*, p. 197.

[243] Vivi, fondée en septembre 1879 par l'explorateur Henry Morton Stanley et située sur la rive droite du fleuve Congo en face de Matadi, fut la première capitale de l'État indépendant du Congo du 1er juillet 1885 au 1er mai 1886. Boma prit le relais jusqu'au 31 octobre 1929.

« Monseigneur, dites aux autorités de notre pays de veiller à la
sauvegarde de l'unité nationale et de préserver l'indépendance
nationale. »

Cette indépendance chèrement acquise devait surtout servir les
seuls intérêts des populations congolaises, et non les intérêts des dirigeants irresponsables et inconscients. Le discours prononcé par Joseph
Kasa Vubu, le 30 juin 1960, en tant que premier président de la République Démocratique du Congo, est encore d'actualité dans un pays
au devenir incertain, dont la conscience patriotique devrait pourtant
rester à jamais le ciment nécessaire à la cohésion nationale et à la stabilité des instances politiques :

« Avant toute chose, je voudrais exprimer ici une émotion, la reconnaissance que nous ressentons envers tous ces artisans obscurs ou
héroïques de l'émancipation nationale, et tous ceux qui, partout sur
notre immense territoire, ont donné sans compter leurs forces, leurs
privations, leurs souffrances et même leur vie pour que se réalise
enfin leur rêve audacieux d'un Congo libre et indépendant.
» [...] nous ne devons pas oublier que c'est à nous désormais de
prendre le relais et de rassembler les matériaux de notre unité nationale, de construire notre nation dans l'union et dans la solidarité.
Nous disposons pour cela d'un large éventail de moyens, mais il
faudra que nous les utilisions avec sagesse, sans hâte ni lenteur,
avec le souci de s'adapter harmonieusement au rythme normal des
choses, sans essouffler les populations par une marche trop rapide
qui les laisserait hors d'haleine sur le bord de la route, mais sans se
complaire non plus dans une admiration béate de ce qui est déjà
fait. La conscience nationale pousse depuis longtemps les populations congolaises vers plus de solidarité : nous aurons à favoriser
plus que jamais ce mouvement de rapprochement national.
» Un rôle tout spécial sera dévolu, dans cette recherche d'une plus
grande cohésion nationale, aux institutions centrales du pays et surtout à l'action des Chambres législatives. Certains d'entre nous,
Messieurs les Sénateurs et Messieurs les Députés, ont pour la première fois, sans doute, côtoyé des élus venant d'autres provinces.
Grande a été leur surprise de constater que votre idéal et vos préoccupations étaient si proches les uns des autres. J'ai la conviction que
vous ferez de ces assises le véritable creuset d'une conscience nationale toujours plus développée. Nous saurons également, dans tout

le pays, développer l'assimilation de ce que quatre-vingts ans de contact avec l'Occident nous ont apporté de bien : la langue, qui est l'indispensable outil de l'harmonisation de nos rapports, la législation qui, insensiblement, a influencé l'évolution de nos coutumes diverses et les a lentement rapprochées et, enfin et surtout, la culture. Une affinité fondamentale de culture rapproche déjà tous les Bantous, aussi le contact de la civilisation chrétienne et les racines que cette civilisation a poussées en nous permettront aux sangs anciens revivifiés de donner à nos manifestations culturelles une originalité et un éclat tout particulier. Nous aurons à cœur de favoriser l'éclosion de cette culture nationale et d'aider toutes les couches de la population à en percevoir le message et à en approfondir la portée. Nous aurons là une mission essentielle à remplir, car la culture sera le véritable ciment de la nation. »

À l'occasion de la commémoration du quarante-huitième anniversaire de la mort de feu premier président de la République Démocratique du Congo, Joseph Kasa Vubu, qui a eu lieu le 24 mars 2017, des jeunes de la Société civile des forces vives du Kongo central ont adressé un mémorandum au président intérimaire de la République Démocratique du Congo, lui ayant demandé de décréter la semaine du 20 au 28 mars de chaque année « la semaine du président Joseph Kasa Vubu ». Cette manifestation se ferait en prélude à la date du 24 mars, celle du décès de la très illustre personnalité. Ils ont souhaité que les médias publics, chaînes de télévision et radios, puissent passer des émissions sur Joseph Kasa Vubu, évoquer son histoire, mettre l'accent sur sa vie et sa gestion de la chose publique. Bref, que la présidence de la République Démocratique du Congo puisse œuvrer pour que feu le président Joseph Kasa Vubu soit considéré comme un patrimoine national, compte tenu de son honnêteté et de son penchant pour la paix ; qu'elle puisse agir en faveur de l'entretien du mausolée lui ayant été dédié. Rappelons toutefois qu'une université, dans la ville de Boma, a déjà pour dénomination le patronyme du tout premier président de la République Démocratique du Congo. Également, une grande avenue et une commune de la ville de Kinshasa portent son nom. Un monument fut aussi élevé, à la mémoire de son œuvre, sur le rond-point Kimpwanza dans la capitale congolaise.

Joseph Kasa Vubu, contrairement aux accusations qui étaient souvent faites à tort à son encontre par les forces néo-colonialistes, n'était pas du tout nationaliste, ni tribaliste, tout comme Patrice Lumumba n'avait rien d'extrémiste, ni de communiste. Ces deux leaders étaient tout simplement des patriotes qui voulaient gérer en toute indépendance les seuls intérêts des populations congolaises. Cette aspiration légitime avait suffi à éveiller le courroux du gouvernement belge et de son allié américain, ainsi que l'hostilité des trusts occidentaux qui comptaient faire à jamais main basse sur les immenses richesses du Congo-Kinshasa. D'ailleurs, tous les spécialistes et connaisseurs des péripéties que traverse, cahin-caha, le continent africain pensent que la République Démocratique du Congo serait devenue une très grande puissance économique et un modèle de démocratie si la présidence du très vertueux et trop consciencieux Joseph Kasa Vubu ne fut pas perturbée par les initiatives hasardeuses de Patrice Lumumba, tout comme par l'arrêt brutal dû à la main irresponsable du colonel Joseph-Désiré Mobutu. Dommage ! Par conséquent, les États-Unis et la Belgique portent une très lourde part de responsabilité dans la descente aux enfers que ne cesse malheureusement d'effectuer ce colosse aux pieds d'argile, ainsi que dans l'incertitude menaçant sans arrêt, à cause de la prédation interne et régionale diligentée par des puissances extra-continentales, le devenir des populations congolaises.

5.10 - Ahmed Sékou Touré

Ahmed Sékou Touré, né le 9 janvier 1922 à Faranah en Guinée française, fut le premier président de la République de Guinée qu'il dirigea du 2 octobre 1958 jusqu'à son décès. Sa grand-mère maternelle, Bagbè Ramata Touré-Fadiga, fut l'une des filles de l'Almamy Samory Touré, le fondateur de l'empire Wassoulou.

Secrétaire général du syndicat des postiers dès 1945, Ahmed Sékou Touré participa à la création du Parti démocratique guinéen (PDG), une structure politique qui œuvrerait en faveur de la décolonisation de la Guinée et des pays d'Afrique. En 1956, il mit en place l'Union des Travailleurs d'Afrique noire, une centrale syndicale commune pour l'Afrique Occidentale française.

> « Ahmed Sékou Touré [devait] à sa formation syndicale un remarquable sens des réalités, de la lutte concrète et de l'utilisation tactique des opportunités politiques. Il [possédait], en outre, une popularité indiscutable et [disposait] d'un assez large crédit : sans cela eût-il réussi à convaincre le peuple guinéen et à obtenir de lui qu'il se [déclarât] massivement en faveur du "NON" au référendum du 28 septembre 1958 ? »[244]

Une fois élu en 1956 député à l'Assemblée nationale française et maire de Conakry sous la bannière du Rassemblement démocratique africain (RDA)[245], il ne cessa de critiquer le régime colonial. À la suite du très symbolique « non » obtenu lors du référendum organisé par le gouvernement français sur l'union-partenariat avec la France, les Guinéens choisirent avec enthousiasme l'indépendance totale qu'ils proclameraient le 2 octobre 1958 avec Ahmed Sékou Touré comme président de la République[246]. Le refus de la Guinée de poursuivre la coopération avec la France provoqua un retrait rapide de l'administration coloniale : rapatriement soudain des archives administratives françaises et, surtout, rupture de très nombreux liens économiques.

> « La nouvelle constitution [française] [serait] approuvée au cours du référendum du 28 septembre 1958. Les Français, "mauvais joueurs", non seulement [évacueraient] en un temps record (trois mois) le pays,

---

[244] In *Perspectives de la décolonisation : les deux versants de l'histoire*, Guy de Bosschère, *op. cit.*, p. 327.

[245] Le Rassemblement démocratique africain était une ancienne fédération de partis politiques africains fondée à l'issue du Congrès de Bamako en 1946. Il fit partie des trois principaux partis fédéraux panafricains – avec le Parti du Regroupement africain (PRA) et le Parti des fédéralistes africains (PFA) – ayant revendiqué la création d'une fédération des partis politiques d'Afrique au moment des indépendances.

[246] La Guinée d'Ahmed Sékou Touré fut la seule des colonies africaines de la France à avoir voté pour l'indépendance immédiate, ayant ainsi osé dire « Non » au général Charles de Gaulle, plutôt que de poursuivre une association avec la France, alors que le reste de l'Afrique francophone opterait pour l'indépendance deux ans plus tard, en 1960.

avec administration, soldats, colons, armes et bagages, mais [s'ap-
pliqueraient] à détruire ou à rendre inutilisables les installations et les
plantations. Quant au chef de l'État, [en l'occurrence le général
Charles de Gaulle] habitué à une obéissance inconditionnelle, il [s'ir-
riterait] puérilement de la résistance guinéenne et [refuserait] de
reconnaître le nouvel État indépendant. »[247]

Pour faire face aux difficultés économiques dues au départ précipité des Français, le monde occidental étant désormais hostile à la
Guinée par solidarité avec la France, le régime de Sékou Touré fut
contraint de mener une politique marxiste.

> « Alors même qu'il [s'efforçait] d'aborder sur un ton relativement
> serein l'histoire récente des relations franco-guinéennes, il [était]
> frappant de constater à quel point M. Sékou Touré se [disait] blessé
> par certains gestes accomplis par les Français – médecins empor-
> tant des médicaments, gendarmes brisant tous les meubles et les
> carreaux des fenêtres de leur caserne, employés salissant à plaisir
> le local abandonné… »[248]

Devant faire face dans l'urgence à la nouvelle donne, le gouvernement guinéen nationalisa les entreprises étrangères et appliqua une
économie fortement planifiée. Incarnant le leadership du mouvement
panafricaniste, après le coup d'État contre Kwame Nkrumah à qui il
accorda l'exil, Ahmed Sékou Touré s'en prit davantage aux anciennes
puissances coloniales, et renforça les liens d'amitié avec des militants
afro-américains comme Malcolm X et Stokely Carmichael. Le président guinéen et son ancien homologue ghanéen contribuèrent à la formation du Parti révolutionnaire du peuple africain et soutinrent les
actions d'Amílcar Cabral à la tête du Parti africain pour l'indépendance de la Guinée et du Cap-Vert (PAIGC) dans leur lutte contre le
colonialisme portugais en Guinée lusophone.

Au-delà de l'historique « Non » au référendum du général Charles
de Gaulle, une ombre s'afficha néanmoins au tableau : le camp Boiro,

---

[247] In *Perspectives de la décolonisation : les deux versants de l'histoire*, Guy de
Bosschère, *op. cit.,* pp. 186-187.
[248] In *Cinq hommes et la France*, Jean Lacouture, Éditions du Seuil, Paris, 1961.

ou camp Mamadou Boiro, baptisé ainsi en souvenir de l'ancien commissaire de police assassiné sous la présidence de Sékou Touré. Ce camp d'internement militaire abritait les opposants politiques qui s'y retrouvaient en « diète noire »[249]. Parmi eux figuraient l'ancien secrétaire général de l'Organisation de l'unité africaine, Diallo Telli, qui y mourut d'ailleurs le 1er mars 1977, ou Fodeba Keïta, cet écrivain, dramaturge, compositeur et homme politique qui fut accusé, en 1969, de complot. Arrêté et incarcéré au camp Boiro, qu'il aurait lui-même contribué à créer, il fut fusillé le 27 mai 1969. Il aurait écrit sur les murs de sa cellule :

« J'étais chargé d'arrêter tous ceux qui étaient susceptibles d'exprimer la volonté du peuple ».

Selon les organisations humanitaires, au moins 50 000 personnes avaient trouvé la mort dans ce camp d'internement qui fut définitivement fermé après la mort d'Ahmed Sékou Touré survenue le 26 mars 1984 à l'âge de soixante-deux ans aux États-Unis à Cleveland – à 15 h 23, heure locale, et 22 h 23, heure de Conakry –, lors d'une opération de chirurgie cardiaque. Sa dépouille fut rapatriée le 28 mars et exposée pendant deux jours au palais présidentiel. Le grand Sily, c'est-à-dire l'Éléphant, fut inhumé le 30 mars au mausolée de Camayenne, aux côtés des restes de Samory Touré, le célèbre adversaire de l'armée coloniale française, d'Alfa Yaya, l'ancien roi du Labé, et de bien d'autres héros de l'histoire guinéenne.

En dépit de cette part d'ombre au tableau relative à la répression, et au-delà des agissements néfastes de la France dans les années postcoloniales, Ahmed Sékou Touré contribua toutefois à la grandeur du peuple guinéen. Cela s'est fait dans la manière ayant consisté à arracher la souveraineté nationale aux mains des colonisateurs gaulois. Son « NON » au référendum du général Charles de Gaulle fit un acte d'une intrépidité sans précédent, une sorte de dignité, dans un univers francophone d'Afrique subsaharienne dont les dirigeants étaient d'une docilité exceptionnelle à l'égard de la France. Seul Thomas Sankara oserait agir de la sorte, beaucoup d'années plus tard, en refusant d'une

---

[249] Privation d'eau et de nourriture.

manière ou d'une autre de céder à la sournoiserie française très habilement incarnée par le président François Mitterrand.

5.11 - Julius Nyerere

Julius Kambarage[250] Nyerere naquit le 13 avril 1922 à Butiama, dans le Tanganyika. Il fut un homme politique tanzanien d'ethnie Zanaki, l'un des principaux héros de l'indépendance d'un bon nombre de pays d'Afrique et une lumière majeure ayant illuminé l'Organisation de l'unité africaine.

En 1945, Julius Nyerere forma le premier groupe d'étudiants du Tanganyika, une branche de l'Association africaine (AA) qui était une structure panafricaine formée à Dar es Salaam[251] pour la première fois, en 1929, par l'élite éduquée du Tanganyika. L'Association africaine, passant de son idéalisme panafricain à la poursuite de l'indépendance, se transforma en 1948 en Agence africaine du Tanganyika (TAA). Devenu président de la TAA en avril 1953, conscient du fait que l'accent devait être mis sur le nationalisme africain, Julius Nyerere convertit en juillet 1954 la TAA en premier parti politique, l'Union nationale africaine du Tanganyika (TANU). Pour éviter de sombrer carrément dans la violence occasionnée par les idéaux nationalistes comme au Kenya, le manifeste de la TANU préconisa l'indépendance sur la base d'une politique pacifiste, multiethnique, ainsi que de la promotion de l'harmonie sociale et politique. Premier ministre de 1960 à 1961 d'un Tanganyika indépendant, il fut élu président de la République à l'issue des élections de décembre 1962. Pour faciliter la cohésion nationale, il fit adopter le swahili comme langue nationale : à savoir le seul moyen d'enseignement et d'éducation. Le Tanganyika devint alors l'un des quelques pays africains ayant officialisé une langue nationale.

Le 26 avril 1964, le Tanganyika et le Zanzibar fusionnèrent et formèrent la République unie de Tanzanie. Julius Nyerere devint le président de l'État nouvellement créé. Il occupa cette fonction jusqu'au

---

[250] C'est-à-dire « l'esprit qui donne la pluie ».

[251] Dar es Salam, autrefois Mzizima, signifie en swahili « Maison de la paix » ou « Havre de paix ».

5 novembre 1985. Surnommé le *mwalimu*, c'est-à-dire l'instituteur ou le maître d'école en langue swahili, il fut l'un des principaux représentants du socialisme africain, notamment l'architecte d'*ujamaa*, une philosophie socialiste africaine qui révolutionna le système agricole de la Tanzanie en ayant privilégié l'agriculture coopérative[252].

Fidèle à ses convictions, restant un panafricain convaincu, le *mwalimu* fit officiellement de Dar es Salaam le siège du comité de dynamisation de la jeune Organisation de l'unité africaine. Par conséquent, la capitale tanzanienne se transforma en un centre révolutionnaire majeur qui accueillit des militants sud-africains de l'ANC, angolais du MPLA, mozambicains du Frelimo, ou encore des intellectuels internationalistes et anti-colonialistes tels que Malcolm X, Ernesto Che Guevara où l'historien et militant de la cause noire Walter Rodney.

Mais la crise économique poussa Julius Nyerere à modifier peu à peu sa politique dirigiste, menée depuis le milieu des années 1960. L'intervention de plus en plus grandissante de la Banque mondiale et du Fonds monétaire international eut raison des incitations financières à la production collectiviste. Celles-ci furent en partie réorientées vers un investissement en faveur des grandes fermes de l'État et des infrastructures routières. En 1984, la société tanzanienne fut quasiment libéralisée.

L'anthropologue Marie-Aude Fouéré apporta une réflexion inédite dans un article intitulé *Julius Nyerere à Zanzibar*. Sanctifié sur le continent, les cordonniers étant souvent les plus mal chaussés, le père de l'indépendance du Tanganyika fit l'objet d'un « antinyérérisme à Zanzibar ». En effet, il fut accusé d'avoir organisé la révolution de 1964, puis l'union entre les deux territoires, pour neutraliser la classe politique zanzibari. Marie-Aude Fouéré nota que la figure d'un Nyerere « colonisateur » stimula davantage le nationalisme zanzibari dans le débat sur le statut politique et institutionnel de ce territoire semi-

---

[252] *Ujamaa* est un mot swahili qui signifie « communauté ou famille ». L'*ujamaa* de Julius Nyerere était un programme d'auto-assistance indépendant, lequel aurait empêché la Tanzanie de sombrer dans la dépendance de l'aide étrangère. Julius Nyerere préféra donc miser sur la coopération économique, le sacrifice racial/tribal et moraliste.

autonome. Le procès en colonisation de Julius Nyerere exacerba donc l'identité arabo-musulmane de Zanzibar dont le déclin économique fut attribué à un impérialisme négro-africain ayant fait la promotion du swahili comme langue nationale.

En 1985, au bout de vingt et une années de pouvoir, Julius Nyerere prit la sage décision de se retirer de la vie politique. Ali Hassan Mwinyi, alors président de Zanzibar depuis 1980, lui succéda. Malgré les résultats très largement négatifs de sa politique de développement économique, le *mwalimu* conserva jusqu'à son décès à Londres le 14 octobre 1999, à l'âge de soixante-dix-sept ans, l'estime de beaucoup de Tanzaniens et d'une grande partie de la communauté internationale.

> « Chaque 14 octobre est une commémoration pour les Tanzaniens. Ils fêtent [...] lors du *Mwalimu Nyerere Day* la disparition du père de la nation, Julius Nyerere [...]. Diagnostiqué un an plus tôt d'une leucémie, Julius Nyerere avait été admis au St Thomas's Hospital de Londres à la fin du mois de septembre 1999. Le 14 octobre suivant, la gorge nouée en parlant de celui qui l'avait choisi pour la présidence, Benjamin [Mkapa annonça] cette triste nouvelle.
> » Une semaine après son décès, des funérailles nationales lui [furent] organisées à l'Uhuru Stadium de Dar es Salaam, le même stade où, en 1961, on fêtait l'indépendance du Tanganyika. Un endroit hautement symbolique. »[253]

On reconnaît à l'avantage de Julius Nyerere, effectivement, le mérite d'avoir posé les bases d'un État à la fois démocratique et pluriethnique. De plus, il avait semé des germes de la remarquable stabilité politique que tous les pays de la région des Grands Lacs africains envient à la Tanzanie. Aucun coup d'État n'a jamais été fomenté depuis 1964, après douze élections présidentielles sans problème – exception faite de fraudes lors du scrutin de 2015 à Zanzibar –, le *mwalimu* ayant montré l'exemple en s'étant retiré à la fin de son mandat en 1985 ! Enfin, il avait su pacifier le pays en ayant imposé le swahili comme langue officielle. Ainsi était-il par-

---

[253] In *17 ans après son décès, que reste-t-il de Julius Nyerere ?*, article de Pierre Houpert publié en octobre 2016 sur le site Internet de *Jeune Afrique*.

venu à juguler durablement la crise communautaire.

5.12 - Kenneth Kaunda

Kenneth David Kaunda, né le 28 avril 1924 à Lubwa, près de Chinsali en Rhodésie du Nord, actuellement Zambie et décédé le 17 juin 2021 à Lusaka, fut le premier président de la République de Zambie indépendante. Il occupa la magistrature suprême du 24 octobre 1964 au 2 novembre 1991, date de sa défaite au scrutin présidentiel face au syndicaliste Frederick Chiluba.

Le fait d'avoir été le fils d'un pasteur émigré du Malawi fit de Kenneth Kaunda l'un des rares Noirs à avoir bénéficié d'une éducation scolaire, car à l'époque toutes les écoles étaient dirigées par les missionnaires blancs – l'administration coloniale n'ayant pas voulu développer l'instruction publique. Faisant donc partie de l'élite de son pays, seul politicien noir de Rhodésie du Nord ayant cru en l'unité nationale et disciple de Mahatma Gandhi, Kenneth Kaunda créa l'UNIP (*United Party for Independence*) au début des années 1960. Président de la nouvelle structure politique, Kaunda s'opposa par la désobéissance civile à la Fédération d'Afrique centrale. Mise en place en 1953, celle-ci regroupait les trois colonies : la Rhodésie du Sud, la Rhodésie du Nord et le Nyassaland. Ainsi dénonça-t-il le fait que l'autorité, c'est-à-dire le pouvoir politique, revenait à la seule minorité blanche. Le gouvernement britannique finirait par renoncer à la Fédération, dont la dissolution serait prononcée en 1963. Mais Kenneth Kaunda fut emprisonné, avec d'autres militants, devenant ainsi un héros national et le chef de file du mouvement indépendantiste naissant. Ils seraient libérés le 8 janvier 1960.

Lors des élections législatives de 1964, l'UNIP remporta cinquante-cinq sièges sur quatre-vingt-huit. Kenneth Kaunda, surnommé « le Gandhi africain » pour son militantisme indépendantiste non-violent, devint le Premier ministre de la Rhodésie du Nord. Ainsi décida-t-il de négocier l'indépendance, laquelle serait proclamée le 24 octobre 1964. Dans cette perspective, Kenneth Kaunda serait désigné président de la République de Zambie.

Pour éviter l'éclatement de la nation à peine naissante, chacune des soixante-dix ethnies étant représentées par un parti politique, Kenneth Kaunda, faisant de l'UNIP la seule formation politique autorisée, instaura une dictature à parti unique dans les premières années de l'indépendance. Ainsi intégra-t-il toutes les tendances dans une même structure. L'idéologie officielle du régime du président Kaunda fut le socialisme africain, une sorte de socialisme nationaliste que l'on qualifia d'« humanisme zambien » reposant sur la combinaison d'une économie planifiée et centralisée, ainsi que sur des valeurs africaines traditionnelles d'entraide et de loyauté envers la communauté. Enfin, le régime Kaunda privilégia l'enseignement et le taux de scolarisation augmenta rapidement.

La dégradation de la situation économique et la pression internationale en faveur d'une démocratisation des pays africains firent progressivement vaciller le pouvoir du président Kenneth Kaunda. Le système de parti unique et la nationalisation de l'industrie minière ne donnèrent pas le résultat escompté. Bien au contraire, ils aboutirent à une corruption sans précédent dans l'administration, occasionnant l'inflation et plusieurs dévaluations monétaires. Des dettes envers les banques étrangères hypothéquèrent l'avenir des générations futures, fragilisant entre-temps le pouvoir d'achat des Zambiens. Impuissant face à une situation économique dégradante, Kenneth Kaunda suivit le conseil de l'ancien président tanzanien, le *mwalimu* Julius Kambarage Nyerere qui avait renoncé au pouvoir de sa propre initiative en 1985. Le président zambien organisa en 1991 les élections démocratiques et transparentes que remporterait l'opposition. Le président sortant s'inclina devant le résultat du scrutin, puis s'effaça au profit du vainqueur Frederick Chiluba.

Kenneth David Kaunda serait privé de sa citoyenneté zambienne à la suite d'une tentative, supposée ou réelle, de coup d'État mais il parviendrait, trois ans plus tard, à faire annuler le jugement. Depuis les années 2010, le président Michael Sata n'avait cessé de lui confier des missions diplomatiques.

Kenneth Kaunda, qui dirigea la Zambie pendant vingt-sept ans après l'indépendance obtenue en 1964, fut l'un des grands personnages des luttes de libération en Afrique. Il avait accueilli en Zambie nombre de mouvements ou de leaders en lutte contre leurs propres colonisateurs, dont ceux de l'ANC de Nelson Mandela. Redevenu simple citoyen après la défaite électorale en 1991, avec son inséparable mouchoir blanc à la main, il ne cessa de jouer un rôle important comme médiateur dans des conflits africains, puis comme militant de la lutte contre le Sida.

5.13 - Sam Nujoma

Samuel Daniel Shafiihuma Nujoma, dit Sam Nujoma, naquit le 12 mai 1929 à Ongandjera, en pays Ovambo, dans la région d'Omusati dans le Nord de la Namibie. Homme politique namibien et membre de l'Organisation du peuple du Sud-Ouest africain (SWAPO), il fut le premier président de la République de Namibie qu'il dirigea de 1990 à 2005.

En 1959, Sam Nujoma et Andimba Toivo ya Toivo créèrent l'Organisation du peuple de l'Ovamboland. Cette structure se fondit, le 19 avril 1960, dans la SWAPO. Nujoma en devint le premier président et prit part dans la clandestinité à la lutte armée contre la puissance coloniale, l'Afrique du Sud, administratrice depuis les années 1950 du Sud-Ouest africain selon les principes et les lois de l'apartheid, classifiant la population entre races et divisant le territoire en réserves indigènes et terres riches ou fertiles réservées aux seuls Blancs.

L'armée populaire de libération de la Namibie, la PLAN (*People's Liberation Army of Namibia*), qu'il mit en place échoua dans la lutte en vue de la reprise des territoires par la guérilla, mais réussit à attirer l'attention de la communauté internationale sur la Namibie. Sam Nujoma parvint à faire reconnaître, de ce fait, la SWAPO aux Nations Unies comme le seul organisme représentant légitimement le Sud-Ouest africain, rebaptisé Namibie en 1968. Par conséquent, l'organisation des Nations Unies mit définitivement un terme au mandat sud-africain.

Contraints à l'exil en Zambie, les membres de la SWAPO et Sam Nujoma ne parvinrent jamais à occuper un millimètre du territoire namibien durant toute la lutte armée. Pis encore, en 1975, l'Afrique du Sud expédia un contingent militaire envahir l'Angola, la base arrière de la SWAPO. Grâce au soutien du président Kenneth Kaunda, Sam Nujoma réussit cependant à neutraliser en avril 1976 la dissidence qui dénonçait le népotisme, la corruption et l'inefficacité de la direction du mouvement. En dépit de l'échec de la lutte armée, il se maintint à la tête de l'organisation, soutenue par les régimes marxistes d'Angola, Cuba et surtout la République démocratique allemande.

La signature le 28 décembre 1988 des accords entre les belligérants, qui aboutit au retrait des Cubains d'Angola et des Sud-Africains de Namibie, facilita la résolution 435 du Conseil de sécurité des Nations Unies adoptée en 1978. Cette résolution prévit un processus en vue de l'indépendance de la Namibie. Aux élections de décembre 1989, supervisées par l'organisation onusienne et destinées à désigner une Assemblée constituante, la SWAPO remporta la victoire avec 57 % des suffrages. Sam Nujoma fut ensuite élu par ladite Assemblée président du futur État dont l'indépendance serait proclamée le 21 mars 1990. Le jour de la célébration de l'indépendance, il prêta serment en tant que président de la République de Namibie en présence de Javier Perez de Cuéllar, secrétaire général des Nations Unies, de Frederik de Klerk, président de la République d'Afrique du Sud, et de Nelson Mandela, à peine sorti de prison.

Le contexte international défavorable aux régimes communistes ne permit pas au marxiste Sam Nujoma d'appliquer, dès le début de sa mandature, son plan de réforme agraire. Ainsi se laissa-t-il tenter par le pragmatisme du socialisme démocratique des pays scandinaves. Il serait très largement réélu en 1995 avec 76,3 % des voix et en 1999 avec 76,8 %. Compte tenu de la forte demande des Noirs en quête des terres cultivables en début des années 2000, il proposa une nouvelle réforme beaucoup plus autoritaire que celle du projet précédent. Mais celle-ci ne serait pas appliquée à cause des résultats désastreux d'une réforme semblable en cours au Zimbabwe que venait d'initier le président Robert Gabriel Mugabe.

En 2004, sous la pression de la SWAPO, Sam Nujoma renonça à modifier la Constitution une nouvelle fois et se choisit un successeur, Hifikepunye Pohamba, qui serait confortablement élu président de la République en novembre de la même année et succéderait à Nujoma le 21 mars 2005. Néanmoins, le président sortant dirigerait le parti jusqu'en 2007.

5.14 - Samora Machel

Samora Moisés Machel, né le 29 septembre 1933 à Madragoa, actuellement Chilembene, au Mozambique et mort le 19 octobre 1986 à Mbuzini en Afrique du Sud, fut un homme politique mozambicain. Premier président de la République populaire du Mozambique indépendant, qu'il dirigea entre 1975 et 1986. Il avait rencontré en 1961 Eduardo Mondlane Chivambo, un intellectuel mozambicain qui, de retour au pays et à la tête d'une mission pour le compte des Nations Unies, combattait le colonialisme portugais au Mozambique. En 1963, Samora Machel rejoignit la lutte indépendantiste contre la puissance portugaise d'occupation. Il intégra le Front de libération du Mozambique (Frelimo) et se retrouva de ce fait aux côtés de son supérieur hiérarchique, Eduardo Mondlane Chivambo, à Dar es Salaam. Il suivit alors une formation militaire en Algérie et figura, le 25 septembre 1964, parmi les 250 guérilleros du Frelimo qui déclenchèrent la lutte armée contre le Portugal. Amílcar Cabral n'avait-il pas évoqué le passage algérien, obligatoire pour les combattants africains engagés dans un bon nombre de luttes contre les colonialistes ?

> « Les chrétiens [allaient] au Vatican, les musulmans à La Mecque et les révolutionnaires à Alger. »[254]

Samora Machel détestait profondément la philosophie coloniale des Portugais. Il était révolté contre des siècles de maltraitance. Sa haine du colon fut joliment exprimée dans la phrase ci-dessous :

> « Le jour où vous entendrez les Blancs parler de moi en bien, ce jour-là, ne partagez plus vos secrets avec moi, parce que cela voudra dire que je vous ai déjà trahis. »

---

[254] Extrait du texte d'Amílcar Cabral intitulé *Libération nationale et culture*, publié en 1970.

Devenu secrétaire à la défense du Frelimo en 1966, Samora Machel succéda à Filipe Magaia, mort au combat. En 1968, il devint le commandant en chef des forces armées et siégea au comité central du Frelimo. À la suite de l'assassinat du professeur de sociologie Eduardo Mondlane Chivambo en 1969, il accéda à la direction du parti au sein d'un triumvirat formé avec Marcelino dos Santos et le révérend Uria Simango. Samora Machel représenta la branche marxiste et multiraciale, face aux tenants du courant africaniste. Dès 1970, tel le dandy Jules César roulant dans la farine Pompée le Grand et le riche Marcus Licinius Crassus en 60 avant Jésus-Christ, il s'imposa sur ses deux codirigeants et présida tout seul le mouvement de libération marxiste.

Le Mozambique accéda à l'indépendance le 25 juin 1975. Le Frelimo dirigea *de facto* un gouvernement d'union nationale, mais le mouvement politique finirait par manager sans ses alliés de circonstance. Élu président de la République du Mozambique, Samora Machel facilita l'émergence d'une société socialiste et intégra le bloc soviétique. Une réforme agraire fut imposée, regroupant les paysans dans des *aldeias comunais*[255] selon le modèle des kolkhozes et sovkhozes. Pour cela, le nouveau régime mozambicain n'hésita pas à utiliser les anciens *aldeamentos*[256] afin de les soustraire de l'influence du Frelimo dans les zones du Nord touchées par la guerre. Profondément incompatible avec le mode de vie tout à fait traditionnel dans la campagne mozambicaine, la réforme agraire basée sur le concept des villages communautaires se traduisit vite par un échec monumental.

Sur le plan international, Samora Moisés Machel fut un artisan de la ligne de front, c'est-à-dire favorable à une coalition d'États voisins de l'Afrique du Sud dans le but de servir de base arrière aux mouvements anti-apartheid. Mais, conscient de l'inefficacité de sa politique économique, dès 1980, il mit fin à l'expérience socialiste pour demander l'aide du Fonds monétaire international. En 1984, les difficultés économiques le contraignirent de se rapprocher de l'Afrique du Sud.

---

[255] Villages communautaires.

[256] Des petites agglomérations dans lesquelles l'armée portugaise avait essayé de confiner les paysans, traditionnellement dispersés en unités unifamiliales dans la campagne.

Il signa alors l'accord de Nkomati, avec le président Pieter Botha, prévoyant la cessation de l'aide sud-africaine à la Résistance nationale du Mozambique (Renamo) contre le retrait du soutien mozambicain à l'ANC ainsi qu'aux mouvements anti-apartheid établis dans son territoire. Mais aucun pays signataire ne le respecterait.

Le président mozambicain était sans conteste une personnalité très charismatique. Dans un document « déclassifié » du ministère français des Affaires étrangères, l'ambassadeur de France, Gérard Serre, avait écrit en 1985 que,

> « il n'[était] que de voir l'attitude révérencieuse de ses ministres envers sa personne alors que lui-même n'[hésitait] pas à les fustiger publiquement, pour comprendre l'ascendant qu'il [avait] pris sur les hommes qui l'[entouraient]. Fascinant, séduisant, l'homme l'[était] indiscutablement, lui autrefois adversaire honni de Pretoria, [puis] partenaire obligé qui [avait] su retourner à son profit l'attitude du gouvernement [du président] Botha envers le MNR [Mouvement national de résistance ou Renamo, opposition armée] ».

Dans l'après-midi du 19 octobre 1986, ce jour-là, les conditions météorologiques étaient assez bonnes. En provenance de Mbala, dans le Nord de la Zambie – après avoir participé à un sommet sur la guerre civile en cours en Angola avec les présidents Kenneth Kaunda, José Eduardo dos Santos et Mobutu Sese Seko de la République du Zaïre –, Samora Moisés Machel se trouvait dans le Tupolev 134A piloté par des militaires soviétiques qui s'écrasa en Afrique du Sud sur les flancs des montagnes Lebombo, situées à trois cents mètres de la frontière mozambicaine, près de Mbuzini. Le président Samora Machel et vingt-quatre autres occupants de l'avion moururent, neuf passagers survécurent dont quelques-uns grièvement blessés. Après une courte période d'intérim, Joachim Chissano deviendrait le président de la République le 6 novembre 1986.

VI – La salutaire métamorphose du président caméléon

Mathieu Kérékou naquit le 2 septembre 1933 à Kouarfa, non loin de Natitingou dans l'ancienne colonie française du Dahomey, et mourut le 14 octobre 2015 à l'âge de quatre-vingt-deux ans. Homme d'État béninois autoproclamé président de la République du Dahomey après un coup d'État, ensuite président de la République populaire du Bénin du 26 octobre 1972 au 1er mars 1990 et président pendant la transition politique jusqu'en mars 1991, laissant démocratiquement les rênes du pouvoir à Nicéphore Soglo. Il fut ensuite élu et réélu président de la République du Bénin, au détriment du vainqueur de la précédente élection présidentielle, qu'il dirigea du 4 avril 1996 au 5 avril 2006.

Mathieu Kérékou servit d'abord dans l'armée française, puis dans celle du Dahomey. Lorsqu'il rentra au pays après avoir servi dans l'armée française coloniale, il accéda au grade de major. En 1965, il occupa les fonctions d'aide de camp d'Hubert Maga, le tout premier président du Dahomey qui officia de 1960 à 1963.

« [...] fin 1967, un coup d'État [balaya] Christophe Soglo. Et Kérékou [prit] la tête du mouvement de jeunes officiers à la manœuvre. C'[était] lui qui [dirigea] le nouveau Comité militaire révolutionnaire en charge de la supervision du gouvernement.

» Une fois le pouvoir rendu aux civils, l'officier [s'éclipsa] du jeu politique. Et [feignit] de se contenter de sa nouvelle fonction de chef d'état-major adjoint de l'armée. Pas pour longtemps. Profitant de l'instabilité politique qui [régnait] dans les années 1960 (quatre coups d'État s'enchaînèrent), il [sortit] du bois un après-midi du 26 octobre 1972 [...] »[257]

En effet, Mathieu Kérékou s'empara à nouveau du pouvoir lors d'un coup d'État perpétré en octobre 1972. Il fit arrêter et emprisonner pendant neuf longues années ses trois prédécesseurs – Hubert Maga, Sourou-Migan Apithy et Justin Ahomadegbé – et créa le Parti de la révolution populaire du Bénin devant fonctionner comme un parti unique.

En 1975, Mathieu Kérékou renomma alors le pays République du Bénin et instaura un régime marxiste-léniniste qui fut chapeauté par le Conseil national de la révolution (CNR). Il mena une politique de répression contre tous les opposants au régime, en particulier contre les intellectuels dont beaucoup durent se réfugier à l'étranger. Il entreprit une vague de nationalisations de banques et d'industries pétrolières, à l'instar de la politique de *zaïrianisation* prônée par son mentor le très machiavélique Mobutu Sese Seko dans l'ancienne République du Zaïre. Le pays sombra dans une situation économique critique, sans précédent, contraignant le gouvernement béninois à négocier des accords dans des conditions défavorables avec des bailleurs de fonds tels que le Fonds monétaire international, la Banque mondiale, le Club de Paris…

Dans un contexte de crise économique, le vent de la démocratie ayant secoué les pays d'Europe de l'Est ne laissa guère indifférent le président Kérékou. Ce dernier réalisa que le temps d'une révolution politique dans son pays était sans doute venu. Fin 1989, passant outre les réticences de la plus grande majorité des caciques de son parti politique, il convoqua une « Conférence Nationale » destinée à établir de nouvelles institutions. En habile stratège, Mathieu Kérékou préféra abandonner carrément le marxisme-léninisme tropicalisé, ironiquement qualifié de « laxisme-béninisme » par l'homme de la rue, en faisant preuve d'un pragmatisme politique aigu. Le « président caméléon » serait, de ce fait, le premier Chef d'État du continent

---

[257] In *Bénin : l'ancien président Mathieu Kérékou en cinq mots*, article paru dans *Jeune Afrique* d'octobre 2015.

africain à ouvrir la voie au multipartisme sous la pression des événements socio-politiques en cours à travers le monde. Ainsi utilisa-t-il certes à son profit, en vue d'un avenir honorable, les répercussions du vent de l'Est.

En 1989, la crise étant effectivement profonde, les participants d'une table ronde se réunirent à Versailles, en région parisienne, et émirent l'idée d'organiser une conférence pouvant permettre aux Béninois de se concerter et de définir un cadre de dialogue pour sauver leur patrie. Cadre de dialogue qui séduisit François Mitterrand et bénéficia de son soutien. L'éminence rose convaincrait, non sans mal, son homologue africain. Répondant à Alain Foka dans l'émission *Archives d'Afrique* diffusée sur Radio France Internationale et consacrée au portrait de l'ancien président du Bénin, l'ex-rédacteur en chef de *Jeune Afrique*, Francis Kpatindé, rappela toutefois que,

> « Mathieu Kérékou était quelqu'un d'extrêmement intelligent. Sentant venir la chose, il confia à Robert Dossou de piloter l'opération, de la mettre sous-contrôle [à travers un Comité National Préparatoire de la Conférence Nationale au Bénin] ».

Pour Francis Kpatindé, cité par le journaliste Pierre-Claver Kuvo dans un article intitulé *Mathieu Kérékou : la dernière couleur du caméléon* paru en novembre 2015 dans *Diasporas-News*,

> « la décision d'organiser la Conférence nationale [avait] été prise en août/septembre 1989 (avant la chute du mur) et la conférence nationale s'[était] tenue en février 1990, quatre mois avant le discours de La Baule. Tout, au Bénin, s'[était] passé sans lien direct avec la chute du mur de Berlin et, surtout, avec le discours de François Mitterrand à La Baule auquel une légende tenace s'attache à associer la démocratisation béninoise ».

En tout cas, le peuple béninois serait, comme le confirmerait l'Histoire, le grand gagnant du vent de l'Est européen. En janvier 1990, la « Conférence Nationale » décida des changements sans aucune concession – période de transition d'une année puis élections libres, nomination d'un Premier ministre… – qu'accepterait Mathieu

Kérékou. Toutefois, il prit la précaution de faire voter une loi garantissant son immunité pour ne pas finir comme le *Conducător* roumain, de surcroît « génie des Carpates » ou « Danube de la pensée », le despote Nicolae Ceausescu. Ainsi le caméléon préférat-il ne pas subir les conséquences d'un « roumaniement ». Il organisa des élections transparentes.

Candidat à sa propre succession, Mathieu Kérékou serait battu lors de l'élection présidentielle de 1991 par le haut fonctionnaire international Nicéphore Soglo, à qui il céderait démocratiquement le pouvoir. Quittant la vie politique en laissant un pays en mauvais état sur le plan économique, complètement exsangue, Mathieu Kérékou sut néanmoins engager avec habileté un processus qui ferait du Bénin l'une des illustrations en la matière en Afrique. Il évita le chaos à son pays. À cet égard, il faudrait souligner le rôle exceptionnel que joua l'archevêque de Cotonou Isidore de Souza, le prélat catholique qui dirigeait les travaux de la « Conférence Nationale ». D'ailleurs dans le cadre de la seizième conférence des Chefs d'État d'Afrique et de France, laquelle s'était tenue le 20 juin 1990 en France, dans son fameux discours dit « de La Baule », le président de la République Française, François Mitterrand, citerait l'exemple du Bénin pour encourager les dirigeants africains à entamer les mutations politiques souhaitables.

Malgré la catastrophique situation économique du pays, Mathieu Kérékou garderait l'estime de ses compatriotes. Par la suite, touché par une miséricorde insondable, il renoncerait à l'athéisme et deviendrait pasteur évangélique. Miracle ! Envoûtement divin ! Alléluia !

> « Son surnom de "Caméléon", Kérékou l'[avait] gagné par sa métamorphose politique frôlant l'opportunisme, mais aussi par l'évolution de sa foi. La traversée du désert qu'il [connut] entre 1991 et 1996 [transforma] l'ancien marxiste-léniniste et athée convaincu en un homme de Dieu, un pasteur évangélique aux lunettes fumées dont il ne se [séparait] jamais en public. »[258]

---

[258] *Ibidem.*

Abandonnant finalement l'église aux archanges et autres saints, après avoir expédié ses péchés par la prédication, Mathieu Kérékou serait élu président de la République du Bénin le 17 mars 1996. Il provoqua ainsi un choc terrible au mental de Nicéphore Soglo qui, à la suite de la dénonciation d'un complot, envoya ses félicitations au vainqueur et s'en alla méditer plus de quatre mois, hors d'Afrique, les raisons des erreurs fatales ayant occasionné sa défaite. Amen ! La messe était dite !

> « Le "retraité" [revint] finalement au pouvoir avec le soutien de la quasi-totalité des opposants au président Soglo, qui se [rallièrent] à sa candidature à la présidentielle. Le général [serait] élu à 52,7 % des voix. »[259]

Après la défaite du Mouvement Africain pour la Démocratie et le Progrès (MADEP)[260] aux élections législatives de mars 1999, remportées de justesse par la Renaissance du Bénin (RB) – le mouvement de l'opposition dirigé par l'ancienne première dame Rosine Soglo –, Mathieu Kérékou serait réélu haut la main en 2001 président de la République avec 84,06 % des voix, devançant ainsi Nicéphore Soglo et Adrien Houngbédji. Mais le « président caméléon » ne pourrait se représenter à la fin de son mandat en 2006, la Constitution ayant limité l'âge à l'accession à la magistrature suprême dont le mandat était limité à deux – règles que Mathieu Kérékou refuserait de changer pour se maintenir au pouvoir et qui prévaudrait à son successeur Thomas Boni Yayi. Ce verrou à double fermeture s'avéra salutaire à la démocratie béninoise. Il faudrait veiller à ce qu'on ne le fasse pas sauter un jour.

Rappelons seulement que, durant son mandat de 1996 à 2006, le président Mathieu Kérékou appliqua *stricto sensu* la séparation des pouvoirs exécutif, parlementaire et judiciaire. La liberté de la presse permit au Bénin de se hisser au deuxième rang sur le plan continental et parmi les meilleurs au niveau mondial. Malheureusement, l'exemple béninois ne serait nullement suivi de certains Chefs d'État, surtout

---

[259] *Ibidem.*

[260] Parti politique proche du président Mathieu Kérékou.

en Afrique centrale et dans la région des Grands Lacs, également au Zimbabwe, qui ne cesseraient de s'ingénier dans le seul but de modifier la Constitution et de ne pas organiser les élections, préférant se maintenir par la force des armes et hypothéquer, égoïstement, l'avenir de leurs peuples et le devenir de leurs pays.

Tour à tour putschiste, marxiste-léniniste, organisateur d'une « Conférence Nationale », rallié aux vertus de la démocratie, évangéliste circonstanciel, le « président caméléon » sut s'adapter aux contextes politiques nationaux et géopolitiques internationaux. Comme quoi, un Kérékou pouvait-il en cacher un autre !

Mathieu Kérékou décéda le 14 octobre 2015 à Cotonou, au Bénin. L'homme fut un politique habile, à en croire le tout-puissant conseiller français aux affaires africaines, Jacques Foccart, qui, en référence à sa capacité à enrayer la tentative de renversement ayant été orchestrée le 16 janvier 1977 par Bob Denard assisté d'un commando de mercenaires en provenance du Maroc, témoignerait que « Kérékou [était] loin d'être un sot ». Un grand hommage rendu par l'un des pires ennemis de l'ancien président béninois, Foccart ayant été cet homme de l'ombre qui avait le plus marqué et façonné, avant l'avènement forcé de Kérékou, l'histoire du Bénin depuis l'indépendance. Le dictateur devenu démocrate ? En tout cas, Mathieu Kérékou connut une fin de vie glorieuse, contrairement à Mobutu Sese Seko, à Jean-Bedel Bokassa et à Idi Amin Dada Oumee.

VII – Quelques révolutionnaires et héros nationaux

Ce chapitre consacré aux révolutionnaires et aux héros nationaux africains, outre les pères des indépendances et les personnages mythiques, ne peut que permettre un aperçu à la fois rétroactif et contemporain à travers une analyse basée sur la mémoire et les actions de quelques Africains vaillants et consciencieux. C'est une manière d'éclairer, plus ou moins, certains pans de l'histoire de l'Afrique subsaharienne. Bien entendu, le choix des personnages s'est fixé surtout sur leurs dimensions régionale, continentale et extra-continentale. Il ne s'agit donc pas, dans ce chapitre, d'une référence exhaustive, mais d'une sélection qualitative et symbolique. Osons espérer que, grâce aux exemples évoqués *hic et nunc*, le parcours glorieux des uns fera oublier les initiatives décadentes des autres, équilibrant ainsi le constat global en vue d'un nouvel élan panafricaniste.

7.1 - Martin-Paul Samba

Martin-Paul Samba naquit vers 1875, sous le nom de Mebenga M'Ebono à Metoutou-Engong[261] près d'Ebolowa, et mourut le 8 août 1914. Il fut un officier militaire, du clan yéméyéma de l'ethnie Boulou du Cameroun, pendant la période coloniale allemande. Il devint un favori des colonies impériales durant son instruction dans l'arrondis-

---

[261] Village du Cameroun, aujourd'hui disparu.

sement de Kribi, un territoire côtier dans le Sud du Cameroun. Il fut envoyé en Europe en 1891, à l'initiative probablement de Kurt Ernest Morgen (devenu von Morgen après 1904), pour entreprendre des études à l'Académie militaire allemande. Lors de son séjour en Allemagne, il adopterait le nom de Samba[262] et serait baptisé Martin-Paul. Après l'obtention du diplôme en 1894, trois ans plus tard, Martin-Paul Samba retourna au Cameroun avec le grade de capitaine (Hauptman). Quelques sources révéleraient que le *Kaiser* Guillaume II lui aurait promis le poste de gouverneur, à la place de l'officier Jesko Albert Eugen von Puttkamer, à son retour au pays natal afin de permettre à l'administration impériale de mater les soulèvements anticolonialistes. Trahi par ses compagnons de voyage, Martin-Paul Samba perdit au cours du trajet toutes les lettres de nomination à ce poste. Ainsi le gouverneur allemand se maintint-il dans ses fonctions. En tout cas, Samba fut affecté dans l'administration coloniale et accompagna les expéditions militaires allemandes à travers toute la colonie.

> « À son retour au Cameroun, se méprenant sur les intentions profondes des Allemands, Samba fit, en combattant intrépide, cause commune avec eux. Il [participa] aux expéditions où, sous prétexte d'exploration, les colonisateurs [affermissaient] leur implantation, au Nord comme au Sud du pays. »[263]

Sous les ordres d'un lieutenant allemand prénommé Dominik, Martin-Paul Samba joua un grand rôle dans la répression de différentes révoltes anticolonialistes de 1894 à 1902, année de sa démission de l'armée impériale.

> « Lors d'un soulèvement de plusieurs tribus, Samba [prit] part comme Officier de l'armée allemande à la pacification du pays. [Ce fut] pendant ce périple [...] qu'il aurait créé, selon une légende, la ville de Nkongsamba qui pourrait signifier "la ville de Samba"

---

[262] Probablement le diminutif du nom de l'un des amis de son père, son tuteur Banoho Issamba, un commerçant batanga influent, habitant de Kribi, qui l'avait accueilli pendant sa scolarité.
[263] In *Martin Samba ; face à la pénétration allemande au Cameroun*, Madeleine Mbono Samba Azan, ABC, 1976, p. 14.

ou "la ville aux 7 collines". Cette découverte du Cameroun [semblerait] s'être accompagnée d'une conscience des souffrances de ses semblables. »[264]

Martin-Paul Samba intégra, après sa démission de l'armée allemande, une entreprise privée qui était située à Ebolowa.

> « Car Samba [quitta] l'armée [...] et s'[installa] à Ebolowa avec la résolution de chasser les Allemands du Cameroun. Avec la collaboration de Duala Manga Bell, chef supérieur Douala, [Wilhelm Madola Dimalè] chef Batanga, Edande Mbita chef du village Adjap à 30 km de Kribi, il [organisa] la révolte. »[265]

Déterminé à mener le combat contre l'administration coloniale, Martin-Paul Samba organisa discrètement un soulèvement contre les Allemands au moment de la déclaration de guerre entre l'Allemagne et la France. Il contacta donc les forces britanniques stationnées au Nigeria et françaises basées au Congo-Brazzaville pour obtenir des armes. Mais la missive qu'il leur adressa fut interceptée par le chef allemand de région nommé Günther von Hagen.

Les éléments des forces allemandes arrêtèrent Martin-Paul Samba, le même jour que Duala Manga Bell, et le condamnèrent pour haute trahison. L'ancien officier fut exécuté le 8 août 1914 à l'âge de quarante ans, à savoir trente-sept jours après son arrestation. Aujourd'hui, de nombreux historiens camerounais considèrent le « guerrier Boulou » comme l'un des premiers héros et l'un des grands nationalistes du Cameroun. Sa mémoire est commémorée par une statue à Ebolowa, ainsi qu'une rue à Yaoundé.

> « Telle [fut], en très raccourci, l'histoire de Martin-Paul Samba. Cet aperçu fait apparaître, dans sa concision, les côtés dramatiques de cette vie, un assez long temps fourvoyée, puis sacrifiée dans la lutte contre le colonisateur. »[266]

---

[264] In *Motus sur Martin Paul Samba*, article écrit par Honorine Ngangue publié en août 2012 sur le site Internet *Villes & Communes*.

[265] *Ibidem*.

[266] In *Martin Samba ; face à la pénétration allemande au Cameroun*, Madeleine Mbono Samba Azan, *op. cit.*, p. 15.

L'acte criminel à l'encontre de Martin-Paul Samba eut lieu la veille de l'éclatement de la Première Guerre mondiale et, curieuse coïncidence, quelques jours après l'assassinat à Paris de Jean Jaurès, ce socialiste français qui était un fervent partisan de la paix.

7.2 - Ruben Um Nyobé

Le parcours militant du Camerounais Ruben Um Nyobé incarna sans conteste la transformation d'une conscience nationale en action. Il témoigna de la popularisation du combat nationaliste dans le contexte d'après-guerre. La formation politique qu'il reçut au sein du Cercle d'études marxistes, l'expérience syndicale, la croyance profonde dans la force du droit international et des Nations Unies, ainsi que l'attachement à la non-violence, furent autant de dimensions étroitement liées aux nouvelles possibilités qu'ouvrait la défaite du nazisme.

> « Ce que nous [voulions] affirmer une fois de plus, c'[était] que nous [étions] contre les colonialistes et leurs hommes de main, qu'ils [fussent] blancs, noirs ou jaunes, et nous [étions] les alliés de tous les partisans du droit des peuples et nations à disposer d'eux-mêmes, sans considération de couleur. »[267]

Ruben Um Nyobé, d'ethnie Bassa, vit le jour en 1913 à Eog Makon, dans un Cameroun sous protectorat allemand. Il fut assassiné par l'armée française le 13 septembre 1958 à Lebelingoï, près de Boumnyébel, dans l'actuel département du Nyong-et-Kellé dans la région du Centre. Les rois Douala avaient en effet signé en 1884, avec les Allemands, un traité dans lequel ils avaient abandonné quelques prérogatives :

> « totalement [leurs] droits concernant la souveraineté, la législation et l'administration de [leur] territoire »[268].

---

[267] In *Religion ou colonialisme ?*, Ruben Um Nyobé, avril 1955.
[268] In *Cameroun, du protectorat vers la démocratie, 1884-1992*, « Annexe 2 » : Traité germano-douala, Pierre Kamé Bouopda, Éditions de L'Harmattan, Paris, 2008, p. 417.

Les frontières du protectorat ainsi définies furent l'objet d'âpres négociations à la conférence de Berlin en 1885. Une série d'accords avec la France et la Grande-Bretagne, lesquels stabilisèrent à partir de 1901 les frontières territoriales, s'ensuivit finalement. Mais la défaite allemande à l'issue de la Première Guerre mondiale mit *de facto* le Cameroun dans une situation juridique nouvelle : celle du condominium, la Grande-Bretagne et la France devant donc exercer une souveraineté conjointe. Effectivement, le président Thomas Woodrow Wilson prononcerait le 8 janvier 1918, au congrès américain, une déclaration détaillant les buts de la guerre des États-Unis, dont le cinquième point sur les quatorze stipulerait que :

> « un arrangement librement débattu, dans un esprit large et absolument impartial, de toutes les revendications coloniales, basé sur la stricte observation du principe que, dans le règlement de ces questions de souveraineté, les intérêts des populations en jeu [pèseraient] d'un même poids que les revendications équitables du gouvernement dont le titre [serait] à définir »[269].

Ce que Ruben Um Nyobé résumerait ainsi lorsque, quelques décennies plus tard, il défendrait à la tribune des Nations Unies la cause de l'indépendance du Cameroun, en expliquant que :

> « au moment où se [terminait] la guerre de 1914-1918, le Cameroun ne se [trouvait] lié ni par un acte de colonisation antérieur ni par un acte de "protectorat", l'accord conclu avec les Allemands ayant expiré en 1913. Ainsi donc, juridiquement, le Cameroun [était] un pays libre à la fin de la Première Guerre mondiale. »[270]

Plus précisément, en cohérence avec sa déclaration et en opposition avec les ambitions annexionnistes des Britanniques et des Français, le président américain Thomas Woodrow Wilson soutiendrait le principe d'une internationalisation, sous la forme d'un mandat de la

---

[269] In *L'armistice de Rethondes*, Pierre Renouvin, Gallimard, Paris, 1968, p. 357.
[270] Observations devant la quatrième commission de l'ONU, 17 décembre 1952, in *Ruben Um Nyobé, le problème national kamerunais*, présenté par Achille Mbembe, Éditions L'Harmattan, Paris, 1984, p. 186.

Société des Nations, des anciennes colonies allemandes. L'administration des territoires sous mandat serait donc confiée aux puissances coloniales faisant de l'internationalisation « un camouflage de la colonisation pure et simple »[271].

Il fallait donc réviser les accords ayant mis le Cameroun sous tutelle, sans l'assentiment des intéressés. Pour Abel Eyinga,

> « après avoir été placé sous le système de tutelle du mandat par la volonté des Anglo-français et de la Société des Nations, le Cameroun [était] devenu, dans le cadre des Nations Unies, un pays sous tutelle administré en vertu d'un accord intervenu le 13 décembre 1946 entre les Anglo-français et l'Organisation des Nations Unies. À aucun moment les Camerounais n'[avaient] été associés, de près ou de loin, à l'élaboration de cette convention qui disposait d'eux. »[272]

Le secrétaire général de l'Union des populations camerounaises (UPC), Ruben Um Nyobé, fit d'ailleurs judicieusement allusion à cette anomalie, lors de son discours prononcé le 29 septembre 1952 aux Nations Unies.

> « Pour le Cameroun, les grands responsables de la situation [étaient] [Louis-Paul] Aujoulat et [Duala] Manga Bell. Les deux hommes, l'un député des colons du Cameroun, l'autre élu des autochtones, furent envoyés à l'ONU par le Gouvernement français. Le peuple camerounais n'avait mandaté aucun d'eux pour discuter des accords de tutelle. Mais [Louis-Paul] Aujoulat devait déclarer dans son exposé devant l'Assemblée Générale des Nations Unies que les accords de tutelle avaient été discutés en réunion publique et approuvés par les autochtones ; que c'[était] pour cette raison que ladite population autochtone avait élu [Duala] Manga Bell pour aller soutenir les projets d'accords devant l'ONU. »[273]

Ainsi Ruben Um Nyobé défendit-il avec beaucoup de conviction, en tant que secrétaire général de l'UPC, le progrès social et écono-

---

[271] *Ibidem*, p. 188.

[272] In *L'U.P.C., une révolution manquée ?*, Abel Eyinga, Éditions Chaka, Paris, 1991, p. 48.

[273] *Ibidem*, p. 49.

mique, l'indépendance pleine et entière, et la réunification des Cameroun britannique et français. De 1948 à 1958, il réaffirma ces trois principes sur toutes les tribunes et dans tous les journaux. Il dénonça le sort misérable réservé aux « indigènes », les manœuvres des milieux colonialistes, ainsi que la bassesse et la corruption de ceux de ses compatriotes qui préférèrent faire le jeu de l'adversaire plutôt que de s'engager dans la lutte pour la souveraineté nationale et la justice sociale. Ainsi suscita-t-il un élan national sans précédent au Cameroun. En fait, Ruben Um Nyobé concevait la réunification de son pays indépendamment de l'indépendance. De plus, l'unification étant un prérequis à l'indépendance, elle devait se produire en amont de celle-ci. Il déclara dans un discours devant la Commission de tutelle de l'Assemblée générale des Nations Unies au mois de décembre 1952, que :

> « il [était] question de demander à l'organisation des Nations Unies de trouver de véritables solutions qui [permettraient] aux Camerounais d'accéder à leur indépendance dans un avenir raisonnable, c'est-à-dire le plus proche possible. Et [les Camerounais étaient] modérés dans[leur] action. [Les Camerounais] ne [demandaient] pas d'indépendance immédiate. [Les Camerounais demandaient] l'unification immédiate de [leur] pays et la fixation d'un délai pour l'indépendance ».

Ancien secrétaire général de l'Union des syndicats de la Sanaga maritime, Ruben Um Nyobé fut aussi chef syndicaliste de l'Union des syndicats confédérés du Cameroun (USCC) que le directeur d'école, le Français Gaston Donnat, soutenu par ses amis parmi lesquels figurait son camarade communiste Maurice Méric, avait créé à Douala en avril 1946. Um Nyobé avait occupé ce poste jusqu'au 10 avril 1947, date de son départ du Territoire. Dans ses mémoires, l'ancienne militante Marie-Irène Ngapeth Biyong parla de Ruben Um Nyobé comme d'un propagandiste hors pair :

> « Calme et plein de dynamisme, ce jeune militant syndicaliste, Ruben Um Nyobé [...], [s'attelait] à l'organisation méthodique des travailleurs. Il les [regroupa] par secteurs d'activité. Très tôt, il [gagna] la

confiance d'un grand nombre de travailleurs et [...] la CGT [s'implanta] profondément dans tous les secteurs et particulièrement dans le secteur dominant de la paysannerie qui [représentait] les 95 % de la population active camerounaise. »[274]

Deux mois avant les émeutes survenues en mai 1955, Ruben Um Nyobé gagna le maquis et refusa de se présenter au tribunal le jour de l'audience de l'« affaire Bernard de Gélis contre Um ». Depuis le maquis, il créa, le 2 décembre 1956, au cours d'une réunion de responsables de l'UPC, une armée dénommée Comité national d'organisation (CNO), dont le chef militaire serait l'ancien combattant de la Seconde Guerre mondiale Isaac Nyobé Pandjok. On lui prêta aussi la création du Secrétariat administratif et Bureau de liaison (SABL), une sorte d'état-major civil au service du Secrétaire général.

> « Mais, pour survivre dans un milieu dont l'Administration entretenait l'insécurité, il fallait non seulement défendre sa tête contre les "dikokôn", les chasseurs de primes et autres délateurs de service, mais aussi continuer d'occuper les militants et les sympathisants, même s'il n'était toujours pas possible de s'assurer que les consignes étaient, à chaque fois, correctement exécutées. »[275]

En outre, Um Nyobé entreprit également la mise en place d'une administration, parallèle à l'administration coloniale, qui établirait des actes officiels tels que les actes de naissance, les actes de mariage, les cartes d'identité « kamerunaises », les titres fonciers, etc. Le 28 décembre 1955, du fond de son maquis, dans le cadre de l'Année de l'Unité Nationale pour l'avènement d'un État indépendant et souverain, Ruben Um Nyobé expliqua que :

> « il [était] donc clair que sans l'UPC, [le peuple kamerunais] serait resté dans la complète ignorance de son statut et par cela même de son avenir. Sans l'UPC, le problème kamerunais n'aurait jamais été soulevé devant les Nations Unies. Sans l'UPC, le peuple kamerunais n'aurait jamais acquis la maturité politique qui [permettait]

---

[274] In *Cameroun : combats pour l'indépendance*, Marie-Irène Ngapeth Biyong, Éditions L'Harmattan, 2009, p. 55.

[275] In *L'U.P.C., une révolution manquée ?*, Abel Eyinga, *op. cit.*, p. 93.

de lutter efficacement [...] pour l'Unité et l'Indépendance immédiate de son pays »[276].

L'assassinat de Ruben Um Nyobé, survenu le 13 décembre 1958 dans les forêts de Boumnyébel en pays Bassa,

> « fut un acte programmé, décidé en haut lieu par le Premier ministre camerounais et approuvé par l'autorité de tutelle, qui aurait pu l'empêcher. Cet acte [avait] réjoui et enrichi des chasseurs de primes des environs, en même temps qu'il [avait] arrangé les affaires de certains politiciens véreux. Mais si la disparition brutale de [Ruben] Um Nyobé [avait] fait danser de joie le clan de l'indicateur [Luc] Makon ma Bikat à Makaï, elle [avait] au contraire endeuillé profondément les étudiants camerounais en France, et finalement l'ensemble des étudiants africains en France et dans le monde. »[277]

Pour Charles Okala, alors ministre du gouvernement du président Ahmadou Ahidjo, avant de prendre la décision d'éliminer physiquement Ruben Um Nyobé,

> « le Premier ministre avait consulté trois ministres de son équipe : lui-même Okala, [Charles] Asa'ale et un troisième personnage dont il n'[avait] pas voulu dévoiler l'identité. Ceci se [passa] sur les bords de la Sanaga, à Nachtigal. »[278]

Ruben Um Nyobé fut indéniablement la figure de proue de la lutte pour l'indépendance du Cameroun, avec ses compagnons Félix-Roland Moumié, assassiné à Genève en 1960 par les services secrets français, et Ernest Ouandié, fusillé le 15 janvier 1971 à Bafoussam par l'armée camerounaise sous l'assistance de l'armée française pendant la présidence d'Ahmadou Ahidjo. Le 22 juin 2007, un monument à la mémoire d'Um Nyobé fut érigé au carrefour Abbé Nicolas Ntamack à Eséka. Ce monument, réalisé par Jacques Mpeck Tedga, représente le héros national à l'arrivée à la gare d'Eséka en 1952 à son retour d'un sommet des Nations Unies.

---

[276] *Ibidem*, p. 43.

[277] *Ibidem*, p. 97.

[278] *Ibidem*, p. 98.

7.3 - Nelson Mandela

Nelson Rolihlahla Mandela, « Madiba » de son nom tribal, naquit le 18 juillet 1918 à Mvezo, dans la province du Cap en Afrique du Sud et mourut le 5 décembre 2013 à Johannesbourg dans le Gauteng. Il fut un homme d'État sud-africain, l'un des dirigeants historiques de la lutte contre le système politique institutionnel de ségrégation raciale, c'est-à-dire l'apartheid, avant de devenir président de la République d'Afrique du Sud de 1994 à 1999 à la suite des premières élections nationales non ségrégationnistes de l'histoire du pays.

Nelson Mandela adhéra au *Congrès national africain* (ANC) en 1943, dirigé à l'époque par Alfred Bitini Xuma, afin de lutter à la fois contre la domination politique de la minorité blanche et la ségrégation raciale instaurée par le gouvernement sud-africain. Rappelons d'emblée que, en 1945, Alfred Xuma annonça pour la première fois l'exigence du suffrage universel non racial, « one man one vote », dans les revendications de l'ANC. Il s'était agi d'une évolution majeure, d'autant plus que l'exigence communautaire du parti passa de la simple lutte contre les discriminations raciales à une lutte plus large pour la prise du pouvoir politique. Alfred Xuma devait néanmoins tenir compte de l'influence croissante de la toute récente et radicale Ligue de jeunesse de l'ANC – conduite par Anton Lembede, Walter Max Ulyate Sisulu et Oliver Reginald Tambo – qui incita aux actions de masse afin de lutter contre la domination politique de la minorité blanche et contre la ségrégation raciale, dont les dispositifs légaux étaient alors en cours d'uniformisation sur l'ensemble des quatre provinces sud-africaines. Dans cette optique, la Ligue de jeunesse de l'ANC fit écarter Alfred Bitini Xuma en 1948, jugé trop modéré, pour imposer James Moroka. Ce dernier prépara une grande campagne de défiance contre le pourvoir de Pretoria.

Président de l'ANC du Transvaal et vice-président national en 1952, Nelson Mandela entraîna l'ANC à engager la campagne de désobéissance civile contre les lois considérées injustes, opération qui aboutit évidemment à une manifestation le 6 avril 1952, date du trois-centième anniversaire de la fondation du Cap et de la première installation des Blancs en Afrique du Sud. Sur les dix mille manifestants, huit mille cinq cents furent arrêtés, y compris Nelson Mandela. La sensibilisation se poursuivit en octobre avec des manifestations contre les lois ségrégationnistes et contre le port obligatoire du laissez-passer pour les Noirs. Le gouvernement de Daniel François Malan modifia alors la législation sur la sécurité publique afin d'autoriser le pouvoir à suspendre beaucoup plus facilement les libertés individuelles, à proclamer l'état d'urgence et à gouverner par décrets.

Nelson Mandela fut condamné à neuf mois de prison avec sursis, se vit interdire toute réunion et fut placé en résidence surveillée à Johannesbourg. Profitant de cette situation, il organisa l'ANC en plusieurs cellules clandestines. Cette stratégie de résistance passive, qui prit fin en avril 1953, permit à l'ANC de gagner en crédibilité et de prospérer, passant de sept mille à dix mille adhérents. Son option non raciale permit à cette structure, à l'exception des métis qui restèrent circonspects, de s'ouvrir aux Indiens et aux communistes blancs. James Moroka tenta finalement de plaider la conciliation avec le gouvernement, mais il fut tout de suite renversé par la Ligue des jeunes du parti qui imposa alors Albert John Lutuli à la tête de l'ANC.

En 1955 eut lieu le congrès du peuple qui adopta la « Charte de la liberté », fixant ainsi les bases fondamentales du mouvement anti-apartheid. Pendant cette période, le cabinet d'avocats *Mandela & Tambo*, que dirigeaient Nelson Mandela et Oliver Reginald Tambo fournissait un conseil juridique gratuit, ou à bas coût, aux nombreux Noirs qui ne pouvaient payer les frais d'avocats. Nelson Mandela assouplit son anticommunisme chrétien pour demander l'union entre les nationalistes noirs et les Blancs du Parti communiste sud-africain dans le combat contre l'apartheid, la *Suppression Communist Act*[279] du gouvernement ayant contraint tous les courants qui allaient du nationalisme au révolutionnarisme à s'unir. Alors qu'ils étaient engagés dans une résistance pacifique, Nelson Mandela et cent cinquante-six autres militants furent arrêtés et accusés de trahison le 5 décembre 1956. S'ensuivit donc un procès marathon qui dura de 1957 à 1961. Cela permit à tous les prévenus, aidés notamment par des fonds inter-

---

[279] Le *Suppréssion Communist Act* considérait comme communiste quiconque cherchait à provoquer un changement politique, industriel, économique ou social par des moyens illégaux.

nationaux, d'exploiter les moindres imprécisions de la législation. Les accusés seraient relâchés au compte-gouttes, puis finalement acquittés par la justice sud-africaine.

En tant qu'avocat, Nelson Mandela participa à la lutte non-violente contre les lois de l'apartheid, mises en place par le gouvernement du Parti national à partir de 1948. L'ANC étant interdit en 1960 et la lutte pacifique ne donna pas de résultats tangibles. Ce fut donc dans cette circonstance que, au moment où Albert John Lutuli reçut le Prix Nobel de la paix, Nelson Mandela et Joe Slovo fondèrent en 1961 au sein du parti une branche militaire, *Umkhonto we Sizwe* (MK). Mandela en prit la direction. Celle-ci orchestra une campagne de sabotage contre des installations publiques et militaires. Elle lança avec succès une grève générale pendant laquelle les grévistes restaient à leur domicile, obligeant le gouvernement à faire intervenir la police et l'armée. Pendant cette période, Nelson Mandela écrivit et signa un plan d'évolution graduelle à la lutte armée. Il coordonna des campagnes de sabotage contre des cibles symboliques, prépara des plans pour une possible guérilla si les sabotages ne suffisaient pas à venir à bout de l'apartheid. Il envisagea surtout le passage à la lutte armée comme un dernier recours – l'augmentation de la répression, les violences policières et les actes de l'État l'ayant convaincu que des années de lutte non violente contre l'apartheid n'avaient apporté aucune avancée. Un membre de l'ANC, Wolfie Kadesh, expliqua la campagne de sabotage à la bombe orchestrée par Mandela:

> « [...] faire exploser des lieux symboliques de l'apartheid, comme des bureaux du passeport interne, la Cour de Justice pour natifs, et des choses comme ça... Des bureaux de poste et... des bureaux du gouvernement. Mais nous devions le faire d'une façon telle que personne ne fût ni blessé ni tué. »[280]

Nelson Mandela collecta aussi des fonds à l'étranger pour le MK, dont il organisa l'entraînement paramilitaire. Il suivit ensuite une formation militaire, en Algérie nouvellement indépendante, étudia Carl

---

[280] In *Tell me about the bomb at the brickworks* (Parlez-moi de la bombe à la brique...) – *Front the Walk of Nelson Mandela*.

von Clausewitz, Mao Zedong, Ernesto Che Guevara et les spécialistes de la Seconde Guerre mondiale. Cette intense activité militante pousserait les États-Unis et le Royaume-Uni à considérer désormais l'ANC comme une organisation terroriste. Le Premier ministre britannique, Margaret Hilda Thatcher, déclarerait à propos d'un concert organisé en 1987 que :

> « l'ANC [était] une organisation terroriste typique… Quiconque [pensait] qu'elle [allait] gouverner en Afrique du Sud n'[avait] pas les pieds sur terre. »

Quelques déclarations de certains parlementaires conservateurs, en Grande-Bretagne, abonderaient également dans ce sens ; ainsi Terry Dicks se demanda :

> « combien de temps encore le Premier ministre[laisserait-il] un terroriste noir lui cracher au visage ? »

Dans les années 1980, le député conservateur britannique Teddy Taylor ne se gênerait pas de dire, haut et fort, que l'« on devrait descendre Nelson Mandela ! ».

Arrêté le 5 août 1962 par la police sud-africaine sur indication de la *Central Intelligence Agency* (CIA)[281], après dix-sept mois de clandestinité, Nelson Mandela fut emprisonné au fort de Johannesbourg. Au cours du procès de Rivonia, dans une déclaration reproduite intégralement dans le *Rand Daily Mail*, le grand quotidien progressiste anglophone de Johannesbourg, il s'exprima ainsi :

> « Toute ma vie je me suis consacré à la lutte pour le peuple africain. J'ai combattu contre la domination blanche et j'ai combattu contre la domination noire. J'ai chéri l'idéal d'une société libre et démocratique dans laquelle toutes les personnes vivraient ensemble en harmonie et avec les mêmes opportunités. C'est un idéal pour lequel j'espère vivre et agir. Mais, si besoin est, c'est un idéal pour lequel je suis prêt à mourir. »

---

[281] En échange de la libération de l'un des agents américains infiltrés, détenu à l'époque par la police sud-africaine.

Nelson Mandela serait condamné le 11 juin 1964 à la prison et aux travaux forcés à perpétuité lors du procès de Rivonia. Dès lors, il devint un symbole de la lutte pour l'égalité raciale et bénéficia d'un soutien international de plus en plus croissant. Le Conseil de sécurité des Nations Unies condamnerait le procès de Rivonia et s'engagerait en faveur de la recommandation de sanctions internationales contre l'Afrique du Sud. Sa résolution 181 du mois d'août 1963 condamnerait l'apartheid et demanderait à tous les États d'arrêter volontairement leurs ventes d'armes à l'Afrique du Sud. Mais cette décision ne serait jamais contraignante avant la résolution 418 du 4 novembre 1977, imposant un embargo sur les ventes d'armes. Une pétition internationale recueillerait les signatures de 143 personnalités, appelant la communauté internationale à dénoncer non seulement les arrestations mais aussi les lois relatives à l'apartheid.

Après vingt-sept années d'emprisonnement dans des conditions extrêmement dures, et après avoir refusé d'être libéré pour rester en cohérence avec ses convictions, Nelson Mandela, le prisonnier portant le matricule 46664, fut relâché le 11 février 1990. S'inspirant alors de la pensée *ubuntu*[282] dans laquelle il était élevé, il soutint la réconciliation et la négociation avec le gouvernement du président Frederik de Klerk. En 1993, il reçut d'ailleurs avec ce dernier le Prix Nobel de la paix pour avoir réussi à mettre fin, conjointement et pacifiquement, au régime de l'apartheid et jeté les bases d'une nouvelle Afrique du Sud démocratique.

À la suite d'une transition difficile pendant laquelle Frederik de Klerk et Nelson Mandela évitèrent une guerre civile entre les partisans de l'apartheid, ceux de l'ANC et de l'Inkhata à dominante zouloue de Mangosuthu Gatsha Buthelezi, des élections multiraciales eurent lieu. L'ANC les remportèrent, et Nelson Mandela devint le premier président noir d'Afrique du Sud en 1994. Il initia une politique de réconciliation nationale entre Noirs et Blancs ; il lutta contre les inégalités économiques, mais négligea le combat contre le sida, en pleine expansion en Afrique du Sud. Après un unique mandat, il

---

[282] La philosophie africaine « ubuntu » est une condamnation radicale de l'égoïsme, du carriérisme, du narcissisme et de toute forme d'individualisme plus ou moins prononcé – les gens étant ce qu'ils sont grâce à ce que les autres sont.

se retira de la vie politique active, mais continua à soutenir publiquement le Congrès national africain tout en condamnant ses dérives. Impliqué par la suite dans plusieurs associations de lutte contre la pauvreté ou le sida, élevé au rang de patrimoine commun de l'Humanité, Nelson Mandela demeura une personnalité mondialement reconnue sur le plan de la défense des droits de l'Homme.

Le président de la République sud-africaine, Jacob Gedleyihlekisa Zuma, annonça lors d'une allocution solennelle télévisée le décès de Nelson Rolihlahla Mandela survenu à Johannesbourg le 5 décembre 2013. Le chef d'État précisa que Mandela était mort « paisiblement » dans sa maison, entouré des siens. Ainsi décréta-t-il l'organisation des funérailles nationales, demanda la mise en berne des drapeaux sud-africains dès le 5 décembre jusqu'à l'inhumation du corps. L'émotion fut vive dans l'ensemble de la communauté internationale et de nombreuses personnalités, dont le secrétaire général des Nations Unies Ban Ki-moon et le président américain Barack Hussein Obama, le président français François Hollande et son prédécesseur Nicolas Sarkozy, rendirent hommage de façon unanime à Mandela pour les combats menés tout au long de sa vie.

Dans l'article intitulé *Le couple Sarkozy rencontre Nelson Mandela*, paru dans *Le Figaro* en février 2008, l'ancien président de la République française, Nicolas Sarkozy, avait rappelé que :

> « Nelson Mandela [représentait] un espoir pour l'humanité. C'[était] un homme qui [était] responsable de la réussite exceptionnelle de l'Afrique du Sud, de cette coexistence multi-ethnique. C'[était] un symbole pour beaucoup [de monde]. »

Nelson Mandela est désormais considéré comme le père d'une Afrique du Sud multiraciale et pleinement démocratique, qualifiée de « nation arc-en-ciel », même si le pays reste confronté à de graves problèmes d'inégalités économiques, de tensions sociales et de replis communautaires.

7.4 - Amílcar Cabral

Amílcar Lopes da Costa Cabral, vit le jour le 12 septembre 1924 à Bafatá en Guinée portugaise, actuellement Guinée-Bissau, et fut assassiné le 20 janvier 1972 à Conakry en Guinée. Abel : de son pseudonyme, il fut un homme politique de Guinée-Bissau et des Îles du Cap-Vert. Amílcar Cabral fonda le Parti africain pour l'indépendance de Guinée et du Cap-Vert (PAIGC) en 1956 à Bissau avec Luíz Cabral, son demi-frère qui deviendrait plus tard président de la République de Guinée-Bissau, Aristides Pereira qui présiderait la République du Cap-Vert, Abilio Duarte qui serait ministre et président de l'Assemblée nationale du Cap-Vert, et Élisée Turpin qui fut employé à la Nouvelle Société Commerciale. Déterminé à combattre la puissance colonisatrice, Amílcar Cabral déclarerait dans un discours intitulé *L'arme de la théorie*, prononcé à la Conférence Tricontinentale de La Havane en 1966, ceci :

> « les colonialistes ont l'habitude de dire qu'eux, ils nous ont fait rentrer dans l'histoire. Nous démontrerons aujourd'hui que non : ils nous ont fait sortir de l'histoire, de notre propre histoire, pour les suivre dans leur train, à la dernière place, dans le train de leur histoire. »

Les actions militantes de cette organisation politique, celle-ci étant encore clandestine, provoqueraient l'indépendance de ces deux anciennes colonies portugaises.

> « [Amílcar] Cabral avait compris que les paramètres fondamentaux de la lutte de libération nationale étaient d'ordre politique et qu'il n'y aurait de victoire que si les mouvements de libération pouvaient formuler d'abord des positions politiques, qui justifieraient ensuite l'action militaire. Cabral [avait] développé l'idée selon laquelle la lutte de libération était un acte de culture. Il [avait] propulsé le PAIGC dans une série d'innovations qui [avaient] fait la gloire de sa lutte pour l'indépendance et qui lui [avaient] valu d'être reconnu comme un élément central dans la chute du régime fasciste au Portugal, en avril 1974. Mais Cabral n'était plus en vie à l'indépendance de la Guinée-Bissau, proclamée en septembre 1973, ni lors de la Révolution des œillets, survenue au Portugal un an plus tard,

qui [avaient] ouvert la voie à l'indépendance de toutes les colonies portugaises restantes. »[283]

Dans cette optique, Amílcar Cabral analysa le rôle ambivalent joué par la bourgeoisie, qui était à la fois « agent du colonialisme et agent de la révolution ». Pour le dirigeant du PAIGC, les membres de cette petite bourgeoisie devaient plutôt :

> « être [capables] de se suicider comme classe pour renaître comme travailleurs révolutionnaires, entièrement [identifiés] aux aspirations les plus profondes du peuple auquel [ils appartenaient] ».

Après avoir cherché sans aucun succès une issue pacifique au statut colonial de la Guinée-Bissau et des îles du Cap-Vert, le PAIGC privilégia en 1963 la lutte armée. Ainsi affronta-t-il les forces armées portugaises sur plusieurs fronts à partir des territoires voisins : la Guinée-Conakry et la Casamance au Sénégal. Il parvint peu à peu à contrôler le Sud du pays,

> « les forces portugaises étant presque exclusivement cantonnées dans le district de Bissau et dans quelques camps que [desservaient] des hélicoptères et des vedettes armées »[284].

Le PAIGC mit donc en place de nouvelles structures politico-administratives dans les régions déjà libérées. Pour justifier ces incursions et attaques à partir des pays frères, Amílcar Cabral déclara :

> « personne ne peut douter, parmi notre peuple, comme chez tout autre peuple africain, que cette guerre de libération nationale dans laquelle nous sommes engagés n'appartient à l'Afrique tout entière. »[285]

Parallèlement à la lutte armée, Amílcar Cabral déploya une très intense activité diplomatique pour faire connaître son mouvement et

---

[283] In *Amílcar Cabral : une source d'inspiration contemporaine*, Carlos Lopes, article paru en juin 2013 sur le site Internet eteadexception.net.
[284] In *Situation de l'Afrique portugaise*, Virgílio de Lemos.
[285] Extrait du texte *Détruire l'économie de l'ennemi et construire notre propre économie*.

en légitimer l'action auprès de la communauté internationale. Le 1ᵉʳ janvier 1970, il fut reçu en audience par le pape Paul VI, en compagnie de deux autres leaders indépendantistes des colonies portugaises : en l'occurrence l'Angolais Agostinho Neto et le Mozambicain Marcelino dos Santos. En 1972, les Nations Unies considérèrent le PAIGC comme un « véritable et légitime représentant des peuples de la Guinée et du Cap-Vert ».

Amílcar Cabral fut assassiné le 20 janvier 1972 à Conakry par des membres de la branche militaire du PAIGC, en relation étroite avec des agents des autorités portugaises, six mois seulement avant l'indépendance de la Guinée-Bissau. Le président guinéen Ahmed Sékou Touré serait même mis en cause, en 1973, dans la mort de l'un des fondateurs du PAIGC. En outre, les personnes averties savaient déjà qu'un projet de Grande Guinée existait et avait été débattu entre Bissau et Conakry, qui se sentaient proches idéologiquement, grâce au socialisme, et sociologiquement. Ce projet avait été vigoureusement combattu par les Cap-Verdiens puisqu'il promettait la suprématie des Noirs sur les mulâtres. Ahmed Sékou Touré, dénonçant la mainmise des Cap-Verdiens sur les structures dirigeantes de la Guinée-Bissau, détruisit pourtant toutes les pièces à conviction et se contenta d'accuser les Portugais. Ces derniers avaient effectivement lancé une attaque sur la ville de Conakry en 1970, par le biais de l'opération « Mar Verde », dans le triple but de délivrer des prisonniers de guerre portugais, de renverser le régime de Sékou Touré et de détruire les bases du PAIGC. Selon le diplomate français André Lewin,

> « le 26 mars 1968, un Antonov-14 d'Air Guinée [s'était posé] en catastrophe à Bissau ; cinq personnes de la suite présidentielle qui accompagnait le président malien Modibo Keïta à Labé pour une réunion de l'OERS[286] et qui se trouvaient à bord, [avaient été] autorisées par les Portugais à rejoindre Conakry (certains s'[étaient étonnés] du trajet peu rationnel qu'avait emprunté l'avion). Mais en échange de l'appareil et des deux membres d'équipage, Lisbonne [avait demandé] à Conakry que soient libérés plusieurs militaires portugais faits prisonniers par le PAIGC et détenus en territoire guinéen. Sékou Touré aurait hésité à faire pression sur Amílcar Cabral pour une telle

---

[286] L'Organisation des États riverains du fleuve Sénégal.

transaction, mais fini par s'y résoudre ; les soldats libérés [avait été] remis à la Croix Rouge Internationale le 19 décembre 1968. »[287]

Cette opération, commanditée par le gouverneur portugais de Bissau et articulée par le capitaine Alpoim Calvão, avait été la première tentative d'élimination physique d'Amílcar Cabral. Elle s'était soldée par un vrai échec.

Amílcar Cabral avait donc atteint deux objectifs, considérés comme une double victoire : l'élection d'une Assemblée nationale populaire de Guinée-Bissau et, en novembre 1972, le vote d'une résolution du Conseil de sécurité des Nations Unies ayant exigé du Portugal de mettre définitivement un terme à la guerre coloniale. Mais Amílcar Cabral ne savourerait jamais l'indépendance de la Guinée-Bissau, survenue le 24 septembre 1974, ni celle du Cap-Vert, arrachée le 5 juillet 1975, cause pour laquelle il avait combattu pendant plus de vingt ans. Toutefois, avait conclu à juste titre l'éditorialiste Paul Yange dans un article consacré à Amílcar Cabral paru dans le site Internet grioo.com,

> « par son action, il est entré dans l'histoire par la plus grande porte, comme un digne fils de l'Afrique et de ses plus grands révolutionnaires ».

7.5 - Patrice Lumumba

Patrice Émery Lumumba, de son véritable nom Isaïe Tasumbu Tawosa, naquit le 2 juillet 1925 dans le village d'Onalua dans la province du Kasaï, territoire de Katakokombe dans le Sankuru, dans l'ancienne colonie belge, de nos jours la République Démocratique du Congo. En 1956, il fut président de l'Association des évolués de Stanleyville, actuellement Kisangani, à l'époque où le gouvernement belge prit quelques mesures de libéralisation : syndicats et partis politiques devant être autorisés en vue des élections municipales qui se dérouleraient en 1957. Entre-temps, le nouveau ministre belge en charge de

---

[287] In *Ahmed Sékou Touré (1922-1984). Président de la Guinée de 1958 à 1984*, André Lewin, 8 vols, Éditions L'Harmattan, 2010, Paris.

la politique coloniale, le libéral Auguste Buisseret, voulut faire évoluer le Congo – pour des raisons plus électoralistes qu'idéologiques – et, notamment, développer un enseignement public.

> « L'Église, de son côté, en partie par souci tactique (pour annuler les effets de la politique socialo-libérale), mais en partie également par conviction (ayant, longtemps avant l'État, opéré l'africanisation de ses cadres), proposerait des solutions encore plus hardies, quoiqu'à longue échéance. Profitant de ces premières divergences, ouvertement avouées, quelques évolués congolais, les uns patronnés par l'Église, les autres par le gouvernement, s'enhardirent peu à peu et revendiquèrent des aménagements à leur statut. »[288]

Dans ce contexte et en vue des scrutins à venir, les partis politiques congolais devant être parrainés par les structures similaires de Belgique, Patrice Lumumba, pro belge par ses discours et ses rapports avec les libéraux, s'inscrivit au *Cercle libéral*. Dans une lettre-circulaire adressée aux évolués de Stanleyville, il affirma que :

> « tous les Belges qui [s'attachaient aux] intérêts [des Congolais avaient] droit à [leur] reconnaissance… [Les Congolais n'avaient] pas le droit de saper le travail des continuateurs de l'œuvre géniale de Léopold II. »[289]

En 1958, à l'occasion de l'*Exposition universelle* de Bruxelles, des Congolais furent invités en Belgique. Patrice Lumumba était de ceux-là. Mécontent de l'image paternaliste et peu flatteuse du peuple congolais présentée par l'exposition, il se désolidarisa des libéraux et, avec quelques compagnons politiques, noua des contacts avec les cercles anti-colonialistes de Bruxelles.

> « L'*Exposition universelle* de Bruxelles [donnerait] l'occasion à la plupart des futurs leaders du Congo de se rendre en Belgique et se rencontrer, parfois pour la première fois. Des centaines de Congolais

---

[288] In *Perspectives de la décolonisation : les deux versants de l'histoire*, Guy de Bosschère, *op. cit.*, p. 187.

[289] In *La passion de Lumumba*, article de Jean-François Bastin paru en juin 2010 dans la revue belge *Politique*.

[prendraient] ainsi contact et collectivement conscience de leurs préoccupations communes. Les partis politiques belges [tenteraient] de les approcher et même de les annexer, mais sans grand succès. Toutefois, leur passage en Belgique [coïnciderait] avec la création à Bruxelles, par des jeunes militants anticolonialistes sincères, d'origine chrétienne et marxiste, membres pour la plupart des *Groupes Esprit*, d'une association nommée *Les Amis de Présence Africaine*, par référence à la revue culturelle du monde noir. Cette association qui [disposerait] d'une librairie et d'une tribune de conférence [serait], durant deux ans, le lieu d'accueil de tous les représentants du futur personnel politique du Congo qui [viendraient] y exposer leur programme et discuter *librement* de toutes les questions cruciales du Congo, en présence d'un public belge sympathisant. »[290]

Dès sa présence au Congo, Patrice Lumumba créa sans tarder le 5 octobre 1958 à Léopoldville, l'actuelle ville de Kinshasa, le Mouvement national congolais (MNC). À ce titre, il participa à la conférence panafricaine d'Accra[291]. De retour dans son pays en provenance du Ghana, lors d'une réunion consacrée au compte rendu du voyage d'Accra, il revendiqua l'indépendance.

> « Lumumba, si longtemps abusé par le système colonial, [devint] un excellent analyste des rapports de forces politiques. Après avoir phagocyté le MNC, il [piqua] à Kasa Vubu le thème de l'indépendance immédiate et il ne le [lâcherait] plus. »[292]

L'incertitude régnant au Congo-Léopoldville incita les autorités belges à organiser en urgence quelques réunions avec les indépendantistes. Une « table ronde » réunissant les principaux représentants de l'opinion congolaise se déroula à Bruxelles, et Patrice Lumumba, à la demande expresse du dirigeant de l'ABAKO Joseph Kasa Vubu, fut libéré le 26 janvier 1960 en toute hâte de la prison de Stanleyville, où il purgeait une peine de six mois, pour y participer. Alors qu'il espérait profiter des tendances contradictoires, voire rivales d'un ensemble

---

[290] In *Perspectives de la décolonisation : les deux versants de l'histoire*, Guy de Bosschère, *op. cit.*, p. 189.

[291] Voir plus haut, le volet consacré à Kwame Nkrumah.

[292] In *La passion de Lumumba, op. cit.*

hétéroclite, le gouvernement belge se trouva confronté à un « front commun » des représentants congolais et, à la surprise de ces derniers, accorda immédiatement et « dans la plus totale improvisation » l'indépendance au Congo qui surviendrait six mois plus tard.

Des élections générales, les premières dans l'histoire du Congo encore belge, eurent lieu en mai 1960, consacrant le triomphe sur le plan national de Patrice Lumumba et de Joseph Kasa Vubu, ce dernier ayant raflé la mise surtout dans la région du Kongo central qui englobait à l'époque la ville de Léopoldville et le Bandundu. Le leader de l'ABAKO prêta serment, comme président de la République Démocratique du Congo, et avalisa aussitôt la nomination de Patrice Émery Lumumba comme Premier ministre, ainsi que l'avait prescrit la nouvelle Constitution qui attribua ce poste au candidat du parti politique ayant remporté le plus de voix : en l'occurrence le MNC.

Le patriotisme et la fluctuante attitude anti-Belge de Patrice Émery Lumumba se confirmèrent encore plus dans son discours prononcé le 30 juin 1960, à l'occasion des cérémonies de la proclamation de l'indépendance du Congo, en présence du roi Baudouin Ier de Belgique.

« À vous tous, mes amis, qui avez lutté sans relâche à nos côtés, je vous demande de faire de ce 30 juin 1960 une date illustre que vous garderez ineffaçablement gravée dans vos cœurs, une date dont vous enseignerez avec fierté la signification à vos enfants, pour que ceux-ci à leur tour fassent connaître à leurs fils et leurs petits-fils l'histoire glorieuse de notre lutte pour la liberté.

» Car cette indépendance du Congo, si elle est proclamée aujourd'hui dans l'entente avec la Belgique, pays ami avec qui nous traitons d'égal à égal, nul Congolais digne de ce nom ne pourra jamais oublier cependant que c'est par la lutte qu'elle a été conquise, une lutte de tous les jours, une lutte ardente et idéaliste, une lutte dans laquelle nous n'avons ménagé ni nos forces, ni nos privations, ni nos souffrances, ni notre sang.

» Cette lutte, qui fut de larmes, de feu et de sang, nous en sommes fiers jusqu'au plus profond de nous-mêmes, car ce fut une lutte noble et juste, une lutte indispensable pour mettre fin à l'humiliant esclavage qui nous était imposé par la force. Ce que fut notre sort en 80 ans de régime colonialiste, nos blessures sont trop fraîches et trop douloureuses encore pour que nous puissions les chasser de notre mémoire. Nous avons connu le travail harassant, exigé en échange de salaires qui ne nous permettaient ni de manger, ni de nous vêtir ou de nous loger décemment, ni d'élever nos enfants comme des êtres chers.

Nous avons connu les ironies, les insultes, les coups que nous devions subir matin, midi et soir, parce que nous étions nègres. Qui oubliera qu'à un Noir on disait "tu", non certes comme à un ami, mais parce que le "vous" honorable était réservé aux seuls Blancs ?

» Nous avons connu que nos terres furent spoliées au nom de textes prétendument légaux qui ne faisaient que reconnaître le droit du plus fort. Nous avons connu que la loi n'était jamais la même selon qu'il s'agissait d'un Blanc ou d'un Noir : accommodante pour les uns, cruelle et inhumaine pour les autres. Nous avons connu les souffrances atroces des relégués pour opinions politiques ou croyances religieuses ; exilés dans leur propre patrie, leur sort était vraiment pire que la mort elle-même.

» Nous avons connu qu'il y avait dans les villes des maisons magnifiques pour les Blancs et des paillotes croulantes pour les Noirs, qu'un Noir n'était admis ni dans les cinémas, ni dans les restaurants, ni dans les magasins dits européens ; qu'un Noir voyageait à même la coque des péniches, aux pieds du Blanc dans sa cabine de luxe.

» Qui oubliera enfin les fusillades où périrent tant de nos frères, les cachots où furent brutalement jetés ceux qui ne voulaient plus se soumettre au régime d'une justice d'oppression et d'exploitation ? »[293]

Baudouin Ier, roi des Belges, se sentit en effet offensé alors qu'il se considérait comme le véritable père de l'indépendance congolaise. De plus, il avait été l'auteur, en janvier 1959, d'un discours radiophonique par lequel il fut le premier Belge à avoir officiellement annoncé qu'il fallait mener le Congo belge à l'indépendance « sans vaine précipitation et sans atermoiement funeste ». Lors d'un banquet ayant réuni hommes politiques congolais et belges, après les cérémonies relatives à la proclamation de l'indépendance, Patrice Lumumba rectifia ses propos en prononçant un discours lénifiant dans lequel il évoqua l'avenir de la coopération belgo-congolaise. Mais ce fut trop tard, les premiers sentiments du tout nouveau Premier ministre congolais retransmis par la radio ayant déjà conditionné le comportement de beaucoup de ses compatriotes. Ses paroles furent interprétées comme hostiles aux Belges, alors que les fonctionnaires du roi occupaient

---

[293] In *L'assassinat de Lumumba*, Ludo De Witte, Karthala, 2000, Paris, pp. 33-34.

encore les échelons de l'administration congolaise et que, dans l'armée, les cadres et les officiers restaient également belges en attendant la formation des premières promotions d'officiers congolais. Cette situation provoqua, dans quelques casernes, une révolte qui fut davantage amplifiée par des populations civiles qui voulaient en découdre avec les sujets du roi Baudouin Ier, surtout dans la capitale Léopoldville. Des officiers et aussi des cadres belges de l'administration furent chassés, malmenés et quelques-uns furent tués. Des émeutes visèrent les entreprises tenues par des Blancs, des pillages eurent lieu, des Européennes furent violées. Dès lors, une grande majorité de cadres européens du gouvernement et des entreprises – et pas seulement les Belges – désertèrent le Congo.

Profitant de la chaotique situation en cours au Congo, Patrice Émery Lumumba évinça les officiers belges et décréta l'africanisation de l'armée, tout en doublant la solde des soldats. Ainsi mit-il devant le fait accompli le lieutenant général Émile Janssens, qui n'admettait aucune promotion africaine au sein de la nouvelle armée congolaise. La Belgique, jugeant qu'on ne pouvait plus faire confiance au gouvernement congolais ni à son armée nationale pour assurer la sécurité, envoya des troupes afin de protéger ses ressortissants basés à Léopoldville, la capitale située dans le Congo central ou Bas-Congo ; mais aussi ceux qui se trouvaient dans d'autres régions, notamment dans la riche région minière du Katanga où l'intervention belge permit la sécession katangaise par Moïse Antonin Kapenda Tshombe. La crise congolaise prit finalement une ampleur internationale, poussant l'Union soviétique et les pays du tiers-monde à soutenir le Premier ministre Lumumba et ses partisans. Mais, souhaitant rétablir l'ordre, le président Joseph Kasa Vubu annonça le 4 septembre 1960 à la radio nationale congolaise la révocation de Patrice Lumumba, ainsi que des ministres nationalistes. Il remplaça donc le chef du gouvernement le lendemain matin. Ainsi la Primature revint-elle à Joseph Ileo. Néanmoins, fort d'une motion de soutien du Conseil des ministres et du Parlement, Patrice Lumumba décida de se maintenir en fonction et – est-ce en toute ignorance de la Constitution ? – révoqua le président Kasa Vubu sous l'accusation de haute trahison et se substitua ainsi à lui dans sa charge. Pis encore, il fit appel à une fraction des troupes de l'Armée nationale congolaise cantonnée à Stanleyville et au Kasaï pour quadriller Léopoldville. Les Nations Unies, soutenant le pouvoir présidentiel, votèrent immédiatement l'intervention des troupes internationales pour neutraliser les partisans de Patrice Lumumba.

> « Toutefois, pendant la courte période qui [suivrait] et [serait] marquée par une sorte de *statu quo*, Lumumba se [verrait] abandonné par presque tous et [perdrait] le concours de ses meilleurs collaborateurs. L'usage de la radio lui [serait] même interdit par les Casques bleus ghanéens, en dépit du soutien inconditionnel que lui [assura] Nkrumah. Il est utile de noter que le chef de la brigade ghanéenne qui [prendrait] la décision de s'opposer à Lumumba, à cette occasion, n'[était] que le colonel [Joseph Arthur Ankrah], l'un des responsables du putsch militaire qui [renverserait] Kwame Nkrumah au Ghana, quelques années plus tard. »[294]

La confusion fut donc totale dans l'ancienne colonie belge. Le colonel Joseph-Désiré Mobutu en profita pour prendre illégalement le pouvoir. Il créa immédiatement le Collège des Commissaires généraux et assigna, le 10 octobre 1960, à résidence Patrice Lumumba, Joseph Ileo et leurs ministres. Un contexte de panique généralisée régnait donc au Congo-Léopoldville, à peine indépendant.

En effet, Patrice Lumumba était enfermé dans une cellule d'un bâtiment situé dans la capitale congolaise, alors que les forces armées qui lui étaient favorables s'adonnaient à la reconquête du pays. Mais les partisans armés du leader du MNC étaient en train de reconquérir le pays à partir de la partie orientale. Le 27 novembre 1960, Lumumba s'échappa avec sa famille de sa résidence et tenta de gagner Stanleyville, évasion qui ne serait découverte que trois jours plus tard. Il serait arrêté à Lodi, dans le district du Sankuru et ramené *manu militari* à Mweka où il serait embarqué à bord d'un avion vers Léopoldville et transféré ensuite au camp militaire Hardy de Thysville, aujourd'hui Mbanza Ngungu.

Dans la garnison où on l'avait enfermé, une mutinerie éclata. Craignant d'une part sa libération par ses partisans et son retour à tout

---

[294] In *Perspectives de la décolonisation : les deux versants de l'histoire*, Guy de Bosschère, *op. cit.*, pp. 330-331.

moment au pouvoir, et, d'autre part, pour éviter une quelconque responsabilité du président Kasa Vubu – en tant que détenteur légitime et garant du pouvoir démocratique – dans l'élimination physique de Patrice Lumumba, il fallait envoyer le « colis » au Katanga sachant pertinemment qu'il serait éventré puisque les dirigeants de cette grande province voulaient en finir avec lui. Le 17 janvier 1961, Patrice Lumumba et deux de ses partisans, Maurice Mpolo et Joseph Okito, furent conduits par avion à Élisabethville au Katanga – pas très longtemps appelé Shaba. Ils furent livrés aux autorités locales. Ils seraient en fin de compte fusillés, le soir même, par des soldats qui étaient sous le commandement d'un officier belge. En 2003, à travers le documentaire télévisé intitulé *CIA guerres secrètes*, les téléspectateurs apprendraient que le colonel Joseph-Désiré Mobutu avait fait dissoudre le corps de son rival dans l'acide, après avoir commandité son assassinat. Moïse Tshombe avait donc été indirectement le sous-traitant qui avait exécuté la sale besogne. Si les Américains avaient envoyé un tueur professionnel de la CIA pour éliminer Lumumba, ils le rappelèrent dès l'arrestation du Premier ministre congolais. Par conséquent, les services secrets américains n'avaient pas été directement impliqués dans le transfert de Patrice Lumumba, ni d'ailleurs dans le sort qui lui avait été réservé sur le sol katangais.

Le sociologue belge Ludo De Witte confirmerait la responsabilité des Belges dans l'assassinat de Patrice Lumumba :

> « La nuit [était] froide. Ce 17 janvier 1961 au Katanga, un commissaire de police belge [prit] Lumumba par le bras et le [mena] jusque devant un grand arbre. Un peloton d'exécution fort de quatre hommes se [tenaient] en attente, alors qu'une vingtaine de soldats, de policiers, d'officiers belges et de ministres katangais [regardaient] en silence. Un capitaine belge [donna] l'ordre de tirer, et une salve énorme [faucha] Lumumba. »

Selon Ludo De Witte, les Belges commandaient dans l'administration, dans l'armée, dans le secteur économique katangais sous la présidence de Moïse Antonin Kapenda Tshombe. Ce fut donc des officiers belges formellement mandatés par la Belgique qui donnèrent des ordres aux soldats katangais. Ces derniers avaient frappé et torturé, pendant plusieurs heures, Patrice Lumumba et deux autres dirigeants nationalistes congolais, en l'occurrence Maurice Mpolo et Joseph Okito, et, finalement, les avaient exécutés le 17 janvier 1961 près du village de Mwandingusha.

Si Patrice Lumumba reste incontestablement le héros national aux yeux de la plus grande majorité des Congolais, il n'est pourtant pas concrètement, contrairement aux fausses idées répandues, le père de l'indépendance de la République Démocratique du Congo – celle-ci ayant été publiquement revendiquée de manière pacifique bien avant par Joseph Kasa Vubu, mais réclamée avec force et vigueur par ses partisans de l'ABAKO lors des émeutes survenues le 4 janvier 1959 dans la commune de Dendale[295]. Cette revendication serait finalement satisfaite le 30 juin de l'année prochaine.

> « Certes, Lumumba n'[avait] pas été le premier à prôner l'indépendance et il [rentra], avec un certain retard, dans la lutte politique. Mais il [voyait] plus loin et plus lucidement que la plupart des autres leaders nationalistes congolais. »[296]

L'histoire de la douloureuse colonisation belge illustre, de gré ou de force, par la connivence ou l'affrontement, un raccourci symbolique : le Congo-Kinshasa.

> « Les expériences que s'[étaient] équitablement partagées les différents membres du corps africain, le Congo-Kinshasa les [avait] cumulées. Les espoirs, les souffrances, les demi-réussites et les tragédies, il les [avait] connus et éprouvés successivement, parfois simultanément. Le Congo [avait représenté], à cet égard, le lieu géométrique de la conscience africaine. Il [aurait] défriché, souvent avant tout autre, les pistes vierges de la joie et de la douleur, et déchiffré ce qui [demeurait] encore pour beaucoup de peuples une énigme. La voie royale de la décolonisation radicale, il l'[aurait] inaugurée sur les pas d'un guide exceptionnel qu'un martyre précoce [métamorphoserait] en héros : Patrice Lumumba. »[297]

---

[295] Voir plus haut, le volet consacré au président Joseph Kasa Vubu.

[296] In *Perspectives de la décolonisation : les deux versants de l'histoire*, Guy de Bosschère, *op. cit.*, p. 190.

[297] *Ibidem*, p. 328.

Quelle leçon devons-nous alors retenir de l'assassinat de Patrice Lumumba, parmi tant d'autres meurtres commis sciemment hier par les autorités coloniales, mais de nos jours par les puissances financières dans le seul but de déstabiliser et de fragiliser pour mieux piller ?

> « Finalement, ce drame signifie bien plus qu'une vieille histoire morte et oubliée. C'est un exemple ahurissant de ce dont les classes dominantes occidentales sont capables dès qu'elles se sentent touchées dans leurs intérêts fondamentaux. Un assassinat devient alors un moyen pratique, une solution possible. Le meurtre de Lumumba, de Rosa Luxemburg, de Félix Moumié et de Malcolm X, tout comme les massacres de Guernica, de Buchenwald, de Dresden, d'Hiroshima ou de My Lai, sont les expressions d'un système qui font de l'homme un loup pour l'homme. C'est ainsi que Bertolt Brecht, dans sa fameuse pièce de théâtre *Opéra de quat'sous*, fait dire à Macheath, actif dans les affaires bancaires : "Que représente une fausse clef comparée à une action ? Que signifie le cambriolage d'une banque comparé à la fondation d'une banque ? Que veut dire, mon cher Grooch, l'assassinat d'un homme comparé à son embauche ?" »[298].

Un boulevard de la ville de Kinshasa porte le nom de l'ancien Premier ministre congolais, et, dans l'ex-URSS, l'université russe de l'amitié des peuples (URAP) s'appelait officiellement, de 1961 à 1992, université Lumumba.

7.6 - Louis Rwagasore

Le prince Louis Rwagasore naquit le 10 janvier 1932 à Gitega, anciennement Kitega, au Burundi et mourut le 13 octobre 1961. Il fut assassiné à Bujumbura, près du lac Tanganyika. Homme politique burundais membre de la famille royale, fils du mwami Mwambutsa IV et de la reine Thérèse Kanyonga, il fut Premier ministre quelques mois avant que le pays n'obtienne l'indépendance.

En septembre 1985, Louis Rwagasore fonda l'Union pour le progrès national (UPRONA) afin de lutter contre les Belges et réclamer

---

[298] In *L'assassinat de Lumumba*, Ludo De Witte, *op. cit.*, p. 16.

l'indépendance du Burundi. Il renonça à se consacrer entièrement à la cause nationaliste, alors que son père, ayant à l'esprit le fait que le rôle de la famille royale devait forcément transcender les politiques partisanes, le nomma chef de Butanerera. Lors du premier congrès de l'UPRONA en mars 1960, emboîtant le pas au leader de l'ABAKO Joseph Kasa Vubu du Congo voisin, Louis Rwagasore réclama l'indépendance totale du Burundi. Il incita, dans la foulée, la population à boycotter les magasins belges et à refuser de payer les impôts. Le 18 septembre 1961, l'UPRONA remporta très largement, avec 80 % des voix, les élections législatives qui étaient supervisées par les Nations Unies. Au lendemain de cette éclatante victoire, le prince Louis Rwagasore prononcerait un discours dans lequel il dirait ceci :

> « Dans toute compétition, fut-elle politique, il y a un gagnant et un perdant, et l'UPRONA, de par votre libre volonté, est sorti vainqueur des élections législatives et formera demain le premier Gouvernement du Burundi autonome.
> » Mais le vainqueur et le perdant sont tous des Barundi, membres de la même famille nationale, enfants d'un même mwami. Le Burundi a besoin de tous, à quelques partis politiques qu'ils appartiennent. C'est pourquoi, mes chers compatriotes, la victoire électorale d'aujourd'hui n'est pas celle d'un parti mais le triomphe de l'ordre, de la discipline, de la paix, de la tranquillité publique.
> » Car sans autorité forte, aucun pays ne connaît l'ordre, la paix, la tranquillité. Sans autorité forte, point de progrès. C'est aussi le triomphe de la démocratie telle que le peuple murundi la comprend et la veut, c'est-à-dire la véritable justice sociale plutôt que des formes extérieures d'une démocratie de surface. L'heure est arrivée de se pencher sur les véritables problèmes de la nation : problèmes économiques surtout, problèmes de la terre et de l'émancipation sociale du petit peuple, problèmes de l'enseignement et tant d'autres, auxquels nous cherchons et trouverons des solutions qui nous sont propres. »

L'assassinat par balle du prince Louis Rwagasore survenu le 13 août 1961 fut l'œuvre d'un tireur embusqué. Cet acte meurtrier aurait été commandité par le prince Mutare Pierre Baranyanka, un membre de la famille royale, avec la complicité d'autres représentants du Parti démocrate chrétien (PDC), parti politique très proche des colons belges. Selon le sociologue belge Ludo De Witte, dont le texte complet de l'étude fut publié par la *Revue Toudi* parue en 2013, des documents découverts dans les archives nationales du Royaume-Uni permettraient de conclure à une implication de la tutelle belge dans l'assassinat du prince Rwagasore. En tout cas, les Burundais réclament toujours que la vérité soit faite sur la mort du héros de l'indépendance du Burundi[299].

De toute évidence, dans les préparatifs de l'assassinat du prince Louis Rwagasore, figuraient les mêmes acteurs :

> « quelques personnalités importantes de l'histoire nationale belge déjà mêlées au meurtre du Premier ministre congolais Lumumba : le Ministre des Affaires étrangères Paul-Henri Spaak et son conseiller Étienne Davignon [jouèrent] en quelque sorte le rôle des pompiers et le roi Baudouin celui du pêcheur en eau trouble [...] sur un crime lourd de conséquences, car le vide créé par la disparition d'un Rwagasore, leader nationaliste et trait d'union entre Tutsi et Hutu au Burundi, [avait] donné libre cours aux tensions entre les deux groupes qui plus tard [dégénéreraient] en massacres et purifications ethniques. »[300]

Dans un article intitulé *Rwagasore for ever ?*, l'historienne Christine Deslauriers présenta la figure consensuelle du Premier ministre du Burundi, le prince Louis Rwagasore dont l'assassinat, en octobre 1961, conféra un statut de martyr et d'icône préservée des vicissitudes de l'indépendance. Ainsi démontra-t-elle la place centrale qu'il occupa dans la construction de l'échiquier politique burundais, son occultation sous l'ère républicaine entre 1966 et 1993, ainsi que sa réactivation à partir de 1996 dans le cadre d'un processus de réconciliation nationale.

---

[299] Le 15 janvier 1963, les commanditaires de l'assassinat du prince Louis Rwagasore seraient pendus dans le stade de Gitega. Parmi eux figuraient deux fils du chef Mutare Pierre Baranyanka : Jean-Baptiste Ntidendereza et Joseph Birori, ainsi que de leurs cousins Jean-Baptiste Ntakiyica et Antoine Nahimana, et un commerçant grec Michel Iatrou.

[300] In *L'assassinat du Premier ministre burundais Louis Rwagasore*, article de Ludo De Witte paru dans la *Revue Toudi* du 16 juillet 2013.

Au-delà de la très courte et mouvementée existence du prince Rwagasore, des voix continuent de s'élever pour que l'on puisse au moins retenir le message important qu'il s'évertuait à dispenser à propos de l'unité de la nation burundaise – celle-ci valant tous les sacrifices ! L'ancien Premier ministre du Burundi ne cessait de fustiger ceux dont le seul objectif consistait à diviser pour mieux régner. Au moment où toute la région des Grands Lacs africains est à feu et à sang, en proie à des conflits interminables et à des guerres civiles, ainsi qu'armées, au moment où Pierre Nkurunziza a préféré se maintenir illégalement au pouvoir, où quelques Chefs d'État essaient de tripatouiller les Constitutions de leurs pays en vue d'une présidence à vie, le temps est devenu obligatoirement propice à l'héritage des grands humanistes africains, ayant sacrifié leur existence pour la stabilité de l'Afrique, tels que le prince Louis Rwagasore qualifié par le journaliste belge, Guy Poppe, de « Lumumba burundais ».

7.7 - Thomas Sankara

Thomas Isidore Noël Sankara, né le 21 décembre 1949 à Yako – un département situé dans la province de Passoré et dans la région Nord de la Haute-Volta –, fut assassiné le 15 octobre 1987, froidement abattu à Ouagadougou, au Burkina Faso, de plus d'une dizaine de balles selon l'autopsie et l'expertise balistique faites sur son corps. Homme politique à la fois anti-impérialiste, panafricaniste et tiers-mondiste voltaïque, puis burkinabé, il fut du 4 août 1983 au 15 octobre 1987 le président la République de Haute-Volta qu'il rebaptisa Burkina Faso[301], le 4 août 1984, pendant la période de la première révolution burkinabée. Il en fut la véritable incarnation. Durant les quatre années de sa présidence, il impulsa une politique d'émancipation nationale, de développement socio-économique et de changement de mentalité, ainsi que de lutte contre la corruption ou encore celle de libération des femmes.

Thomas Sankara s'investit en politique au début des années 1980, en compagnie de quelques jeunes officiers ambitieux et désireux de

---

[301] Un mélange de moré et de dioula qui signifie « Pays des hommes intègres ».

moderniser la Haute-Volta, en se positionnant aux antipodes des hommes politiques plus âgés et moins éduqués. Ces jeunes officiers étaient également coupés de la petite bourgeoisie urbaine politisée et responsable des scandales financiers. Par conséquent, un coup d'État militaire eut lieu en novembre 1980 mais le nouveau régime, bien que populaire, se montra rapidement répressif et assimila l'armée à des scandales. En septembre 1981, Thomas Sankara devint secrétaire d'État à l'Information dans le gouvernement du colonel Saye Zerbo. Avant de démissionner le 21 avril 1982, en direct à la télévision, il déclara : « Malheur à ceux qui bâillonnent le peuple ».

À la suite d'un nouveau coup d'État survenu le 7 novembre 1982, lequel porta au pouvoir le médecin Jean-Baptiste Ouédraogo, Thomas Sankara fut nommé Premier ministre en janvier 1983, position acquise grâce au rapport de force favorable au camp progressiste au sein de l'armée. Mais il fut limogé et assigné à résidence surveillée le 17 mai de la même année, probablement sous la pression de la France de François Mitterrand. Un autre coup d'État, survenu le 4 août 1983, plaça Thomas Sankara à la présidence du Conseil national révolutionnaire.

Sur le plan intérieur, le capitaine Thomas Sankara définit son programme comme anti-impérialiste, en particulier dans son *Discours d'orientation politique*[302] diffusé à la radio le 2 octobre 1983. Anti-impérialiste inconditionnel, en novembre 1986, il s'en prit à la France de la cohabitation (binôme Mitterrand-Chirac) en présence de François Mitterrand et devant les caméras pour avoir accueilli Pieter Botha, le premier ministre d'Afrique du Sud, et Jonas Malheiro Savimbi, chef de l'Union nationale pour l'indépendance totale de l'Angola (UNITA).

> « Le 17 novembre 1986, au Burkina Faso, le jeune capitaine Thomas Sankara, se servant des citations de François Mitterrand hors de leurs contextes, [voulut] contraindre le président français à s'aligner sur son point de vue en matière de dette, à propos de la réconciliation des riches avec les pauvres et de l'expulsion récente des Maliens (cf. le

---

[302] Texte écrit en septembre-octobre 1983, par Valère Somé, et enregistré dans la salle du Conseil de l'Entente.

charter de [Charles] Pasqua). Invitant François Mitterrand à lever le verre de l'amitié, Thomas Sankara [lança] carrément un vibrant : "La patrie ou la mort ! Nous vaincrons !". »[303]

Mais le président français, François Mitterrand, répondit très calmement à la provocation du capitaine Sankara en ces termes :

> « […] Le capitaine est un homme dérangeant […]. Après les propos qu'il a tenus, je ne pouvais pas me contenter d'un petit compliment et aller me recoucher […] Il dit ce qu'il pense. Moi aussi ! […] Il a le tranchant d'une belle jeunesse, mais il tranche trop. Mais s'il n'était pas comme ça à trente-sept ans, comment serait-il à soixante-dix ans ? Je l'encourage donc, mais pas trop […]. Je n'ai pas à me mêler de votre politique intérieure, même si vous constituez une équipe jeune, dérangeante, insolente […]. Si vous avez besoin de nous, vous nous le direz. Si vous n'en avez pas besoin, très bien. C'est vous qui décidez chez vous. À Paris, c'est moi – enfin, il n'y a pas que moi… »[304]

On connaît très bien la suite, notamment la fin tragique de Thomas Sankara, victime soi-disant d'un règlement de comptes, d'après certaines sources, avec Blaise Compaoré.

Dans le cadre de l'exercice du pouvoir, Thomas Sankara déclara que ses objectifs consistaient surtout à :

> « refuser l'état de survie, desserrer les pressions, libérer [les] campagnes [burkinabées] d'un immobilisme moyenâgeux ou d'une régression, démocratiser [la] société [burkinabée], ouvrir les esprits sur un univers de responsabilité collective pour oser inventer l'avenir. Briser et reconstruire l'administration à travers une autre image du fonctionnaire, plonger [l'armée nationale] dans le peuple par le travail productif et lui rappeler incessamment que, sans formation patriotique, un militaire n'est qu'un criminel en puissance ».

Dans cet élan révolutionnaire, Thomas Sankara créa les Comités de défense de la révolution (CDR), lesquels se chargeraient locale-

---

[303] In *Mitterrand l'Africain ?*, Gaspard-Hubert Lonsi Koko, 2ème édition, L'Atelier de l'Égrégore, Paris, 2017, pp. 65-66.
[304] *Ibidem, op. cit.*

ment de l'exercice du pouvoir au nom du peuple, de la gestion de la sécurité, de la formation politique, de l'assainissement des quartiers, de la production et de la consommation de produits locaux ou encore du contrôle budgétaire des ministères. Le nouveau régime compta développer une économie ne dépendant plus du tout de l'aide extérieure, Thomas Sankara ayant ouvertement critiqué ces aides alimentaires qui installaient dans les esprits burkinabés des réflexes de mendiant, d'assisté :

> « nous n'en voulons vraiment plus ! Il faut produire, produire plus parce qu'il est normal que celui qui vous donne à manger vous dicte également sa volonté ».

Alors que, paradoxalement, Thomas Sankara critiqua le manque d'aide de la France, dont les entreprises bénéficiaient pourtant en majorité des marchés liés aux grands travaux. Sa politique altermondialiste le poussa à fustiger le système financier, le poids du Fonds monétaire international et de la Banque mondiale, la dette maintenant les pays du tiers-monde dans un cercle vicieux. Il dénonça ce système comme étant sournois, un moyen savamment organisé pour la reconquête de l'Afrique,

> « pour que sa croissance et son développement obéissent à des paliers, à des normes [...] totalement étrangers ».

La lutte contre le néocolonialisme qu'était en train de mener Thomas Sankara commençait à déranger les potentats d'Afrique de l'Ouest, mais surtout au-delà du continent africain, à commencer par la puissance colonisatrice, la France, dont le « pré carré » risquait d'être contaminé par la vision d'un révolutionnaire insolent.

Les dérives du Conseil national de la révolution de Thomas Sankara et la terreur que faisaient régner ses CDR à l'encontre notamment des syndicats, justifièrent le coup d'État fomenté le 15 octobre 1987, par son frère d'armes Blaise Compaoré.

Dans un article de Morgane Le Cam intitulé *Il y a trente ans mouraient Thomas Sankara et son rêve d'émancipation du peuple burki-*

nabé, publié en octobre 2017 dans le site du quotidien français *Le Monde*, on a appris que :

> « dans cette pièce exiguë du pavillon Haute-Volta, au sein du Conseil de l'entente, à Ouagadougou, s'[était] joué, le 15 octobre 1987, le dernier acte que certains disent empreint de drame cornélien et d'autres de tragédie shakespearienne. Le meurtre d'un héros commandité par son frère d'armes, son ami de toujours, l'histoire de la chute sanglante d'un personnage illustre entraînée par l'avidité de pouvoir de quelques-uns. »

Écoutons Alouna Traoré, conseiller du capitaine Thomas Sankara en charge des rassemblements de masse, l'unique survivant de la tuerie du 15 octobre 1987, dans un reportage de Carine Frenk pour Radio France Internationale intitulé *Qui a fait tuer Sankara ? – Le jour où Thomas Sankara est tombé* retransmis en octobre 2017 :

> « Thomas Sankara a été abattu, assassiné les mains en l'air. Je dis bien les mains en l'air. Je m'en tiens au fait. »

Bilan de cette opération macabre ? Treize personnes froidement assassinés : Thomas Sankara, cinq participants à la réunion qui devait commencer à Ouagadougou au Conseil de l'entente, cinq gardes, le chauffeur personnel du président de la République et un gendarme.

> « En tuant Sankara, le ou les coupables ont cherché à étouffer les idées d'un homme devenu une figure emblématique de la révolution en Afrique. Les suspects ne [manquaient] pas : Blaise Compaoré, des mercenaires du Liberia[305], des Libyens, des Ivoiriens ou encore des Français. Au Burkina Faso, une enquête a déjà été ouverte et des personnes inculpées. Par ailleurs, François Yaméogo,

---

[305] Charles Taylor, détenu en Angleterre depuis sa condamnation pour crimes contre l'Humanité par le Tribunal spécial pour la Sierra Leone, serait également dans le viseur du juge militaire burkinabé François Yaméogo, chargé de l'enquête. Effectivement, depuis des années, les soupçons demeurent sur la possible intervention de l'ancien président du Liberia dans le renversement du dirigeant burkinabé en 1987. Des interrogations subsistent aussi sur le rôle, réel ou supposé, de l'ancien président ivoirien Félix Houphouët-Boigny, ou du « guide » libyen Mouammar Kadhafi.

un juge d'instruction burkinabé, a lancé une commission rogatoire pour demander la levée du "secret-défense" en France. »[306]

Pourtant, les identités présumées des six membres du commando étaient bien évidemment connues de tout le monde : six militaires ayant appartenu au Centre national d'entraînement commando (CNEC) de Pô, dirigé à l'époque par Gilbert Diendéré, un proche de Blaise Compaoré. En tout cas, pour Morgane Le Cam dans l'article cité *supra* :

> « dans le couloir longeant les rideaux aux pampilles d'un autre âge, il y a trente ans, le président Thomas Sankara, 37 ans, tombait sous les balles d'un commando, avec douze de ses compagnons. La fin d'une expérience révolutionnaire inachevée de quatre années et confirmée par le coup d'État assumé, dans l'heure qui suivit, par le capitaine Blaise Compaoré. Celui-là même qui avait porté son ami Thomas Sankara à la tête du Burkina Faso, le 4 août 1983. »

Néanmoins, le souvenir du capitaine Thomas Sankara resterait vivace dans la jeunesse burkinabée, mais aussi plus généralement en Afrique, qui en a fait une icône, un « Che Guevara » africain, aux côtés des illustres personnages comme Patrice Lumumba, Nelson Mandela… La jeunesse africaine l'adopta, au forum social de Bamako en 2006 et au forum mondial de Nairobi en 2007, comme modèle.

Pour le journaliste Tirthankar Chanda, dans une chronique diffusée par Radio France Internationale en octobre 2017 intitulée *Thomas Sankara : mort et renaissance d'un héros africain*,

> « pendant les quatre années qu'il a dirigé son pays, le célèbre capitaine au béret rouge a incarné l'idéal révolutionnaire, qui continue de faire rêver, trente ans après sa disparition, une jeunesse africaine en manque d'idéal. Devenu une idole, façon Che Guevara, synonyme d'intégrité et de justice sociale, l'homme survit dans la mémoire de la postérité grâce aux nombreux films et biographies qui lui sont consacrés. Parallèlement, des artistes de toute discipline se sont emparés de sa légende et la perpétuent. »

---

[306] In *Ouvrons les archives sur le meurtre de Thomas Sankara*, Vincent Hiribarren, article paru le 13 mars 2017 sur le site Internet lemonde.fr.

L'existence de Thomas Sankara, aux dires de l'éditorialiste Jean-Baptiste Placca,

> « aura été une vie de courage et de vérité. De vérité et de dignité. Et c'est, justement, ce que l'Afrique doit en retenir. En sachant que lorsque l'on vit et meurt dans le courage et la vérité, pour la dignité de son peuple, quatre ans, deux mois et onze jours de pouvoir suffisent largement pour gagner l'immortalité.
> » Pour inspirer, à jamais, le respect aux peuples au nom desquels on s'exprime ou prétend s'exprimer, [...] il n'est point nécessaire de s'imposer à eux des décennies durant. Il s'agit juste de savoir s'assumer. »

VIII - Quelques intellectuels et militants

Il est évident que les Africains doivent commencer par définir eux-mêmes la voie qu'ils souhaitent pour leur continent, en tracer les sillons en vue d'une partition mondiale dans le concert des Nations Unies et dans le cadre de la mondialisation. Pour cela, dans l'optique d'œuvrer en vue du plus grand bienfait de l'Humanité, les Africains de l'intérieur et de la diaspora, indépendamment de leurs nationalités et citoyennetés, doivent sans tarder envisager sérieusement le monde à travers leur propre prisme. Et ce ne sont pas les qualités, ni d'ailleurs les talents, qui manquent pour penser l'Afrique de demain. De plus, les parcours de Paul Panda Farnana, de Joseph Ki-Zerbo, de Cheikh Anta Diop… ne peuvent qu'inciter les futures générations d'Africains à mieux penser une autre Afrique.

8.1 - Paul Panda Farnana

Paul Panda Farnana, de son nom complet Paul Panda Farnana M'fumu, naquit en 1888 à Nzemba, près des villes de Banana et de Moanda dans le Bas-Congo ou Kongo central, et mourut le 12 mai 1930 dans cette même localité. Il fut un agronome et un nationaliste congolais. Son nom avait marqué l'histoire de la République Démocratique du Congo à plusieurs titres. Il fut le premier Congolais à avoir fait des études supérieures en Belgique, où il s'était rendu le 25 avril

1900 en compagnie du lieutenant Derscheid[307] ; il y entama des études secondaires à l'Athénée d'Ixelles, où il réussit en octobre 1904 l'examen d'entrée à l'École d'Horticulture de Vilvorde. Ayant décroché en 1907 son diplôme avec la plus grande distinction, il obtint en sus le « certificat de capacité » avec pour spécialité les cultures tropicales. En 1908, soucieux de compléter sa formation, il s'inscrivit comme élève régulier à l'École supérieure d'Agriculture tropicale de Nogent-sur-Marne, en région parisienne en France. Au terme de son cursus, il obtint le « Certificat d'études ». À l'École supérieure commerciale et consulaire de Mons, il approfondit sa connaissance de l'anglais.

En 1909, Paul Panda Farnana fut engagé par le ministère des Colonies en qualité de « chef de cultures de troisième classe ». À son arrivée à Boma le 21 juin de cette année, dans sa région natale, il fut nommé au Jardin botanique d'Eala près de Coquillathville, actuellement Mbandaka, où il assuma aussi des cours théoriques. Son mandat à peine achevé, Panda Farnana embarqua le 21 juin 1911 sur le *SS Bruxellesville*, en partance pour la Belgique où il reçut la distinction de « l'Étoile service ». À son retour au Congo presque six mois plus tard, il fut nommé directeur de la station de Kalamu, à Léopoldville, où il effectuerait notamment des récoltes de spécimens d'herbiers qui seraient conservés au Jardin botanique national de Belgique.

La guerre éclata en 1914, pendant que Paul Panda Farnana M'fumu séjournait de nouveau en Belgique. Ainsi s'engagea-t-il dans le Corps de Volontaires Congolais. Deux autres compatriotes entreprirent la même démarche : Joseph Adipanga et Albert Kudjabo. Tous les trois furent faits prisonniers par les Allemands. Alors que Joseph Adipanga réussit à s'évader, Paul Panda Farnana et Albert Kudjabo demeurèrent en captivité jusqu'à la fin de la guerre. Le 6 décembre 1916, ils se retrouvèrent au camp des prisonniers de guerre de Soltau en Allemagne, et furent séparés le 24 mars 1917. Dans le nouveau camp des prisonniers de guerre, Panda Farnana se joignit aux Tirailleurs, dits « sénégalais », pour qui il fit office d'écrivain public. Par ce biais, il entra en contact avec Blaise Diagne, le futur député du Sénégal.

---

[307] Ce dernier, probablement Gustave, participa à l'expédition Bia-Francqui qui allait s'adonner à l'exploration du Katanga.

Libéré en 1919, Paul Panda Farnana regagna la Belgique et obtint, à sa demande, une mise en disponibilité pour convenance personnelle. En février de la même année, il participa à Paris aux assises du Premier Congrès Panafricain. Cette manifestation fut organisée à l'initiative conjointe de Blaise Diagne, membre du gouvernement français, et de William Edward Burghardt Du Bois, sociologue afro-américain et dirigeant de la *National Association for the Advancement of Coloured People* (NAACP). En novembre 1919, il fonda l'Union Congolaise avec ses compatriotes, parmi lesquels figuraient Joseph Adipanga et Albert Kudjabo. Celle-ci fut placée sous la haute protection de Louis Franck, ministre libéral des Colonies, et d'Émile Vandervelde, leader socialiste et ministre de la Justice. En 1920, Panda Farnana intervint à la tribune du premier Congrès Colonial National, lequel eut lieu du 18 au 20 septembre, dont les assises se tinrent au sénat belge. Sa contribution fut d'autant plus remarquée qu'il fut le seul Congolais convié à prendre la parole en présence des personnalités coloniales, ecclésiastiques et civiles. À l'occasion de ce congrès, Paul Panda Farnana rencontra l'abbé Stefano Kaoze, alors secrétaire de Monseigneur Victor Roelens, vicaire apostolique du Haut-Congo. Les deux hommes prirent le temps de faire connaissance et de s'estimer. De ce fait, Panda Farnana M'fumu fit part de leur consensus sur la participation souhaitée des Congolais aux instances de décision.

Le deuxième Congrès Panafricain se déroula en 1921, alternativement à Londres et à Bruxelles. Paul Panda Farnana siégea au bureau du Congrès aux côtés de Blaise Diagne, de William Edward Burghardt Du Bois, de Paul Otlet et de Miss Jessie Fauset. Le 11 septembre de cette année, il donna une conférence sur la thématique de *l'historique de la civilisation nègre sur les rives du fleuve Congo*. Par ailleurs, il exprima le vœu que des diplomates noirs soient présents au sein des commissions internationales ayant la charge d'administrer les mandats exercés sur les anciennes possessions allemandes en Afrique. À la demande des membres de l'Union Congolaise, Paul Panda Farnana entreprit des démarches auprès du ministère des Colonies en vue de la création des modules relatifs à un enseignement à l'usage de ses compatriotes. Ce fut ainsi que des cours pour Congolais financés par les autorités belges furent ouverts à Bruxelles, à Charleroi et à Marchienne. Il assura lui-même quelques cours aux côtés d'enseignants dûment mandatés par les autorités belges.

S'agissant de la situation politique et judiciaire, par le canal notamment du ministre Louis Franck, Paul Panda Farnana M'fumu s'employa à convaincre les autorités coloniales de ne pas appliquer la peine capitale à l'encontre du catéchiste Simon Kimbangu, qui fut accusé de sédition en 1951. Une violente polémique l'opposa alors à l'équipe rédactionnelle de l'*Avenir Colonial Belge*, porte-voix des colons les plus conservateurs qui qualifièrent Simon Kimbangu de disciple du défenseur de la cause des Noirs Marcus Garvey.

En 1925, *La Renaissance de l'Occident* consacra un numéro spécial aux arts et à l'artisanat congolais. Panda Farnana fut mis à contribution et s'exprima avec pertinence sur les questions de l'art, ainsi que sur l'avenir de l'artisanat dans son pays. Par conséquent, il dénonça les pillages qui avaient permis à l'Europe de garnir ses musées et jugea que la colonisation, en elle-même, constituait – ni plus, ni moins – un acte de vandalisme « rationalisé ». De retour au Congo en 1929, Paul Panda Farnana rejoignit le village de ses aïeux, où il fit ériger une école ainsi qu'une chapelle dédiée à son saint patron. Il décéda le 12 mai 1930 dans son village natal, à l'âge de quarante-deux ans.

Il faut surtout reconnaître en Paul Panda Farnana M'fumu le fait d'avoir été le premier patriote congolais à avoir dénoncé avec virulence les méthodes coloniales mises en place par les Belges. Il avait réclamé, par exemple, la généralisation de l'enseignement laïc ainsi que l'accès des Congolais aux universités de la métropole. Il avait également plaidé en faveur de la participation de ses compatriotes auprès des instances décisionnelles de la colonie, ainsi que pour l'africanisation des cadres que revendiquerait plus tard Patrice Lumumba.

Paul Panda Farnana avait été, à n'en pas douter, un militant actif du panafricanisme. Il avait collaboré avec Paul Otlet, l'un des pères de l'Internet, Henri La Fontaine, le collaborateur de Paul Otlet et Prix Nobel de la paix en 1913, William Edward Burghardt Du Bois, ainsi que Blaise Diagne, à l'organisation du deuxième Congrès Panafricain, lequel eut lieu au Palais Mondial de Bruxelles en septembre 1921. S'imprégnant des idéaux internationalistes et pacifistes de Paul Otlet et d'Henri La Fontaine, et se voulant le porte-parole du Congo belge à Bruxelles, il avait multiplié les articles dans la presse de son temps. L'Union Congolaise, qu'il avait fondée en 1919 avait été surtout une Société de secours mutuel et de développement moral et intellectuel de la race congolaise. Elle était la plus ancienne association, à but non lucratif, initiée par des Congolais sur le sol belge. Un des objectifs de cette organisation, dont il avait été tour à tour le secrétaire général et le président d'honneur, consistait à défendre les droits des vétérans congolais de la Première Guerre mondiale, lui-même ayant été l'un d'eux. Cette association avait exigé à plusieurs reprises l'érection d'un monument en l'honneur du « Soldat inconnu congolais » afin de matérialiser la dette morale de la Belgique à l'égard des vaillants Congolais qui s'étaient battus sous son drapeau en Afrique (entre autres à Tabora en Afrique orientale allemande, de nos jours la Tanzanie) et en métropole. Un monument en hommage aux combattants congolais de la Force publique serait finalement édifié à Schaerbeek, dans le square François Riga, et inauguré en 1970, soit quarante ans après le décès de Paul Panda Farnana.

Dans un documentaire de Françoise Levie intitulé *Panda Farnana, un Congolais qui dérange* – lequel dresse le portrait d'un personnage atypique, à cheval entre deux mondes, ceux de la Belgique et du Congo –, on apprend que :

> « Panda avait été rattrapé par les ambiguïtés de son propre parcours, d'une éducation qu'il avait acquise au prix d'un exil, qui l'avait rapproché d'une bourgeoisie métropolitaine éduquée et l'avait coupé de ses pairs prisonniers de la dure réalité coloniale ; qui lui donnait le droit d'appartenir à une élite coloniale qui ne voulait pas d'un Noir éduqué. »

Pour l'ancien ministre congolais Didier Mumengi :

> « entre le simplisme anti-impérialiste et le populisme anti-colonial, Panda avait très courageusement choisi le registre de la décolonisation des esprits congolais, appréhendée comme sursaut régénérateur d'un peuple qui se réconcilie avec la civilisation du savoir et renouvelle son adhésion aux exigences de la science et du progrès […].

> Panda Farnana aura été le premier éclat de la sagesse politique en
> [République Démocratique] du Congo, le "véritable homme d'État
> que le Congo n'a presque pas encore connu". »[308]

Peu de temps après le décès de Paul Panda Farnana, qui avait été élevé par une femme belge célibataire et artiste nommée Louise Derscheid, le gouverneur général Auguste Tilkens interdit à la population indigène de venir suivre des études en Belgique. Il faudrait attendre 1956 pour que Thomas Kanza devienne le premier Congolais universitaire en Belgique.

> « Les colons belges ne virent en lui qu'un indigène bâtardisé semant
> trouble et danger. Ses compatriotes ne comprirent pas son discours
> d'avant-garde : il restait au mieux un intendant lettré, au pire un étran-
> ger. Pris dans cet étau, Panda [Farnana] défendit son existence et ses
> opinions à la pointe de sa plume, laissant derrière lui une immense
> correspondance pleine d'ironie, d'amertume, de tendresse et d'espoir.
> Mais Panda [Farnana] dérangeait. Après sa mort en 1930, les Belges
> interdirent à tout autre colonisé de venir étudier en Belgique… Un
> acte fort [ayant témoigné] de l'intensité historique de ce pionnier,
> mais qui l'enterra en même temps dans un profond oubli. »[309]

8.2 - Amadou Hampâté Bâ

Amadou Hampâté Bâ vit le jour en 1900 ou 1901 à Bandiagara, dans la région de Mopti dans le Pays dogon au Mali, et décéda le 15 mai 1991 à Abidjan en Côte d'Ivoire. Il fut un écrivain et ethnologue malien, défenseur de la tradition orale – plus précisément peule.

Après avoir fréquenté l'école coranique de Tierno Bokar, un dignitaire de la confrérie tidjaniyya, Amadou Hampâté Bâ fut réquisitionné d'office pour fréquenter l'école française de Bandiagara puis de Djenné. En 1921, il refusa d'entrer à l'École normale de Gorée. Par conséquent, le gouverneur colonial l'affecta à Ouagadougou, en qualité d'« écrivain temporaire à titre essentiellement précaire et révoca-

---

[308] In *Panda Farnana. Premier universitaire congolais 1888-1930*, Didier Mumengi, Éditions L'Harmattan, Paris, 2005.

[309] In *Panda Farnana, un Congolais qui dérange, op. cit.*

ble ». De 1922 à 1932, il occupa plusieurs postes dans l'administration coloniale en Haute-Volta, puis à Bamako au Mali. Affecté en 1942 à l'Institut français d'Afrique noire (IFAN) de Dakar suite à la bienveillance de son directeur, le professeur Théodore Monod, il y effectua des enquêtes ethnologiques et rassembla plusieurs trésors —contes, récits, fables, mythes et légendes – de la littérature orale ouest-africaine. Une recherche d'une durée de quinze années lui permettrait de rédiger l'ouvrage intitulé *Empire peul du Macina*. Grâce à une bourse obtenue en 1951, il se rendit à Paris et y fit la connaissance de l'africaniste Marcel Griaule.

En 1960, à l'indépendance du Mali, Amadou Hampâté Bâ fonda l'Institut des sciences humaines de Bamako et représenta son pays à la Conférence générale de l'Unesco. Élu membre du Conseil exécutif de cette institution internationale en 1962, mandat qui prendrait fin en 1970, il participa en 1966 à l'élaboration d'un système unifié pour la transcription des langues africaines. Avec son disciple Alfa Ibrahima Sow, Amadou Hampâté Bâ fut récompensé en 1975 par l'Académie Française de la Médaille d'argent du Prix de la Langue Française.

Amadou Hampâté Bâ se consacra alors entièrement à son travail de recherche et d'écriture, passant les dernières années de son existence à Abidjan en Côte d'Ivoire à classer ses archives et trouvailles accumulées durant sa vie sur la tradition orale d'Afrique de l'Ouest ainsi qu'à la rédaction de ses mémoires, *Amkoullel l'enfant peul*, et *Oui mon commandant !*

Amadou Hampâté Bâ se distingua par un cri d'alarme, sur l'extrême fragilité de la culture ancestrale, lequel est devenu proverbial : « En Afrique, quand un vieillard meurt, c'est une bibliothèque qui brûle ». Pour le docteur Jean-Francis Ekoungoun,

> « La production écrite d'Amadou Hampâté Bâ recouvre presque tous les domaines herméneutiques : des sciences sociales aux mathématiques, de la théologie à l'ésotérisme. L'auteur écrivait en français, en peul et en arabe. Après avoir comparé la mort d'un vieillard traditionnaliste africain à l'incendie d'une bibliothèque, il s'est investi à coucher la parole des dépositaires de l'humanisme africain sur du papier. Ses archives érudites couvrent plus d'un demi-siècle de recherches sur la tradition orale. Cette importante masse d'informa-

tions n'a pas physiquement brûlé après sa mort. Il n'en reste pas moins que ce fonds est aujourd'hui dispersé et ne bénéficie pas encore d'un programme de valorisation efficace. »[310]

Hélène Heckmann, qu'il avait épousée en 1969, l'avait assisté dans la plupart de ses travaux. Une femme s'était-elle cachée, faut-il conclure, derrière cet érudit ?

8.3 - Joseph Ki-Zerbo

Joseph Ki-Zerbo, vit le jour le 21 juin 1922 à Toma[311] en Haute-Volta, actuellement Burkina Faso et décéda le 4 décembre 2006 à Ouagadougou. Historien, professeur des universités et homme politique burkinabé, il fut l'un des plus grands penseurs de l'Afrique contemporaine et présida l'Association des historiens africains de 1975 à 1995.

Joseph Ki-Zerbo réfuta posément le fait que, selon Cheikh Anta Diop, ce fut au moment où le peuplement égyptien originel était noir que l'Égypte exista comme une civilisation « pure », influençant de manière dominatrice les cultures extérieures et que le mélange humain et de langues qui suivit fut un abâtardissement. Tout au plus, affirma-t-il, que l'Égypte – par sa richesse économique, agricole, commerciale et culturelle – fut un point attracteur énorme et un creuset pour de nombreux peuples – comme les Hébreux, les Hyksos, les Éthiopiens, les Nubiens, etc. – qui se mélangèrent au fond originel.

En 1957, Joseph Ki-Zerbo s'activa en politique en créant le Mouvement de libération nationale (MLN). Condamné par un tribunal populaire révolutionnaire, il fut contraint en 1992 à s'exiler pour ne revenir au Burkina Faso qu'en 1992. Il fonda en 1993 le Parti pour la démocratie et le progrès (PDP), s'opposant ainsi frontalement au Congrès pour la démocratie et le progrès (CDP) du président Blaise Compaoré. En avril 1994, lors du Congrès du

---

[310] In *Archives Amadou Hampâté Bâ. Vers une politique de conservation cohérente*, Jean-Francis Ekoungoun, réflexion parue en 2014 dans *Continents manuscrits*, n° 1.
[311] Dans le Nord-Ouest du Burkina Faso, entre Koudougou et Tougan, en pays Samo, dans la province du Nayala.

PDP, Ki-Zerbo en prit la présidence.

Lauréat en 1997 du *Right Livelihood Award*, considéré en France comme le prix Nobel alternatif, Joseph Ki-Zerbo devint en 1998 membre fondateur du Collectif des organisations démocratiques de masse et de partis politiques (CODMPP) créé le 16 décembre 1998 à la suite de l'assassinat du journaliste d'investigation Norbert Zongo, alias Henri Sébégo. De ce collectif germerait le mouvement *Trop c'est trop* et Joseph Ki-Zerbo inventerait le slogan, en langue nationale dioula, « *Naan laara an saara* », c'est-à-dire « *Si nous nous couchons, nous sommes morts !* ».

En 2000, Ki-Zerbo fut honoré du prix des droits de l'Homme et des peuples, récompense libyenne controversée du fait même du régime politique du colonel Mouammar Kadhafi.

Le PDP n'étant plus le premier parti politique de l'opposition au profit de l'ADF-RDA d'Hermann Yaméogo, depuis les élections législatives du 5 mai 2002, Joseph Ki-Zerbo passa la main le 6 février 2005 à Ali Lankoandé. Il mourrait le 4 décembre 2006 à Ouagadougou et serait promu, à titre posthume, commandeur dans l'ordre des Palmes académiques. Le 26 décembre 2015, l'université de Ouagadougou fut rebaptisée Université Ouaga 1 Professeur Joseph Ki-Zerbo.

Joseph Ki-Zerbo consacra donc la majeure partie de son existence à œuvrer pour que l'Afrique soit considérée comme la source d'une véritable civilisation. Sans conteste, son impressionnante *Histoire de l'Afrique noire* parue en 1972, que d'aucuns considèrent comme un ouvrage de référence, fut la première synthèse en la matière rédigée par un Africain. Métamorphosé par un « complexe d'égalité », répétait-il souvent, Joseph Ki-Zerbo voulait décoloniser l'histoire, cette discipline qui se prête au renversement des valeurs et à l'affirmation de la fierté d'être « nègre » – à travers une pensée « poreuse à tous les souffles du monde » cependant très puissante dans ses propres profondeurs. Ces thèmes étaient chers à Aimé Césaire pour qui il éprouvait de la fraternité. Du Martiniquais Aimé Césaire, Ki-Zerbo dirait :

> « Nous l'avions d'emblée identifié comme l'un des nôtres, comme
> marqué de scarifications claniques au plus intime de la conscience ;
> mais aussi à la manière dont il poussait le grand cri nègre jailli de la

forêt des masques. Prince des lettres, maître du *cogito* cartésien et de la dialectique, il l'était aussi de la maïeutique magicienne du verbe qui introduit au haut savoir, depuis les scribes et les officiants des temples de Thèbes et de Memphis. »[312]

L'arbre ne s'élève-t-il pas en enfonçant ses racines dans la terre nourricière ? Ainsi une réflexion originale sur l'avenir de l'Afrique pourrait-elle se faire, hors des grilles de lecture dominantes et au-delà de la théorie de l'évolution chère au jésuite Pierre Teilhard de Chardin, en repensant à la fois l'État, le développement et le système éducatif ; en mettant l'accent sur les langues africaines dans l'éducation, la place essentielle des femmes et d'autres problèmes fondamentaux.

Les positions indépendantistes l'ayant caractérisé rappelèrent que Joseph Ki-Zerbo, fortement influencé par Ibrahim Omar Fanon, dit Frantz Fanon, fut, tour à tour, membre du conseil exécutif de l'Unesco, professeur d'histoire à l'université de Dakar (l'actuelle université Cheikh Anta Diop), directeur du Centre d'études pour le développement africain (CEDA) de Ouagadougou, homme politique et député à l'Assemblée nationale du Burkina Faso.

Joseph Ki-Zerbo révolutionna l'écriture de l'histoire, en y ayant intégré les sources archéologiques et la tradition orale. De plus, pour cet éminent professeur, tout devant commencer et finir par l'Histoire, il faudrait une révision déchirante en la matière pour que l'Afrique puisse développer une vision nouvelle du monde, à savoir :

> « une nouvelle cosmogonie [...] porteuse de bien de services et de valeurs ».

Il faudrait une telle révision, une telle rupture dès lors que trop longtemps l'idéologie dominante, européenne essentiellement, fit croire pendant plusieurs siècles que l'itinéraire historique de l'Afrique commença seulement au contact de l'Occident et que l'essentiel de cette histoire se résumait à « l'épopée » coloniale du XIXᵉ siècle et aux dernières décennies du XXᵉ siècle où le continent

---

[312] In *Césaire et Nous, une rencontre entre l'Afrique et les Amériques au XXIᵉ siècle*, Tshitenge Lubabu M. K., Cauris éditions, Paris, 2004.

fut décolonisé et mal décolonisé. Les Africains devraient à tout prix rompre avec cette vision réductrice de leur histoire, précisa Joseph Ki-Zerbo ; ils ne devraient plus « avoir qu'un petit contrôle sur leur passé ». Grâce à ses travaux, les futures générations des Africains se réapproprieraient la totalité de leur histoire, ils considéreraient les traditions orales comme sources valables d'éléments historiques et élaboreraient une pensée endogène pour s'ouvrir intelligemment et efficacement au monde.

8.4 - Nadine Gordimer

Nadine Gordimer naquit le 20 novembre 1923 à Springs, dans la banlieue de Johannesbourg en Afrique du Sud, d'un père Juif lituanien et d'une mère anglaise. Elle mourut le 14 juillet 2014, à l'âge de quatre-vingt-dix ans, à Johannesbourg. Femme de lettres sud-africaine, romancière, nouvelliste, critique et éditrice, elle obtint, en 1991, le prix Nobel de littérature récompensant son « œuvre épique [qui] a rendu à l'humanité d'éminents services ». À lire le journaliste français Pierre Haski, dans un article publié, lors du décès de Nadine Gordimer, dans l'hebdomadaire français *Le Nouvel Obs* en partenariat avec la publication *Rue 89*,

> « tout, pourtant, aurait dû la pousser à fermer les yeux, à s'accommoder d'un système qui, s'il était moralement choquant, garantissait à la minorité blanche à laquelle elle appartenait une qualité de vie exceptionnelle. En particulier dans son quartier hyperchic de Houghton, à Johannesbourg, qu'on repère aisément quand on est en avion par le nombre de ses piscines... »

Nadine Gordimer combattit l'apartheid, au sein de l'ANC de Nelson Mandela dont elle fut membre. Élevée dans la religion chrétienne et ayant grandi dans le milieu privilégié de la communauté anglophone blanche du quartier de Springs, proche de Johannesbourg, elle fut très sensible aux inégalités raciales et aux problèmes sociopolitiques de son pays. À neuf ans déjà, elle avait rédigé sa première nouvelle inspirée de la fouille policière de la chambre de sa domestique noire. Ainsi avait-elle choisi de décrire, à l'avenir, la société inégalitaire sud-africaine et de s'engager contre le système d'apartheid, cette conviction ayant été renforcée à la lecture des ouvrages sur la Révolution française, ainsi que le roman *La jungle* d'Upton Sinclair sur les dures conditions de vie des ouvriers dans les abattoirs de Chicago.

Publié en 1958, le roman *Un monde d'étrangers*, récit d'une amitié impossible entre un jeune Anglais et un jeune Sud-Africain, fut carrément condamné par le pouvoir et interdit en Afrique du Sud. Malgré la censure de ses œuvres, la fusillade de Sharpeville au cours de laquelle des Noirs manifestant contre la ségrégation raciale furent tués par les forces de l'ordre, ainsi que l'arrestation de plusieurs dirigeants de l'ANC, renforcèrent davantage la détermination de Nadine Gordimer à lutter contre l'apartheid.

Pour Bruno Corty, dans un article intitulé *Nadine Gordimer, mort d'une militante anti-apartheid* paru dans Lefigaro.fr en juillet 2014,

> « sa littérature n'est cependant pas que de combat. Comme [Doris] Lessing, elle excelle à célébrer les paysages grandioses d'Afrique du Sud et à dire son amour pour cette terre "odorante et colorée". Dans ses nouvelles, comme dans ses romans, l'intrigue compte moins que l'étude psychologique et sociale. Son style est épuré, sec, efficace. Nadine Gordimer ne refusait pas qu'on la range dans une lignée de grands conteurs du XIXe siècle qui va de Thomas Hardy et Jane Austen à Maupassant. Entre 1949 *(Face to Face)* et 2012 *(Vivre à présent*, publié chez Grasset comme tous ses livres), elle [publierait] quinze romans et autant de recueils de nouvelles. Sans oublier trois recueils d'essais et des *Récits de vies (1954-2008)* ».

Le roman de Nadine Gordimer relatif aux difficultés de la vie de famille de militants révolutionnaires sans cesse menacés par la prison et contraints à délaisser les leurs pour leur cause, paru en 1974 et intitulé *Burger's Daughter*, s'inspira très largement de la vie de Nelson Mandela. Elle reçut, cette même année, le prestigieux prix Book Prize pour son ouvrage *Le Conservateur*. En 2008, elle figura parmi plusieurs auteurs de renommée mondiale – dont Philip Roth, Salman Rushdie et Carlos Fuentes – et quatre autres lauréats du prix Nobel de littérature – Gabriel García Márquez, Jean-Marie Gustave Le Clézio, John Maxwell Coetzee et Orhan Pamuk – pour soutenir l'écrivain franco-tchèque Milan Kundera, soupçonné d'avoir dénoncé à l'ancienne police tchécoslovaque l'un de ses concitoyens qui fut condamné à vingt-deux ans de prison. Elle n'hésita pas non plus depuis l'avènement de la démocratie en 1994, à plus de quatre-vingt-cinq ans, de pointer les erreurs et manquements du nouveau pouvoir des successeurs de Nelson Mandela. Ainsi, en 2011, prit-elle position contre la future loi sur l'information[313], ayant commencé à faire débat depuis lors, et exprima haut et fort son inquiétude pour la liberté d'expression dans son pays. Dans le quotidien *Times*, Nadine Gordimer déclara que :

> « les gens [s'étaient] battus, ils [étaient morts] pour avoir la possibilité [de jouir d'une] vie meilleure, [désormais] ruinée et salie par la corruption. Les pratiques corrompues et le népotisme [que les hommes politiques s'autorisaient ne pouvaient] être exposés que si [les Sud-Africains avaient] la liberté d'expression. »

Dans le communiqué ayant annoncé le décès de Nadine Gordimer, ses enfants rappelèrent que,

> « sa plus grande fierté n'était pas seulement d'avoir reçu le prix Nobel de littérature en 1991, mais aussi d'avoir témoigné [à un procès] en 1986, [ayant ainsi contribué] à sauver la vie de 22 membres de l'ANC, tous accusés de trahison ».

8.5 - Cheikh Anta Diop

Cheikh Anta Diop vit le jour le 29 décembre 1923 à Thieytou dans le département de Bambey, dans la région de Diourbel au Sénégal, et décéda le 7 février 1986 à Dakar. Historien, anthropologue, égyptologue et homme politique sénégalais, il œuvra pour l'apport de l'Afrique, et en particulier de l'Afrique noire, à la culture et à la civilisation mondiale. Ses thèses, lesquelles restent aujourd'hui discutées, voire souvent contestées, sont très peu reprises dans la communauté scien-

---

[313] Loi qui s'apparenterait, selon la lauréate du prix Nobel de littérature, au « retour au temps où la liberté d'expression était supprimée sous l'apartheid ».

tifique – notamment au sujet de l'Égypte antique. Cheikh Anta Diop fut cependant un précurseur concernant l'importance et l'ancienneté de la place des Africains dans l'histoire, de plus en plus confirmée par les études actuelles. Sa vision peut aussi être interprétée comme une anticipation de découvertes archéologiques majeures des années 2000 sur le continent africain, que ce soit Kerma[314] ou, beaucoup plus ancien, Blombos. Pour le mathématicien Pascal Kossivi Adjamagbo,

> « les traces les plus anciennes d'objets mathématiques dans l'histoire de l'humanité, des figures géométriques gravées avec des outils tranchants performants sur deux morceaux de pierres ocre, ont été découvertes en Afrique du Sud dans une grotte à Blombos. Ces découvertes ont fait l'objet d'une publication dans le numéro du 15 février 2002 du *Journal Science* qui a fait couler beaucoup d'encre, et pour cause. Les objets découverts ont été datés de 75 000 ans avant notre ère, à une période où, de mémoire d'homme, les pieds d'aucun homme n'aient encore foulé le sol de l'Europe ou de l'Asie continentale, l'arrivée de l'homme moderne en Europe en provenance de l'Afrique, le berceau non seulement de l'humanité mais aussi de la civilisation moderne, datant seulement de 40 000 ans avant notre ère. »[315]

---

[314] Il serait question, du XXVe siècle au XXIe siècle avant notre ère, d'un ensemble des cultures nilotiques du Soudan moyen qui se seraient regroupées par chefferies autour d'un puissant monarque dont la capitale se situait à Kerma, site du cours moyen du Nil soudanais. La population de cette époque aurait été constituée de peuplades différentes, davantage marquées par les influences du Sud du Soudan. Toutes ces civilisations égyptiennes et nubiennes (Kerma, Napata, Méroé) auraient appartenu à cette même vallée du Nil qui constituait la base des antiquités classiques découvertes en Afrique. Ainsi, de 1700 à 700 avant J.-C., la Nubie et l'Égypte auraient développé des civilisations endogènes autonomes qui entretenaient des relations commerciales, laissant supposer que l'empire pharaonique s'était étendu jusqu'en Nubie après la chute du royaume de Kerma. Bien plus tard, la Nubie koushite engloberait totalement la vallée du Nil jusqu'au delta avec ses Pharaons noirs, en pérennisant l'héritage culturel des périodes les plus anciennes de l'Égypte. Des relations diplomatiques entre Kerma et les envahisseurs asiatiques Hyksôs (sémites) du delta du Nil auraient été prouvées et attestées. De plus, les deux puissances auraient essayé de faire alliance afin de contrer la montée en force d'une dynastie rivale située à Thèbes. Kamosé aurait repris alors l'avantage sur le royaume de Kerma, en repoussant sa frontière au Sud d'Éléphantine. Son successeur, Ahmôsis Ier, poursuivrait cette conquête des territoires du Soudan.

[315] In *Sur l'origine africaine des mathématiques*, article de Pascal Kossivi

Rappelons que les os d'Ishango, appelés aussi bâtons d'Ishango, ces artefacts archéologiques découverts dans l'ancien Congo belge et datés de peut-être 20 000 ans, représentent probablement la plus ancienne attestation de la pratique de l'arithmétique dans l'histoire de l'Humanité. Considérés d'abord comme des bâtons de comptage, certains scientifiques pensent qu'il s'agirait d'une compréhension bien plus avancée. Tout comme d'aucuns n'ignorent, à commencer par le cybernéticien américain de l'université d'Ohio, en l'occurrence Ron Eglash, que beaucoup de traditions culturelles africaines sont fondées sur des algorithmes ou sur des mathématiques. Ces algorithmes, fondements de notre modernité technologique ayant fait la renommée de beaucoup de sommités – Georg Cantor, Niels von Koch, Benoît Mandelbrot… –, relèvent des mathématiques de l'Afrique.

Cheikh Anta Diop prépara en 1951, sous la direction de Marcel Griaule, une thèse de doctorat à l'université de Paris, dans laquelle il affirma que l'Égypte antique était peuplée d'Africains noirs, et que la langue et la culture égyptiennes s'étaient ensuite diffusées dans l'Afrique de l'Ouest. Il ne parvint pas dans un premier temps à réunir un jury mais sa thèse rencontra un « grand écho » sous la forme d'un livre, *Nations nègres et culture : De l'antiquité nègre égyptienne aux problèmes culturels de l'Afrique Noire d'aujourd'hui*, publié en 1954. Pour Aimé Césaire, cet ouvrage était tout simplement :

> « le plus audacieux qu'un nègre ait [...] écrit et qui [compterait] à n'en pas douter dans le réveil de l'Afrique ».

Pour le journaliste Tirthankar Chanda, dans *Les combats pour l'histoire africaine de Cheikh Anta Diop*, chronique diffusée en février 2016 sur Radio France Internationale,

> « dans les années 1950 – période d'impérialisme colonial finissant lorsque l'Occident [dominait] l'Afrique encore politiquement et intellectuellement –, l'ouvrage de Diop affirmant l'origine africaine de la civilisation [sonna] comme un coup de tonnerre dans le ciel tranquille de l'*establishment* intellectuel parisien, guère habitué à tant d'audace de la part des thésards noirs. »

Adjamagbo publié en février 2016 dans *La calebasse réparée*.

Cheikh Anta Diop décrocha, finalement, son doctorat en 1960. Il poursuivit entre-temps une spécialisation en physique nucléaire au laboratoire de chimie nucléaire du Collège de France. Il mit à profit sa formation pluridisciplinaire pour combiner plusieurs méthodes d'approche. Ainsi s'appuya-t-il sur des citations d'auteurs anciens comme l'historien et géographe Hérodote, ainsi que le géographe Strabon, afin d'illustrer sa théorie selon laquelle les Égyptiens anciens présentaient les mêmes traits physiques que les Africains noirs d'aujourd'hui (couleur de la peau, aspect des cheveux, du nez et des lèvres) – contrevenant aux dogmes de l'égyptologie traditionnelle selon laquelle les Égyptiens pharaoniques étaient des Blancs, et d'origine sémitique. Son interprétation de données d'ordre anthropologique, comme le rôle du matriarcat, et archéologique le poussa à affirmer l'origine nègre de la culture égyptienne. Sur le plan linguistique, il considéra en particulier l'appartenance phonétique du wolof, parlé aujourd'hui en Afrique occidentale, à la langue égyptienne antique.

Dans les années 1970, Cheikh Anta Diop participa au comité scientifique international qui dirigea, dans le cadre de l'Unesco, l'élaboration de l'*Histoire générale de l'Afrique* (HGA), un projet éditorial ambitieux qui compterait huit volumes. Dès 1947, il épousa la cause politique de l'indépendance des pays africains et de la constitution d'un État fédéral en Afrique. Licencié de philosophie et étudiant à la Faculté des Sciences, il publia sa première étude de linguistique, *Étude linguistique ouolove – Origine de la langue et de la race valaf*, dans la revue *Présence Africaine* créée en 1947 par le grand homme de culture Alioune Diop. Ce dernier fonderait la maison d'éditions Présence africaine, puis la Société Africaine de Culture (SAC). La même année, Cheikh Anta Diop publia, dans un numéro spécial de la revue *Le Musée Vivant*, un article intitulé *Quand pourra-t-on parler d'une renaissance africaine ?*, réflexion en partie consacrée à la question de l'utilisation et du développement des langues africaines. Il proposa dans ce contexte, pour la toute première fois, de bâtir *les humanités africaines* à partir de l'Égypte ancienne. Il fit inscrire en 1949 sur les registres de la Sorbonne le sujet de thèse de doctorat ès Lettres qu'il se proposa de traiter, sous la direction du professeur Gaston Bachelard, et qu'il intitula *L'avenir culturel de la pensée africaine*.

Entre 1950 et 1953, Cheikh Anta Diop fut secrétaire général des étudiants du Rassemblement démocratique africain, ce parti politique étant dirigé à l'époque par Félix Houphouët-Boigny, et dénonça, dans un article paru dans *La Voix de l'Afrique noire*, l'Union française qui,

> « quel que soit l'angle sous lequel on l'[envisageait], [apparaissait] comme défavorable aux intérêts des Africains ».

Une année plus tôt, en février 1952, Cheik Anta Diop avait effectivement publié un article intitulé *Vers une idéologie politique africaine*, dans lequel il avait posé pour la toute première fois en Afrique francophone, sous leurs multiples aspects – culturels, économiques, sociaux, etc. – les principes de l'indépendance nationale et de la constitution d'une fédération d'États démocratiques africains, à l'échelle continentale. Sur un plan plus culturel, toujours dans le cadre de la lutte politique, il participa aux différents congrès des artistes et écrivains noirs et, en 1960, il publia ce qui deviendrait sa plate-forme politique : *Les fondements économiques et culturels d'un futur État fédéral en Afrique noire*. Dans cette optique, le colonel Mouammar Kadhafi souhaiterait bien plus tard contribuer, à l'instar de Kwame Nkrumah, à l'émergence des États-Unis d'Afrique.

Dans un entretien relatif à son retour définitif au Sénégal en 1960, Cheik Anta Diop déclara :

> « Je rentre sous peu en Afrique où une lourde tâche nous attend tous. Dans les limites de mes possibilités et de mes moyens, j'espère contribuer efficacement à l'impulsion de la recherche scientifique dans le domaine des sciences humaines et celui des sciences exactes. Quant à l'Afrique noire, elle doit se nourrir des fruits de mes recherches à l'échelle continentale. Il ne s'agit pas de se créer, de toutes pièces, une histoire plus belle que celle des autres, de manière à doper moralement le peuple pendant la période de lutte pour l'indépendance, mais de partir de cette idée évidente que chaque peuple a une histoire. »[316]

---

[316] In *La Vie Africaine*, n° 6, mars-avril 1960, p. 11.

De Cheikh Anta Diop, le professeur Souleymane Bachir Diagne a évidemment retenu trois grandes idées :

> « *Primo*, la civilisation égyptienne est une civilisation profondément africaine et d'ailleurs l'Égypte n'est pas compréhensible sans son ancrage africain, tout comme l'histoire africaine ne se comprendrait pas sans sa connexion avec l'Égypte. La deuxième leçon importante, ce fut la découverte que l'Afrique ne se réduisait pas à sa tradition orale et que l'érudition écrite avait une longue histoire sur notre continent. Comme l'a écrit Diop, on ne peut pas parler de philosophie africaine en ignorant que cette discipline était enseignée dans des grandes villes comme Tombouctou ou Djenné dans une tradition écrite depuis des époques médiévales. La lecture de Cheikh Anta Diop m'a convaincu que la démarche ethnologique ne suffisait pas et qu'il fallait une démarche proprement historique pour pouvoir situer l'histoire intellectuelle de l'Afrique à l'intérieur de celle du monde musulman et, plus généralement, à l'intérieur de la tradition de l'érudition écrite. Enfin, la troisième grande idée que Diop développe dans son œuvre, c'est celle de l'unité culturelle et politique africaine. Son volontarisme panafricaniste n'est pas sans rappeler l'appel à l'unité africaine d'un Senghor ou d'un Nkrumah. »[317]

Aux dires de Doué Gnonsoa, Cheik Anta Diop serait l'un des principaux instigateurs de la démocratisation du débat politique au Sénégal, où il avait animé l'opposition institutionnelle au régime de Léopold Sédar Senghor, à travers la création de partis politiques – le FNS en 1961, le RND en 1976 –, d'un journal d'opposition, *Siggi*[318], et d'un syndicat de paysans. Sa confrontation idéologique, au Sénégal, avec le chantre de la négritude, serait l'un des épisodes intellectuels et politiques les plus marquants de l'histoire contemporaine de l'Afrique noire[319].

Cheikh Anta Diop mourut le 7 février 1986, à Dakar, à son domicile de Fann. Il laissa inachevé un travail, publié plus tard aux Éditions

---

[317] In *Cheikh Anta Diop : Les Égyptiens étaient des Nègres*, interview accordée en février 2016 au journaliste Tirthankar Chanda, pour l'émission *Les voix du monde* diffusée sur Radio France Internationale.

[318] Lequel serait renommé par la suite *Taxaw*.

[319] À lire surtout l'ouvrage de l'auteur intitulé *Cheikh Anta Diop : Théophile Obenga : Combat pour la Re-naissance africaine*, L'Harmattan, Paris, 2003.

Présence Africaine sous le titre *Nouvelles recherches sur l'égyptien ancien et les langues négro-africaines modernes*. Il est considéré, avec Théophile Obenga et Asante Kete Molefi, comme l'un des inspirateurs du courant épistémologique de l'*afrocentricité*[320]. Distingué en 1966, lors du premier Festival mondial des Arts nègres de Dakar, il le fut comme « l'auteur africain qui a exercé le plus d'influence sur le XXe siècle ». Inauguré à Thieytou le 8 février 2008 par le ministre sénégalais de la Culture, Mame Biram Diouf, un mausolée, lequel figure sur la liste des sites et monuments classés du Sénégal, perpétue la mémoire du chercheur. Depuis 1987, l'université de Dakar fut renommée université Cheik Anta Diop (UCAD).

8.6 - Miriam Makeba

Miriam Makeba, surnommée parfois Mama Afrika, de son vrai nom Zenzile[321] Makeba Qgwashu Nguvama, naquit le 4 mars 1932 à Johannesbourg, en Afrique du Sud, et décéda le 9 novembre 2008 à Castel Volturno, dans la province de Caserte en Campagnie en Italie. Elle fut une chanteuse d'ethno-jazz et une militante politique sud-africaine de surcroît panafricaniste, naturalisée guinéenne dans les années 1960, puis algérienne en 1972. Elle se retrouva pour la première fois en prison en très bas âge, lors de l'incarcération de sa mère durant six mois pour avoir fabriqué de la bière afin de subvenir aux besoins de sa famille. Son père décéda lorsqu'elle avait six ans.

À l'âge de vingt ans, Zenzi Makeba, bonne d'enfants puis laveuse de taxis, vit seule avec sa fille Bongi Masekela et sa mère. Elle com-

---

[320] Une théorie du changement social et surtout un ensemble cohérent d'actions qui partent de la localisation mentale des esprits pensants, fondamentalement. Est *afrocentrique* celui qui met l'Afrique au centre, au cœur de sa vision du monde, de ses préoccupations, de ses problématiques, de ses enjeux, de son projet. L'Afrique est le sujet. Il s'agit d'envisager le monde du point de vue de la culture et des valeurs africaines. Cette optique balaie tous les domaines de la vie, science, philosophie, littérature, économie, astronomie, politique – l'Afrique étant le sujet… Dans la pratique, les relations sociales, l'attribution des noms, les modes, les projets entrepreneuriaux… sont concernés.

[321] On l'appelait aussi Zenzi, diminutif de Zenzile, qui signifie « Tu ne dois t'en prendre qu'à toi-même ».

mença à chanter, presque par hasard, avec les *Cuban Brothers*, puis devint en 1952 choriste du groupe *Manhattan Brothers* qui lui attribua son nom de scène : à savoir Miriam. Si elle connut très rapidement le succès, elle se servit de son nouveau métier pour dénoncer le régime de l'apartheid. En 1956, elle écrivit son plus grand succès, *Pata Pata*[322], une chanson enregistrée en 1962, avec laquelle elle fit le tour du monde.

Contrainte par le régime racial d'Afrique du Sud à l'exil en 1959 pour une trentaine d'années, à peine âgée de vingt-sept ans, elle serait déchue une année plus tard de sa nationalité sud-africaine en raison de son apparition dans le film anti-apartheid *Come-Back, Africa* du cinéaste américain Lionel Rogosin. Après s'être divorcée du légendaire jazzman Sonny Pillay, elle épousa en 1965 le trompettiste, bugliste et cornettiste sud-africain Hugh Masekela qui était un ami d'enfance pour s'en séparer en 1966. Cette même année, elle reçut un Grammy Award pour son disque *An evening with Harry Belafonte and Miriam Makeba* et devint la première Sud-Africaine à obtenir cette récompense. Son mariage en 1969 avec le militant afro-américain des droits civils Stokely Carmichael, chef des *Black Panthers*, lui causa des ennuis aux États-Unis. Elle s'exila à nouveau et s'installa en Guinée. Elle quitta Carmichael en 1978 et en 1980, dans ce pays où la polygamie était légale, elle devint la deuxième épouse de Bageot Bah, un Guinéen influent, directeur à l'époque à la société aérienne *Sabena*.

Décorée en 1985 par la France au titre de Commandeur des Arts et des Lettres, Miriam Makeba renoua en 1987 avec le succès grâce à sa collaboration avec Paul Simon dans l'album *Graceland*. Ensuite, elle publia son autobiographie *Makeba : My Story*. En 1992, elle interpréta le rôle de la mère (Angelina) dans le film *Sarafina !* sur les émeutes survenues en 1976 à Soweto. En 2002, elle obtint le Prix Polar Music. Ayant toujours rêvé d'une Afrique grande et unie, pour un avenir pacifié de son pays d'origine, elle exhortait ses frères noirs au pardon :

---

[322] « Cette petite chose qui a fait de moi une vedette », dirait-elle de la chanson *Pata Pata* lors d'un concert. Cette chanson serait reprise en 1980 par la chanteuse française Sylvie Vartan sous le titre de *Tape Tape*.

> « Il faut nous laisser grandir. Les Noirs et les Blancs doivent apprendre à se connaître, à vivre ensemble. »

Ambassadrice de bonne volonté de l'Organisation des Nations Unies pour l'alimentation et l'agriculture (FAO) en 1999, Miriam Makeba sortit en 2000 un nouvel album, *Homeland*, un disque exprimant sa joie d'être rentrée au pays de ses ancêtres. Dans son autobiographie, évoquée ci-dessus, elle écrivit :

> « J'ai conservé ma culture, j'ai conservé la musique de mes racines. Grâce à elle, je suis devenue cette voix et cette image de l'Afrique et de son peuple sans même en être consciente ».

Miriam Makeba fut nommée par le président Thabo Mvuyelwa Mbeki en 2001 Ambassadrice de bonne volonté de l'Afrique du Sud pour l'Afrique, pour son rôle infatigable en faveur de la paix et pour son action désintéressée et sans relâche au bénéfice de l'émancipation du peuple africain. En réaction à cet hommage, elle déclara :

> « Mon itinéraire a été en réalité long et sinueux au cours d'une vie jalonnée de défis auxquels je n'étais pas préparée et contre lesquels je n'étais pas dotée de capacités, une vie d'incertitude et souvent de douleur, pour avoir été loin de mon pays, de mon peuple, de ma famille et de ma maison. Mais en tant qu'Africaine et humaniste, j'ai supporté tous les défis que la vie m'a lancés comme beaucoup d'autres parce que nous étions éclairés par notre conscience et nos convictions. J'ai eu la chance de pouvoir utiliser la musique pour diffuser un message d'espoir aux citoyens du monde. »

Miriam Makeba mit fin à sa carrière en 2005, tout en continuant à défendre les causes auxquelles elle croyait. Elle rendit l'âme le 9 novembre 2008 dans la province de Caserte en Campagnie en Italie, à l'âge de soixante-seize ans, à cause d'un malaise, à la suite d'une prestation en soutien à Roberto Saviano, l'auteur de *Gomorra* traqué par la Camorra.

Le directeur général de la FAO, le Sénégalais Jacques Diouf, rendrait le 10 novembre 2008 un vibrant hommage à l'illustre chanteuse à peine disparue :

> « La mort subite de la chanteuse sud-africaine et défenseur des droits de l'Homme, Miriam Makeba, a emporté la voix d'un des soutiens les plus dévoués de l'Organisation des Nations Unies pour l'alimentation et l'agriculture. Pendant presque une décennie, l'Ambassadrice de bonne volonté de la FAO, Miriam Makeba, a été un soutien actif du combat de la FAO pour réduire la faim et améliorer les moyens d'existence des plus pauvres de par le monde.
> » Mama Africa combattait la violence, l'inégalité et la maladie qui condamnent tant de personnes, particulièrement les femmes et les enfants, à vivre dans des conditions de pauvreté extrême. Son énergie et son souci respectueux des plus vulnérables nous manqueront. »

Miriam Makeba avait parcouru le monde – en chantant dans la quasi-totalité des pays de la planète en zoulou, en sotho, en xhosa, et aussi, parfois, en américain –, et multiplia les succès musicaux. Elle était devenue surtout l'une des voix contre l'apartheid, mais aussi la fierté du continent africain. Elle était retournée en Afrique du Sud en 1990, à la libération de Nelson Mandela du pénitencier de Robben Island, munie d'un passeport français.

8.7 - Dulcie September

Dulcie Evonne September naquit le 20 août 1935 à Athlone, une banlieue de la ville du Cap en Afrique du Sud, et fut assassinée le 29 mars 1988 à Paris en France. Femme politique sud-africaine, elle milita activement contre l'apartheid.

Après une agression dans le métro parisien en automne 1987, Dulcie September demanda une protection policière qui lui fut refusée. Craignant pour sa sécurité, elle emménagea à la rue de la Convention à Arcueil, en banlieue parisienne dans le département du Val-de-Marne. Ses précautions furent insuffisantes, puisqu'elle serait abattue, devant la porte de son bureau, de cinq balles tirées d'une « arme à canon lisse équipée d'un silencieux de très bonne qualité », au quatrième étage de l'immeuble sis 28 rue des Petites Écuries dans le dixième arrondissement de Paris, dont le loyer était payé par le Parti Socialiste français tandis que les associations et les mouvements de gauche prenaient en charge d'autres factures. L'autopsie pratiquée par le docteur Campana permit de mettre en évidence cinq projectiles et de faire mention d'« un tir groupé à courte distance du côté droit du visage ». L'amateurisme devait donc être exclu dans l'exécution de la militante et employée permanente de l'ANC pour la France, la Suisse et le Luxembourg.

Jacqueline Derens, professeure d'anglais et fervente militante anti-apartheid de la première heure, fut très active en France dans le combat que menait l'ANC. Pour cette enseignante, Dulcie September était :

> « une très belle femme, une grande métisse avec des yeux étonnants comme remplis de paillettes d'or ; quand elle était furibarde, ça flashait ! »[323]

Son amie française, en l'occurrence Jacqueline Derens, la décrivit encore comme :

> « un bourreau de travail, une femme de terrain qui parcourait le pays inlassablement… À cette époque, en France, Mandela était considéré comme un terroriste et l'Afrique du Sud, un pays où finalement les Noirs étaient moins malheureux qu'ailleurs en Afrique. C'[était] grâce à Dulcie [September] qu'il y [avait] eu chez nous une prise de conscience ! »[324]

Même si le meurtrier resta inconnu, on soupçonna néanmoins le sergent-major du *South African Defence Force* (SADF) Joseph Klue, ainsi que le vendeur d'armes et agent sud-africain Dirk K. Stoffberg, Heine Hüman et Jean-Paul Guerrier, un proche du célèbre mercenaire Bob Denard. Cet assassin, en l'occurrence Jean-Paul Guerrier, aurait été engagé par le gouvernement sud-africain, plus précisément le département action des services secrets, le *Civile Cooperation Bureau* (CCB). L'association *Survie* accusa les services secrets français, notamment l'entourage de Charles Pasqua et de Robert Pandraud, respectivement à l'époque ministre de l'Intérieur et directeur de la police nationale, d'avoir collaboré à ce meurtre. En effet, Dulcie September

---

[323] In *Nous avons combattu l'apartheid*, Jacqueline Derens, Non lieu, 2006.
[324] *Ibidem.*

enquêtait sur un trafic d'armes, ainsi que de substances nucléaires, entre la France et l'Afrique du Sud. En étant intervenue publiquement, entre 1986 et 1987 en faveur de Pierre-André Albertini, ce coopérant français ayant été arrêté le 23 octobre 1986 dans le bantoustan du Ciskei et condamné à quatre années de prison le 20 mars 1987 pour « refus de témoigner » dans une affaire d'aide à un parti illégal – à savoir l'ANC de Nelson Mandela –, Dulcie September avait provoqué des contrariétés :

> « entre-temps, en 1987, les relations franco-africaines ont été marquées par l'affaire Albertini, suscitant ainsi une campagne de presse et une tension de plus dans la cohabitation entre François Mitterrand et Jacques Chirac sur le continent africain. »[325]

Pour Peter Hermes, alors directeur de l'Institut néerlandais pour l'Afrique australe,

> « si le régime d'apartheid voulait affaiblir l'ANC en exil, il aurait pu choisir d'autres cibles plus importantes [...] Dulcie September était une cible facile pour les services secrets sud-africains qui considéraient que le mouvement anti-apartheid n'était pas suffisamment mobilisateur en France pour provoquer des manifestations à Paris, à la différence de Londres ou Amsterdam. Mais le vrai motif du meurtre pourrait bien être ailleurs : Dulcie September s'intéressait de trop près au commerce des armes entre Paris et Pretoria. »

Après des obsèques au cimetière du Père-Lachaise dans le vingtième arrondissement Paris, conformément à sa demande, ses cendres furent ramenées par sa sœur en Afrique du Sud et dispersées à travers sa terre natale.

Le 16 avril 1991, le compte rendu général de l'enquête de la Brigade criminelle adressé à la juge Claudine Forkel s'apparenta à un constat d'échec, il semblerait que :

> « l'assassinat de Dulcie September [avait] vraisemblablement été méticuleusement préparé et exécuté à 9h45 hors de la présence de témoins. Les seuls indices matériels recueillis sur les lieux [étaient]

---

[325] In *Mitterrand l'Africain ?*, Gaspard-Hubert Lonsi Koko, *op. cit.*, p. 88.

les étuis de cartouches de calibre 22 de marque Hirtenberger. Une empreinte [avait] été relevée sur l'ascenseur et deux mégots de cigarette Marlboro [avaient] été découverts dans l'escalier. Il n'[était] toutefois pas permis d'affirmer que cette trace et ces mégots [avaient] un rapport avec le ou les assassins… Cette action s'[était] inscrite dans une vaste entreprise d'élimination des responsables de l'ANC au niveau européen et [avait] fait suite à des attentats ou projets d'attentat contre les dirigeants de l'ANC à Londres et à Bruxelles. »

Le 17 juillet 1992, une ordonnance de non-lieu fut rendue. Ainsi l'affaire fut-elle classée, alors que ce crime avait été bel et bien signé. De plus, il s'agissait d'une exécution en bonne et due forme réalisée par des agents et mercenaires à la solde du régime barbare de Pretoria.

Dans un livre paru en 2010 en France, Maurice Dufresse[326], l'ancien sous-directeur de la Direction générale de la sécurité extérieure (DGSE), avait pourtant fait allusion à l'information qu'il avait obtenue d'un de ses indicateurs :

> « Richard R…, ancien officier de l'armée française devenu en 1985 mercenaire au sein de la Garde présidentielle comorienne sous le commandement de Bob Denard, dirigerait […] un groupe menant des missions de renseignement sur l'ANC en Europe. Il aurait pu jouer un rôle dans l'assassinat de Dulcie September. Le responsable pour la France serait Victor-Paul T… Selon la même information, une ex-militante d'Occident et de Jeune Europe[327] aurait été agent de liaison du groupe… »[328]

Ce petit monde fut *de facto* surveillé, écouté, interrogé… Tout collait parfaitement :

> « la personnalité de R…, son passé et ses relations dans le milieu des mercenaires, ses fréquents voyages et séjours en Afrique du Sud, et

---

[326] Connu également sous le surnom de Pierre Siramy.

[327] Un mouvement nationaliste européen, fondé en 1962, issu du Mouvement d'action civique (MAC).

[328] In *25 ans dans les services secrets*, Pierre Siramy et Laurent Léger, Flammarion, Paris, 2010.

même son implication probable dans un trafic de drogue ».[329]

Des informations absolument cohérentes avaient donc été fournies sur cet ancien militaire, un suspect en puissance. Mais il était roux et que le seul témoin ne l'avait pas reconnu. Par ailleurs, faute de coopération de la part des Sud-Africains, il était impossible de mettre à mal cet alibi…

Dans son album intitulé *Révolutions* sorti la même année, le compositeur et interprète français Jean-Michel Jarre composa un morceau portant le titre *September* dédié à Dulcie, et, le 14 juillet 1996, Nelson Mandela honora de sa présence d'une plaque lors d'une cérémonie commémorative devant son dernier domicile à Arcueil dans le Val-de-Marne. À l'initiative de l'association *Rencontre nationale avec le peuple d'Afrique du Sud* (RENAPAS), la place Dulcie September, située au carrefour des rues Lafayette, du Château-Landon et Philippe de Girard, fut inaugurée le 30 mars 1998 dans le dixième arrondissement de Paris par l'ancien maire socialiste et ancien secrétaire d'État auprès du Premier ministre Michel Rocard, Tony Dreyfus, en présence de Charles Josselin, qui était à l'époque ministre délégué chargé de la Coopération auprès du ministre des Affaires étrangères du gouvernement de Lionel Jospin, et de Barbara Masekela, ambassadrice d'Afrique du Sud en France.

Un collège porte également le nom de Dulcie September dans la ville d'Arcueil. Le 3 mars 2011, le président de la République d'Afrique du Sud, Jacob Gedleyihlekisa Zuma, dans le cadre d'une visite d'État, demanda que le cortège officiel fasse étape par la ville d'Arcueil. Pour l'occasion, comme une sorte de pèlerinage laïc, il se rendit dans le collège qui porte le nom de la militante de l'ANC. Cette visite rappela celle ayant été effectuée le 14 juillet 1996 par Nelson Mandela, alors président en exercice. Dans son pays, l'Afrique du Sud, seulement une petite rue à Leralia, quartier situé à la périphérie de Johannesbourg, et un collège à Athlone dans la banlieue du Cap où elle était née et avait travaillé, lui ont été dédiés.

En Afrique du Sud, la piste des mercenaires français serait confirmée en 1998 par le rapport de la commission *Vérité et Réconciliation*,

[329] *Ibidem.*

chargée d'enquêter sur les crimes commis pendant la période d'apartheid. Condamné à perpétuité pour plus de quatre-vingts crimes,
Eugène de Koch, chef du redouté CCB, composé d'escadrons de la
mort sud-africains, reconnaîtrait avoir commandité l'assassinat de
Dulcie September et affirmerait que l'un des deux tueurs était un certain colonel Jean-Paul Guerrier, alias capitaine Siam, un proche de
Bob Denard. Ce colonel meurtrier disparaîtrait subitement en 1999.
Il aurait dû comparaître déjà, dix ans plutôt, aux côtés de Bob Denard
pour l'assassinat du président comorien Ahmed Abdallah.

8.8 - Wangari Maathai

Wangari Maathai, née Wangari Muta le 1er avril 1940 à Ihithe dans
la région de Nyéri à cent cinquante kilomètres de la ville de Nairobi
et morte le 25 septembre 2011 à Nairobi au Kenya à l'âge de soixante-
onze ans des suites d'un cancer, était une biologiste, professeure
d'anatomie en médecine vétérinaire, auteure de nombreux ouvrages
et militante politique et écologiste. Elle fut honorée du Prix Nobel de
la paix, le 8 octobre 2004, pour « sa contribution en faveur du développement durable, de la démocratie et de la paix ». De ce fait, sur les
plans écologique et féministe, elle fut la première femme africaine à
recevoir cette distinction. Le jury avait surtout motivé son choix en
ayant loué :

> « son approche holistique du développement durable, [ayant
> englobé] la démocratie, les droits humains et, en particulier, ceux de
> la femme ».

Wangari Maathai, affectueusement surnommée « la femme des
arbres », avait fondé en 1977 le mouvement de la *Green Belt Movement*, « Ceinture verte » en langue française, la plus importante
célébration environnementale de la société civile, pour honorer les
femmes qui dirigent l'environnementalisme kényan, en ayant commencé par planter sept arbres le jour de la Terre. Ce mouvement,
soutenu par les Kényanes à travers le pays, planterait plus de trente
millions d'arbres en seize années, pour prévenir l'érosion du sol.

Entre-temps, elle fut active aussi bien dans le domaine de l'environnement que dans celui des droits des femmes et dirigea le « Maendeleo ya wanawake »[330].

> « Son combat, Wangari Maathai le [mena] avec acharnement. Quitte à subir la répression policière et les geôles kényanes. À la fin des années 1990, elle s'[opposa] à la construction d'une tour de soixante étages au beau milieu d'un parc forestier, le "parc de la résistance" à Nairobi, un projet mené par le très autoritaire président d'alors, Daniel Arap Moï. Wangari [parvint] à convaincre les bailleurs internationaux de retirer les subventions accordées au projet. Elle le [paierait] cher : craignant pour sa vie après la violente évacuation des locaux de son association à Nairobi, elle se [réfugia] en Tanzanie. » Elle [revint] à la charge peu après en se joignant à une contestation de mères de détenus politiques au Kenya. La manifestation [fut] férocement réprimée. La contestation [gagna] tout le pays, le Kenya [menaça] de s'enflammer. Finalement, les autorités [décidèrent] de lâcher du lest et [autorisèrent] les partis politiques d'opposition, réduits au silence par des années d'oppression. »[331]

Souvent arrêtée sous la présidence de Daniel Arap Moï, Wangari Maathai fut emprisonnée plusieurs fois – notamment, en 1991, quand elle fut libérée sous caution grâce au soutien d'Amnesty international – et violemment attaquée pour avoir revendiqué des élections multipartites, la fin de la corruption et de la politique tribale. Afin de justifier la ténacité des combats de l'association *Green Belt Movement* créée en 1977 pour lutter contre la déforestation, elle déclara naturellement au quotidien français *Le Monde* :

> « Dans mon ethnie, la révolte est naturelle. Je ne suis qu'une Kikuyu typique dans le fond. »

Militante écologiste, elle fonda le Parti vert *Mazinga* en 2003, lequel s'affilia à la fédération des Partis verts d'Afrique et à la charte

---

[330] Le Conseil national des femmes du Kenya.
[331] In *Décès de la Prix Nobel de la paix Wangari Maathai*. Source : France 24, information diffusée en septembre 2011.

des Verts mondiaux[332]. Élue au parlement kényan en décembre 2002, le président de la République Mwai Kibaki la nomma, en janvier 2003, ministre adjointe à l'Environnement, aux Ressources naturelles et à la faune sauvage. Le 29 juillet 2009, Wangari Muta Maathai fut conseillère honoraire au *Conseil pour l'avenir du monde*, lequel regroupe les intérêts des générations futures au centre de la politique de décision[333].

Ayant été impliquée dans les négociations sur le changement climatique et fait partie de nombreuses fondations sur l'environnement à travers le monde, elle fut l'auteur de quatre ouvrages dans ce domaine. Au quotidien belge *La Libre Belgique*, Wangari Muta Maathai répéterait, en décembre 2004, la portée humaine de son combat :

> « La paix, ce n'est pas seulement l'absence de guerre et de coups de fusils. Il peut aussi y avoir des guerres silencieuses quand on élimine des espèces vivantes de la planète, quand on empêche les gens de vivre dignement. Ce sont les guerres de demain. »

8.9 - Ken Saro-Wiwa

Kenule Beeson Saro-Wiwa, dit Ken Saro-Wiwa, naquit le 10 octobre 1941 à Bori, village de l'Ogoniland situé au cœur du delta du Niger, et mourut le 10 novembre 1995 à Port Harcourt au Nigeria. Il fut un écrivain et opposant nigérian. En tant que militant écologiste, il réclamait pour le peuple ogoni :

> « une autonomie politique, une juste part des richesses pétrolières et le droit de contrôler son environnement écologique dévasté par les compagnies pétrolières internationales, notamment la société Shell, après plus de trente-cinq années d'exploitation ».

---

[332] Il s'agit d'un document établi et signé en 2001 par 800 délégués des partis politiques Verts de plus de 70 pays au cours d'une première rencontre qui s'est tenue à Canberra, en Australie.

[333] Son fondateur, Jakob von Uexkull, a souhaité que ce conseil soit composé de personnalités intègres sur le plan éthique, respectées et jouissant d'un grand crédit dans l'opinion publique.

En 1973, après avoir travaillé pendant trois années à la Commission régionale de l'éducation (*Rivers State Cabinet*), Ken Saro-Wiwa fut limogé. Il quitta donc l'administration nigériane au profit des occupations privées : le négoce d'abord, puis l'écriture.

En tant qu'écrivain, il publia en 1986 un roman en « anglais pourri » intitulé *Sozaboy, Prisoners of Jeb* en 1988 et *Génocide au Nigeria : la tragédie ogonie* en 1992. Comme producteur, il présenta à la télévision son opéra satyrique *soap culte Basi & Compagny*.

Fondateur en 1990 du Mouvement pour la Survie du Peuple Ogoni (*Movement for the Survival of the Ogoni People* ou MOSOP), afin de lutter contre les abus commis par certaines compagnies sur les terres du peuple Ogoni, il en serait le porte-parole, puis le président. Ainsi deviendrait-il le leader d'une campagne non violente contre des compagnies pétrolières comme Shell. Cette opération mobilisatrice dénoncerait les dégâts écologiques commis dans le delta du Niger. Pour ses actions militantes, il reçut en 1994 le Prix Nobel alternatif, quelques mois après son arrestation par le régime du président Sani Abacha.

Pour le journaliste et documentariste français Benjamin Bibas,

> « Ken Saro-Wiwa [pourrait] être considéré comme un des précurseurs du crime d'écocide, un des inspirateurs peut-être aussi des avancées théoriques récentes de la justice pénale internationale comme le "Document de politique générale relatif à la sélection et à la hiérarchisation des affaires", publié en septembre 2016 par la procureure de la Cour pénale internationale [...] sur les "ravages écologiques", "l'appropriation illicite de terres" ou "la destruction de l'environnement" »[334].

De plus,

> « s'il faut retenir une idée-force de l'itinéraire de Ken Saro-Wiwa, c'est bien celle de responsabilité : quand une exploitation de ressources naturelles a un impact environnemental tel qu'elle se solde durablement et massivement par des morts humaines plus ou moins violentes, comment accepter que ni l'exploitant ni l'État censé faire

---

[334] In *Ken Saro-Wiwa, un héros africain de l'écologie*, article de Benjamin Bibas paru en janvier 2017 dans *Reporterre*.

respecter le droit ne puissent en être tenus responsables ? »[335]

Ken Saro-Wiwa fut arrêté en juin 1994, avec neuf autres responsables du Mosop pour l'assassinat de quatre leaders traditionnels ogonis qu'ils nièrent avoir commis. Condamné à mort, il fut pendu le 10 novembre 1995 en compagnie de ses coaccusés. Cette exécution provoqua la suspension du Nigeria du Commonwealth et une plainte contre la société Shell pour complicité. Finalement, l'entreprise Shell serait condamnée à verser 15,5 millions de dollars américains en vue du règlement de ce litige aux États-Unis.

> « Vingt et un ans après, on ne peut que constater l'aspect avant-gardiste de sa pensée, sa capacité à pointer des responsabilités en rapprochant juridiquement destruction de l'environnement et violation grave des droits humains. »[336]

8.10 - Steve Biko

Stephen Bantu Biko, plus connu sous l'appellation de Steve Biko, vit le jour le 18 décembre 1946 à King William's Town dans la province du Cap et mourut en détention le 12 septembre 1977 dans le Transvaal. Militant noir d'Afrique du Sud, il s'intéressa très tôt à la politique à cause de l'arrestation de son frère en 1963 pour militantisme anti-apartheid et, semblerait-il, proxénétisme.

Fréquentant l'université de médecine du Natal où il fut élu au conseil représentatif des étudiants noirs, Biko en devint le délégué en 1968 à l'issue de la conférence de la *National Union of South African Students* (NUSAS) qui eut lieu à l'université de Rhodes. Révolté par sa condition de Noir dans l'Afrique du Sud de l'apartheid, il finit par rompre avec le libéralisme et la diversité multiraciale prônée par la NUSAS. En 1968, il milita pour un mouvement exclusivement noir, contrairement à la NUSAS très ouverte aux étudiants libéraux blancs.

En 1969, lors d'une rencontre à l'université du Nord non loin de Pietersburg, Steve Biko participa aux côtés des étudiants noirs du

---

[335] *Ibidem.*
[336] *Ibidem.*

– 299 –

Natal à la création de la *South African Students Organisation* (SASO, Organisation des étudiants sud-africains) dont il serait le premier président élu. La SASO représenterait le *Black consciousness movement* (Mouvement de conscience noire) et critiquerait, par conséquent, l'ANC et les libéraux blancs. Ainsi Steve Biko et les membres de la SASO prôneraient-ils une émancipation des Noirs par eux-mêmes, en affirmant que, même s'ils étaient de bonne volonté, les Blancs ne pouvaient en aucun cas comprendre le point de vue des Noirs sur la lutte à mener. Biko se déclara donc contre le fait qu'une minorité de colons impose ses valeurs aux peuples indigènes. De plus, la « libération psychologique » devait précéder la « libération physique », les Noirs ne pouvant se débarrasser politiquement de l'apartheid qu'en cessant de se sentir inférieurs aux Blancs. En conséquence, ils ne devaient ni ne pouvaient compter sur l'aide ou l'assistance des Blancs et ne devaient plus participer à tout mouvement les incluant dans la lutte pour la dignité. Le principe de la fierté de la conscience noire, indispensable à la volonté des Noirs de définir et d'orienter leur propre destinée, aurait un retentissement considérable sur les lois d'apartheid.

Steve Biko fut sans conteste influencé par les initiatives d'autres grands leaders de l'émancipation des Noirs, comme W.E.B. Du Bois, Marcus Garvey, Alain Locke, Frantz Fanon et des penseurs de la Négritude, comme Aimé Césaire et Léopold Sédar Senghor. À l'instar de Mahatma Gandhi et de Martin Luther King, plus stratégiquement, il opta pour la non-violence en tant que moyen efficace de lutte face à la politique ségrégationniste. Mais la SASO serait assimilée par le pouvoir en place au *Black Power* américain.

Détenu en 1973, Steve Biko fut alors banni, assigné à résidence dans sa région du Cap Oriental et empêché de faire des discours en public. Il ne devait pas non plus parler à plus d'une personne à la fois. En juin 1976, l'évolution de la politique ségrégationniste déboucha sur des soulèvements populaires dans tous les townships du pays. Ceux-ci occasionneraient, entre autres, le massacre de Soweto.

Arrêté par la police le 18 août 1977, Steve Biko serait torturé à Port Elizabeth et transféré à Pretoria, puis au Transvaal le 11 septembre 1977. Il mourrait en détention le lendemain, officiellement des suites d'une grève de la faim. Aux questions de la députée libérale

Helen Suzman, le ministre de la Justice, Jimmy Kruger, répondit sèchement : « la mort de Steve Biko me laisse froid ». Par son décès, Biko devint le symbole de la résistance noire face à la cruauté du pouvoir d'apartheid.

En 1978, la SASO et la *Black People's Convention* (BPC) fusionnèrent et formèrent l'*Azanian People's Organisation* (AZAPO). Le 7 octobre 2003, la justice sud-africaine renonça à poursuivre les cinq policiers qui avaient été mis en cause dans la mort de Steve Biko pour manque de preuves et absence de témoins.

8.11 - La passionaria de la lutte anti-apartheid

Winnie Mandela naquit le 26 septembre 1936 dans la région rurale de Pondoland, sous le nom de Nomzamo Winifred Zanyiwe Madikizela. Elle mourut dans sa maison de Soweto, le 2 avril 2018 à l'âge de quatre-vingt-un ans des suites d'une longue maladie. Elle était une femme politique sud-africaine, membre et militante de l'ANC, présidente de la ligue des femmes de ce mouvement politique de 1993 à 1997, députée et vice-ministre des Arts, de la Culture, de la Science et des Technologies de 1994 à 1995 dans le gouvernement de Nelson Mandela. Sa mère, enseignante en sciences ménagères et fondamentaliste religieuse, décéda alors que Winnie n'avait que neuf ans. Elle laissa neuf enfants, dont le plus jeune avait trois mois. Le père de Winnie, Columbine, fut professeur d'histoire. Il occupa ensuite le poste de ministre de l'Agriculture dans le Transkei, un territoire autonome d'Afrique du Sud. Après avoir fréquenté les écoles *Bizana* et *Shawbury* dans le Transkei, Winnie obtint en 1955 le diplôme de l'école de travail social *Jan Hofmeyer* de Johannesburg. Elle décrocha un poste à l'hôpital *Baragwanath* de Soweto, devenant ainsi la première assistante sociale médicale noire d'Afrique du Sud.

Winnie Mandela s'était distinguée dans la lutte contre l'apartheid, durant les années d'incarcération de 1957 à 1996 de son mari Nelson Mandela – le père de ses filles Zenani et Zindzi – et des chefs de l'ANC qui étaient emprisonnés à Robben Island, ou, à l'instar d'Oliver Tambo qui s'était trouvé à Londres, contraints à l'exil. À ce titre, elle fut harcelée par les services secrets sud-africains, maintes fois arrêtée, détenue ou assignée à résidence. Des agents des renseignements suivaient tous ses déplacements. Ils la surveillaient nuit et jour.

> « Pressions de toutes sortes : sur ses employeurs, sur ses filles qu'elle [finirait] par envoyer étudier au Swaziland ; irruptions en pleine nuit dans la petite maison d'Orlando Ouest à Soweto, menaces répétées ; et puis la prison en 1969 pendant 491 jours. Elle [publia], en 2013, le journal qu'elle [avait] tenu alors : les fouilles vaginales, l'isolement, la torture, l'humiliation… »[337]

Selon Carole Kouassi, dans l'article intitulé *Winnie Mandela : un héritage politique spolié par des controverses*, publié en avril 2018 sur le site Internet *Africanews.com*,

> « sous le joug du régime de l'apartheid, Winnie Mandela [avait] vécu l'enfer. Celle que l'on [prénommait] également Nomzamo[338] [avait] violentée, brutalisée, placée en isolement total, emprisonnée, torturée, mais jamais elle n'[avait] cédé. Bien au contraire, elle [avait] réussi à mobiliser les troupes et à entretenir la flamme de la résistance jusqu'à la libération de son époux en 1990. »

La révolte des écoliers contre l'enseignement de l'afrikaans en 1976 confirma la stature nationale de Winnie Mandela. Par conséquent, le régime d'apartheid l'assigna à résidence pour dix ans. Interdite de séjour à Soweto, elle fut confinée à plusieurs centaines de kilomètres à Brandford dans le très conservateur État d'Orange qu'elle qualifierait de sa « petite Sibérie ». Effectivement,

> « [Winnie Mandela] fut déportée à Brandford, [où elle vivrait] dans une prison, un tombeau ouvert, un exil forcé pour l'anéantir, l'isoler du reste du monde et de ses compagnons de lutte. Elle [tiendrait] tête, sa force de caractère admirable [serait] déterminante dans son refus de plier et de renoncer à la lutte »[339].

---

[337] In *Winnie Mandela, une autre Mandela*, article d'Ariane Bonzon publié en décembre 2013 sur le site *Slate.fr*.
[338] Celui qui doit endurer des épreuves.
[339] In *Winnie Mandela, la Voix et le Cœur de la lutte contre l'Apartheid*, article de Fatimé Raymonne Habré publié en avril 2018 sur le site *Leral.net*.

Coordonnant la lutte armée ayant été commencée par Nelson Mandela, Winnie se chargea du recrutement des combattants de l'ANC. Elle les enverrait dans un camp d'entraînement au Lesotho. Elle organiserait un réseau d'achat d'armes dans les pays voisins. Elle participerait à la tactique relative aux attaques simultanées des cibles à partir des frontières de plusieurs pays limitrophes, ayant ainsi empêché le pouvoir blanc et raciste d'évaluer, de façon précise, le nombre exact de forces combattantes de l'ANC.

> « Son courage était d'acier, tout était fait pour la briser, elle et les siens. Tenir, lutter, survivre, subir chaque jour la cruauté d'un pouvoir fou mais garder la tête haute, c'était déjà en soi gagner des points contre l'Apartheid. »[340]

Ainsi Winnie Mandela suscita-t-elle le courroux de l'officier Hendrik Van der Bergh, qui était chargé de l'élimination des opposants au régime ségrégationniste. Ce dernier déclara qu'ils allaient :

> « détruire cette femme, [puisqu'elle avait] réussi à implanter la graine de la révolte et de la résistance dans les townships et le monde entier [avait] les yeux braqués sur [eux] à cause d'elle. »

Abandonnant au bout du compte les plans qui avaient été mis en place pour assassiner Winnie Mandela, afin d'éviter une éventuelle explosion générale dans les townships devenus de véritables poudrières, les services de sécurité sud-africains infiltrèrent toutes les branches armées de l'ANC. Ainsi parvinrent-ils à noyauter les syndicats et le *Mandela Football Club*. Il fallait discréditer ce mouvement de résistance, diviser les Noirs et générer des affrontements entre eux… Bref, il fallait les affaiblir davantage. Selon Vic McPherson, qui dirigeait l'agence spéciale Stratcom, la mission de l'unité chargée de cette tâche consistait à mener une guerre psychologique dans le but de décapiter l'ANC, en utilisant des agents noirs pour un travail de renseignements, mais aussi d'attaques, de viols, de meurtres au sein de la communauté noire et d'en accuser les responsables de l'ANC.

---

[340] *Ibidem.*

« Stratcom avait un volet communication qui consistait à lancer et financer une campagne internationale contre la cible N° 1, Winnie Mandela. Des reportages très négatifs sur sa personne [avaient] été commandés à des journalistes sud-africains. Un cabinet de lobbying aux États-Unis était payé pour placer ces reportages sur 44 chaînes de télévision bien choisies. Winnie était présentée comme une révolutionnaire, une communiste, une chef de gang, etc. La presse anglaise était aussi approchée et des articles diffamatoires sur Winnie Mandela étaient publiés dans le *Sunday Times*, *The Independent*, le *Daily Express*, et d'autres journaux. Cette grande campagne de désinformation et d'intoxication, en vue de discréditer Winnie Mandela, porta un nom : c'était l'opération Romulus. Même la presse people fut enrôlée pour faire le sale boulot, tel cet article paru dans l'*United States Vanity Fair* sous le titre *"How bad is Winnie Mandela?"*. »[341]

Ce fameux article fut l'œuvre de Paul Erasmus, un des agents opérateurs à la solde de Vic McPherson. Ce dernier refuserait, lors des auditions relatives à la *Commission Vérité et Réconciliation* présidée par l'archevêque Desmond Mpilo Tutu, de demander pardon à Winnie Mandela pour cette campagne odieuse. Ainsi annonça-t-il :

« [Nelson] Mandela était sous contrôle, cent personnes étaient sur notre liste de Stratcom, Winnie était notre cible prioritaire, elle était totalement hors contrôle. Elle [avait] réussi à faire évoluer la situation de telle sorte que nous étions désormais en guerre contre l'ANC. Cette guerre psychologique pour les salir, [faisait] partie de la guerre, et je ne [demanderais] pas pardon à Winnie Mandela. J'ai bien rempli ma mission, car les actions de Stratcom [avaient] réussi à inscrire Winnie sur la liste noire des terroristes internationaux établie par le gouvernement américain ! »

Le complot contre Winnie avait donc commencé avant la libération de Nelson Mandela par le régime d'Apartheid. La mission du sinistre docteur Lukas Niël Barnard, le patron des services sud-africains des renseignements généraux, avait consisté à détruire ce couple trop impressionnant, trop fort. Ainsi s'expliquerait-il :

---

[341] *Ibidem.*

> « C'était un pilier solide, c'était aussi trop de pouvoir pour un seul
> couple. Nous avions une autre préoccupation majeure. Pendant vingt
> ans, elle [avait] organisé la mobilisation des populations noires. Aux
> côtés de Mandela, elle [était] la personnalité la plus populaire et la
> plus influente de l'ANC. Après Mandela, elle pourrait être Vice-Pré-
> sidente puis Présidente. Ce schéma n'était pas acceptable. »

Ayant constaté l'affaiblissement de Nelson Mandela par ces longues années de prison, de nombreux hauts responsables noirs pensèrent à la succession à la tête du pays. Les luttes de position-nement commencèrent par conséquent au sein de l'ANC, et les ambitions des uns et des autres se heurtèrent entre-temps à un obstacle de taille :

> « Winnie Mandela, la plus populaire, la plus légitime, celle qui
> [avait] continué à nourrir le feu de la révolte pendant plus de
> vingt ans, celle qui avait lutté pour que Mandela [restât] une
> icône mondiale. »[342]

Séparée de fait de son mari dès 1992, au moment de l'accession de Nelson Mandela à la magistrature suprême en 1994, Winnie ne joua pas le rôle de Première dame d'Afrique du Sud au profit de l'une de ses filles, puis de Graça Machel – l'ancienne femme de Samora Moi-sés Machel – qu'épouserait le célèbre prisonnier en 1998.

En raison de ses positions radicales, de son comportement, elle ne cessa d'en vouloir à Nelson Mandela d'avoir cédé à la pression des Sud-Africains Blancs. Après la libération de son mari,

> « Winnie supporterait-elle mal d'avoir perdu le premier rôle ? Dès le
> début des négociations, elle [avait désapprouvé] la méthode de son
> mari et lui [avait reproché] d'être trop compréhensif à l'égard du pré-
> sident Frederik de Klerk qu'elle [soupçonnait] de favoriser les affron-
> tements meurtriers qui opposaient l'ANC aux Zoulous de l'Inkatha,
> le parti de Mangosuthu Buthelezi, lequel [prônait] un État fédéral et
> n'[excluait] pas de s'allier avec le parti nationaliste blanc. »[343]

---

[342] *Ibidem.*
[343] In *Winnie Mandela, une autre Mandela, op. cit.*

L'icône que représentait Winnie Mandela serait contestée, y compris au sein de l'ANC.

> « Les actions de cette femme de caractère, son discours violent et les accusations de meurtre portées contre ses gardes du corps l'[éloignèrent] de son époux. Le couple se [déchira] et le divorce [fut] prononcé en 1996.
> » Si elle [avait] pu regagner les sommets de l'ANC en 2007, année depuis laquelle elle était membre du Comité exécutif du parti, ses scandales ne l'[avaient] jamais quittée, du reste au sein même de sa famille politique. »[344]

Winnie Mandela devint forcément la femme à abattre à la fois pour le pouvoir blanc et certains dirigeants de l'ANC. Néanmoins, elle bénéficia de la sympathie d'une partie de catégories les moins aisées de la population sud-africaine.

> « L'une de ses dernières apparitions publiques [remontait] à la dernière conférence de l'ANC en décembre à Johannesburg, où elle avait été saluée par des applaudissements nourris. Sa réputation [avait] peut-être été fortement entachée à plusieurs reprises, mais sa popularité parmi la majorité africaine [était] clairement restée large et profonde. Elle était irrépressible et incontournable dans la configuration politique de son pays. »[345]

Concernant ses adversaires les plus farouches au sein de l'ANC, Winnie Mandela dirait :

> « J'[étais] toujours restée à ma place et je n'[avais] jamais sollicité le moindre poste. Ils avaient peur de moi parce que certains [avaient] eu peur d'affronter et d'être aux côtés de notre peuple qui subissait le feu de l'Apartheid et versait abondamment son sang. La seule chose que je voulais, c'était un État plus juste, plus social, et que nos immenses ressources servent à alimenter nos rêves ».

---

[344] In *Winnie Mandela : un héritage politique spolié par des controverses*, article de Carole Kouassi.
[345] *Ibidem.*

Ayant eu sa part d'ombre, laquelle lui avait valu d'être jugée coupable de violation des droits de l'Homme par la *Commission Vérité et Réconciliation*, la passionaria de la lutte anti-apartheid n'exprima aucun remords. Au-delà des turpitudes n'ayant pu entacher son militantisme d'aucune forfaiture, la plus grande majorité de ses compatriotes reconnaîtraient en elle la « Mère de la Nation », « une voix du défi et de la résistance » selon le président sud-africain et patron de l'ANC Cyril Ramaphosa, « quelqu'un qui n'[avait] jamais pris de haut les Noirs et les masses pauvres » aux dires du trublion de la gauche radicale Julius Malema. De toute évidence, l'icône Winnie Mandela était bien utile à ceux qui critiquaient la politique de réconciliation qu'avait entreprise Nelson Mandela et lui reprochaient d'avoir « volé leur révolution ».

IX - Le pape laïc, star des Nations Unies

Diplomate ghanéen, Kofi Annan naquit dans une tribu aristocratique le 8 avril 1938 à Kumasi, en Côte-de-l'Or, et mourut le 18 août 2018 à Berne en Suisse. Il était le septième secrétaire général des Nations Unies, de 1997 à 2006, et le premier à sortir des rangs du personnel de l'organisation. Selon Olivier O'Mahony, correspondant de *Paris Match* à New York,

> « parfois qualifié de "pape laïc" par ses nombreux admirateurs, Kofi Annan [était] peut-être la dernière star à avoir dirigé les Nations Unies. [...] Kofi Annan [était] arrivé aux États-Unis grâce à une bourse de la fondation Ford, qui [avait] financé une partie de ses études d'économie et de relations internationales. Ses diplômes en poche, il [entra] à l'ONU en 1962 et gravit les échelons jusqu'à prendre la tête du département des opérations de maintien de la paix. Il [s'illustrerait] en donnant son accord au bombardement par l'Otan, en août 1995, des positions de l'armée serbe de Bosnie, une opération qui [rendrait] possibles les accords de paix de Dayton. Les Américains [applaudiraient] et [verraient] en lui un successeur idéal à Boutros Boutros-Ghali, qu'ils n'[aimaient] pas. Kofi [était] ainsi le premier Noir africain à accéder au poste suprême, le 1er janvier 1997. »[346]

---

[346] In *Kofi Annan : "Sur la Syrie, à l'évidence, nous n'avons pas réussi"*, article du quotidien français *Le Monde* publié sur le site Internet de ce journal en juillet 2012.

La fondation Ford, ayant financé une partie de sa scolarité, Kofi Annan poursuivit en 1961 au *Macalester College* de Saint Paul aux États-Unis les études du droit privé commencées à l'université de science et de technologie de Kumasi. Après y avoir achevé son baccalauréat d'économie, il fréquenta l'Institut des hautes études internationales de l'université de Genève en Suisse de 1961 à 1962 et s'inscrivit au *Massachusetts Institute of Technology* (MIT) où il entreprit, entre 1971 et 1972, des études de troisième cycle en économie. En 1972, Kofi Annan obtint son diplôme de maîtrise en sciences de gestion au MIT.

Après avoir été fonctionnaire d'administration et de budget pour l'Organisation mondiale de la santé en 1962, Kofi Annan fut en poste à la Commission économique des Nations Unies pour l'Afrique à Addis-Abeba en Éthiopie, à la Force d'urgence des Nations Unies (FUNU II) à Ismaïlia. Il se retrouva au Haut-Commissariat des Nations Unies pour les réfugiés à Genève, puis au Siège des Nations Unies à New York comme sous-secrétaire général à la gestion des ressources humaines et coordonnateur pour les questions de sécurité entre 1987 et 1990. Il occupa ensuite, au sein de l'organisation onusienne, le poste de sous-secrétaire général à la planification des programmes, au budget et à la comptabilité, puis contrôleur de 1990 à 1992.

À la demande en 1990 du secrétaire général Javier Perez de Cuéllar, Kofi Annan organisa une mission spéciale pour le rapatriement d'Irak de plus de neuf cents fonctionnaires internationaux et ressortissants de pays occidentaux, à la suite de l'invasion du Koweït par l'Irak. Ainsi dirigea-t-il la première équipe des Nations Unies chargée de négocier avec le président irakien Saddam Hussein, sur la question de la vente du pétrole, en vue du financement de l'aide humanitaire.

Promu en 1993 sous-secrétaire général de Boutros Boutros-Ghali, devenant ainsi le chef du département du maintien de la paix, il assista passivement aux massacres ayant abouti au génocide au Rwanda, ce dont il s'excuserait ensuite en 1999. En août 1995, il donna le feu vert à l'Organisation de l'Atlantique Nord (OTAN) en vue du bombardement des positions serbes en Bosnie et permit *de facto* de conclure les accords de Dayton. Les États-Unis le soutiendraient, par conséquent, pour succéder à Boutros Boutros-Ghali.

Nommé secrétaire général des Nations Unies le 1er janvier 1997, il tenta en 1998 à Bagdad une médiation avec le président Saddam Hussein, accusé par les États-Unis de Bill Clinton et le Royaume-Uni de Tony Blair de détenir des armes chimiques. En 2000, il proposa à l'ancien président du Zimbabwe, Robert Gabriel Mugabe, de se retirer du pouvoir, en contrepartie de sa sécurité, ainsi que de celle de ses proches, et des compensations financières. Selon une note diplomatique publiée par *WikiLeaks*, l'année 2000 aurait dû être celle du départ de Robert Mugabe[347] :

> « [...] Kofi Annan, alors secrétaire général des Nations Unies, [avait] fait à Robert Mugabe une offre que, pensait-il, il ne pourrait refuser. Au président du Zimbabwe, alors âgé de soixante-seize ans dont déjà treize passés à la tête du pays, il [avait proposé] de s'éclipser du pouvoir, de céder sa place en mettant fin, de fait, au régime autocratique qu'il avait instauré. En contrepartie, il aurait droit à l'asile politique dans un pays étranger et à une rente sous forme de compensation financière – fournie par le "Guide" libyen Mouammar Kadhafi ! Robert Mugabe aurait d'abord consulté son épouse, avant de décliner l'offre. »

Kofi Annan fut réélu par acclamation le 29 juin 2001 par l'Assemblée générale, sur recommandation du Conseil de sécurité, pour un second mandat qui débuta le 1er janvier 2002 et qui s'acheva le 31 décembre 2006. Dans son discours d'adieu au poste de secrétaire général des Nations Unies, auquel lui succéderait le Sud-Coréen Ban Ki-moon, le diplomate ghanéen fustigea la politique des États-Unis auxquels il conseilla la voie du multilatéralisme, l'acceptation de l'élargissement du Conseil de sécurité et le respect des droits de l'Homme « jusque dans sa lutte contre le terrorisme ». Ainsi avait-il fait sienne la formule historique de l'ancien président des États-Unis, Harry Truman : « la responsabilité des grands États est de servir et non

---

[347] Le télégramme diplomatique américain daté de septembre 2000 et divulgué le 19 décembre de la même année par *The Observer* en partenariat avec *WikiLeaks* faisait état d'informations émanant des membres du Mouvement pour le changement démocratique (MDC), principal parti d'opposition zimbabwéen.

pas de dominer les peuples du monde ».

Le 10 décembre 2001, Kofi Annan reçut le Prix Nobel de la paix. À propos de cet heureux événement, Fred Eckhard, qui avait travaillé avec lui pendant plus de huit ans en qualité de porte-parole des Nations Unies, s'attarda sur le légendaire sang-froid et la classe patricienne du récipiendaire :

> « Il n'[avait] pas sauté de joie quand je lui [avais] annoncé qu'il avait le Prix Nobel de la paix. Ce n'était pas son genre. Il était quatre heures du matin, j'étais à sa résidence officielle, devant laquelle vingt-cinq journalistes attendaient. Quand le verdict [était] tombé, j'ai vu sur son visage flotter un léger rictus, ce qui déjà voulait dire beaucoup ! »[348]

Kofi Annan fut nommé, le 14 juin 2007, à la tête de l'Alliance pour une révolution verte en Afrique (AGRA). Créé en 2006 et financé par la fondation Bill-et-Melinda-Gates et la fondation Rockefeller, cet organisme regroupait des dirigeants politiques, des hommes d'affaires, des agriculteurs et des chercheurs afin d'aider les paysans africains à améliorer leur rendement. Dans une interview accordée à la publication égyptienne *Al-Ahram Hebdo*, l'initiateur des Objectifs du Millénaire pour le Développement (OMD) avait répondu que :

> « l'AGRA [continuerait] à fournir un soutien financier et moral aux petits exploitants d'Afrique. Ils [seraient] l'épine dorsale de la "révolution verte", et en négliger un revient à les négliger tous. Il [était] vrai que les petits agriculteurs [étaient] nombreux à connaître des moments difficiles, mais l'AGRA [travaillait] main dans la main avec les gouvernements africains, les investisseurs privés et la communauté internationale, pour veiller à ce qu'ils reçoivent les ressources et l'appui dont ils [avaient] besoin. »

Le 4 octobre 2007, Kofi Annan devint le nouveau président de la Fondation de soutien à l'Organisation mondiale contre la torture (OMCT), la plus importante coalition internationale d'organisations non gouvernementales actives dans le domaine de la protection des

---

[348] *Ibidem.*

droits de l'Homme dans le monde (regroupant deux cent quatre-vingt-deux membres dans quatre-vingt-douze pays) – l'objectif de cet organisme consistant à contribuer à la prise de conscience de l'érosion du respect des droits fondamentaux de la personne et des normes internationales, notamment dans le cadre de la lutte contre le terrorisme et des politiques sécuritaires. Pour Kofi Annan,

> « il ne [fallait] pas oublier que tout [commençait] par la torture d'une personne, par des mauvais traitements infligés à une personne, par la violation des droits humains d'un seul individu. »

Kofi Annan présida également, dès sa création en 2007, l'*African Progress Panel*, structure ayant rassemblé de personnalités internationales – notamment Tony Blair, Bob Geldof et Michel Camdessus – engagées dans la défense du continent africain. Ainsi fut-il chargé, entre autres, du suivi des engagements du sommet du G8 de Gleneagles de 2005.

Membre du comité d'honneur de la fondation Chirac à son lancement en 2008 par l'ancien président de la République française Jacques Chirac, Kofi Annan participa au jury du prix annuellement attribué par ladite fondation[349]. Il créa aussi la *Kofi Annan Foundation*, consacrée au développement durable et à la paix. Il était l'un des membres du groupe des *Global Elders* – c'est-à-dire les anciens, ou sages, universels en langue anglaise –, créé par Nelson Mandela dans le but de promouvoir la paix et les droits de l'Homme dans le monde.

Le 23 février 2012, Kofi Annan fut nommé émissaire conjoint de l'Organisation des Nations Unies et de la Ligue arabe sur la crise en Syrie. Après les quelques mois ayant suivi l'échec de ladite mission de paix, il regretta que le principe de la « responsabilité de protéger », qu'il avait contribué à élaborer, fût dévoyé pendant la première guerre civile libyenne :

> « la manière dont la "responsabilité de protéger" [avait] été utilisée sur la Libye [avait] créé un problème pour ce concept. Les Russes et

---

[349] Le Prix pour la prévention des conflits est une récompense de la fondation Chirac, dont l'objectif consiste à soutenir ceux qui investissent une partie de leur vie à prévenir les conflits.

les Chinois [considéraient] qu'ils [avaient] été dupés : ils avaient adopté une résolution à l'ONU, qui [avait] été transformée en processus de changement de régime. Ce qui, du point de vue de ces pays, n'était pas l'intention initiale. Dès que l'on [discutait] de la Syrie, c'[était] "l'éléphant dans la pièce". »[350]

Par conséquent, Kofi Annan préconisa l'implication de la Russie et de l'Iran dans la résolution du conflit. Le 2 août 2012, il annonça sa démission de son poste de médiateur des Nations Unies et de la Ligue arabe en Syrie. Il estima qu'il « [était] impossible pour [lui] de convaincre le gouvernement syrien et l'opposition de s'avancer vers un processus politique », l'intransigeance du gouvernement de Bachar El Assad et la militarisation croissante de l'opposition ayant également contribué à rendre impossible le succès de son plan de paix.

---

[350] In *Kofi Annan : "Sur la Syrie, à l'évidence, nous n'avons pas réussi"*, *op. cit.*

X - Les enrichissantes approches culturelles

Du point de vue culturel, l'Afrique subsaharienne ne doit en principe avoir aucun complexe au regard d'autres continents de la planète. Encore faut-il que les Africains et leurs descendants s'imprègnent davantage de la diversité de leurs philosophies et cultures, les assument et les intègrent dans les politiques relatives au développement de leurs pays. Sans ignorer les apports extérieurs indispensables au devenir du continent africain, une sorte d'introspection ne pourra que permettre les choix appropriés en vue d'un futur maîtrisé. Des chanteuses de la trempe de Myriam Makeba, des penseurs tels que Cheikh Anta Diop et Hamadou Hampâté Bâ, ainsi que des écrivains comme Nadine Gordimer, n'avaient effectivement rien à envier à d'autres artistes et auteurs non africains.

10.1 - Le cinéaste à la pipe

Ousmane Sembène naquit le 1er janvier 1923 à Ziguinchor, une ville de la Casamance, en Afrique-Occidentale française. Écrivain, réalisateur, acteur et scénariste majeur de l'Afrique contemporaine, il s'était distingué par ses partis pris militants sur les questions politiques et sociales. Ses parents étaient des Lébous ayant quitté la presqu'île du Cap-Vert pour la Casamance. Dès l'âge de sept ans, ce locuteur de la langue wolof fréquenta les écoles coranique et française, apprenant à la fois l'arabe et le français.

En 1942, Ousmane Sembène fut mobilisé par l'armée française et intégra les tirailleurs dits « sénégalais ». Il embarqua clandestinement en 1946 pour la France et débarqua à Marseille, où il vécut de différents petits travaux : entre autres docker pendant dix ans dans le port de cette ville du Sud-Est hexagonal. Il adhéra entre-temps à la Confédération générale du travail (CGT)[351] et au Parti communiste français. Il milita contre la guerre en Indochine et pour l'indépendance de l'Algérie.

En 1956, Ousmane Sembène relata son expérience professionnelle dans un premier roman intitulé *Le Docker noir*. Il publia ensuite en 1957 *Ô pays, mon beau peuple*. En 1960, un nouveau roman, *Les Bouts de bois de Dieu*, compléta sa bibliographie. Dans ce dernier ouvrage, il raconta l'histoire de la grève des cheminots du Dakar-Niger[352] survenue entre 1947 et 1948. Celle-ci se déroula dans les villes de Dakar, Thiès et Bamako sur fond de colonialisme et de lutte des cheminots indigènes en vue de l'accession aux mêmes droits que leurs collègues français.

En 1960, l'année de l'indépendance du Soudan français – qui devint le Mali – et du Sénégal, Ousmane Sembène retourna en Afrique. Il voyagea à travers quelques pays : surtout le Mali, la Guinée et le Congo. Il se consacra au cinéma, dans le but de montrer une autre image du continent africain à travers les masques, les danses et les représentations. En 1961, il s'inscrivit dans une école de cinéma à Moscou. Il réaliserait dès l'année prochaine son premier court-métrage *Borom Sarett* (le charretier), scénario tiré de son roman *Le Docker noir*, suivi en 1964 de *Niaye*.

En 1966 son premier long-métrage[353], intitulé *La Noire de…*, le confirma comme l'un des pionniers de cette catégorie en Afrique. Salué dans plusieurs festivals, notamment par le prix Jean-Vigo, le film s'était articulé autour d'un fait divers – l'objectif ayant consisté à dénoncer le néocolonialisme. D'emblée, Ousmane Sembène se positionna sur le créneau de la critique sociale et politique à travers cette

---

[351] Une organisation syndicale française qui est chargée de protéger les droits des salariés et d'améliorer leurs conditions de travail.

[352] La ligne de chemin de fer reliant Dakar à Bamako.

[353] Le premier long-métrage « négro-africain » du continent.

épopée d'une jeune Sénégalaise qui avait quitté son pays et sa famille pour se rendre en France et travailler chez un couple qui l'humilierait et la traiterait en esclave, la poussant jusqu'au suicide.

En 1968, le cinéaste sénégalais tourna *Le Mandat* en langue wolof. Considérée comme l'un de ses chefs-d'œuvre et couronnée par le prix spécial du jury au Festival de Venise, cette comédie acerbe s'en prenait à la nouvelle bourgeoisie sénégalaise et à la bureaucratie. En 1969, il fut invité au premier Festival panafricain du cinéma et de la télévision de Ouagadougou (Fespaco), dont il ne faisait pas partie. En revanche, il jouerait à partir de 1970 un rôle très important dans l'organisation de cette manifestation culturelle et contribuerait à son envol. Jusqu'à son décès, pour laisser émerger d'autres cinéastes, il participerait au Fespaco, comme organisateur, tout en refusant de concourir en tant que prétendant.

Xala, paru en 1974, permit à Ousmane Sembène de renouer avec la période postcoloniale en dressant sous la forme humoristique le portrait d'un nanti du nouveau système. En 1977, toujours avec la même volonté de dénoncer la perte d'identité d'un peuple, il signa *Ceddo*. Ce film fut interdit au Sénégal par le président Léopold Sédar Senghor, justifiant cette censure par une « faute » d'orthographe : le terme « ceddo » ne s'écrirait, selon l'ancien président de la République sénégalaise et académicien français, qu'avec un seul « d ». Le pouvoir sénégalais avait en fait à cœur de ne pas froisser les autorités religieuses, notamment musulmanes. Ousmane Sembène relata la révolte des Ceddos survenue à la fin du XVIIᵉ siècle. Ces vaillants guerriers traditionnels aux convictions animistes avaient refusé de se convertir à une quelconque religion étrangère. Il attaqua ainsi avec virulence les invasions conjointes du catholicisme et de l'islam en Afrique de l'Ouest, leur rôle respectif dans le délitement des structures sociales traditionnelles avec la complicité de certains membres de l'aristocratie locale.

Dans une chronique parue dans le supplément au n° 646 des *Inrockuptibles*, on pouvait lire ceci :

> « Pour un "d" en trop, *Ceddo* fut interdit plusieurs années au Sénégal par le président Léopold Sédar Senghor, intraitable sur l'orthographe

du nom de cette tribu animiste convertie de force à l'islam au XVIIe siècle, et à laquelle le film [avait rendu] hommage. Sous ce prétexte fallacieux, se dissimulait surtout la volonté de ménager les factions religieuses du pays et de masquer la brûlante vérité soulevée par Ousmane Sembène dans son pamphlet historique mettant dos à dos les missionnaires chrétiens, les imams pernicieux et les élites africaines corrompues. Ménager, masquer : deux attitudes étrangères à cet autodidacte de génie, réalisateur du premier film africain de l'histoire (*La Noire de…* en 1966) et arrivé au cinéma parce que la littérature ne lui permettait pas, disait-il, d'atteindre les masses analphabètes. Avec cette tragédie grecque transposée dans un village sénégalais, Ousmane Sembène [avait traité] du passé, mais c'[était] évidemment le présent qu'il [avait fustigé], n'[ayant pas d'ailleurs hésité] à multiplier les anachronismes pour brouiller les pistes. »

En 1988, ayant pourtant obtenu le prix spécial du jury au Festival de Venise, son film, *Camp de Thiaroye*, lequel avait été réalisé avec son compatriote Thierno Faty Sow, ne sortit pas du tout en France. Ce long-métrage rendant un vibrant hommage aux tirailleurs dits « sénégalais », à travers la dénonciation d'un épisode accablant pour l'armée coloniale française en Afrique qui se déroula en 1944 à Thiaroye dans la périphérie de Dakar au Sénégal, fut officieusement censuré. Le film ne serait diffusé en France que vers le milieu des années 1990.

À travers ce film, Ousmane Sembène dénonça avec virulence le massacre des tirailleurs africains ayant été envoyés combattre les nazis en Europe pendant la Seconde Guerre mondiale. Ces derniers, qui étaient livrés à eux-mêmes, furent victimes de la répression coloniale. Néanmoins, dans une déclaration faite lors d'un entretien qu'il accorda en 1993 au scénariste et réalisateur Samba Gadijo, le cinéaste natif de Ziguinchor précisa que la vocation première de l'histoire ne consistait pas à se venger mais à s'enraciner.

Effectivement, dans un article publié en mai 2008, la socio-linguiste Cécile Van den Avenne, avait écrit :

« *Camp de Thiaroye* [était] un film de dénonciation sans appel du colonialisme mais dont Sembène [avait dit] lui-même qu'il n'[avait] été fait "ni par haine ni par esprit de vengeance", et qu'il [était] un témoignage [du] passé [des Africains] dans l'histoire" ».

En 2000, avec *Faat Kiné*, Ousmane Sembène se lança dans un triptyque sur « l'héroïsme au quotidien », dont les deux premiers volets, lesquels seraient consacrés à la condition de la femme africaine et suivis d'un troisième film intitulé *La Confrérie des Rats*. Cette œuvre cinématographique mit en scène trois générations de femmes. Mamie, la grand-mère soumise qui avait accepté son sort avec fatalité et s'était sacrifiée en aidant sa fille à élever ses enfants. Faat Kiné, sa fille qui avait appartenu à la génération de femmes combattantes ainsi qu'Aby, la petite fille moderne et indépendante. Trois femmes, trois réalités d'une société sénégalaise en pleine mutation.

Le second film qui sortit en 2003, *Moolaadé*, aborda de front le thème très délicat de l'excision. Quatre fillettes, qui s'étaient enfuies pour éviter de faire l'objet de l'excision, s'étaient réfugiées auprès d'une femme nommée Collé Ardo. Cette dernière leur offrit l'hospitalité, le moolaadé, malgré les pressions des villageois et de son époux. Toutes ces femmes s'étaient opposées à une tradition archaïque constituant une atteinte à la dignité et à l'intégrité de la personne. Une kyrielle de récompenses avait couronné, en 2004, le succès de *Moo laadé* : prix du meilleur film étranger décerné par la critique américaine, prix *Un certain regard* à Cannes, prix spécial du jury au festival international de Marrakech.

De son vivant, Ousmane Sembène n'avait cessé de revendiquer un cinéma militant – se rendant de village en village, parcourant l'Afrique, pour projeter ses films et transmettre son message. Le 9 novembre 2006, quelques mois avant sa mort survenue le 9 juin 2007 à Dakar, il reçut à la résidence de l'ambassadeur de France dans la capitale sénégalaise les insignes d'Officier dans l'ordre de la Légion d'honneur de la République française. Malade depuis plusieurs mois, il mourut à l'âge de quatre-vingt-quatre ans à son domicile situé à Yoff. Il fut inhumé au cimetière musulman de cette commune de Dakar.

Parmi les ouvrages d'Ousmane Sembène, figurent également *Voltaïque* en 1962, *L'Harmattan* en 1964, *Le Mandat* en 1965, *Vehi-Ciosane* en 1966, *Niiwam*, suivi de *Taaw* en 1981, *Blanche-Genèse* en 2000, *Le Dernier de l'Empire* en 1981. Pour ce qui est de sa filmographie, on peut la compléter avec des courts-métrages comme *L'Em-*

pire songhay, documentaire sorti en 1963, et *Taaw* en 1970. Quelques longs-métrages enrichissent cette filmographie : *Emitaï* (*Dieu du tonnerre*), sorti en 1971 et *Guelwaar* en 1992.

10.2 - Le Windsor congolais

Antoine Wendo Kolosoy, appelé également Papa Wendo ou Wendo Sor, naquit le 25 avril 1925 à Mushie dans le Maï Ndombe dans la province du Bandundu au Congo belge. Il décéda à l'âge de quatre-vingt-trois ans, le 27 juillet 2008 à Kinshasa à la clinique de Ngaliema en République Démocratique du Congo des suites d'une hospitalisation due à une longue maladie. Orphelin à l'âge de neuf ans, son père Jules Botuli et sa mère Albertine Bolumbu n'étant plus de ce monde, il fut pris en charge par des prêtres catholiques. Mais, les trouvant trop strictes, il s'en alla environ trois ans plus tard. Batelier (graisseur) sur le bateau *Luxembourg* naviguant sur la rivière Kasaï et le fleuve Congo, chanteur, musicien et boxeur dans les années 1940, il avait commencé sa carrière artistique à Léopoldville – actuellement Kinshasa – dans la troupe musicale *Victoria Léo*. On lui attribua le surnom de « Windsor », en référence au duc de Windsor, lequel se transforma en « Wendo Sor » avant de devenir tout simplement « Wendo ». Par la suite, il créa l'orchestre *Victoria Kin*. En 1948, il connut son premier succès avec la chanson *Marie-Louise* reconnue comme le premier tube panafricain.

Après avoir été mécanicien de bateaux sillonnant le fleuve Congo, Antoine Wendo Kolosoy embrassa la carrière musicale en 1936. Crooner incontournable des scènes africaines, auteur-compositeur des « tubes » ayant marqué l'Histoire de la musique africaine, précurseur ou inventeur de la rumba congolaise, il avait bénéficié de la protection de la classe politique, mais aussi subi le courroux de ses protecteurs. L'une de ses compositions *Marie-Louise*, coécrite et chantée avec son compatriote Henri Bowane[354] sous la supervision des responsables des

---

[354] Une figure influente du développement de la rumba congolaise. Il avait été le premier patron professionnel et l'un des premiers mentors du légendaire guitariste François Luambo Makiadi, le Grand Maître de la musique congolaise moderne. L'histoire retiendra également que Bowane était le musicien africain le plus titré de

éditions *Ngoma*[355] et s'étant imposé en Afrique de l'Ouest, avait fait le tour du monde. Cette chanson suscita la polémique. En effet, lors d'un prêche, un prêtre de l'époque avait attribué à ce morceau musical les pouvoirs magiques en mesure de réveiller les morts chaque fois qu'il était joué après minuit. Ainsi Marie-Louise, concubine de Bowane, décédée entre-temps, réapparaissait-elle, disait-on, dans les bars de Léopoldville. Cette chanson, popularisée grâce aux haut-parleurs de la radio *Congolia*, fut *de facto* considérée par les prêtres et les chefs religieux comme un air satanique. Par conséquent, la composition musicale fut censurée. Après avoir été excommunié par l'Église catholique et fait l'objet d'une tentative d'arrestation par les autorités belges, Wendo fut contraint de quitter la capitale et de se réfugier à Kisangani. Entre-temps, la combinaison de paroles et de voix africaines avec des rythmes afro-cubains, ainsi qu'une instrumentation, firent émerger l'un des genres musicaux africains les plus réussis : le *soukous*. Dans l'*Encyclopaedia universalis*, à propos de *Marie-Louise*, on avait appris que :

> « le 78-tours [avait franchi] cependant les frontières pour devenir la première œuvre musicale panafricaine. Wendo, libéré, [avait vu] sa popularité croître, et il [s'était lié] d'amitié avec Patrice Lumumba. Autodidacte à la guitare, il [avait créé], en [ayant mêlé] les technologies modernes aux rythmes traditionnels congolais, afro-cubains (rumba) et antillais (matiniqué), la rumba congolaise, qui [allait] se propager, dans les années 1950, d'abord à Brazzaville et à Léopoldville, puis en Afrique tout entière. L'assassinat de Lumumba, en 1961, les troubles politiques dans son pays devenu indépendant ainsi que la mutation de la rumba en une sorte de *dance music* dite *soukous* [avaient conduit] Wendo à interrompre sa carrière. »

Les moments passés par Antoine Wendo sur les traversiers contribuèrent également à son succès comme l'un des premiers artistes « nationaux ». De plus, il consacra du temps à l'apprentissage de la musique des groupes ethniques établis tout au long du fleuve Congo. Il chanterait plus tard non seulement dans sa langue maternelle, le

---

son temps et le premier homme noir du Congo belge à avoir possédé une Cadillac.
[355] Structure ayant appartenu au grand commerçant et éditeur grec Nico Jeronimidis.

kundo, mais aussi couramment en lingala et en swahili.

À partir de 1965, année du coup d'État contre l'intègre et démocrate président Joseph Kasa Vubu, Antoine Wendo disparut du panorama musical en ne publiant qu'un album – *Nani akolela Wendo*? – en 1993 sous le régime mobutiste. Il ne reprendrait du poil de la bête que, quatre-vingts ans plus tard, à l'avènement de Laurent-Désiré Kabila au détriment des trente-deux ans ayant couronné le règne de Mobutu. Il reviendrait surtout aux devants de la scène musicalement et politiquement – grâce entre autres à un Français, le producteur Christian Mousset, et au label *Marabi* – avec deux albums : *Marie-Louise* en 1999 et *Amba* en 2002.

> « Son nom [était] devenu synonyme d'une époque pour ses compatriotes congolais, celle des années [1950]. *"Tango Ya ba Wendo"*, dit l'expression en lingala. *"Du temps de Wendo"*, en français. La formule [avait] servi de titre dès 1966, à une chanson de Franco et de son orchestre du *TP OK Jazz*, l'un de ceux qui s'[était] engouffré dans la voie ouverte par le chanteur Wendo Kolosoy. Franco [Luambo Makiadi, ndlr] souhaitait rendre hommage à ce pionnier que son ascension avait du même coup poussé vers la sortie.
> » Puis c'[était] une émission de la télé nationale zaïroise qui [avait] choisi de s'appeler ainsi. Et un film, sorti en 1993, coréalisé par Mirko Popovitch et Kwami Mambu Zinga. Ce moyen-métrage [avait] beaucoup contribué à remettre en selle celui qu'on considère comme le père de la rumba congolaise, à la fois en [ayant rappelé] en images le rôle qu'il [avait] joué et en lui [ayant donné] la possibilité de franchir une étape majeure sur le plan discographique avec *Nani akoleka Wendo*?. »[356]

Considéré effectivement comme l'un des pères de la rumba zaïroise, il avait su garder sa verdeur musicale. Et puis, des jeunes musiciens voulaient entretenir la flamme de la rumba de leurs aînés. C'était le cas des créateurs de *Rumbanella Band* qui, en s'étant associés avec Antoine Wendo Kolosoy et d'autres artistes engagés à la même cause, entendaient rappeler que la rumba congolaise n'avait pas dit son dernier mot. Selon les écrits de Clément Ossinondé, dans un article publié

---

[356] In *Wendo Kolosoy*, chronique de Bertrand Lavaine publié en mars 2011 sur le site Internet de *Radio France internationale*.

en janvier 2014 sur le site Internet *Mboka mosika*,

« Antoine Kolosoy (ou Nkalasoy) Wendo doit être considéré comme le premier pédagogue populaire qui s'était fait le champion de la traduction musicale des impressions qui s'inspiraient souvent de souvenirs de voyages. Doué d'une vive sensibilité musicale, il se révéla comme chanteur individuel à la voix suave et très remarquable. À ses débuts, il s'accompagnait seul à la guitare, ou avec deux ou trois musiciens, sur la base d'une structure comparable à celle des années vingt du *Trio Matamoros* de Cuba (formule du "Son" ou de la "Trova", avant de s'inspirer en 1943 de la brillante expérience de son aîné Paul Kamba). »

Antoine Wendo, resté surtout célèbre par ses tyroliennes ayant caractérisé son empreinte particulière, avait donc incarné une période importante de l'histoire musicale congolaise, en ayant su survoler – au moyen de ses nombreuses compositions – des contextes de la vie quotidienne et des spécificités musicales de la République Démocratique du Congo. Dans un article intitulé *Le parcours d'un artiste*, lequel lui avait été consacré à l'occasion de ses soixante-deux années de carrière musicale, le journal congolais *Le Potentiel* avait rappelé que :

« les œuvres de Wendo [étaient] généralement reposantes et se [dansaient] du cœur et des pieds ; à travers lesquelles Wendo [prêchait] la morale en prodiguant de sages conseils à ses contemporains. Son message [était] captivant, car sa chanson se [voulait] être une histoire, une description, une peinture, un tableau, une scène de la vie sociale et se [terminait par des conclusions éducatives]. Il [avait] toujours un souci permanent de l'ordre, de la justice et de la moralisation. […] Il sélectionnait avec son imagination et ses connaissances, des éléments hétérogènes d'origines culturelles diverses pour ses chansons, de véritables échos musicaux de toutes les traditions.

» Un style propre qui [apostrophait]. Une poésie qui [engageait]. Des mélodies douces et même mélancoliques. Wendo [critiquait] aussi les tares de la société. Il [décrivait], se [révoltait] et [finissait] par chercher des solutions et [exaltait] les bonnes manières. […] Sa musique [avait] servi toutes les générations de compositeurs congolais. Elle [avait] inspiré bon nombre de jeunes musiciens du pays.

Cela [était] d'autant plus vrai qu'entre 1947 et 1957, plusieurs pays africains n'avaient ni orchestres modernes, ni maisons de disques, ni marchés de disque développés. Toute l'Afrique centrale [avait] vécu sous l'emprise des orchestres et des éditions musicales congolaises installées à Léopoldville. »

Pour Hassane-Paluka (Lengo) d'*Univers rumba congolaise*, Antoine Wendo Kolosoy resterait l'un des plus grands virtuoses de la musique africaine, dotée d'une voix particulière, inimitable, qui ne l'avait pas déserté jusqu'à la fin de ses jours.

10.3 - L'enfant de Kouroussa

Camara Laye vit le jour le 1ᵉʳ janvier 1928 à Kouroussa, un village de Haute-Guinée, d'un père forgeron et orfèvre qui s'appelait Komady, ainsi que d'une mère petite-fille de forgeron. Comme tout enfant guinéen, il connut l'atmosphère festive relative à la circoncision – cette inévitable épreuve finale d'initiation. Ce rite initiatique lui ayant donné le sentiment de devenir un homme, il s'installa dans sa propre case, laquelle était séparée de celle de sa mère. « Des hommes ! Oui, nous étions enfin des hommes, mais le prix en était très élevé », expliquerait-il plus tard dans *L'Enfant noir*. Toutefois le fait d'éprouver la sensation d'avoir atteint « l'âge de raison », l'aida à surmonter la vie hors de l'habitation maternelle.

Lors de ses quinze ans, dans le but de poursuivre des études d'enseignement technique à l'école Georges Poiret, Camara Laye quitta sa famille pour Conakry où il fut accueilli par l'un de ses oncles. L'éloignement du giron parental consolida davantage son émancipation réelle en tant qu'homme. Une fois son CAP de mécanicien en poche, il convainquit ses parents d'accepter son départ en France pour y compléter sa formation après avoir bénéficié d'une bourse d'étude. Il partit pour la France, où il fréquenterait l'École centrale d'ingénierie automobile à Argenteuil. Cela serait couronné par l'obtention d'un certificat de mécanicien. N'étant plus boursier, il paierait ses études en exerçant de petits boulots à l'usine automobile de Simca, puis dans les transports en commun de Paris (RATP) et, enfin, à la Compagnie des compteurs de Montrouge. Il s'inscrivit aux cours du soir au Conservatoire national des arts et métiers (CNAM), ainsi qu'au Collège technique de l'aéronautique et de construction automobile. Il mettrait cette période à profit pour écrire *L'Enfant noir*, qu'il publierait en 1953, relatant ainsi l'épopée du gamin qui avait grandi dans un village de Haute-Guinée où le merveilleux côtoyait quotidiennement la réalité, le forgeron travaillait l'or au rythme de la harpe des griots et des incantations aux génies du feu et du vent, la mère respectée de tous jouissait de mystérieux pouvoirs sur les êtres et les choses…

En 1954, Camara Laye publia un roman intitulé *Le Regard du roi*, racontant l'histoire de Clarence – un Blanc déchu, repoussé par ses pairs colons d'un pays d'Afrique jamais nommé – en quête du roi dans la brousse. La République de Guinée obtint l'indépendance en 1958, et Ahmed Sékou Touré fut élu président de la République. Camara Laye devint le premier ambassadeur en poste à Accra. Il occuperait différentes fonctions en dehors du Ghana avant de revenir à Conakry, où il travaillerait pour le Département des accords économiques. Il serait ensuite nommé directeur de l'Institut national de la recherche et de documentation.

Camara Laye fut de plus en plus en désaccord avec la politique du régime du président Ahmed Sékou Touré. Cela lui valut d'être emprisonné durant une courte période. Dans le milieu des années 1960, il s'enfuit avec sa famille en Côte d'Ivoire, pays voisin, puis s'installa au Sénégal. Il travailla à Dakar comme chercheur à l'Institut fondamental d'Afrique noire (IFAN). Il participa activement au mouvement d'opposition au régime de Sékou Touré. En tant que chercheur, il sillonna les États d'Afrique de l'Ouest afin de recueillir les récits de l'histoire des peuples noirs racontée par les griots, les poètes et les musiciens.

Dans *Dramouss*, ouvrage publié en 1966, l'auteur narra le retour dans sa Guinée natale, faisant ainsi preuve d'une assurance assez irritante et d'une attitude étonnamment compréhensive à l'égard de la colonisation française. Ainsi brossa-t-il un tableau positif de la France, sur fond d'une description symbolique sombre de la Guinée dans les premières années de son indépendance. Cet ouvrage, lequel mit en évidence la déception du héros romanesque lors de son retour au pays natal, s'appuya du point de vue stylistique sur l'allégorie et le pamphlet en vue d'une violente critique contre l'action gouvernementale de Sékou Touré.

Publié en 1978 au Sénégal, résultant d'une enquête de vingt ans menée auprès des griots malinkés, son dernier livre intitulé *Le Maître de la parole, Kouma-Lafôlô-Kouma* est la transcription d'une épopée orale consacrée à l'empereur mandingue Soundiata Keïta.

> « Nos hommes politiques d'aujourd'hui, à l'exception de quelques-uns, sont-ils de grands hommes ? C'est douteux : ils font de la politique une entreprise sanglante. Ils affament nos peuples, exilent nos cadres, sèment la mort ! »

D'aucuns le qualifieraient d'ouvrage précieux et digne d'une des plus grandes chansons de geste de la tradition négro-africaine.

Tout individu de coutume matriarcale ne saurait faire abstraction de l'extrait du texte de Camara Laye intitulé *À ma mère* – ce véritable éloge à la femme noire, cet hymne à la gloire de la femme africaine – qu'un bon nombre d'enfants du continent avaient sans doute appris par cœur à l'école primaire :

Femme noire, femme africaine,
Ô toi ma mère, je pense à toi…
Ô Daman, ô ma Mère,
Toi qui me portas sur le dos,
Toi qui m'allaitas, toi qui gouvernas mes premiers pas,
Toi qui la première m'ouvris les yeux aux prodiges de la terre,
Je pense à toi.

Ô toi Daman, Ô ma mère,
Toi qui essuyas mes larmes,
Toi qui me réjouissais le cœur,
Toi qui, patiemment, supportais mes caprices,
Comme j'aimerais encore être près de toi,
Être enfant près de toi !

Femme simple, femme de la résignation,
Ô toi ma mère, je pense à toi.
Ô Daman, Daman de la grande famille des forgerons,

Ma pensée toujours se tourne vers toi,
La tienne à chaque pas m'accompagne,
Ô Daman, ma mère,
Comme j'aimerais encore être dans ta chaleur,
Être enfant près de toi…
Femme noire, femme africaine,
Ô toi ma mère,
Merci, merci pour tout ce que tu fis pour moi,
Ton fils si loin, si près de toi.

Pour Camara Laye, « on ne brime que celui qui veut bien se laisser brimer, et les femmes se laissent très peu brimer ». Cet écrivain guinéen d'expression française mourut le 4 février 1980 à Dakar au Sénégal.

10.4 - Le défenseur éclairé de la tradition africaine

Seydou Badian Noumboïna naquit le 10 avril 1928 à Bamako au Soudan français sous le nom de Seydou Badian Kouyaté. Plus connu sous le patronyme de Seydou Badian, il effectua des études de médecine à l'université de Montpellier dans le Sud de la France, lesquelles furent conclues par une thèse sur les traitements africains de la fièvre jaune. Écrivain, grand poète et homme politique malien, il mourut à l'âge de quatre-vingt-dix ans le 28 décembre 2018 dans sa ville natale au Mali.

En 1956, Seydou Badian retourna au Mali où il serait nommé médecin de circonscription. Proche du premier président de la République, en la personne de Modibo Keïta, il écrivit les paroles de l'hymne national malien. Après avoir accédé à l'indépendance du pays au poste de ministre de l'Économie rural et du Plan, il deviendrait, lors du remaniement du 17 septembre 1962, ministre du Développement. Fervent défenseur du régime de parti unique, système politique qu'il jugea indispensable à la création d'une Nation dans l'Afrique postcoloniale, il fut déporté à Kidal 19 novembre 1968 à l'occasion du coup d'État contre Modibo Keïta fomenté par une quinzaine d'officiers dont Moussa Traoré et le colonel Tiécoro Bagayoko. Seydou Badian s'exilerait ensuite pendant plusieurs années à Dakar au Sénégal.

Candidat à l'élection présidentielle en 1997, Seydou Badian Kouyaté dénonça les dysfonctionnements dans l'organisation dudit scrutin. Cependant, contre toute attente, il se désista au profit du président sortant Alpha Oumar Konaré. Pourtant militant de la première heure de l'Union soudanaise-Rassemblement démocratique africain, il en fut exclu en 1998 pour s'être opposé à une partie de la direction qui prônait la non-reconnaissance des institutions lors des élections contestées.

Écrivain reconnu internationalement, Seydou Badian publia quelques ouvrages : *Sous l'orage* en 1957, *Les dirigeants africains face à leurs peuples* en 1965 – qui lui valut le Grand prix littéraire d'Afrique noire[357] –, *Le Sang des masques* en 1976, *Noces sacrées* en 1977, *La Saison des pièges* en 2007.

En 2009, en référence à un village situé dans le cercle de Macina, Seydou Badian Kouyaté changea de nom et s'appela officiellement Seydou Badian Noumboïna. En tant qu'auteur, il fut sacré lauréat du Grand Prix des Mécènes aux GPAL[358] en 2017 pour l'ensemble de son œuvre. Dans une interview accordée à la radio privée sénégalaise *RFM*, le président de l'Association des écrivains du Sénégal, Alioune Badara Bèye, avait rappelé sans aucune hésitation que l'intelligence caractérisant l'écrivain Seydou Badian dont les romans sont enseignés dans tout le continent africain. Un auteur qui, avait-il précisé, avait souvent servi de conseiller et de guide à la nouvelle génération d'auteurs africains.

D'aucuns retiendraient de Seydou Badian un militant de la gauche qui n'avait cessé de critiquer les pays occidentaux ayant « toujours voulu contrôler les pays africains ». D'ailleurs, dans la crise du Nord

---

[357] Le Grand prix littéraire d'Afrique noire est attribué chaque année par l'association des écrivains de langue française, l'ADELF, reconnue d'utilité publique depuis le 19 juillet 1952, dont le but consiste à « promouvoir l'œuvre des écrivains qui, à travers le monde, s'expriment en français ». Le prix est ouvert aux « écrivains de langue française originaires de l'Afrique subsaharienne, ou à un ouvrage concernant cette zone géographique, en excluant les traductions ».

[358] Les grands prix des associations littéraires (GPAL) comportent des prix littéraires décernés au Cameroun depuis 2013.

du Mali due à l'invasion djihadiste à partir de 2012, il avait vivement critiqué l'intervention française, puisqu'elle n'avait pas permis au Mali de se débarrasser des islamistes, ni d'éradiquer les violences persistantes dans le pays. Ainsi avait-il confirmé son intransigeance, s'agissant de différentes tentatives de déstabilisation du Mali, qui l'avait déjà poussé à accuser l'ancien président de la République, Amadou Toumani Touré (dit ATT), d'avoir agi de connivence avec les milieux islamistes et posé des actes immoraux qui auraient dû nécessiter une traduction en justice pour haute trahison.

> « Certains dirigeants [avaient] pactisé avec [les Islamistes, ndlr], dont Amadou Toumani Touré. [Ce dernier avait] voulu se servir des Islamistes pour rester au pouvoir. J'[avais] discuté avec des officiers. Ils m'[avaient] dit qu'Amadou Toumani Touré ne voulait pas partir. Il nous bernait. Au mois de juin, on viendrait assister à la prestation de serment du nouveau Président, mais il ne comptait pas partir ! Il [avait] laissé la horde de Kadhafi pénétrer au Mali avec des armes. Il était le seul à l'avoir fait. Le Niger ne l'[avait] pas fait, l'Algérie non plus, ni la Mauritanie. Mais, lui, il l'[avait] fait, et en plus, il leur [avait] donné de l'argent. Malheureusement, son plan [avait] été déjoué. Il s'[était] trouvé que ces gens avaient plus d'ambition que ce que lui leur prêtait. Il pensait se servir d'eux. Eux, ils [s'étaient] servis de tout le Mali. [...] C'est pour cela que je ne [pouvait] pas comprendre qu'on l'ait laissé partir. »[359]

Panafricaniste, Seydou Badian Kouyaté avait toujours prôné la mise sur pied des « États-Unis d'Afrique ». À propos de la fierté d'être Noir, juste une citation de ce défenseur éclairé de la tradition africaine qu'il avait merveilleusement incarnée : « S'ils en existent qui ne rêvent que d'être Blancs, l'avenir se chargera de leur faire comprendre que le séjour dans l'eau ne transforme pas un tronc d'arbre en crocodile. »

De toute évidence, au moment où une trentaine de personnes furent interpellées et des armes saisies suite aux violences commu-

---

[359] In *Seydou Badian Kouyaté témoin de la république*, interview accordée en septembre 2012 à Chahana Takiou et Youssouf Diallo reprise en mars 2013 par le blog de *Minesoudan* hébergé par la publication française *Médiapart*. (https://blogs.mediapart.fr/minesoudan/blog/300313/seydou-badian-kouyate-temoin-de-la-republique).

nautaires dans le cercle de Bankass, la journée du 3 janvier 2019 coïncida avec les funérailles de l'écrivain Seydou Badian Kouyaté, dit Noumboïna, considéré comme l'un des pères de l'indépendance du Mali aux côtés des inoubliables Mahamane Alassane Haïdara, Fily Dabo Sissoko, Mamadou Konaté, Jean-Marie Koné, Aoua Keïta et leur cadet Modibo Keïta. Par conséquent, les drapeaux maliens furent mis en berne.

10.5 - Le plus influent guitariste virtuose du *fingerstyle*

Jean Bosco Mwenda, également connu sous le nom de Mwenda wa Bayeke, naquit des parents Sanga et Yeke en 1930 à Bunkenya non loin de Jadotville – faisant actuellement partie de la province de Lualaba – dans le Congo belge. Il mourut en septembre 1990 dans un accident de voiture en Zambie, sur la route menant à Kasumbalesa. On l'avait prénommé Jean Bosco parce que son père avait étudié avec les catholiques de la mission Don Bosco. Il avait commencé à l'âge de vingt ans à jouer de la guitare à Jadotville, de nos jours Likasi, où son père avait été muté.

> « S'il existe un guitariste acoustique d'Afrique subsaharienne de "l'âge d'or" dont les Occidentaux ont peut-être entendu parler, c'est probablement Jean Bosco Mwenda. Ceci, malgré le fait que très peu de sa production n'a jamais été rééditée, et tous ses disques sont très rares. Sa réputation en dehors du Congo et de l'Afrique de l'Est provient en grande partie de l'une de ses compositions : *Masanga*, pièce joliment exécutée, inventive et variée sur le plan musical, parue à l'origine en 1952. »

Très bel hommage, résumant à merveille l'incontestable talent ayant surtout caractérisé Jean Bosco Mwenda wa Bayeke, que lui rendit en connaissance de cause le site Internet *Excavated shellac*. Pionnier de la musique de guitare acoustique *fingerstyle* congolaise, nul n'étant prophète chez soi, il était surtout populaire dans d'autres pays africains, en particulier en Afrique orientale. Jean Bosco Mwenda wa Bayeke incarnait indéniablement l'une de nombreuses virtuosités hors pair, jusqu'à présent ignorées, que le continent africain a su produire.

« Son père jouait du piano dans une église catholique de Likasi. [...
] Il s'[était] mis à apprendre la guitare à travers des chansons
cubaines, latino-américaines et sud-africaines (kwela), desquelles il
[avait] dégagé un style hybride, influencé par les sons traditionnels
luba, lunda, et bemba.
» Ce style baptisé "style katangais", né après la Seconde Guerre
mondiale, avait conquis tous les centres miniers du Sud du Congo et
de la Zambie, [et] s'était étendu même au Kasaï, au Maniema, [ainsi
qu'à] Stanleyville (Kisangani). »[360]

À la fin des années 1950 et au début des années 1960, Jean Bosco
Mwenda wa Bayeke séjourna brièvement à Nairobi, dans un Kenya
en proie aux revendications en vue de l'indépendance, où il diffusa
régulièrement des émissions de radio. Il fit de la publicité pour le
médicament Aspro, « Aspro dawa ya kweli » en swahili, un médicament pour les maux de tête.

« Déjà, à l'heure où les [Joseph] Kabasele, Franco [Luambo
Makiadi] et autres Tabu Ley gravissaient à Kinshasa les marches de
la gloire, les Jecoke, ou "jeunes comiques de la Kenya", faisaient
entendre leurs ballades en swahili. Ce courant musical qui [avait]
pour chefs de file Édouard Masengo Katiti et Jean Bosco Mwenda
wa Bayeke [était] né à la fin des années quarante. Accompagnés
d'une guitare et d'un ou plusieurs danseurs mimant – souvent de
manière comique – les paroles de leurs chansons, les chantres du
Jecoke racontaient la vie, les joies et les peines des ouvriers. Malgré
son succès au Katanga, le groupe [avait fini] par se disloquer et [l'un
des fondateurs[361]] s'[était installé] au Kenya – où l'on [chantait] aussi
en swahili. C'[était] là qu'en 1962, il [avait appris] la chan*son
Malaïka* à Myriam Makeba, alors en exil à Nairobi. Dans la bouche
de la diva sud-africaine, ce thème populaire [ferait] le tour du monde.
Le fondateur des Jecoke [mourut] à Lubumbashi en 2003, mais il
[avait] marqué d'une empreinte indélébile la musique katangaise, au
point qu'on trouve encore aujourd'hui quelques chanteurs pouvant
revendiquer son héritage musical. Ceux-là se promènent dans les
nuits de la ville avec leur guitare, contraints d'aller de bar en bar, en

---

[360] In *Jean Bosco Mwenda : le roi de la guitare acoustique*, article publié en avril
2008 par le site Internet *Mboka mosika*.
[361] En l'occurrence Édouard Masengo Katiti, cofondateur du groupe avec Antoine
Kabeya Corbish.

quête de quelques centaines de francs congolais. »[362]

Jean Bosco Mwenda influença profondément toute une génération de guitaristes kényans. Sa carrière musicale commença dès l'âge de vingt-deux ans, lorsqu'il enregistra huit chansons avec une société dirigée par le Sud-Africain Hugh Tracey, laquelle était basée à Jadotville. Vers la fin de l'année 1952, sa chanson *Masanga* remporta le prix Osborn.

> « Hugh Tracey, ethnographe sud-africain qui était enregistreur à temps partiel et dépisteur pour le label *Gallotone* à l'époque, [avait] entendu Bosco jouer dans les rues de Likasi (alors connue sous le nom de Jadotville), au Congo en 1951, et couper ses premiers disques pour cette étiquette. *Masanga* était si populaire localement qu'il y en eut deux versions parues en [78-T] en l'espace d'un an – une version vocale et un instrumental. »[363]

L'un des rares Congolais à avoir reçu une éducation occidentale pendant la période coloniale en raison de la position de son père dans l'Église catholique, Jean Bosco Mwenda avait été employé de l'administration de Likasi. Il avait passé la majeure partie de sa vie à Lubumbashi où, en plus de jouer de la musique, il travaillait pour le compte d'une banque et pour la société minière locale. Il dirigeait aussi d'autres groupes et possédait un hôtel à la frontière zambienne. Il avait utilisé l'appellation de Mwenda wa Bayeke, prétendant descendre du noble clan Sanga de Bayeke. Il s'était appuyé sur diverses sources dans la composition de ses chansons, notamment la musique traditionnelle de son peuple Luba-Sanga. Son énorme succès, en tant que guitariste, lui permit de faire plus d'une centaine d'enregistrements à partir de 1951 avec les sociétés *Gallotone* et *Blue Label*. Il avait aussi gravé sur disque pour le label kenyan *ASL* en 1962, après son installation à Nairobi pour un stage professionnel de six mois. On estimerait ses enregistrements à plus d'une centaine de disques,

---

[362] In *La musique des mangeurs de cuivre*, article de Vladimir Cagnolari publié en juin 2005 sur le site de *Radio France Internationale*.
[363] In *Jean Bosco Mwenda-Kwaleza*, article publié sur le site Internet *Excavated shellac*.

à défaut d'une discographie complète de ses œuvres, ou de catalogue, ni de documentation pouvant présenter de manière générale ses compositions.

« Après 1952, Tracey vantait Bosco et présentait *Masanga* dans ses conférences devant les sociétés africaines de musique et de culture du monde entier, suscitant de vives réactions, allant même jusqu'à vendre directement des copies du *Gallotone 78* aux membres de son public. Tracey avait [créé] la Bibliothèque internationale de musique africaine (ILAM) et avait commencé sa série de 10 disques *Music of Africa*, tirés de ses bandes. Ces disques étaient destinés au public occidental – la première grande rétrospective contemporaine de la musique populaire et traditionnelle africaine – et Tracey [avait] inclus une version de *Masanga* dans le volume *Guitars of Africa*... sauf que cela n'[avait] pas été crédité. »[364]

Dès 1961, l'ethnomusicologue David Rycroft consacra deux articles sur la technique instrumentale de Jean Bosco Mwenda wa Bayeke dans la revue *African Music*, mentionnant que cet artiste avait appris le *finger-picking* à la guitare.

« Quand Rycroft écrivait, il y avait probablement des centaines de guitaristes acoustiques au Congo, en Afrique orientale et australe [...] à l'époque, dont beaucoup étaient des trieurs de doigts incroyablement talentueux. Cela montre également que les [chercheurs] occidentaux ne comprenaient pas nécessairement l'industrie du disque à l'époque, car les Africains subsahariens vivant dans des zones urbaines avaient depuis longtemps la chance d'entendre de la musique country à la guitare américaine et d'autres styles (comme la musique caribéenne). »[365]

En 1969, Jean Bosco Mwenda wa Bayeke fut invité aux États-Unis, où il participa au Festival de Newport. De Newport, il se rendit par la route à Washington. Il visita la Maison-Blanche, sous la présidence de Richard Nixon, et alla s'incliner sur la tombe de la famille du président John Fitzgerald Kennedy. En 1982, il fut une tournée

---

[364] *Ibidem.*

[365] *Ibidem.*

musicale en République fédérale d'Allemagne. Il visita les villes de Francfort, Berlin, Munich et passa ensuite deux semaines à Vienne, en Autriche. Sur le chemin de retour, il fit escale à Bruxelles où il joua à l'université.

Avec son ami et parfois partenaire, Losta Abelo, et son cousin Édouard Masengo Katiti, Jean Bosco Mwenda avait défini le style de guitare acoustique congolaise. Sa chanson *Masanga*, enregistrée par Hugh Tracey, devint *de facto* particulièrement influente en raison de sa partie instrumentale complexe et variée. À propos de cette chanson, le guitariste et historien de la musique folk blues américain, Elijah Wald déclara :

> « Quand j'étais au lycée, je passais des centaines d'heures à la bibliothèque publique, entre les deux lycées (*Rindge Tech* et *Cambridge High & Latin*), à [écouter des] disques. Grâce au bibliothécaire [chargé du rayon] musique, Ken Williams, cette bibliothèque [possédait] une collection fantastique de disques de jazz, de blues, internationaux et autres. C'[était] là que j'[avais] entendu jouer pour la première fois Jean Bosco Mwenda sur un album intitulé *Guitars of Africa*. Comme tous ceux qui [avaient] entendu ce disque, j'[avais] été époustouflé par sa version instrumentale de *Masanga*. Heureusement, Pete Seeger et Happy Traum [avaient] publié une tablature, alors j'[avais] réussi à en fabriquer une version à moitié assoiffée. » *Masanga* [avait] été l'un des disques les plus réussis des éditions *Gallotone*, [ayant influencé] les styles de guitare dans une grande partie de l'Afrique subsaharienne. [...]les notes de Tracey indiquaient que Bosco était dans la fin de son adolescence lorsqu'il avait réalisé l'enregistrement, vers 1951, et qu'il ne jouait que depuis quelques années – ce qui semblait incroyable, mais il était une personne assez incroyable. »

Les musiques traditionnelles de la Zambie et du Congo oriental, des groupes cubains tels que le *Trio Matamoros* et des films de cowboys influencèrent beaucoup Jean Bosco Mwenda wa Bayeke. Elijah Wald se rendrait à Lubumbashi, au Zaïre (aujourd'hui République Démocratique du Congo), en 1990 et passerait deux mois à étudier avec Jean Bosco Mwenda et son cousin Édouard Masengo Katiti. Pour la petite anecdote, Elijah Wald avait trouvé déroutante cette phrase de Jean Bosco Mwenda : « Une femme sans homme est comme une bicyclette sans lampe frontale ». Voulant en savoir davantage, l'intéressé lui avait expliqué en souriant : « Elle ira bien dans la journée, mais risque de mal tourner la nuit. » Selon ce guitariste et historien de la musique folk blues américain, propos rapporté dans un article intitulé *Jean Bosco Mwenda et les maîtres de la guitare congolaise*, le natif de Bunkenya était « le plus célèbre et le plus influent guitariste virtuose du *fingerstyle* qui avait prospéré dans le Sud-Est du Congo belge, près de la frontière zambienne, dans les années 1950 ».

> « Faisant partie de *l'école de Lubumbashi* d'inspiration anglo-saxonne par sa proximité avec les deux Rhodésie du Nord et du Sud (actuellement Zambie et Zimbabwe) et l'Afrique du Sud, Jean Bosco Mwenda wa Bayeke [aurait] été le maître d'inspiration de beaucoup d'autres guitaristes comme Emmanuel Tshilumba wa Baloji (dit Tino Baroza), Antoine Nedule Monswet (Papa Noël), Léon Bukasa Tsonza, qui faisaient partie de l'école kinoise à Léopoldville. »[366]

À propos de la musique de Jean Bosco Mwenda wa Bayeke, un enregistrement vidéo de 1982 réalisé par Gerhard Kubik figure dans une compilation d'artistes guitaristes africains influents intitulée *Native African Guitar*. Un CD de 1982 avec livret – texte de Gerhard Kubik, également en anglais, comprenant les textes de chansons en kiswahili –, est disponible au *Museum für Völkerkunde* de Berlin. Ces deux enregistrements contiennent le concert complet ayant été donné par l'artiste congolais le 30 juin 1982 dans cet espace berlinois. En 1988, *Mountain Records*, label basé au Cap en Afrique du Sud, avait gravé un album de la musique de Mwenda, intitulé *Mwenda wa Bayeke – La légende de la guitare africaine*, et l'avait publié en 1994.

> « Au plan national, Jean Bosco Mwenda wa Bayeke [était] souvent considéré comme le véritable concurrent d'Antoine Wendo Kolosoy durant l'époque coloniale et, surtout, comme le meilleur guitariste acoustique congolais, ou alors africain de tout le temps. »[367]

---

[366] In *Jean Bosco Mwenda wa Bayeke : un hommage et une guitare de légende !*, article de Roger Diku publié en octobre 2011.
[367] In *Jean Bosco Mwenda : le roi de la guitare acoustique, op. cit.*

10.6 - Le pionnier de la musique africaine contemporaine

Connu comme l'un des pères de la musique congolaise moderne, Joseph Athanase Kabasele Tshamala naquit le 16 décembre 1930 à Matadi, dans le Kongo central dans l'ancien Congo belge. Il décéda le 11 février 1983 à Paris, en France. Ce musicien, qui était à la fois chanteur et chef d'orchestre, était plus connu sous l'appellation « Le Grand Kallé », ou « Kallé Jeff ».

Kabasele fit ses études primaires chez les pères catholiques, où il se familiarisa à la musique religieuse en tant que choriste à la voix la plus vive et gaie. En 1950, en dehors de l'école en compagnie des amis, il se mit à chanter le maringa. Ainsi fit-il la connaissance de Georges Dula, Marcellin Laboga, Albert Yamba Yamba (dit Kabondo) avec qui il composa des morceaux sur des rythmes de danses populaires.

> « Fils d'André Tshamala et d'Hortense Malula, neveu du cardinal Joseph Albert Malula, Joseph Kabasele [avait] fait ses études chez les Pères de Scheut d'abord à l'école primaire Saint-Pierre de la commune de Kinshasa, puis au collège Sainte-Anne non loin de la gare centrale et du fleuve Congo où il [avait] été initié au chant dans la chorale de l'Église.
>
> » Après avoir été chassé de l'école avec ses camarades par leur directeur le [Révérend Père] Raphaël de la Kéthulle de Ryhove, il [rencontra] en 1949 un autre Joseph. C'[était] Joseph Moussa Benathar, le créateur des éditions *Opika* à Léopoldville. Sa production artistique [était] caractérisée par l'empreinte de ce qu'on appelait jadis des "évolués", catégorie sociale des Noirs ayant fait des études et qui avaient un statut social différent de ce qu'on désignait par le terme "indigène". »[368]

Joseph Kabasele tourna en compagnie de ses amis extra-scolaires, en 1951, un film publicitaire avec l'*Orchestre Tendance Congolais* (OTC) intitulé *Les voix de la concorde*.

> « Le succès de ce film [marqua] un progrès considérable dans les aptitudes de "Kallé Jeff" pour qui l'année 1952 [constituerait] le pre-

---

[368] In *Hommage à Joseph Kabasele*, article de José Nzolani paru en mai 2009.

mier pas vers l'affranchissement des méthodes de chant et de danse, avant d'avoir accès au studio [des éditions] *Opika* des frères Gabriel et Joseph Moussa Benathar, d'où [sortiraient] les toutes premières chansons comme *Tika makelele na ndako*, *Bolingo lokola liki*, *Coco wa ngai*, *Valérie Regina*… réalisées avec l'accompagnement des guitaristes Emmanuel Tshilumba wa Baloji (dit Tino Baroza) et Charles Mwamba wa Kabamba (dit Dechaud Mungala) et, surtout, du saxophoniste belge Fud Candrix, le premier Européen à [avoir accompagné] de façon magistrale les mélodies congolaises. »[369]

Le saxophoniste Fud Candrix contribua énormément au succès du beau gosse à l'exceptionnelle voix veloutée de deux octaves et demie, notamment à travers l'enregistrement en 1953 d'un bon nombre de chansons dont *Parafifi*, *Kale Kato (Ambiance)*. Toutefois, Joseph Kabasele introduisit pour la première fois le tam-tam des tribus tetela et lokole dans la musique moderne. Ainsi dota-t-il le Congo belge d'une grande formation moderne à travers la création de l'*African Jazz*.

« L'orchestre [regroupa] d'excellents musiciens qui [exprimeraient] avec brio tous les aspects du génie, de l'âme du groupe. D'entrée de jeu, les titres *Kele*, *Nakanisi yo*, *Nionso se pamba*, *Mabanzo*, *Soki yo te nani*, *Nabanzi Gertrude*… [présentaient] des formes rythmiques nouvelles, annonçant l'importance sonore de la guitare solo. »[370]

Au sein de cet orchestre nouvellement constitué figurait un jeune homme de quatorze ans, l'un des rares guitaristes qui soit parvenu à son âge à imposer sa personnalité par son utilisation des accords d'harmonie, l'improvisation ainsi que la virtuosité de ses modulations : Nicolas Kasanda wa Mikalay, surnommé d'abord *Nico mobali*, et, plus tard, le Docteur Nico.

« Nico [concilierait], pendant plusieurs années, ses études de mécanique à l'École Professionnelle et ses activités musicales dans l'*African Jazz* où il [forma] avec son frère aîné Charles Mwamba wa

---

[369] In *Joseph Kabasele : 28 ans après sa disparition*, article publié en février 2011 sur le site Internet de *Mboka Mosika*.
[370] *Ibidem*.

Kabamba (Dechaud Mungala) un couple révélateur de talents nouveaux. Il y [avait] lieu de noter que le cumul entre la musique et la
mécanique de Nico s'[était] étendu dans la durée, pour avoir été,
entre 1957 et 1959, mécanicien à HCB (Société anonyme des huileries du Congo Belge) et professeur de mécanique à l'École Technique de N'Djili entre 1959 et 1960. »[371]

Joseph Kabasele bénéficierait en 1954 de l'apport de Marie Isidore
Diaboua dans l'intégration des tumbas.

Ayant misé sur les capacités artistiques et les talents musicaux, en
tant que chanteur et chef d'orchestre, Joseph Kabasele s'entoura
d'une équipe homogène qui était composée de Roger Izeidi Mokoy
au maracas et au chant, Étienne Diluvila – dit Baskis – à la batterie
et au chant, Nicolas Kasanda wa Mikalay à la guitare solo, Charles
Mwamba wa Kabamba à la guitare accompagnement, Albert Tau-
mani à la guitare basse, André Menga (de son vrai nom Mengi), du
Zimbabwéen Isaac Musekiwa au saxo, de Dominique Kuntina – dit
Willy Mbembe – à la trompette, Antoine Kaya – alias Depuissant –
à la tumba, Albert Dinga à la guitare rythmique. Tout ce monde fut
managé par Fud Candrix au saxo, Lucie Eyenga Moseka au chant et
Emmanuel Tshilumba wa Baloji – dit Tino Baroza – qui étaient au
service des éditions *Opika*.

« Joseph Kabasele se révéla vite, au micro, le plus grand chanteur
ténor. Son imagination mirobolante s'exerça à briser le rythme traditionnel, à émanciper l'harmonie, à bousculer les mélodies. »[372]

Tout premier orchestre congolais à se rendre en Europe, l'*African
Jazz* agrémenta musicalement le 20 février 1960 la clôture de la Table
Ronde belgo-congolaise ayant permis de définir les conditions et la
date de l'Indépendance du Congo belge. Une chanson mémorable,
Indépendance cha cha, préfigura l'autonomie politique et économique
en cours au Congo, en particulier, et, en général, dans beaucoup de
pays d'Afrique subsaharienne. Cette même année, sous la supervision
de la *Maison Écodis* du groupe *Decca-Fonior*, Joseph Kabasele fonda

---

[371] *Ibidem.*
[372] *Ibidem.*

son propre label, *Surboum African Jazz*, qui produirait notamment le *TP OK Jazz* de Franco Luambo Makiadi et diffuserait des enregistrements de qualité vers les marchés occidentaux.

Présenté officiellement le 6 juin 1959, lors d'un concert de l'*African Jazz* au bar *Vis-à-vis*, Pascal Tabu Ley n'intégrerait l'effectif qu'au retour de l'orchestre de Bruxelles.

En 1961, le Grand Kallé dénicherait le musicien camerounais Emmanuel N'Djoké Dibango – dit Manu – à Bruxelles dans le night-club *Les Anges Noirs*. La nouvelle recrue évoluerait dans l'*African Jazz* d'août 1961 au 6 juin 1963. Mais deux mois avant le départ de l'artiste camerounais, presque dix ans après avoir conquis tous les titres du plus grand orchestre de la République Démocratique du Congo et parvenu à imposer sa suprématie en Afrique, beaucoup de musiciens avaient déserté l'*African Jazz*. De ce départ massif naquit l'*African Fiesta*. Par conséquent, en avril 1964, la collaboration de Joseph Kabasclc avec Jeannot Bombenga W'Ewando de *Vox Africa*, ainsi qu'avec les guitaristes Antoine Nedule Monswet (dit Papa Noël) et Jacques Mambu (alias Jacky) des *Bantous de la Capitale* contribua sans conteste à la nouvelle formule de l'*African Jazz*.

La rencontre fortuite en 1966 à Paris entre quelques anciens musiciens de l'*African Jazz* – parmi lesquels figuraient Joseph Mulamba Panya (alias Mujos), Casimir Mbilia (dit Casino), Jeannot Bombenga W'Ewando, Jean Serge Essous et Emmanuel Tshilumba Wa Baloji (dit Tino Baroza) ayant abouti à un enregistrement sous le label *African Jazz*, n'arrangea pourtant rien du tout. En effet, surprenant tout le monde, Jeannot Bombenga W'Ewando se sépara en juin 1967 de Joseph Kabasele et réhabilita *de facto* l'orchestre *Vox Africa*. Le Grand Kallé aurait du mal, après cette défection, à relancer l'*African Jazz*.

L'*African Team* informellement créé à Paris en 1969 à l'initiative de Joseph Kabasele et Manu Dibango – à la suite d'une rencontre dans laquelle avaient participé Joseph Mulamba Panya (dit Mujos), Jean Serge Essous, Jean Kwami Munsi, Casimir Mutshipule (dit Casino), Édouard Lutula (alias Édo Clary) – n'apporterait réellement pas grand-chose. Le glas sonna donc pour le Grand Kallé qui, démuni de tout, bénéficierait d'une prise en charge du président Mobutu pour les soins médiaux en Europe.

De retour à Kinshasa, Joseph Athanase Kabasele Tshamala résista plusieurs mois, avant de faire une rechute qui lui [serait] fatale. Il mourut le 11 février 1983 à l'âge de cinquante-trois ans. Il fut inhumé le 14 février 1983 au cimetière de la Gombe. Au-delà du fait que la carrière musicale du Grand Kallé fut sans arrêt perturbée par ses convictions politiques – surtout à partir de 1961, année au cours de laquelle il manifesta ses accointances avec le MNC-Lumumba et d'autres activités extra-musicales – son fulgurant passage sur la scène musicale avait influencé de manière déterminante la rumba congolaise.

Pour le journaliste congolais Bienvenu Ipan,

> « en [ayant] combiné la rumba congolaise et la musique cubaine, Grand Kallé [avait] opéré une révolution dans la musique congolaise qui [avait] permis à l'*African Jazz* de récolter un succès retentissant dans le pays, à travers l'Afrique et dans le monde. Pour la plupart des chroniqueurs, tous les groupes musicaux ou les artistes musiciens qui [étaient] apparus sur la scène après l'*African Jazz* [étaient] des héritiers du Grand Kallé. »

Ainsi avait-il su développer, comme en témoignent les chansons qu'il avait composées, son imagination mélodieuse et prodigieuse en ayant assumé avec brio tous les tournants de l'histoire de la musique congolaise moderne.

10.7 - L'enfant de Reubeus

Né d'une mère originaire de Saint-Louis et d'un père dakarois le 10 octobre 1935 à Dakar, ville où il mourut le 1er décembre 2016 à l'âge de quatre-vingt-un ans, Ousmane Sow était un sculpteur sénégalais. Détenteur d'un brevet commercial, le gamin de Reubeuss, l'un des quartiers difficiles de la capitale sénégalaise, immigra à Paris à la mort de son père qui lui avait inculqué la rigueur, le sens du devoir et un esprit libre. Après avoir pratiqué divers petits métiers – polisseur de cuillères, manutentionnaire, garçon de salle dans un hôpital – et renoncé aux études d'infirmier au profit des fréquentations des étudiants des Beaux-Arts, il passa finalement un diplôme de kinésithérapeute. Selon *Encyclopaedia Universalis*,

> « en 1961, diplômé, il [reprit] des petits emplois pour pouvoir com-
> mencer une formation de kinésithérapeute. De retour au Sénégal en
> 1965, il [monta] un service de kinésithérapie à l'hôpital Le Dantec
> de Dakar et [recommença] à sculpter pendant ses temps libres. »

Kinésithérapeute de carrière, profession qu'il avait exercée pendant cinquante ans, sa connaissance des muscles et de l'anatomie
lui servit surtout dans ses créations artistiques. Pour cette même
source encyclopédique,

> « le "Premier Festival mondial des arts nègres" organisé en 1966, tout
> en [ayant permis] à Ousmane Sow de se poser comme artiste, lui
> [donna] la force de persévérer dans cette voie. Il [présenta] un bas-
> relief figurant une tête de Maure, réalisée avec de la colle, de l'ami-
> don et du coton. Puis il [retourna] en France, où il [exerça] son
> métier, transformant le soir son cabinet en atelier pour construire des
> petites sculptures en forme de marionnettes articulées. Les années
> 1970 [furent] pour lui des années secrètes [au cours desquelles] il
> [expérimenta] les matériaux. Rentré définitivement à Dakar en 1978,
> il [réduirait] progressivement son activité de kinésithérapeute. À par-
> tir de 1989, il se [consacra] pleinement à la sculpture. »

Le grand public avait découvert Ousmane Sow au printemps
1999 lors d'une rétrospective sur le Pont des Arts à Paris. Il y avait
exposé des sculptures monumentales de personnages ayant fait le
tour du monde, parmi lesquels figuraient les guerriers Massaï du
Kenya, les lutteurs de l'ethnie Nouba du Sud Soudan et les Indiens
d'Amérique. Cette exposition avait attiré plus de trois millions de
visiteurs. Son œuvre *Le Coureur sur la ligne de départ*, commandée
par le Comité international olympique, figure au musée des Jeux
olympiques à Lausanne.

Plaçant l'être humain au cœur de ses créations, Ousmane Sow travaillait par séries. Il s'intéressait aux ethnies – notamment celles
d'Afrique et d'Amérique. Puisant son inspiration aussi bien dans la
photographie que dans le cinéma, l'histoire ou l'ethnologie, son art,
lequel était fondamentalement figuratif, reflétait néanmoins une cer-

taine vérité à travers un brasage dans la représentation de la grande statuaire occidentale et des pratiques rituelles africaines. Il préférait inventer, en sculptant sans modèle. Ainsi laissait-il macérer pendant des années un certain nombre de produits – la matière étant une œuvre en elle-même. En effet, comme l'avait souligné l'*Encyclopaedia Universalis*,

> « n'ayant que peu de ressources, Ousmane Sow [utilisait] des matériaux économiques pour réaliser ses œuvres. Il [mettait] au point un mélange à partir de déchets de matières plastiques que lui [fournissait] une usine voisine. Prenant des armatures de fer à béton, il les [enserrait] de paille de plastique puis de toile de jute qu'il [enrobait] d'un liant de son invention – mélange d'une vingtaine de produits – longuement conservé, malaxé et macéré pour obtenir un produit maniable, élastique et onctueux [...] »

Révélé en 1987 au Centre Culturel Français de Dakar, où il avait présenté sa première série sur les lutteurs Nouba, l'artiste exposerait six ans plus tard, en 1993, à la *Dokumenta* de Cassel en Allemagne. Puis, en 1995, il renouvellerait l'exploit au Palazzo Grassi, à l'occasion du centenaire de la Biennale de Venise – une fondation italienne qui organise différents événements : manifestation d'art contemporain, de danse, de musique, d'architecture et de cinéma dans la capitale de la Vénétie.

En 2005, Ousmane Sow fit son entrée dans le *Petit Larousse illustré*, un dictionnaire encyclopédique de langue française des *Éditions Larousse*. Plusieurs distinctions récompensèrent sa carrière artistique. Du côté de la France, il fut membre de l'Académie des beaux-arts[373], Commandeur de la Légion d'honneur[374], Commandeur des Arts et des

---

[373] Une institution artistique, membre de l'Institut de France, créée par l'ordonnance du gouvernement français du 21 mars 1816. Elle est l'héritière des Académies royales de peinture et sculpture, créée en 1648, de musique, datant de 1669, et d'architecture, fondée en 1671.

[374] L'ordre national de la Légion d'honneur est l'institution qui, sous l'égide du Grand Chancelier et du Grand Maître, est chargée de décerner la plus haute décoration honorifique française. Instituée le 19 mai 1802 par Napoléon Bonaparte, elle récompense depuis ses origines les militaires comme les civils ayant rendu des « services éminents » à la Nation française.

Lettres[375], tandis que, s'agissant du pays de ses aïeux, il fut élevé au rang de Commandeur de l'ordre national du Lion du Sénégal[376]. Il obtint en 2008 le Prix du Prince Claus[377]. Le 11 décembre 2013, il devint le premier artiste noir à entrer à l'Académie française des beaux-arts, au fauteuil du peintre américain Andrew Wyeth, devenant ainsi le second Africain et Sénégalais sous la Coupole depuis l'entrée de Léopold Sédar Senghor à l'Académie française.

La Maison d'Ousmane Sow ouvrit ses portes au public à Dakar le 5 mai 2018. Il l'avait habitée et y avait travaillé jusqu'à la fin de son existence, en son atelier ayant été laissé en l'état depuis son décès et ses œuvres : des Massaïs, des Zoulous, les derniers petits Nouba…

> « Sa maison de Dakar, Ousmane Sow l'avait fait construire à son idée, comme une sculpture. Il l'avait baptisée *Le Sphinx*, alors qu'il envisageait de créer une série sur les Égyptiens. Il avait fabriqué lui-même les carrelages dans des tons ocre, bruns, rouges, verts. Et il avait couvert les murs de la matière dont il faisait ses sculptures. Elle fut terminée en 1999 et il y [avait] vécu jusqu'à sa mort, le 1er décembre 2016. »[378]

10.8 - Père et fondateur de la drummologie

L'acte officiel concernant Georges Niangoran-Bouah[379] date sa

[375] L'ordre des Arts et des Lettres est une décoration honorifique française qui, gérée par le ministère de la Culture, récompense « les personnes qui se sont distinguées par leur création dans le domaine artistique ou littéraire, ou par la contribution qu'elles ont apportée au rayonnement des arts et des lettres en France et dans le monde ».

[376] Plus haute distinction sénégalaise, l'ordre distingue en temps de paix quinze ans de services civils ou militaires, ou vingt ans d'activités professionnelles. Le président de la République du Sénégal est, de droit, Grand Maître de l'ordre.

[377] Une distinction néerlandaise créée en 1996. Il tient son nom de Claus von Amsberg. Il honore des personnalités et des organisations reflétant une approche contemporaine et progressive sur les thèmes de la culture et du développement. Les nominations sont effectuées par un jury d'experts. Le prix principal est doté de 100 000 euros et les prix additionnels de 25 000 euros.

[378] In *La maison d'Ousmane Sow à Dakar ouvre ses portes au public*, article de Valérie Oddos paru sur le site Internet de *France Info* en mai 2018.

[379] « Niangoran » veut dire le neuvième enfant d'une même femme.

naissance au 29 décembre 1935 d'un père qui était originaire de Lovidjé près d'Agboville en pays Abè et d'une mère originaire de Moossou en pays Abouré, tandis que son acte de baptême établi à Grand Lahou et daté de 1940 lui donnait l'âge de douze ans, reportant *de facto* sa naissance à l'année 1928. Il décéda le 26 mars 2002. Tel Socrate raconté par ses disciples, l'itinéraire hors du commun de cet enseignant avait été oralement retracé à la fois par l'un de ses élèves, Bini Kouakou, et par lui-même dans une interview filmée en 1998.

Sur l'insistance d'un ressortissant sénégalais, sa mère l'envoya à l'école. Ainsi suivit-il l'enseignement primaire à Moossou jusqu'à la classe de CE2, ensuite à Moossou à Grand Bassam en centre régional s'agissant du CM1 et du CM2. Georges Niangoran-Bouah fréquenta le collège à Abidjan, au Plateau, mais il serait renvoyé par son professeur à cause d'un sifflement assimilé à l'indiscipline. En conséquence, il fut obligé de travailler et d'effectuer de petits et divers métiers à Abidjan : cordonnier, aide-comptable, magasinier, etc. Il avait une tante, à qui il confiait tout son argent. Grâce aux économies faites, il partit en France en 1953 pour poursuivre ses études.

Comme la plus grande majorité de jeunes de sa génération, il avait rêvé devenir Français :

> « J'[étais] parti à Paris dans l'espoir d'être un commis de greffe au Parquet, en préparant la capacité en droit qui [permettrait de présenter] le concours.
>
> » Nous étions de purs patriotes. Parce que tout ce que nous avions reçu comme enseignement, c'était en faveur de la France. Toutes nos chansons de l'école, toutes nos récitations, nos lectures préférées étaient en faveur de la France, des héros français. C'[était] ce qui [avait] fait qu'à un moment donné nous disions même que nos ancêtres étaient les Gaulois. Nous avions appris cela dans nos livres de classe : à partir de la sixième.
>
> » C'était notre rêve de devenir Français, c'était le rêve de tous les Africains intellectuels de l'époque de la vieille génération, et nous les plus jeunes on rêvait aussi d'être Français, et même de modifier nos noms. Moi-même j'avais pensé à l'époque : quand je serais Français, quel nom je prendrais ? Parce que pour avoir la nationalité française il [fallait] modifier le nom pour que ce nom ait une consonance française, et il y avait des inspecteurs de mœurs qui venaient vous

voir manger, venaient vous voir prendre le dessert et après toutes ces
visites, il y [avait] une note qui vous permettait d'être Français ou
pas. Donc nous avions tous appris cela, les habitudes de vie qu'il fallait avoir pour être Français.
» Moi, je m'appelais Niangoran […]; alors comment Niangoran
[pouvait] avoir une consonance française? Pour ne pas me gêner
dans mon action d'évolution vers la nationalité française? Alors
après avoir longtemps réfléchi, comme certains aînés avaient aussi
des noms de ce genre, Œd'Alépé, ou Œd'Aby, moi je [m'étais] dit:
"bon, tu te feras appeler Œnian d'Oran. Pourquoi pas Œnian d'Oran?
cela sonne bien; on pourra m'accepter avec ce nom pour être Français un jour". »[380]

Admis dans le club des africanistes, l'une des structures où l'on
pouvait aller s'instruire, Georges Niangoran-Bouah fit la connaissance
de Jean Rouch, Denise Paulme et Michel Leiris. Ils suivirent les travaux de ce dernier jusqu'au doctorat de l'École pratique des hautes
études, ainsi que ceux du Professeur Éric de Dampierre qui l'accompagna jusqu'au doctorat d'État. Il avait donc assisté aux conférences
et aux cours des Professeurs et grands africanistes Roger Bastide,
Georges Balandier, Paul Mercier et Gilles Sautter.

Georges Niangoran-Bouah était donc confronté à ce sempiternel
conflit n'ayant cessé d'animer les Africains qui avaient longtemps
séjourné dans les pays occidentaux :

> « Étant à Paris, on m'avait formé à l'occidentale. […] nos parents
> à l'époque empêchaient leurs enfants intelligents, ou ceux qui
> pouvaient hériter d'eux, d'aller à l'école française parce qu'il y
> avait un risque : si l'enfant [était] instruit à l'occidentale il se
> [détournerait] de l'Afrique, il [serait] lui-même un ennemi de
> l'Afrique. Alors nos pères nous défendaient d'aller à l'école fran-
> çaise : on se cachait, on faisait de nous des malades. Quand la
> police venait chercher des élèves pour ouvrir les écoles, ils nous
> disaient: "cachez-vous bien parce que si vous allez à l'école fran-
> çaise vous serez des Français et des ennemis de l'Afrique".
> » En un sens c'[était] vrai : celui qui [était] allé à l'école occiden-
> tale, qui [était] devenu un ingénieur anglais ou français pour qu'il

[380] In *Georges Niangoran-Bouah*, article de Claude-Hélène Perrot publié dans
Cahiers d'Études africaines.

reste complètement Africain, il [fallait] un effort encore. Il [fallait] un double effort, être formé à la française pour devenir Français, et puis encore il [fallait] revenir à l'Afrique ; c'[était] encore un chemin à faire et beaucoup n'[arrivaient] pas à faire ce chemin de retour. Une fois formés, devenus professeurs ou grands médecins, il y en [avait] qui ne [revenaient] plus en Afrique, qui [vivaient] éternellement [là-bas], car pour eux revenir en Afrique c'[était] recommencer à la case première. »[381]

Du point de vue administratif, l'ancien directeur du Musée des Civilisations de Côte d'Ivoire était un ethnomusicologue de l'Université d'Abidjan, directeur du département scientifique des lettres, art, musique et musicologie. Il y enseignait aux niveaux de la maîtrise, du DEA et du doctorat. La spécialité de ce cursus, c'était son invention connue sous l'appellation de drummologie – à savoir la science de la mémoire sonore africaine pour laquelle les tambours parleurs représentent des éléments de conservation et de transmission de la connaissance en Afrique. Celle-ci est enseignée à la fois dans les départements de musicologie et d'anthropologie.

En 1984, la thèse de Georges Niangoran-Bouah fut publiée en version bilingue (en anglais et en français). Ce somptueux ouvrage obtiendrait le Grand prix Giorgio Vasari. Retraité en 1994, il créa à son domicile le Centre de recherche en drummologie et numismatique africaine (CRDNA).

Georges Niangoran-Bouah était donc, aux dires du professeur émérite de l'université Paris I (Panthéon Sorbonne) Claude-Hélène Perrot dans un article paru en 2002 dans le numéro 168 des *Cahiers d'Études africaines*,

« un homme qui [avait] défié le destin. Car rien ne présageait qu'il allait devenir un intellectuel qui posséderait une grande partie de l'héritage culturel de son pays ».

La démarche première de Georges Niangoran-Bouah résidait dans le fait que les Africains devaient retrouver leur dignité, surtout chez eux en Afrique :

---

[381] *Ibidem*.

« Partout dans le monde entier nous sommes au bas de l'échelle, nous sommes au bas de l'échelle en Amérique, nous sommes au bas de l'échelle en Asie, nous sommes au bas de l'échelle en Australie, nous sommes au bas de l'échelle en Mélanésie, nous sommes au bas de l'échelle en Europe, et ce qui est curieux nous sommes au bas de l'échelle en Afrique même, chez nous.

» Ce n'est pas une situation confortable, mentalement parlant, mais c'est une réalité qui ne nous échappe pas. Il faut sortir de ce carcan, de cette situation humiliante, qui fait que beaucoup d'Africains ne cherchent même plus à faire un effort, car pour eux tout est déjà perdu. »

Pour l'anthropologue Véronique Duchesne,

« l'héritage de celui que tous appellent en Côte d'Ivoire le Professeur Niangoran-Bouah est immense, à la dimension du physique que tous ceux qui l'ont rencontré ne [pouvaient] oublier. »

Georges Niangoran-Bouah avait publié en 1981 le premier volume de l'*Introduction à la drummologie*. Le second volume de cet ouvrage, publié en 2001, est consacré aux textes du *djomlo*, ce petit xylophone à six lames utilisé en pays Baoulé.

10.9 - Le génial griot comédien

Comédien, metteur en scène, ainsi que footballeur à la fois malien et burkinabè né le 19 juillet 1936 à Bamako dans une famille de griots mandingues, Sotigui Kouyaté mourut à Paris à l'âge de soixante-quatorze ans le 17 avril 2010 d'une maladie pulmonaire. Il était, en réalité, un immigré polyvalent : Malien d'origine, Guinéen de naissance, Burkinabé d'adoption et Suisse par alliance. Il était le neveu de l'écrivain Seydou Badian Kouyaté Noumboïna.

Considéré comme l'un des plus grands acteurs africains contemporains, Sotigui Kouyaté avait joué dans la troupe de Peter Brook au *Théâtre des Bouffes du Nord* et reçu à la Berlinale en 2009 l'Ours d'argent du meilleur acteur pour le film *London river* du Franco-Algérien Rachid Bouchareb. Par son incontestable talent, il ne pouvait que contraindre ses enfants – le réalisateur Dani Kouyaté, le conteur Hassane Kassi Kouyaté et l'acteur Mabô Kouyaté – à se faire respectivement un prénom.

Successivement enseignant, menuisier et secrétaire à la Banque d'Afrique occidentale, avant de travailler à la radio, d'être danseur, cycliste, dactylo, fonctionnaire, Sotigui Kouyaté devint ensuite footballeur professionnel jusqu'en 1966. Il était même capitaine de l'équipe nationale du Burkina-Faso de football. Dans une interview ayant été accordée à Fabienne Arvers pour la publication française *Les Inrockuptibles*, il avait répondu en ces termes :

> « Il serait peut-être plus juste de dire comment le théâtre est venu à moi. J'ai été footballeur international appartenant à l'équipe nationale de la Haute-Volta, l'actuel Burkina-Faso. J'ai aussi été boxeur et cycliste. Et puis, j'avais un ami qui était homme de théâtre et qui voulait absolument que je fasse du théâtre avec lui. Je lui ai dit que le théâtre ne me plaisait pas et j'étais en plein dans le football, dans la boxe, le cyclisme, la chanson, mon bureau qui me nourrissait. Or, l'art n'a jamais nourri son homme. Un jour, il a monté une pièce historique du Burkina-Faso pour laquelle il avait besoin d'une danse guerrière. Il m'a demandé de l'aider. Voilà simplement comment j'ai commencé au théâtre. Car, c'était un ami et je suis griot ; un griot ne refuse pas un service. Mais, ses comédiens ne savaient pas danser. Alors, j'ai été cherché des danseurs dans mes ballets. Mais quand j'ai voulu partir, mes danseurs ne voulaient pas rester. Alors, je suis resté et, à la création du spectacle, nous jouions dans le cadre d'une compétition culturelle et la compagnie a été primée. Et comme la pièce, par coïncidence, racontait l'histoire du royaume Mossi, l'ethnie la plus importante du Burkina-Faso, et que le chef de l'État d'antan appartenait à cette ethnie, c'était donc son histoire et l'histoire de son peuple. Il a voulu que cette pièce tourne dans tout le pays. Je ne pouvais pas laisser tomber mon ami. Alors on partait dans les provinces, on jouait la nuit, le lendemain je prenais un véhicule sur un chemin accidenté pour revenir faire mes matchs de foot en tant que capitaine. Et je me suis retrouvé malgré moi dans une compagnie pendant près d'un an. Après ça, il me dit : "je voudrais monter *La mort de Chaka Zoulou*, pièce écrite par Seydou Badian Kouyaté, ton oncle. Est-ce que ça te plairait de jouer ?" Alors, là ? C'[était] une question de fierté humaine ! Et c'[était] une très belle pièce. Je l'ai fait [...]. »

Sotigui Kouyaté débuta donc au théâtre en 1966 en ayant accepté de jouer dans une pièce pour son ami Boubacar Dicko, puis en ayant créé sa propre compagnie. Il embrassa ensuite une carrière cinématographique à partir de 1972, dans *Femmes Voitures Villas Argent* (F.V.V.A.) du Nigérien Moustapha Alassane. Il connut le cinéma français avec, tout d'abord, *Le Courage des autres* de Christian Richard en 1983, puis *Black Mic Mac* de Thomas Gilou en 1986, *Y'a bon les Blancs* de Marco Ferreri en 1988, *Un thé au Sahara* de Bernardo Bertolucci en 1989, *IP5* de Jean-Jacques Beineix en 1990, *Tombés du ciel* de Philippe Loiret en 1993.

Pour Sharmila Roy, artiste musicienne qui avait participé l'aventure de la mise en scène du *Mahâbhârata* de Peter Brook en 1985, dans laquelle Sotigui Kouyaté avait joué le rôle du sage Bhisma,

> « ce bonhomme [avait] une grande culture et un savoir-faire [...] Dans la vie, il était chaleureux, amical, avec beaucoup de sens de l'humour, de présence. Mais il n'[avait] joué que des rôles austères, rigoureux, des caractères d'épopées comme Prospero dans *La Tempête* de Shakespeare ou Bishma du *Mahâbhârata*. Il [avait] dû répondre à la nécessité de ces rôles. Il était un gardien de temple, un gardien des valeurs, un gardien qui [protégeait] les autres, qui [dirigeait], qui [maîtrisait] les situations adverses. »[382]

Aux dires de Christian Richard, cinéaste et ancien enseignant à l'Institut africain d'éducation cinématographique à Ouagadougou (INAFEC), Sotigui Kouyaté était :

> « un être merveilleux ; il attirait les gens, parce qu'il avait une figure, parce qu'il avait une intelligence, une façon de percevoir les choses »[383].

Ce comédien de théâtre et de cinéma, qui avait détenu une soixantaine de films à son actif, avait aussi été directeur des ballets artistiques voltaïques et de la compagnie théâtrale de la Haute-Volta, avant de

---

[382] In *Sotigui Kouyaté : L'héritage du premier Prospero noir*, article de Siegfrid Forster publié le 19 avril 2010 dans le site Internet de *Radio France Internationale*.
[383] *Ibidem.*

devenir compagnon de Peter Brook depuis le *Mahâbhârata* jusqu'au *Hamlet*. Sotigui Kouyaté avait aussi signé beaucoup de mises en scène de théâtre, aussi bien en Afrique qu'en Europe, notamment *Antigone* en 1998 et, en avril 2003, *Dipe* tout en étant resté un griot.

Dans le prolongement d'un parcours réussi en Occident, Sotigui Kouyaté avait consacré au continent africain une série de films essentiels : *Wendémi* de Pierre Yaméogo en 1993, *Saraka-Bô* de Denis Amar en 1996. En 2000, il avait interprété le premier rôle du film de Rachid Bouchareb, *Little Senegal*, qui, selon le site Internet *Premiere.fr*,

> « l'[ayant porté] de l'Afrique en Amérique sur le chemin de la traite négrière, lui [avait offert], par ses jeux de correspondances, une parfaite synthèse de sa carrière ».

S'agissant du rôle principal de *Little Senegal*, Rachid Bouchareb avait préféré Sotigui Kouyaté à l'acteur américain Danny Glover, vedette mondiale et partenaire de l'acteur Mel Gibson dans la série *L'Arme fatale* :

> « Il me fallait un seigneur. Un seigneur africain qui débarque en Amérique. Dès que Sotigui Kouyaté est apparu dans mon bureau, je n'ai plus envisagé aucun autre acteur. »

Dans *Semaine des Arts*, Rosaria Ruffini rappela que :

> « Sotigui Kouyaté [était] certainement l'acteur africain le plus connu : figure de proue du théâtre de Peter Brook, il fut le premier comédien africain à gagner le prix du meilleur acteur au Festival de Berlin. Issu d'un ancien lignage de griots, les conteurs traditionnels de l'Afrique de l'Ouest, Kouyaté bouleversa le milieu théâtral européen avec son "non-jeu" et une notion différente de l'art théâtral. »

Les adeptes du culte de ses ancêtres verseraient un peu d'eau sur le sol. Cela permettrait aux anciens de continuer de vivre dans les arbres en compagnie du génial griot comédien.

10.10 - Sorcier de la guitare et pape de la rumba

François Luambo Makiadi, connu sous l'appellation de Franco et surnommé Oncle Yorgho ou simplement Ya Fuala, naquit le 6 juillet 1938 à Sona-Bata – agglomération située à quatre-vingts kilomètres de Léopoldville – dans le Congo central, dans le Sud-Ouest du Congo belge. Compositeur, chanteur et musicien, il reste le plus prolifique des compositeurs congolais. Son père fut un cheminot, tandis que sa mère Hélène Mbonga Makiese cuisait du pain à la maison qu'elle vendait à un marché local.

> « Sona-Bata sonne bien la langue Kongo héritière d'une longue culture qui puise loin ses racines dans le royaume [du] Kongo qui touche trois pays : [la République du] Congo, la République Démocratique du Congo et l'Angola. Là à Sona-Bata à un peu moins de [cent kilomètres] de Kinshasa, la zone des cataractes, non loin de Kisantu, village fleuri depuis l'époque des missionnaires belges où baigne nonchalamment la rivière Inkissi, maman Hélène Mbonga Makiese [était] prise de contractions dès le petit matin du 6 juillet 1938. Un an avant le déclenchement de la [Seconde Guerre] mondiale. Après quelques difficultés, à l'abri des regards des hommes, soutenue par ses sœurs de l'ethnie, elle [accoucha] d'un [enfant nommé] François Luambo. Les parents maternels dans cette région du [Congo central étaient] heureux de la nouvelle même s'ils [savaient] que le géniteur n'[était] pas de leur contrée, car le père Luambo d'origine tetela [venait] tout droit du Kasaï non loin des villages [entourant] les eaux du Sankuru. Mais la joie de la natalité [était] plus forte que les divisions extra-claniques. L'enfant [fut] vite adopté. Avec son mari, d'autres enfants [suivraient] : notamment Alphonse Derek Malolo, Bavon Nsiongo (alias Marie-Marie) et Marie-Louise Akangana, avant que l'époux ne reparte vers d'autres cieux, laissant la mère seule face à l'éducation de ses quatre enfants qui ne [bénéficieraient] pas de cette présence paternelle. Heureusement pour la belle Mbonga, car au détour d'une promenade, elle finit par rencontrer un prétendant audacieux et entreprenant qui lui [donnerait] deux autres enfants : Marie-Jeanne Nyansa et Jules Kinzonzi. Il [adopterait] et [éduquerait] les autres enfants. »[384]

---

[384] In *Parcours d'un artiste : Franco Luambo Makiadi*, article publié sur le site *Nekongo*.

Par sa mère, François Luambo Makiadi était du clan Mwakasa, ou Kimwakasa, du village de Boku Ngoi di lembana mbwa ntinu[385] dans le secteur de Luila dans le territoire de Kasangulu dans le Bas-Congo ou Kongo central.

Alors qu'il était encore enfant, ses parents déménagèrent à Léopoldville. Effectivement, Hélène Mbonga et son mari s'établirent dans la commune de Ngiri-Ngiri à Léopoldville. Mais elle se retrouva seule avec ses enfants. À l'âge de dix ans, François Luambo abandonna l'école en troisième primaire. Il connut la violence et les déboires de la vie de rue, au même titre qu'un bon nombre de jeunes. Non loin du marché de Ngiri-Ngiri, Hélène Mbonga Makiese préparait les gâteaux et les vendait aux passants en fredonnant avec mélancolie, parfois en duo avec le petit François, les vieilles rengaines apprises à Sona-Bata au cours des veillées funèbres.

Grâce au concours d'un camarade, François Luambo Makiadi fit une découverte capitale. Il prit connaissance des vertus de l'harmonica, cet instrument qui ne quitterait plus ses lèvres.

> « Mais l'opportunité de la vie lui [fit] rencontrer Paul Ebengo Isenge [alias Dewayon]. […] cette nouvelle rencontre [serait] déterminante pour le devenir de Luambo. [Ce serait] à ses côtés qu'il s'[initierait] aux premières notes de la guitare, ensuite [interviendrait] Albert Luampasi, un autre guitariste de renom.
>
> » Adolescent, le voilà pris dans le tourbillon de la musique. Sans connaissance élémentaire du solfège et sans culture musicale. Malgré ce handicap, son obstination [serait] payante. Luambo [décida] de jeter son dévolu sur cet instrument à cordes qu'[était] la guitare et son harmonica [fut] jeté aux oubliettes. [Commença] alors pour le petit de Sona-Bata une nouvelle épopée. »[386]

Avant la création du groupe *Tout-Puissant OK Jazz,* François Luambo Makiadi participait aux animations des fêtes familiales et des veillées funèbres, notamment au sein du groupe *Birkunda*, et à quelques concerts avec *Watam.*

---

[385] Ce village que, selon la légende, le chien le plus rapide n'avait pu traverser qu'après plusieurs moments de repos.

[386] In *Parcours d'un artiste : Franco Luambo Makiadi, op. cit.*

« Les choses se [précisèrent] un peu plus avec [Dewayon Ebengo] Isenge qui [dirigeait] *Watam*, un orchestre regroupant des jeunes du quartier "Far West"[387]. [Paul Ebengo Isenge devait enregistrer] pour le Grec Basile Papadimitriou, propriétaire des éditions *Loningisa*. Quand il [présenta] à [ce dernier] son poulain, l'affaire [fut] entendue pour le futur "Maître Franco". »[388]

Le 17 novembre 1953, François Luambo Makiadi enregistra avec le groupe *Watam* ses deux premières chansons aux éditions *Loningisa*, en se servant d'une guitare électrique offerte par l'éditeur grec Basile Papadimitriou : *Lilima chérie wa ngai* et *Kombo ya Loningisa*. Dans la foulée, il accompagna cet orchestre dans les compositions de Paul Ebengo Isenge (dit Dewayon), intitulées *Yembele Yembele* et *Tango ya pokua*, puis *Tongo etani matata* et *Tika kobola tolo* de Mutombo. Mais un événement culturel marqua l'année 1953. En effet, Joseph Kabasele, neveu du futur cardinal Joseph Albert Malula, créa l'orchestre moderne de Léopoldville : l'*African Jazz*. Kallé Jeff de son nom d'artiste, il innova en ayant introduit des instruments à vent afin de coller aux rythmes latino américains. Joseph Kabasele marqua *de facto* la rupture avec la musique d'autrefois.

« Il [allia] le modernisme au traditionnel et sa voix suave [fit] le reste. Léopoldville [fut] sous le charme de ce Kasaïen qui [révolutionna] la musique du moment. Son orchestre [jouirait] d'un monopole sur l'échiquier de la musique congolaise. Son répertoire [était] diversifié, sa musique [...] douce et entraînante, et les instrumentistes ne [faisaient] pas dans l'approximative. Tout Léopoldville [était] sous le charme de l'*African Jazz* qui [volait] de succès en succès. »[389]

François Luambo Makiadi quitta très vite le groupe *Watam*, et adhéra à *Lopadi* (Loningisa de Papadimitriou), orchestre maison de

---

[387] Selon la volonté de l'organisation *Bill* ou *Yankee*, la commune de Ngiri-Ngiri s'était dotée de deux quartiers représentant le sanctuaire du *billisme*, ce phénomène consacrant la loi du plus fort : Quartier Far West (Asosa-24 novembre) et Quartier Dynamique (Elengesa-Asosa).

[388] In *Franco*, article publié sur le site Internet de *Radio France internationale* en septembre 2004.

[389] In *Parcours d'un artiste : Franco Luambo Makiadi, op. cit.*

la firme *Loningisa* qui était dirigé par Henri Bowane en sa qualité de directeur artistique, auteur-compositeur, guitariste et impresario. Ce dernier recruta l'enfant de Sona-Bata et lui affubla le sobriquet de « Franco », tout comme José-Philippe Lando (dit Rossignol) et d'autres musiciens pour faire partie du groupe *Lopadi*. Mais la collaboration avec les éditions *Loningisa* fut de courte durée. En effet,

> « en 1954, on lui [rendit] son contrat pour cause d'indiscipline. Franco se [trouva] un nouvel employeur en la personne d'Oscar Kashama, propriétaire d'un des bars dancing à la mode, l'*OK Bar* (encore appelé *Chez Cassien*)[390], qui lui [proposa] de monter un groupe avec ses copains. Aussitôt suggéré, presque aussitôt fait. »[391]

De facto, l'*OK Jazz* vit le jour le 6 juin 1956. « OK » en référence à Orchestre Kinois, et aussi à Oscar Kashama ; « Jazz » en mémoire à la musique noire américaine qui était en vogue en Europe et en Afrique dans la communauté des colons.

> « Le nom *Ok Jazz*, [également] en référence au célèbre cabaret *Ok Bar* [fut] adopté, pour les besoins de la cause, lors de la signature du contrat avec le Chemin de fer Matadi-Léo, pour un concert. [...] Jean Serge Essous [fut] désigné pour signer le contrat au nom de l'orchestre. Il [endossa] ainsi le titre de chef d'orchestre de l'*Ok Jazz*, le premier dans l'ordre chronologique. »[392]

De plus,

> « au Congo, de nombreux groupes s'approprieraient le terme "jazz" pour l'inclure dans leur nom – voir par exemple aussi l'*African Jazz*, créé en 1953 par Joseph Kabasele, avec Nicolas Kasanda wa Mikalay (alias Docteur Nico) à la guitare.
> » Si au début, l'*OK Jazz* [jouait] un peu de jazz pour plaire aux Européens vivant dans la colonie belge, rapidement il se [tourna] vers la musique latine, très à la mode. Rumba et cha-cha-cha [fai-

---

[390] Ce bar, ayant été attribué à un certain Oscar Kashama qui n'aurait jamais existé, aurait été la propriété d'un dénommé Germain Gaston.
[391] In *Parcours d'un artiste : Franco Luambo Makiadi, op. cit.*
[392] In *Ces oubliés et ces méconnus de l'histoire congolaise : l'Ok Jazz*, article de Mfumu publié sur le site Internet de l'*Agence d'Information d'Afrique centrale*.

saient], à cette époque, la joie des danseurs dans les bars de Léo-poldville (qui [serait] rebaptisée Kinshasa, en 1966) et Brazzaville. Reprenant la sonorité "hawaïenne" de la guitare introduite par Zacharie Elenga (alias Jimmy), et dans le sillage du guitariste [congolais] Emmanuel Tshilumba wa Baloji (Tino Baroza), Franco [fit] du *pachangué*, un mélange de patchanga et de meringué. Puis il [accéléra] progressivement la rumba, tout en l'enrichissant d'élé-ments traditionnels du terroir. »[393]

Luambo enregistra, aux éditions *Loningisa*, *Bolingo na ngai Béa-trice*. Avec le concours de son tuteur Bowane, et accompagné, parmi d'autres, du guitariste Armando Mwango Fwadi Maya (dit Brazzos), il parvint à s'insérer dans le paysage musical congolais.

> « Mais Bowane [gagna] l'Angola et [décida] de s'installer à Luanda, voilà Franco seul face à un succès qui l'[attendait] à l'horizon. Au lieu de se ronger les doigts, il [créa] un groupe musical grâce à l'ap-port de quelques musiciens […] comme Ben Saturnin Pandy (tumba), Daniel Loubelo [dit Delalune] (guitariste), Jean Serge Essous (saxo) venus à la rescousse ; ils s'[accordèrent] sur la mise en place d'un nouveau style. Sur la rue Tshuapa dans la [commune] de Kinshasa, ils [firent connaissance] avec M. Oscar Kashama, [ce der-nier] les [encouragea] et [les prit] en charge dans son bar. »[394]

Avec le *pachangué*, Franco Luambo trouva donc son style, une sorte d'empreinte qui ferait danser à jamais l'Afrique et sa diaspora.

En 1957, les Congolais de l'autre rive du fleuve, Jean Serge Essous et José-Philippe Lando (dit Rossignol) quittèrent Oncle Yorgho pour créer le *Rock-A-Mambo*. Deux de leurs compatriotes vinrent renforcer l'*Ok Jazz* : Célestin Nkouka et Édouard Nganga (dit Édo). Avec l'*OK Jazz (Oscar Kashama Jazz)*, ils enregistrèrent trois chansons qui mar-queraient cette époque : *Aimé wa bolingo*, *Joséphine*, et *Motema na ngai epai ya mama*. Mais, en 1958, les autorités coloniales arrêtèrent l'enfant de Sona-Bata pour des raisons obscures, mais relevant pro-bablement d'une affaire de cœur. L'affaiblissement de l'orchestre *Kas-hama Jazz* contribua à la scission du *Rock-A-Mambo* et à la création,

---

[393] In *Parcours d'un artiste : Franco Luambo Makiadi, op. cit.*
[394] *Ibidem.*

à Brazzaville, du groupe *Bantous de la Capitale* composé de Jean-Dieudonné Malapet (dit Nino) et Jean Serge Essous.

À Léopoldville, aussitôt la liberté retrouvée, Franco Luambo s'associa avec Victor Longomba Besange Lokuli (dit Vicky) pour recruter de nouveaux musiciens. Joseph Mulamba Panya (Mujos), Léon Bombolo (alias Bohlen), Jean Tshamala (alias Picolo) et Simon Lutumba Ndomanueno (dit Simaro Massiya) renforcèrent l'effectif de l'*OK Jazz*.

Le succès continental de la chanson de Joseph Kabasele, *Indépendance cha cha*, ne parvint pas à détourner l'attention de jeunes filles attirées par les thèmes des chansons de Franco Luambo Makiadi qui, désormais, se produisait en concert tous les soirs. L'affluence de ces demoiselles suscita la passion et l'intérêt des mélomanes pour cette musique. Maître Franco s'affirma davantage dans le monde musical de Léopoldville, devenant de plus en plus célèbre. Simaro Lutumba, Jean Kwami Munsi et, bientôt Georges Kiamuangana Mateta (dit Verckys), ainsi que Gilbert Youlou Mabiala (dit le Prince ou YM) et Michel Boyibanda contribueraient à la gloire de l'*OK Jazz*.

L'amour ayant été un leitmotiv des chansons de l'*OK Jazz*, les femmes craquèrent donc pour le groupe appelé, jusqu'en 1960, l'Orchestre des jeunes filles.

> « Après l'indépendance, le cercle des fans s'agrandit. De nombreux fêtards [traversaient] le fleuve pour venir de Brazza à Kin où les nuits [étaient] réputées plus agitées. »[395]

L'*African Jazz* se trouvant à Bruxelles dans le cadre de la Table Ronde relative à l'indépendance du Congo belge, l'*OK Jazz* revint revigorée de sa tournée triomphale à travers le pays et à Brazzaville.

> « Des titres comme *Mboka mopaya pasi*, *Yamba ngai na Léo*, *Mobali ya ouilleur* [étaient] au top du succès. L'*OK Jazz* [était] devenu incontournable.
> » D'autres chansons à succès [allaient] occuper le marché du disque : *Numéro ya Kinshasa*, *Bakabolaka bolingo boye te*, *Dodo tuna motema*, *Ngai Marie nzoto ebeba*, *Mbanda mwasi na yo alingi ngai*

---

[395] *Ibidem.*

étaient fredonnées d'un point à l'autre du pays. »[396]

L'*Ok Jazz* se rendit, à son tour, en Europe où il enregistra d'ailleurs sur le label *Surboum African Jazz* les tubes *Amida asukisi molat*a, *Chérie Zozo*… Surnommé désormais le « sorcier de la guitare », Franco Luambo Makiadi connut la consécration.

En 1963, l'*OK Jazz* se professionnalisa en se constituant en société commerciale. Mais, les dettes s'accumulant, les huissiers saisirent en 1965, année de la sortie des titres phares comme *Ngai Marie nzoto ebeba*, une partie du matériel pour payer les créanciers. Mais Franco Luambo Makiadi rebondirait en présentant un soir au *Vis-à-Vis*, le bar dancing le plus couru du quartier Matonge à Léopoldville, son nouveau groupe le *TP OK Jazz* (*Tout-Puissant OK Jazz*). Il lança à cette occasion un nouveau rythme, à partir de la rumba, appelé « le bouché ». Ce style s'illustrerait plus tard par les chansons *Princesse Kikou*, *Loboko*, et *Babotoli ye tonga*, des chansons satiriques sur ceux qui l'avaient fait incarcérer. Cette renaissance sera éphémère.

> « Franco développa le *sébéné*, un long discours à la guitare après le premier couplet. Ce [serait] très vite la formule adoptée par tous les groupes, une astuce efficace pour permettre au guitariste leader d'exhiber sa virtuosité en matière d'improvisation. »[397]

Au milieu des années 1970, Franco Luambo Makiadi se convertit à l'islam. Ainsi s'appela-t-il Abubakkar Sidikki, nom qu'il aurait abandonné après avoir réintégré la foi catholique.

Fort de son succès, Maître Franco multiplia de nouveaux tubes : *Jalousie à bas*, *Polo le chipeur*, et autres *Mizele*… Le départ de Vicky Longomba du groupe fut tout de suite comblé par l'arrivée de Sam Mangwana et Decca Mpudi Zi Nza (alias Mamou), contribuant ainsi à l'avènement du sébéné. En 1975, le chanteur Paul Ndombe Opetum (dit Pépé) rejoindrait cette équipe qui gagnerait en notoriété, et serait systématiquement élue meilleur orchestre zaïrois de l'année. Après une tournée au Cameroun qui s'avéra déficitaire, Franco Luambo

---

[396] *Ibidem.*
[397] *Ibidem.*

Makiadi, que l'on appelait aussi affectueusement Oncle Yorgho, fut emprisonné en 1978. Officiellement, l'incarcération était due au défaut de permis de conduire. Comme par hasard, cela s'était passé après la sortie des chansons *Mobembo ya Franco na wele*, *Appartement*, *Hélène* et *Jackie* ayant ouvert toute une série de thèmes jugés trop osés et obscènes.

En effet, un baron du gouvernement qui s'était senti attaqué par les textes des compositions récentes de l'*Ok Jazz* se serait activé en vue de l'emprisonnement de Franco Luambo Makiadi.

> « Luambo Makiadi [était] alors cloué au pilori. Malgré ses relations au sommet [de l'État, ndlr], la justice se saisit de cette opportunité et [condamna] le musicien à la prison ferme. Le Grand Maître [s'écroula] de son piédestal et [craqua]. À la prison de Makala, il [fut] l'objet d'une dépression aggravée, il [serait] vite conduit au Centre neuro-pathologique de Kinshasa. Sur décision […] politique, Franco [retrouva] l'air libre. »[398]

Fort heureusement, la grâce présidentielle interviendrait en sa faveur au bout d'un mois. Un musicologue congolais s'en souviendrait :

> « Une fois en liberté, le Grand Maître [avait repris] ses espoirs et ses esprits de baroudeur. Il [avait rameuté] ses troupes et fait le point de la situation. »[399]

En tout cas, l'enfant de Sona-Bata prit la résolution de régler les comptes avec les instigateurs de son arrestation. Dans sa chanson *Princesse Kikou*, pleine de sous-entendus, il excella dans la satire et la verve oratoire. Que des pamphlets à leur encontre, que l'on pouvait constater dans *Loboko* et *Babotoli ye tonga*. Ainsi le rapport de force entre l'artiste et le pouvoir s'établit-il sous toutes les formes.

Certains ne voyaient dans la personnalité du Grand Maître Franco Luambo Makiadi que les conséquences d'événements douloureux – absence d'instruction et délinquance, par exemple – ayant émaillé

---

[398] *Ibidem.*

[399] *Ibidem.*

son enfance. Ces déboires l'avaient-ils transformé en un rebelle en puissance ? Était-il en permanence jaloux des intellectuels et des personnes d'excellente famille, au point de représenter systématiquement ses contemporains par rapport à leurs défauts et à leurs qualités ? Pour Antoine Manda Tchebwa, à l'époque chroniqueur à *Télé Zaïre*, Franco était véritablement un homme de convictions qui avait su traîner son âme avec talent et énergie, hors des limites de son inspiration. Il avait bousculé les conventions musicales pour réinventer, le cas échéant, de nouvelles règles de convivialité dans une morale constamment sujette à caution.

Le Grand Maître n'était pas non plus épargné par ses fervents détracteurs. On l'avait sans cesse affublé, sans la moindre preuve, de tous les maux de la société congolaise. On racontait qu'il possédait des fétiches importés auprès des magiciens basés en Inde. Il aurait appartenu à une secte de vampires qui utilisait le sang et la chair humaine pour renforcer son pouvoir et sa domination. On prétextait qu'il était associé au président Mobutu afin d'éliminer physiquement quelques opposants. Malgré toute cette polémique, en binôme avec Jean-Baptiste Kabasele Yampagna wa ba Mulanga (dit Pépé Kallé), Franco Luambo Makiadi reçut en 1980 le titre de *Grand Maître de la musique moderne zaïroise*.

Commerçant dans l'âme, sa mère ayant été vendeuse de pain et de gâteaux, Oncle Yorgho souhaita diversifier les activés de l'orchestre qu'il gérait comme une entreprise. Ainsi s'installa-t-il en Belgique, en 1982, dans le but de développer un business beaucoup plus juteux. Il en profita également pour s'éloigner davantage de quelques membres du gouvernement qui l'attendaient au tournant.

> « Déjà à l'origine des éditions *Likembe* (fondées en 1969) et des *Éditions populaires*, qui [pressaient] les disques du *TP OK Jazz*, en 1983, il [créa] le label *Choc Choc*, [enregistra] un album, puis [entama] une tournée à travers l'Europe et les États-Unis. »[400]

Des morceaux comme *Non, Très fâché, Mamu, Makambo ezali bourreau, Très impoli, Lettre au DG* furent composés. Telles des phi-

---

[400] *Ibidem.*

lippiques prononcées par le tribun Cicéron s'attaquant de plus en plus violemment au général et homme politique romain Marc Antoine, Maître Franco offrait tour à tour des bouquets de fleurs défraîchies à la femme, aux intellectuels, aux politiciens et à une certaine jeunesse. Au cours de son séjour européen, le Grand Maître enregistra en duo avec Tabu Ley (dit Seigneur Rochereau) quelques chansons : *Lisanga ya banganga*, *Hommage à grand Kallé* et *Ngungi*.

De retour au Zaïre en 1984, rappelé par le maréchal Mobutu Sese Seko, il aurait servi de propagandiste – de faire-valoir, disaient ses détracteurs – au profit du président de la République dans le cadre de la campagne électorale. Au-delà de toute considération politique,

> « la ville et ses mélomanes lui réservèrent un accueil à la hauteur de sa grandeur. Depuis l'aéroport de N'Djili jusqu'à sa résidence de Limete distant d'au moins [vingt kilomètres], les foules se [pressèrent] pour contempler le héros [en train de regagner] ses pénates. Mais à peine rentré, les sollicitations se [firent] pressantes en [provenance] des pays voisins. Luambo [jubila] lorsqu'il [reçut] le prix *Maracas d'or* comme couronnement de sa production phonographique considérable. Cette reconnaissance [serait] vite suivie d'un disque d'or pour sa chanson *Mario*.
> » Tout seul au sommet du succès, Luambo le Grand Maître de la musique africaine [fut] gagné par le vertige. Il n'y [avait] plus que lui. Dans les concerts, les bars dancing, les bistrots, les radios, les télévisions, il n'y [avait] que sa voix grave de baryton et sa guitare agressive et trépidante qui [déchiraient] les nuits des mondains. Les femmes n'[avaient] plus d'yeux que pour lui. Les chefs d'État le [courtisaient] et ceux de la rue le [déifiaient]. »[401]

Enfin réhabilité, les menus reproches et les malentendus étant passés par pertes et profits, le Grand Maître enregistra un album, contenant la chanson *Candidat na biso Mobutu*, lequel fit l'éloge du président la République du Zaïre et dont la diffusion fut très largement assurée dans tout Kinshasa. Franco redevint en odeur de sainteté avec le régime mobutiste. Oncle Yorgho pourrait donc gérer en toute tranquillité, dans son quartier général – un immeuble construit avec ses deniers abritant un club, un bar-restaurant, un hebdomadaire musical

---

[401] *Ibidem.*

(*Yé*) –, les activités du *TP OK Jazz* et présider en grand seigneur l'*Union des musiciens zaïrois* (UMUZA).

En 1985 Franco Luambo Makiadi sortit son plus grand succès, *Mario*, racontant l'histoire d'un gigolo hébergé par une femme plus âgée. En 1987, une rumeur se mit à courir sur la probabilité d'une maladie grave qu'aurait contractée le Grand Maître. De plus, cette année, il sortit un disque intitulé *Attention na SIDA*, c'est-à-dire *Attention au SIDA* en lingala. Dans cette chanson, l'enfant de Sona-Bata pointa l'attitude des États-Unis et de l'Europe qui désignaient, selon lui, l'Afrique comme étant à l'origine de ce fléau. D'aucuns en conclurent à la séropositivité du « sorcier de la guitare ».

> « Au cours d'une tournée européenne, alors que son état de santé se [dégrada] malgré les affirmations contraires de l'artiste, la rumeur [disait que] Franco [était] atteint par cette maladie dont on riait […] au pays, ayant été surnommée "syndrome imaginaire pour décourager les amoureux", il [enregistra] en 1989 un album avec Sam Mangwana. Ce [serait] son dernier éclat musical. »[402]

Après un parcours artistique prodigieux et fabuleux dans ce bas monde, Ya Fuala – Grand François, en langue kikongo – était-il lassé de servir les humains ? Le Créateur était-il pressé de rappeler auprès de lui le prodigieux enfant de Sona-Bata, afin de jouir égoïstement de l'accord parfait que, tel le roi David, il avait enfin découvert ?

> « Quel destin exceptionnel que celui de Luambo Makiadi. Ainsi après la créativité, après le succès, le grand artiste [fut] gagné par l'essoufflement. La vague dans l'âme, il finit par comprendre qu'il n'[était] qu'un être humain faible, perfectible et toujours, hanté par la mort et les coups fomentés par des adversaires tapis dans l'ombre prêts à bondir sur la moindre erreur, la moindre faiblesse. Franco en [était-il] conscient ? »[403]

Franco Luambo Makiadi mourut le 12 octobre 1989 dans un service des Cliniques Universitaires UCL de Mont-Godinne à Namur en

---

[402] *Ibidem.*
[403] *Ibidem.*

Belgique. Son corps fut rapatrié en République du Zaïre et un deuil national de quatre jours fut décrété. Il resterait surtout, dans la mémoire universelle, l'un des « maîtres » de la rumba congolaise et l'un des précurseurs de la musique congolaise contemporaine. Sa discographie est l'une des plus impressionnantes de la République Démocratique du Congo : *Franco et l'OK Jazz* – Paris en 1967, *Maître Franco de mi amor* et *L'O.K. Jazz* comportant *Les Merveilles du Passé N° 1* en 1969, *Franco et l'OK Jazz* – vol. 1 en 1972, *Franco et l'OK Jazz* – vol. 2 en 1974, 20ème Anniversaire / 6 juin 1956 - 6 juin 1976, Éditions Populaires en 1976, *Live Recording of Afro European Tour* – vol. 1 en 1977, *Live Recording Of Afro European Tour* – vol. 2, Éditions Populaires en 1977, *Gratest Hits* en 1978, *On entre O.K. On sort K.O.* (vol. 1 – *En colère* – 1980), 6 juin 1956 - 6 juin 1980 – *24 ans d'âge* en 1980, *On entre O.K. On sort K.O.* (vol. 2 – *En colère* en 1980), *On entre O.K. On sort K.O.* – Bruxelles, 1980, *Keba na matraque* – vol. 1 - *Respect* en 1981, *Keba na matraque* – vol. 2 – *Bimansha* en 1981, *Keba na matraque* – vol. 3 – *Tailleur* en 1981, *Keba na matraque* – vol.4 – *Mandola* en 1981, *Tokoma ba camarade pamba* en 1981…

Pour le spécialiste de la musique congolaise Clément Ossinondé, en entrant dans la légende, Franco Luambo Makiadi n'a pas du tout usurpé la grande place qu'il avait tenue dans la mémoire de la rumba. Il fut en effet le premier guitariste qui aurait développé le style original d'Odemba et qui eut une influence considérable, aussi bien sur ses amis des éditions *Loningisa* que sur certains artistes des éditions *Ngoma* et *Opika*. Dans cette optique, *Marie Catho* et *Bayini ngai po na yo* resteraient les deux chefs-d'œuvre ayant constitué un jalon majeur de la chanson et de la musique congolaise moderne. Ils lui valurent, de la part des femmes, l'appellation de « *Franco de mi amor* ».

Emporté par la maladie à l'âge de cinquante et un ans, le père de la musique moderne congolaise – reconnu de surcroît comme « le pape de la rumba » et « le sorcier de la guitare » – laissa un testament de cent cinquante albums. Il tira sa révérence, très fier d'avoir été « le seul musicien africain à avoir exercé [son] métier trente ans durant sans [se] détacher de l'orchestre [qu'il avait] créé, ni du style qui [avait] fait le cachet du groupe. » Une grosse page de l'histoire de la musique congolaise s'est tournée ce 12 octobre 1989 à Namur en Belgique, la ville du pays où il avait rendu l'âme. Ainsi avait-il rejoint-il son petit frère Bavon Nsiongo, dit Marie-Marie, qui fut aussi célèbre comme musicien et auteur-compositeur. Une délégation composée d'anges l'aurait escorté en *catimini*, au petit matin, vers des dimensions propres à la déité.

10.11 - Père de l'Afrobeat et rebelle flamboyant

Fela Kuti, également appelé Fela Anikulapo Kuti ou simplement Fela, naquit le 15 octobre 1938 à Abeokuta – une ville du Nigeria, capitale de l'État d'Ogun ayant été fondée en 1825 comme refuge contre les chasseurs d'esclaves du Dahomey et d'Ibadan. Il mourut le 2 août 1997 à Lagos. Il était un chanteur, multi-instrumentiste d'obédience saxophoniste, chef d'orchestre et acteur politique. Fondateur de l'organisation *République de Kalakuta*, il est considéré comme l'inventeur de l'*Afrobeat*, à savoir la fusion des éléments afro-américains du funk, du jazz, de la musique d'Afrique occidentale, notamment des influences traditionnelles nigérianes et des rythmes yorubas.

De son vrai nom Olufela Olusegun Oludotun Ransome-Kuti, Fela Kuti était issu d'une famille bourgeoise yoruba et avait grandi dans un univers familial engagé entre son père, le révérend Israel Oludotun Ransome-Kuti, qui l'avait initié très tôt au piano, et sa mère Funmilayo Ransome-Kuti, nationaliste activiste, qui avait influencé le militantisme de son fils.

> « Son père [...] était un ministre protestant et directeur d'école et le premier président de l'*Union des enseignants nigérians*. Il avait deux frères – Beko Ransome-Kuti, activiste politique et fondateur de la *Campagne pour la démocratie* (CD) et Olikoye Ransome-Kuti, pédiatre de renom et ancien ministre fédéral de la Santé –, ainsi qu'une sœur, Dolu Ongundipe. Il était également le [...] cousin du lauréat du prix Nobel Wole Soyinka.
> » Sa mère était [...] une politicienne d'influence considérable, active dans les campagnes pour les droits des femmes et la lutte contre la colonisation. Elle [avait] fondé l'*Union des femmes nigérianes* et

[avait] été la première femme nigériane à conduire une voiture. »[404]

Devant étudier la médecine à Londres en 1958, Fela Kuti jeta son dévolu sur la musique. Ainsi fréquenta-t-il le *Trinity College of Music* et fit ses premières armes sur scène. L'influence du jazz le poussa à former un groupe avec des amis nigérians et antillais, le *Koola Lobitos*. Ils se distinguèrent dans les bars londoniens par la reprise de quelques classiques de jazz, en y ajoutant une pincée de *highlife*, en vogue à l'époque en Afrique.

La rencontre de Fela Kuti en 1959 avec Remilekun Taylor, une jeune mulâtresse nigériano-américaine qui suivait des études de secrétariat à Londres, aboutirait à un mariage en 1961 – lui ayant vingt-trois ans, tandis qu'elle vingt ans. Ils auraient un enfant, une année plus tard, Femi Kuti, ainsi que deux autres.

La petite famille retourna au Nigeria en 1963. Le diplôme en poche, Fela Kuti eut beaucoup de mal à trouver sa voie entre un travail de producteur et sa carrière de musicien qui stagnait. En 1969, lors d'une tournée aux États-Unis, le déclic se produisit enfin. En effet, pendant la guerre civile avec la province du Biafra dans le Sud-Est du Nigeria, Fela Kuti et son groupe effectuèrent une tournée de dix mois au pays de l'Oncle Sam. Il y ferait la connaissance, à Los Angeles, de Sandra Izsadore – née Smith –, une danseuse, militante politique et membre du *Black Panther Party* qui le marquerait longtemps. Cette rencontre consoliderait son avenir, s'agissant des croyances et opinions pro-africaines.

> « À travers elle, il [avait découvert] le *Black Power Movement* et les écrits de Malcolm X et d'autres radicaux noirs. Cette expérience [avait] grandement influencé sa musique et ses opinions politiques. [...] Il [créa] son propre style de musique qu'il [nomma] *Afrobeat* et [rentra] au Nigeria, où il [renomma] son groupe *Fela Ransome-Kuti & The Africa 70*. »[405]

---

[404] In *Felapedia*, extrait publié dans le site *Felabartion.net*.
[405] *Ibidem*.

Le changement de dénomination fut suivi de l'adoption d'un rythme moins jazz et plus proche des cadences africaines. Ainsi naquit l'*Afrobeat*. La langue yoruba fit *de facto* place au *pidgin*, la conscientisation d'une grande majorité du public africain ayant désormais été l'objectif à atteindre. Des discours enflammés ponctuèrent ses concerts sous une impressionnante orchestration rythmique assurée par de puissantes percussions, des cuivres envoûtants, très souvent accompagnée de grandes envolées au saxophone. Bien que censurée par les médias étatiques, la musique de Fela Kuti connut un franc succès et sa popularité ne cessa de grandir. Sa création musicale trouva un écho favorable auprès des paysans et des pauvres, installés à Lagos en provenance de l'intérieur du pays dans l'espoir de profiter du boom financier. Ses chansons dénoncèrent de plus en plus la fracture sociale entre l'élite corrompue et la plus grande majorité d'anciens paysans qui, attirés par le mirage pétrolier, avaient déserté les champs pour tenter leur chance dans la capitale. Cette musique était devenue, bien entendu, le cri du cœur de ces millions d'exclus.

En 1974, Fela Kuti fit élever une clôture autour de sa maison. Il matérialisa, symboliquement, un État indépendant : c'est-à-dire la *République de Kalakuta* – ce terme désignant la cellule qu'il avait occupée après son arrestation. En 1975, il changea une partie de son prénom en Anikulapo[406] Kuti[407]. En janvier 1977, Fela Kuti boycotta le *Festival mondial des arts nègres* qui se tenait à Lagos. Il donna en parallèle une série de concerts gratuits qui lui valurent l'intérêt des journalistes et l'hommage des artistes qui se trouvaient, à cette occasion, dans la capitale nigériane. La presse étrangère relaya le combat du rebelle qui critiquait ouvertement une classe politique corrompue. En réaction à cette attitude, le conseil militaire que dirigeait le général Olusegun Obasanjo qualifia Fela Kuti d'agitateur.

Au cours de cette même année, l'orchestre *Fela & The Africa 70* publia l'album *Zombie*. Cet opus suscita une réaction virulente de la part du gouvernement qui n'apprécia guère la puissante attaque, contre les soldats nigérians, qu'il véhiculait. Par conséquent, mille soldats entreprirent une expédition punitive à Kalakuta. L'action judi-

---

[406] Celui qui porte la mort dans la gibecière.

[407] Qui ne peut être tué par la main de l'Homme.

ciaire que Fela Kuti entreprendrait contre les autorités se solderait par un non-lieu, l'opération étant imputée à « des soldats inconnus au bataillon ». Le chanteur décrirait cet événement dans *Unknown soldier*, à savoir le soldat inconnu.

Harcelé par la police, Fela Kuti s'exilerait au Ghana où il serait interdit de séjour pour avoir soutenu une violente manifestation d'étudiants qui ferait du refrain « Zombie, oh zombie… » leur cri de ralliement contre le régime ghanéen.

Les tournées qui conduisirent Fela Kuti à travers l'Afrique, l'Europe et les États-Unis rencontrèrent partout un accueil triomphal et lui confèrent une notoriété internationale.

L'avènement d'un gouvernement civil au Nigeria en 1979 incita Fela Kuti à fonder son parti politique, le *Movement of the People* (MOP), lequel projeta de présenter sa candidature à l'élection présidentielle de 1983. Mais les autorités l'accusèrent de possession de cannabis et interdirent les activités militantes du MOP et de sa branche culturelle, les *Young African Pioneers* (YAP). Loin de se décourager, il répliqua en mettant sur pied l'*Army Arrangement*. Ainsi axa-t-il son action sur un scandale financier ayant impliqué la junte au pouvoir. Sur le point de quitter Lagos en partance pour New York, où il devait enregistrer un nouvel album, Fela Kuti fut interpellé à l'aéroport et arrêté pour exportation illégale de devises. Il serait condamné à cinq années de prison ferme – la partialité du juge étant due à la menace exercée par le gouvernement. Suite à la pression économique des bailleurs de fonds, aux concerts de soutien organisés par des artistes en Europe, au renversement de la dictature du général Muhammadu Buhari, il serait libéré en 1986.

Sa semi-retraite dans son club privé *Shrine*, temporairement interrompue par la sortie de *Beasts of no nation*, Fela Kuti s'effaça de la scène au profit de son fils aîné et digne successeur Femi Kuti. *Underground System*, lequel était sorti en 1993, fut le dernier album original publié du vivant du rebelle flamboyant. Il semblait avoir déjà faibli, la lutte contre le Sida ayant monopolisé ses derniers moments et pris le dessus sur la situation politique au Nigeria.

À son décès le 2 août 1997, au-delà des tensions entre les gouvernements militaires successifs et l'artiste, les autorités nigérianes regrettèrent la perte de « l'un des hommes les plus valeureux de l'histoire du pays ». En sa mémoire, ils décrétèrent quatre jours de deuil national. Le 12 août 1997, près d'un million de Lagossiens sortirent massivement dans la rue pour le célébrer. À l'occasion de la dixième année de la mort de Fela Kuti, dans un article intitulé *Le combat de Fela Kuti, « The Black President »*, la journaliste Audrey Montilly avait écrit ces lignes :

> « Fela Kuti est mort il y a maintenant 10 ans. Du sida, et de sa lutte contre la corruption au Nigeria. L'arme qu'il a créée : l'*Afro-beat*. Un groove unique, mix d'Afrique et d'Occident, de joie et de colère. Un mélange de percussions traditionnelles africaines et funk-soul-jazz des années 1970, notamment joués par James Brown ou *The Meters*. Le tout, au service d'une lutte sociale et popularisé à partir du Nigeria. Le seul État dans le monde, disposant d'importantes ressources pétrolières à présenter un déficit budgétaire. »

Rien à redire à cette présentation résumant à merveille l'action militante que, par le biais de la musique, Fela Anikulapo Kuti avait commencée en vue de la dignité du peuple nigérian en particulier et des Africains en général.

10.12 - Le reclus de Sévaré

Né le 22 août 1940 dans le Bandiagara dans le pays Dogon au Soudan français – l'actuel Mali – et mort le 14 octobre 2017 à l'âge de soixante-dix ans dans un hôpital de Sévaré dans la région de Mopti au centre du Mali, Yambo Ouologuem était un écrivain malien. Il fit des études secondaires à Bamako au Mali, avant de les poursuivre au lycée Henri-IV en France, où il s'était rendu en 1960. Il apprendrait de nombreuses langues africaines ainsi que le français, l'anglais et l'espagnol. Il serait par la suite licencié ès Lettres, licencié en Philosophie, et diplômé d'études supérieures d'anglais.

De 1964 à 1966, Yambo Ouologuem enseigna au lycée de Charenton-le-Pont dans le département du Val-de-Marne en banlieue parisienne. Il obtint, en même temps, son doctorat en sociologie à l'École normale supérieure. Son roman intitulé *Le Devoir de violence* avait obtenu en 1968 l'un des plus prestigieux prix littéraires français, en l'occurrence le Renaudot : une première pour un auteur africain. Dans cet ouvrage, il retraça depuis le XIIIᵉ siècle la geste des Saïfs, conquérants et maîtres du mythique empire Nakem. Alors âgé de vingt-huit ans, l'auteur avait en effet raconté comment l'esclavage et la colonisation étaient antérieurs à l'arrivée des Européens, ces derniers ne s'étant contentés que de les reprendre à leur compte, et d'amplifier de manière dramatique un système préexistant.

> « *Le Devoir de violence* est un roman qui [a dérangé] le déroulement de l'histoire africaine telle qu'elle [avait] toujours été racontée et enseignée. À travers l'histoire fictive de l'empire du Nakem et de la dynastie des Saïfs, des rois mi-juifs, mi-musulmans mais complètement fétichistes, l'auteur [a] décrit une histoire africaine où la féodalité ne débouche pas sur une renaissance mais directement sur une période affreusement barbare et sanguinaire. Elle [a été] marquée par l'esclavagisme sous toutes ses formes : de l'asservissement moral et physique au commerce humain. La descendance de la dynastie s'[était] singularisée par des règnes où l'incapacité des rois à gouverner, leur paresse et l'oisiveté de la cour sont masquées par des actes cruels. Alliés des marchands arabes et européens, les Saïfs [pratiqueraient] alors l'esclavage en toute impunité. »[408]

Le journaliste français Jules Crétois a vu, sans conteste, en cet ouvrage la dénonciation d'une continuité entre les pouvoirs pervers de l'époque précoloniale et, bien évidemment, la vénalité en actes du pouvoir colonial.

Malgré l'accusation de plagiat – notamment de *C'est un champ de bataille* de Graham Greene et *Le Dernier des Justes* d'André Schwartz-Bart –, ainsi que le retrait de la vente par les Éditions du Seuil, ce livre serait traduit en plusieurs langues et ferait l'objet d'innombrables thèses, dissertations ou articles, notamment aux États-Unis.

Yambo Ouologuem avait aussi publié en 1969 *Lettre à la France nègre*, véritable réquisitoire contre la France et « les clichés racistes »

---

[408] In *L'histoire africaine revisitée*, article de Nabo Sène paru dans *Le Monde diplomatique* du mois de juin 2003, p. 30.

l'ayant traversée. La même année, il avait sorti une encyclopédie pornographique intitulée *Les Mille et Une bibles du sexe* sous le pseudonyme d'Utto Rodolph.

> « Dans une veine sadienne débridée, l'auteur s'[était enfoncé] dans une vie nocturne dépenaillée où tout [était] possible, où toute frontière [était] faite pour être transgressée. Il [avait osé] les orgies, la violence, la zoophilie – en [étant resté] dans un cadre essentiellement occidental. Il [était] sans doute le seul, parmi les auteurs africains, à être allé aussi loin dans l'exploration d'une jungle foisonnante de pratiques et de fantasmes. Son imagination s'[était enflammé] et lui [avait permis] d'explorer les méandres du désir jusqu'aux tréfonds de l'âme humaine. »[409]

Ainsi s'était-il penché sur les aventures sexuelles de quatre Français en France et en Afrique. Resté silencieux à cause de la polémique ayant été sciemment orchestré pour le discréditer, il rentra au Mali à la fin des années 1970, où il deviendrait directeur d'un centre culturel situé près de Mopti et éditerait des manuels scolaires. Présentant à l'époque son livre aux lecteurs, Yambo Ouologuem avait absolument tenu à affirmer tout son combat :

> « Et, si j'ai pris sur moi de présenter *Les Mille et Une bibles du sexe*, c'est également parce que, en raison de certains aspects érotiques de mon premier roman, divers pays africains [avaient] rejeté de leurs frontières *Le Devoir de violence*. J'étais, aux yeux de chefs d'État irresponsables ou incultes, j'étais, pour avoir osé dire du nègre qu'il faisait l'amour, un carriériste vendu à une France raciste, laquelle s'amusait de voir dénigrer par un Noir les mœurs des peuples noirs. Soit. Il [était] bon d'être primitif, certes, mais impardonnable d'être primaire. Tant pis pour les primaires qui se [rêvaient] censeurs. »

Pour le critique littéraire malien Babalaye Keïta,

---

[409] In *Les Mille et Une Bibles du sexe : quand l'auteur malien Yambo Ouologuem faisait l'amour à la langue française*, article de Nicolas Michel publié dans *Jeune Afrique* en octobre 2015.

« M. Ouologuem avait une plume puissante, très acerbe. Il était aussi nationaliste et ça lui [avait] un peu porté préjudice pour la suite de sa carrière ».

Quant à Jules Crétois,

« le style, parfois ampoulé et emporté, [n'a nullement occulté] le fond des récits de Yambo Ouologuem : l'auteur [a su pénétrer] les soubassements de l'âme et des sociétés et y [a cherché] nos réflexes les plus honteux, passionnés ou destructeurs »[410].

Tous les ans, lors de la rentrée littéraire du Mali, le prix Yambo-Ouologuem[411] est décerné pour récompenser une œuvre d'un auteur du continent africain écrite en français.

10.13 - L'ambassadeur de la rumba

Pascal Emmanuel Sinamoyi, communément appelé Tabu Ley, ou Seigneur Rochereau[412], vit le jour le 13 novembre 1940 à Bagata à Banningville, l'actuelle province du Bandundu, au Congo belge. Décédé des suites d'un accident vasculaire cérébral le 30 novembre 2013 à l'âge de soixante-treize ans à l'hôpital Saint-Luc de Bruxelles en Belgique, il était un musicien et homme politique congolais. Il commença par chanter à l'église et dans les chorales des établissements scolaires qu'il avait fréquentés.

« Son phrasé coulant et limpide, sa voix mélodieuse et timbrée lui [donnèrent] l'occasion d'accompagner le *Rock-A-Mambo* dans quel-

---

[410] In *Mali : Yambo Ouologuem, la mauvaise conscience des lettres ouest-africaines, s'est éteint*, article publié dans *Jeune Afrique* d'octobre 2017.

[411] Il s'agit d'un prix littéraire malien, qui récompense une œuvre écrite en français d'un auteur du continent africain. Il est doté d'une récompense de 5 000 000 de francs CFA. Les auteurs doivent être ressortissants d'un pays africain et l'œuvre doit avoir été publiée chez un éditeur africain basé en Afrique. Il a été attribué pour la première fois en 2008.

[412] Sobriquet acquis sur les bancs du collège, car il était le seul de sa classe à avoir su qui était le colonel français Pierre Philippe Denfert-Rochereau, qui est resté célèbre pour avoir dirigé la résistance de la place forte de Belfort en 1870.

ques enregistrements aux éditions *Esengo* entre 1957 et 1958. »[413]

Ce nom d'emprunt, en l'occurrence Rochereau, qui lui avait été attribué par les camarades de la très réputée école moyenne Saint-Raphaël (Écomoraph) où il avait effectué ses études secondaires, l'accompagnerait durant toute sa vie. Il y avait obtenu son diplôme avant d'entrer dans la vie active. Pascal Emmanuel Sinamoyi participa aussi, à cette époque, à l'enregistrement de la chanson *Micky mi quiero* de Jean-Dieudonné Malapet (alias Nino). Il intégra, en 1959, l'Éducation nationale dans l'ancienne colonie belge, devenue de nos jours la République Démocratique du Congo. Effectivement, après avoir occupé le poste de secrétaire administratif au *Fonds du Bien-être indigène*, il fut responsable administratif et financier à l'Athénée Royale de Kalina – l'actuel Institut de la Gombe. Il intégra entre-temps l'orchestre *Africain Jazz* du clarinettiste Édo Clary Lutula, lequel se produisait au dancing bar *Amuzu* dans la rue Kitega à Léopoldville. Il retrouva au sein de cette formation les chanteurs comme Franklin Boukaka et Jeannot Bombenga, les guitaristes Casimir Mutshipule (alias Casino), André Kambite (dit Damoiseau) et Papa Buanga Zinga, ainsi que le bassiste Charles Kibonge… Il composa en tant que membre de ce groupe les chansons *Mwana mawa*, *Catalina cha cha* et *Marie Josée*.

En cette même année, Pascal Tabu épousa Georgette Mowana, alias Tété, avec qui ils auraient cinq enfants : Blackson Mathieu, Mireille-Esther, Colette, Gisèle et Isabelle. De l'amour idyllique avec la *Miss Zaïre 1969*, à savoir Jeanne Mokomo, il aurait six autres enfants : Carine, Laty, Bob, Abel, Pegguy et Flore. Il aurait beaucoup d'enfants, dont le rappeur français Youssoupha Mabiki qu'il avait conçu à Kinshasa avec une femme d'origine sénégalaise :

> « [Youssoupha Mabiki] est le fils du célèbre Tabu Ley Rochereau, musicien zaïrois. Malheureusement, il n'[avait pas grandi] avec lui. En effet, le rappeur [faisait] partie d'une très grande fratrie puis-

---

[413] In *Tabu Ley Rochereau : il y a cinq ans une douloureuse séparation*, article de Clément Ossinondé publié dans *Pages Afrik* en décembre 2018.

qu'elle [était] composée de soixante-huit frères et sœurs ! »[414]

Pascal Emmanuel Tabu aurait même plus d'enfants, un peu plus de soixante-dix avait précisé le rappeur dans une interview qu'il avait accordée au quotidien français *Le Parisien* :

« Ça [faisait] partie du folklore de la grande star africaine qui [avait] beaucoup d'amour et qui en [donnait] beaucoup (rire). »[415]

Pascal Tabu, qui aurait eu en réalité une centaine d'enfants, était aussi le grand-père de la rappeuse et chanteuse belge Vanessa Lesnicki, dite Shay, dont Youssoupha Mabiki est l'oncle. Le fils avait rendu à cet auteur et compositeur – ayant détenu en quarante-six ans de carrière plus de 3 000 chansons, dont 250 albums –, un bel hommage avec la chanson *Les Disques de mon père*. Le rappeur avait d'ailleurs chanté en duo le 7 mai 2012 avec le Seigneur Ley à l'Olympia, haut lieu où ce dernier s'était déjà produit en vedette en 1970. Seigneur Rochereau était entouré, à cette époque, d'un groupe de danseurs et de danseuses appelées « les Rocherettes » – dont l'une deviendrait Clodette pour le chanteur français Claude François – qu'il avait recrutées en 1969. Il deviendrait, grâce à ce concert donné dans le mythique music-hall de Bruno Coquatrix, le premier Africain à réaliser un tel exploit.

« J'[étais] fier de chanter à l'Olympia le 7 mai [2012, ndlr]. Lui, c'était le premier Africain à [avoir fait] l'Olympia en 1970. C'[était] un peu l'histoire de l'immigration : mon père qui [avait] fait de la musique africaine en 1970 et moi, quarante ans plus tard, [j'ai] fait une musique métissée de culture française. »[416]

La carrière musicale de Tabu Ley démarra véritablement en 1958, dans le groupe *Harlem Band* des frères Lambil – la dénomination

---

[414] In *Youssoupha : "Les barrières et les rôles sont devenus plus nuancés"*, article de Sébastien publié dans *Dad Magazine* en avril 2016.
[415] In *Youssoupha, rappeur apaisé*, article de Lucas Bretonnier paru dans *Le Parisien* en janvier 2012.
[416] *Ibidem.*

d'origine ayant été *Ritmo Band*. Il y évolua en compagnie de Lambert et Marcel Ngabu, Didi Siscala Wa Ntete, Fu Manchu et Sabin. Selon Lambert Ngabu, Rochereau avait commencé la musique avec eux.

> « On [avait] même failli réaliser quelques enregistrements chez *Ngoma*, mais [ç'avait] loupé. Nous [étions] restés à Brazza et Rochereau venait le samedi pour jouer et retournait le dimanche soir, pour aller à l'école à Léopoldville. De Brazzaville, nous [étions] allés à Pointe-Noire, et Rochereau ne pouvait plus nous rejoindre. C'[était] ainsi qu'il [était] rentré dans l'*African Jazz* de Kabasele, et nous de notre côté, quand nous étions à Pointe-Noire, nous [avions] enrôlé deux nouveaux membres, un Congolais de Kinshasa au nom d'André Pongo Mingashanga [chanteur], et un Brazzavillois saxophoniste au nom d'André Kikouki (alias Babalou). Notre effectif [était] passé à sept musiciens. Plus tard un musicien, mon petit frère, au nom d'André Ngabu, bassiste, [avait] rejoint le groupe. »[417]

Assez rapidement, Rochereau fut adoubé par Joseph Kabasele (dit le Grand Kallé). Il fit enfin ses débuts dans l'*African Jazz*.

> « Le 6 juin 1959 au bar dancing *Vis-à-vis* à [Léopoldville, ndlr]. Tabu Ley [fit] sa sortie solennelle dans l'*African Jazz* de Joseph Kabasele. En même temps que Joseph Mulamba "Mujos". [Ce fut] au cours de ce concert mémorable que Tabu Ley [chanta] pour la première fois en duo avec Joseph Kabasele, la merveilleuse chanson *Kelya*, l'une des plus belles de [sa] carrière. Le jeune chanteur [fut] porté en triomphe par le public enthousiaste. »[418]

Dans l'article intitulé *Vie d'un grand artiste : Tabu Ley Rochereau, une grande étoile de la musique congolaise, s'en est allé*, paru dans *La semaine africaine* en janvier 2019, le chroniqueur Mfumu rappela que, de 1960 à 1961, Rochereau s'était acoquiné avec Nicolas Kasanda wa Mikalay (dit Docteur Nico) qui dirigeait une aile de l'*African Jazz*. Après les retrouvailles avec Joseph Kabasele, en 1962, Pascal Tabu sortit les chansons *Para commando*, *Sala noki Pascal*,

---

[417] In *L'épopée Harlem Band*, témoignage de Lambert Ngabu publié en août 2011 par le site Internet *Mboka mosika*.

[418] In *Tabu Ley Rochereau : il y a cinq ans une douloureuse séparation*, op. cit.

Yaka yaka toyokana, *Bonbon sucré*, *Adios Théthé*, etc. Réconciliés, les musiciens de l'*African Jazz* se rendirent à Bruxelles. Ce fut le premier voyage de Rochereau en Europe.

En 1963, Tabu Ley et d'autres musiciens furent confrontés aux problèmes d'organisation au sein de l'*African Jazz*.

> « En effet, au mois de mai 1963, Joseph Kabasele [fut] abandonné par les siens. Tous les musiciens le [quittèrent] en bloc pour former un nouvel orchestre sous la direction de Nicolas Kasanda wa Mikalay (dit Docteur Nico) : l'*African Fiesta* dans lequel on [retrouva] Pascal Tabu Ley, Roger Izeidi Mokoy, Charles Mwamba wa Kabamba (Dechaud Mungala), Joseph Mulamba (Mujos), Jean Kwami Munsi, Antoine Kaya (Depuissant), Dominique Kuntina (Willy), Armand-Louis Samu Bakula (dit Armando) tous animés d'une ardeur incroyable. Les tous premiers chefs-d'œuvre édités sous la marque *Vita* [confirmèrent] le grand talent de Tabu Ley à travers les titres comme *Seli kutu*, *Ndaya paradis*, *Ya Gaby*, *Permission*, etc. »[419]

Après donc avoir déserté l'*African Jazz* en 1960, Pascal Tabu fonda avec Nicolas Kasanda l'*African Fiesta Flash*. Mais, le succès de ce nouvel orchestre ne fut que de courte durée, en dépit de quelques chansons qui furent composées : *Permission*, *Rendez-vous chez là-bas*, *Café Rio*, *Djeke*, *Suke*, etc. Le conflit de leadership entre Nicolas Kasanda wa Mikalay (alias Docteur Nico) et Pascal Tabu, les vedettes influentes du groupe, finit par scinder en 1966 l'orchestre en deux entités dissidentes : d'une part, l'aile Nicolas Kasanda appelée *African Fiesta Sukisa* avec comme musiciens Charles Mwamba wa Kabamba (Dechaud Mungala), Pierre Bazeta (Delafrance), André Lumingu Puati (Zorro), Victor Kasanda (Vixon), Joseph Mingiedi (Jeff), Pedro Matafula (Cailloux), Gabriel Kayunga (Francky), Paul Mizele (Paulins), Michel Banda (Micky), Joseph Ayombe (José), Dominique Dionga (Apôtre), Lambert Kalamoy (Vigny) et Georges Armand ; d'autre part, l'aile Pascal Tabu Ley dénommée *African Fiesta National* regroupant les musiciens tels que Roger Izeidi Mokoy, Henriette Boranzima (Miss Bora), René Kasanda, Sam Mangwana, Joseph

---

[419] *Ibidem.*

Mwena, Auguste Izeidi Futu (Faugus), Jean-Paul Vangu Diakanua (Guvano), Léon Bukasa, Jean-Pierre Nzenze (Jean Trompette), Willy Kuntina, Armand-Louis Samu Bakula (Armando), Henri Dongala (Fredos), Jean Matondo (Zoé) et Antoine Kolosoy (Wendo).

> « Soutenu par Roger Izeidi, son producteur et éditeur, [Tabu Ley monta] l'*African Fiesta* qui [connut] de multiples variables dans sa désignation : *African Fiesta 66*, *African Fiesta Flash*, *African Fiesta National* et, enfin, *African Fiesta le Peuple*. Ces deux dernières dénominations [étaient choisies] par opposition à l'*African Fiesta Sukisa* de Nicolas Kasanda, réputé comme orchestre des Baluba.
> » La lutte [fut] rude, entre Nico et Rochereau, et ponctuée de chansons *Mbwakela*. Dans *Likala ya moto*, Rochereau prédit la chute de Nicolas Kasanda. Ce dernier [rétorqua], *Toyebi nganga na bino*. Le répertoire de Rochereau [fut] foisonnant : *Nganda Diallo*, *Lili Mwana ya quartier*, et *Mokolo nakokufa*, immense succès sur les rives du fleuve Congo. Rochereau s'[imposa] comme le chef de file de l'école *African Jazz* en face de Franco Luambo, chef de l'école *OK Jazz*. »[420]

À l'instar de son mentor Joseph Kabasele – que d'aucuns appelaient aussi le Grand Kallé –, surtout à travers la batterie si prisée dans les groupes de pop ou de rhythm'n'blues, le Seigneur Rochereau apporta avec son tout récent orchestre l'*African fiesta National* beaucoup d'innovations dans la rumba congolaise. Ainsi Seskain Molenga, de son vrai nom Dieudonné Lambert Molenga – qui fut l'un des fondateurs de l'orchestre *Bakuba* – en serait le premier batteur. Par esprit d'émulation, comme les *Bella Bella* des frères Émile Soki Dianzenza et Maxime Soki Vangu avec *Les Grands Maquisards* qui étaient dirigés par Daniel Ntesa – alias Dalienst –, plusieurs orchestres verraient le jour à Kinshasa.

Pour se démarquer de cette nouvelle mouvance, Pascal Tabu réagit en lançant depuis Dakar, par le truchement des trois disques 45 tours, la fameuse danse *soum djoum* ponctuant les titres – *Selija*, *Silikani*, *Mundi et Samba* – qui deviendraient des chansons culte.

---

[420] In *Vie d'un grand artiste : Tabu Ley Rochereau, une grande étoile de la musique congolaise, s'en est allé*, article de Mfumu dans *La semaine africaine* de janvier 2019.

« Fait très marquant dans cette formation de Tabu Ley : la présence d'une jeune chanteuse, Henriette Boranzima (Miss Bora)[421], dont la brillante prestation [constitua] une heureuse surprise dans ses vocalises haut perchées.

» Tout comme l'occasion qui [fut] donnée au pionnier des années quarante, le chanteur Antoine Kolosoy (Wendo), de faire la scène en s'intégrant dans un orchestre moderne. [Ce fut] un coup de chapeau à celui qui [avait inculqué] à Tabu Ley l'esprit de la rumba. La sonorité spécifique du pionnier Wendo due à ses superbes harmonies [créerait] un enthousiasme prodigieux, ce bonheur de chanter, cet optimisme à tous crins qui en [feraient] les vivants symboles d'une génération avide de trouver ses propres moyens d'expression, sa propre culture. D'où d'ailleurs l'appellation : Tabu Ley "Mokitani ya Wendo"[422]. »[423]

Mais Rebelote. La cadence *soum djoum* contribua à la création des orchestres comme *Continental*. Il fallait réagir en urgence. À l'occasion de l'Exposition universelle de Montréal, laquelle eut lieu en 1967, Pascal Tabu recruta Sam Mangwana. *Jolie Elie* de Rochereau et *Pangula* de son nouveau protégé furent les titres majeurs de cette période. Mais dès 1968, Sam Mangwana et Jean-Paul Vangu Diakanua (dit Guvano) firent défection, pour créer le *Festival des Maquisards*. Rochereau aurait du ressort, il rebondirait.

Contrairement à son « maître à chanter » Joseph Kabasele qui était très influencé par les rythmes afro-cubains (*African Jazz* et *African Team*), Rochereau avait jeté son dévolu sur la pop musique et le rhy-

---

[421] Force est de constater que Tabu Ley fut le premier, après le cycle des chanteuses des années 1950, à mettre en valeur un évident talent des jeunes chanteuses congolaises comme Henriette Boranzima (dite Miss Bora), Faya Tess (qualifiée de feu ravageur ou de sirène d'eau douce, mais de son vrai nom Kishila Ngoyi), Béatrice Modjoy Efomi (dite Beyou Ciel) et Marie-Claire Mboyo (dite Mbilia Bel). Il contribua également à l'émergence de jeunes talents tels que Sam Mangwana, Philippe Vangu Dinu (dit Dino), Mwaka Nzuzi (alias Mwazik ou Mimi Ley), Paul Ndombe Opetum (dit Pépé), Michelino Mavatiku Visi (le champion de la note mi-composée), Bemba Pablito (Pamelo), Empompo Loway, André Kiese Diambu, Auguste Izeidi Futu (dit Faugus), etc.

[422] C'est-à-dire l'héritier de Wendo.

[423] In *Vie d'un grand artiste : Tabu Ley Rochereau, une grande étoile de la musique congolaise, s'en est allé, op. cit.*

thm'n'blues des années 1960 et 1970, se produisant même par mimétisme sur scène avec des pantalons « patte d'éléphant » et la coiffure Afro. Cela se matérialisa surtout par la chanson *Lal' aby*, composée en 1969 et chantée en sa langue maternelle le kiyanzi, qu'auraient repris en mai 1970 les *Beatles* – de John Lennon, Paul McCartney, George Harrison et Sir Richard Starkey (dit Ringo Starr) – sous le titre de *Let it be*, alors qu'une autre version prétend le contraire. Excellent et performant chanteur solo, Tabu Ley avait su se produire parfaitement en duo avec d'autres chanteurs comme dans *Permission* et *Rendez-vous chez là-bas* en compagnie de Joseph Mulamba, dans les chansons *Souza* et *Maguy* avec Sam Mangwana, dans les morceaux *Ki makango mpe libala* et *Gipsy* avec Pépé Ndombe Opetum et Joseph Kabasele dans *Christine*, même avec, un peu plus tard, Franco Luambo.

Convaincu de la notoriété du rythme *soum djoum*, dont Seskain Molenga apprivoisait les drums avec une aisance décontractée, Rochereau ferait appel à une sensibilité qui perpétuerait son règne au-delà des années 1980 sous l'appellation d'*Afrisa international*.

> « Le passage de Tabu Ley [...] du 12 au 29 décembre 1970 sur la scène du grand music-hall parisien l'Olympia [fut] sans doute l'évènement le plus passionnant de cette année. C'[était] après un travail d'arrache-pied, qui lui [avait] permis d'acquérir une grande expérience sur scène, que Tabu Ley et son groupe des danseuses "les Rocherettes" [étaient] parvenus à réaliser ce rêve inédit, de parvenir au concept de groupe de spectacles, dont le rythme *soum djoum* [serait] immortalisé par les chefs-d'œuvre *Moussa*, *Fétiche*, *Mystère*, *Mundi*, *Silikani*, *Selija* et *Samba*. »[424]

En 1971, Rochereau mit sur pied l'*Afrisa le Peuple* sur les fondations du groupe qui l'avait accompagné à l'Olympia. Il opterait, tout compte fait, en faveur de l'*Afrisa International*. La politique d'authenticité entreprise, cette même année, par le président Mobutu Sese Seko obligea tous les Congolais à devenir des Zaïrois et à se débarrasser de leurs prénoms et patronymes étrangers. En conséquence, Pascal Tabu devint « Tabu Ley ». En fait, il avait adopté le patronyme de son père,

---

[424] In *Tabu Ley Rochereau : il y a cinq ans une douloureuse séparation, op. cit.*

Tabu, auquel il avait accolé « Ley ».

En 1977, Tabu Ley Rochereau dirigea l'*Orchestre National du Zaïre* (ONAZA). Pendant un temps patron d'une boîte de nuit à Kinshasa, le *Type K*, il se brouilla avec le président Mobutu. Ce qu'il expliquerait en 2003 dans une interview accordée à *Radio France Internationale* à l'occasion de la sortie de son album *Tempelo* :

> « J'[avais] toujours été en controverse avec [Mobutu, ndlr]. Moi j'étais Républicain, eux, conservateurs. On ne s'entendait pas vraiment. J'étais d'inspiration lumumbiste. Du côté donc de ceux qu'on prenait – à tort – pour des communistes. J'étais en revanche défenseur des valeurs républicaines et démocratiques. Mes façons de voir, les chansons que je faisais, défendaient ces aspirations, quelque peu contraires à celles de Mobutu. Donc, de temps en temps, on m'arrêtait. J'[avais] connu la prison politique deux fois. »

En froid avec le régime mobutiste, le Seigneur Rochereau s'exila d'abord aux États-Unis, puis en Belgique où il s'opposerait ouvertement à la dictature du grand léopard.

À l'avènement de Laurent-Désiré Kabila en mai 1997 relatif à la présidence de la République, le Seigneur Rochereau retourna à Kinshasa. Il siégerait à l'Assemblée consultative et législative de transition sous la bannière du mouvement la *Force du Peuple*, apparenté au *Rassemblement congolais pour la démocratie* (RCD).

> « Musicien d'exception à la voix envoûtante, proche du Mouvement national congolais de Patrice Lumumba, il [avait choisi] de s'exiler durant la dictature de Mobutu. De retour au pays après la chute du régime, il [avait mené] de front carrière artistique et politique, devenant en 2005 le vice-gouverneur de la ville de Kinshasa. »[425]

En effet, Pascal Emmanuel Sinamoyi était sans conteste un chanteur engagé.

> « En octobre 1999, il avait affiché son hostilité à une nouvelle force de la paix de l'ONU [en République Démocratique du Congo], pour

---

[425] In *Tabu Ley Rochereau : une voix s'éteint*, article publié en décembre 2013 par la publication française *Le Journal du Dimanche*.

éviter la "sombre répétition" de l'opération de 1960. De 1960 à 1964, les Nations Unies avaient mené une vaste et peu glorieuse opération militaire dans l'ex-Congo belge, motivée notamment par le souci des puissances coloniales et des États-Unis de ne pas voir le Congo tomber dans le giron soviétique.

» En 1997, le chanteur avait dénoncé la persistance de la censure en [République Démocratique du Congo], au lendemain de l'interdiction de son dernier album, *Kebo beat*, à cause du caractère "immoral" d'un des titres. Il avait déjà été victime de la censure en 1990, lorsque le régime du maréchal Mobutu Sese Seko (1965-1997), qui l'avait poussé un temps à l'exil, notamment en France, avait interdit son album *Trop, c'est trop*. »[426]

Quatre de ses fils parmi ses nombreux enfants – en l'occurrence Pegguy, Abel, Philémon et Youssoupha Mabiki, ainsi que sa petite-fille Vanessa Lesnicki (dite Shay) –, lui emboîtèrent le pas en tant que chanteurs et compositeurs.

Dans un article de l'hebdomadaire français *Le Journal du Dimanche*[427] ayant été publié en début du mois de décembre 2013, on pouvait lire l'éloge ci-dessous :

« Tabu Ley Rochereau [resterait] dans l'histoire de la musique africaine comme l'un des novateurs majeurs de la rumba congolaise –avec l'immense Joseph Kabasele (dit Grand Kallé) – [à avoir intégré] la batterie dans son orchestre pléthorique. »

Pour le journaliste Tshitenge Lubabu M. K., le Seigneur Rochereau était le roi de la rumba congolaise :

« C'était d'abord une voix, reconnaissable entre mille. C'était aussi un physique, qui s'était épaissi avec le temps, remarquable par un nez proéminent qui semblait destiné à humer toutes les senteurs du monde et qui ne laissait personne indifférent. Tabu Ley était surtout un géant, le dernier de la chanson congolaise, dont la carrière, commencée avant l'indépendance de l'ancien Congo belge, comporte à ce jour, à n'en pas douter, l'un des répertoires

---

[426] *In Tabu Ley Rochereau, monstre sacré de la rumba congolaise, est mort*, une dépêche de l'*Agence France Presse* (AFP) reprise par *France 24* en janvier 2013.
[427] *In Tabu Ley Rochereau : une voix s'éteint, op. cit.*

les plus riches que l'on puisse imaginer. »[428]

Quant au pianiste et chanteur congolais Raymond Lema A'nsi Nzinga (dit Ray), il n'avait pas hésité à saluer sur la chaîne de télévision française *France 24*, « un mélodiste extraordinaire » dont « tout le monde fredonnait des mélodies ». Aux yeux de ce pianiste talentueux, de surcroît guitariste et compositeur, Tabu Ley avait vraiment été « un chanteur énorme en Afrique ». Nombreuses sont donc ses chansons qui n'ont cessé de bercer les âmes de la plus grande majorité des Congolais et des Africains : *Adios Théthé* – morceau ayant été dédié à sa première épouse –, *Bonane na Noël*, *Omanga* – morceau également dédié à une femme –, ou *Mokolo nakokufa*, c'est-à-dire le jour de ma mort en lingala.

Lors de la neuvième édition du Festival Panafricain de la musique (Fespam) qui s'était tenu en juillet 2013 à Brazzaville, le président de la République du Congo, Denis Sassou Nguesso, honora à titre exceptionnel Tabu Ley en l'ayant élevé dans l'ordre de la médaille d'honneur, au grade de la médaille d'or. Pascal Emmanuel Sinamoyi entra définitivement le 9 décembre 2013 à la *Nécropole de la N'Sele* à Kinshasa. Son imposant héritage se retrouve dans différentes compilations, en particulier *Rochereau et l'African Fiesta National 1964/1965/1966*, *Rochereau et l'African Fiesta 1968/1969*, ainsi que *Tabu Ley Rochereau 1971/1972/1973*.

10.14 - L'éternelle reine de la chanson togolaise

Venue au monde le 1er janvier 1945 à Tsévié dans le Sud du Togo, ville située dans la région maritime et à trente-cinq kilomètres de Lomé, on la connaissait surtout sous le nom de Bella Bellow. Georgette Nafiatou Adjoavi Bellow était l'aînée d'une fratrie de sept enfants. Après ses études à l'École primaire catholique Notre Dame des Apôtres située en face du lieu-dit ancien Zongo, lesquelles furent couronnées par un Certificat d'Études Primaires Élémentaires (CEPE) en 1958, et secondaires effectuées au Lycée de Sokodé dans la région

---

[428] In *RDC : Tabu Ley entre les mains de Dieu*, publié dans *Jeune Afrique* en décembre 2013.

centrale du Togo puis au Lycée Bonnecarrère à Lomé, elle obtint le Brevet d'Études du Premier Cycle (BEPC) en 1966 – après avoir été dispensée de l'oral pour aller représenter le Togo à Dakar au Festival des arts nègres. L'ascension s'avéra effectivement spectaculaire pour cette artiste de vingt ans. Elle partit ensuite pour Abidjan afin de suivre une formation en secrétariat et, en parallèle, des cours de solfège à l'Institut des Beaux-Arts. Elle se ferait remarquer par les médias ivoiriens, et animerait un gala de l'Office du tourisme africain à Genève en Suisse.

Dotée d'une voix caractéristique, laquelle savait se faire plus douce ou vibrante, chaude, veloutée et pénétrante selon les circonstances, l'originaire d'Ifê à Atakpamé saurait tirer profit de cette prédisposition naturelle.

> « Très tôt, elle [afficha] son penchant pour la chanson. En effet, pendant son parcours scolaire, elle retenait déjà l'attention de ceux qui avaient [eu] le bonheur de l'écouter chanter quelques airs populaires de sa région natale. De ce fait, elle [avait] obtenu le surnom de "rossignol des bois". »[429]

En 1965, elle se produisit avec puissance et netteté à Cotonou –en tant qu'invitée du président la République Hubert Maga – à l'occasion de la fête de l'indépendance du Dahomey. En avril 1966, sa participation au premier Festival mondial des arts nègres à Dakar au Sénégal, en compagnie de sa compatriote Julie Akofa Akoussah, lui valut une consécration susceptible de lui octroyer une dimension internationale.

Son ancien professeur de dessin au Lycée de Sokodé, le peintre togolais Paul Ahyi, lui organisa une rencontre avec Gérard Akuesson – ancien chanteur devenu premier éditeur phonographe africain en France et converti en producteur – qui deviendrait son impresario.

> « Juste en écoutant Georgette Bellow fredonner *Zélié*, le célèbre promoteur d'artistes se décida à lui baliser la voie. »[430]

---

[429] In *Retour sur un parcours* : « *Il était une fois Bella Bellow* », article paru en septembre 2007 dans le quotidien *L'Événement précis*.

[430] In *Bella Bellow, la légendaire blueswoman*, article d'Ekoué Satchivi publié par

Gérard Akuesson rassembla autour d'elle une équipe de musiciens professionnels tels que Slim Pezin à la guitare, Jeannot Dikoto Mandingué à la basse, Ben's à la batterie, ainsi que le Camerounais Manu N'Djoke Dibango au clavier et à l'arrangement. Elle enregistra en 1969 *Rockya*, son premier album sous le nom d'artiste : à savoir Bella Bellow. Elle mit ensuite sur pied son propre groupe, *Gabada*.

> « C'est en 1963 par des interprétations lors des festivals et récitals scolaires, qu'il faut situer les débuts de cette artiste aux multiples talents. [...] Gérard Akuesson, un grand à l'époque dans les milieux du show-biz, [...] l'emmena à Paris où la jeune chanteuse sans imiter son aînée, la Sud-africaine Myriam Makeba à qui elle vouait une vive admiration, se fraya au prix d'un travail soutenu une voie et [parvint] à se donner un nom. Elle choisit [...] de chanter le folklore togolais travaillé sur un rythme moderne. C'[était] ainsi que par sa classe et son talent, elle finit par dompter son auditoire tant au Togo, en Afrique et un peu partout dans le monde. »[431]

Après le Festival panafricain d'Alger où elle fit la connaissance de la Sud-africaine Myriam Makeba, elle se produisit à l'Olympia à Paris.

> « L'enregistrement de *Zélié* et *Rockya*, ses deux premiers titres, [produisit] des effets immédiats. Elle [participa] à l'Olympia en 1969 à *La Nuit de la fraternité* en hommage à Martin Luther King. À la radio et à la télévision française, elle enchaîna les émissions : *Pulsations* (où Manu Dibango [dirigea] l'orchestre) – *Discorama...* »[432]

Bella Bellow participa par la suite à un bon nombre de concerts en Europe, aux Antilles – en Guadeloupe et en Guyane. Elle se produisit au quatrième Festival de chanson populaire de Rio de Janeiro au Brésil. Elle chanterait en Yougoslavie, au Zaïre, en Belgique…

Togo Cultures en décembre 2009.

[431] In *Bella Bellow : La pionnière de la chanson togolaise moderne*, article d'Ekoué Satchivi publié en décembre 2003.

[432] In *Entretenir la flamme de Bella Bellow*, article de Bertrand Lavaine publié en décembre 2018 par le site Internet de *Radio France Internationale*.

En janvier 1972, elle se maria avec un magistrat togolais nommé Théophile Jamier-Lévy. Elle donna naissance quelques mois plus tard à Nadia Elsa, la fille unique du couple. Effectivement,

> « les concerts se [succédèrent] et les portes [s'ouvrirent] sous le charme de sa voix. Le temps d'une pause pour se marier et donner naissance à sa fille en 1972 et la voilà de nouveau prête à conquérir le monde, en optant avec Manu Dibango pour une formule différente sur le plan artistique, à l'image de *Dasi Ko* et ses effets à la guitare électrique, sur son dernier disque commercialisé. »[433]

Bella Bellow fit sa rentrée au Centre culturel français de Lomé, prélude à la préparation d'une tournée musicale aux États-Unis avec le Camerounais Manu Dibango.

> « Étoile filante de la musique africaine, elle était parvenue à se faire un nom en quelques années sur la scène internationale. [Au moins] quarante-cinq ans plus tard, ses quelques chansons enregistrées durant sa très courte carrière sont devenues des classiques, frappés d'une forme d'intemporalité, qui continuent d'inspirer de nombreux artistes. »[434]

La chanteuse béninoise Angélique Kidjo rendit à Paris un très bel hommage à Bella Bellow devant un parterre de soixante-dix chefs d'État, en novembre 2018, lors des célébrations du centenaire de la fin de la Première Guerre mondiale sous l'Arc-de-Triomphe. L'interprétation majestueuse et mémorable de la chanson *Blewu* fut accompagnée par une discrète guitare électrique qui, entre puissance et nuances, ne manqua pas d'émouvoir.

> « Un an plus tôt, en octobre 2017, dans un contexte diamétralement opposé – l'émission de télévision *The Voice Afrique francophone* –, c'[était] un autre titre phare du répertoire de la chanteuse togolaise qui [avait] fait mouche en [ayant ressorti] tout à coup du passé *Denyigban*, dans une version réarrangée proposée par la candidate béninoise Hermence et qui [avait] séduit immédiatement, dans le

---

[433] *Ibidem.*
[434] *Ibidem.*

jury, la Camerounaise Charlotte Dipanda. Aucune des deux n'était encore venue au monde lorsque Bella Bellow trouva la mort sur une route de son pays natal, en décembre 1973. »[435]

En provenance d'Atakpamé le 10 décembre 1973 en direction de Lomé, Bella Bellow rendit l'âme à cause d'un accident de circulation à Lilikopé, non loin de Tsévié. Au Togo, le « Prix Bella Bellow de la musique tradi-moderne », en hommage à la diva, récompense désormais les artistes qui se distinguent dans la musique traditionnelle africaine. Beaucoup de gens la qualifient de pionnière de la chanson togolaise moderne.

10.15 - Roi de la sape et icône de la jeunesse

Jules Shungu Wembadio Pene Kikumba, dit Papa Wemba ou Ekumani, naquit le 14 juin 1949 à Lubefu au Congo belge, c'est-à-dire dans l'actuelle province du Sankuru en République Démocratique du Congo. Ayant vécu presque toute sa vie comme musicien, il était un chanteur, auteur-compositeur et acteur congolais. Son père qui, après avoir combattu dans l'armée belge pendant la Seconde Guerre mondiale en tant qu'ancien soldat de la Force publique congolaise, était devenu chasseur. Quant à sa mère, elle exerçait la profession de pleureuse au moment des veillées funéraires ou mortuaires. Selon le politologue et historien Jean-Pierre François Nimy Nzonga, la profession de la maman de Jules Shungu Wembadio constitua probablement l'élément ayant été le détonateur de sa vocation musicale. Il accompagnait en effet sa mère à ses prestations. Sa famille s'installa à Léopoldville, la capitale de l'ancienne colonie belge, pendant qu'il était bébé.

Le décès de son père en 1966 contraignit le jeune Shungu Wembadio à abandonner les études commencées en milieu des années 1960 à l'École Pigier. Cela consolida sa vocation de chanteur perfectionnée dans la Chorale religieuse, dans le cadre des activités extra-scolaires. Ainsi s'intéressa-t-il davantage à la musique populaire kinoise dans son quartier de Matonge, le berceau de la musique

---

[435] *Ibidem.*

congolaise, et prit le pseudonyme de « Jules Presley » par admiration pour le Grand Elvis Aaron. De son union avec Marie-Rose Luzolo (dite Amazone), laquelle serait officialisée le 9 août 2014, Papa Wemba eut six enfants. Il en aurait au moins une cinquantaine avec différentes femmes.

En décembre 1969 à Kinshasa, Jules Shungu Wembadio co-fonda le *Zaïko Langa Langa* avec Jossart Nyoka Longo, Antoine Evoloko Bitumba Bolay Ngoy (alias Anto Nickel, Lay Lay, Atshuamo, Joker, la carte qui gagne, Nkumu, Abrahama), Félix Manuaku Waku (dit Pépé Felly), André Bimi Ombale, Siméon Mavuela (dit Mavuela Somo ou Cheikh Vuelas) et d'autres jeunes musiciens. Dans l'optique d'innover la musique congolaise du début des années 1970, le groupe *Zaïko Langa Langa* introduisit de nouveaux instruments dans la rumba : de la batterie et des rythmes plus cadencés, au détriment des instruments à vent… Cet effort aboutirait en 1974 à la composition des tubes comme *Mété la vérité* et *Chouchouna* de Papa Wemba, *Eluzam* et *Mbeya Mbeya* d'Antoine Evoloko Bitumba Bolay Ngoy, *Yo nalingu* et *BP ya munu* de Jean-Pierre Efonge Iseke Ofa (alias Gina wa Gina).

Après avoir quitté *Zaïko Langa Langa* en 1974, Papa Wemba mit sur pied *Isifi Lokole* avec Evoloko Lay Lay, Siméon Mavuela Somo (dit Cheikh Vuelas) et Benoît Mbenzu Bokili (dit Bozi Boziana). Avec ce nouvel orchestre, la chanson *Amazone* caracola dans les hit-parades sur les deux rives du fleuve Zaïre. Séparé d'Antoine Evoloko Lay Lay, avec entre autres Siméon Mavuela et Dieudonné-Samuel Mpoyo Nzolantima (alias Mbuta Mashakado), Papa Wemba fonda *Yoka lokole*.

« L'attaque-chant de *Yoka Lokole* – avec Bozi Boziana et Mavuela et qu'on [appelait] *The Fania all Stars*, [devint] plus redoutable encore lorsque le bouillant Mashakado Mbuta la [rejoignit] en mars 1976, après avoir claqué la porte de *Zaïko Langa Langa*. Des tubes [sanctionneraient] cette collaboration, dont *Matembele bangi* de Papa Wemba et *Maloba bakoko* de Mavuela, sans oublier plus tard *Bana Kin*. »[436]

<hr>

[436] In *Séisme dans la musique congolaise avec le décès de la méga star Papa Wemba samedi à Abidjan*, article de Jean-Cornelis Nlandu-Tsasa publié le 24 avril 2016.

En 1977, en plein concert, Papa Wemba fut carrément chassé de *Yoka Lokole* par ses compères. Bénéficiant du soutien de Maxime Soki Vangu, il fonda *Viva la Musica* avec Shagi Sharufa – sa maîtresse et apparemment ancienne patronne du night-club *La Référence*. En effet, le patron de l'orchestre *Bella Bella* mit à disposition de la toute nouvelle formation un équipement neuf, lors de la sortie officielle le 26 février au *Type K*. Papa Wemba devint le « Chef coutumier du village Molokaï »[437]. Contrairement à Fela Kuti avec sa *Kalakuta Republic* au Nigeria, la démarche de l'artiste congolais était tout à fait apolitique.

> « L'orchestre [se déclinerait] dans toutes les langues, d'abord autour de jeunes talents comme Prince Espérant Djengaka (alias Kisangani), Nkosi Tshando De Guimares (dit Pépé Bipoli na fulu ou Mfumu ntaku), Sombele Bilimba (alias Jadot le Cambodgien), Jean Nsiku Katshunga (dit Petit Aziza ou Zibaba), Syriana Bonganga Kombe et Tembo Ki Lutete (dit Pinos), ensuite avec Jean-Baptiste Emeneya Mubiala (alias King Kester ou Nkua mambu), ainsi que les guitaristes Rigobert Bamundele (Rigo Star) et Jacques Bongo Wende (Bojack), avec des succès foudroyants et des tubes comme *Mère Supérieure*, *Ebale mbonge*, *Mabele mokonzi*, *Bokulaka*, *Ekoti ya nzube*.
> » C'[était] aussi le début de sa collaboration avec Antoine Agbepa Mumba (dit Koffi Olomide ou Grand Mopao), alors étudiant [à Bordeaux] en France. Le résultat [serait] des chansons comme *Princesse ya Synza*, *Asso*, *Samba Samba* et *Anibo*. »[438]

À la fin des années 1970, Papa Wemba fut sans conteste l'un des représentants les plus célèbres du mouvement qualifié de Société des ambianceurs et des personnes élégantes (SAPE). En 1980, sa chanson intitulée *Analengo* connut un succès à l'échelle continentale.

De 1979 à 1980, à travers une collaboration temporaire de commun accord entre les deux artistes, Papa Wemba évolua dans le groupe *Afrisa International* de Tabu Ley. Ils enregistrèrent deux

---

[437] Acronyme des rues Masimanimba, Oswe, Lokolama, Kanda-Kanda et Inzia dans la zone de Matonge à Kinshasa.
[438] In *Séisme dans la musique congolaise avec le décès de la méga star Papa Wemba samedi à Abidjan, op. cit.*

chansons : *Ngambo moke* et *Lèvres roses*. Devenu incontestablement l'icône des jeunesses des deux rives du fleuve Zaïre, il enrichit son répertoire de ses plus grands succès : *Signorina*, *Analengo*, *Mea Culpa*, *Melina la Parisienne*, *Santa*, *Matebu*, *Dido Senga*, *Mfono yami*, *Le Voyageur*, *Foridoles*, *Malimba*…

Les meilleures choses ne devant durer que très rarement, *Viva la Musica* subirait une hémorragie phénoménale à cause de nombreuses défections : Pépé Bipoli, Fabrice Ngizulu Kubiala (alias Fafa de Molokaï), Claude Dieka Mbaki (dit Debs ou Debaba El Shabab) et King Kester Emeneya en 1982 ; Antoine Agbepa Mumba (dit Koffi Olomide) en 1979, Jean Mpanga wa Mpanga (alias Djuna Djanana)[439] et Théodore Djangi (dit Dindo Yogo) en 1981 ; Sangwa Maray (alias Maray-Maray) en 1984 ; Lidjo Kwempa Pangu (dit le Grand Samouraï), José Fataki, Bongo Wende, Rémy-Jules Namuisi Mela (Reddy Amisi ou Bayilo Canto) et Stino Mubi Ndosi en 2001.

En 1983, Papa Wemba et l'artiste français Hector Zazou enregistrèrent l'album *Malimba*, matérialisant précocement la fusion entre la rumba africaine et les sons typiquement synthétiques. Il s'installa en 1986 en France, où il s'adonna au cinéma avec le film *La vie est belle* de Benoît Lamy et Mwenze Ngangura ayant abordé une multitude de sujets de société : l'amour sous pression économique et sociale, le décalage entre les modes de vie urbain et rural, entre musique traditionnelle et musique électrique, la place de la sorcellerie dans une société en plein bouleversement, les relations mari et femmes, les jalousies féminines… Sur le plan musical, il sortit entre 1986 et 1988 deux albums : *Siku ya mungu* et *L'Esclave*. Il fit aussi une tournée internationale dans le cadre de nombreux festivals – notamment du Japon aux États-Unis, en passant par l'Europe.

Deuxième artiste congolais à avoir conclu une affaire avec un éditeur musical de dimension internationale, après Tabu Ley, Papa Wemba signa un contrat avec *Real World* de Peter Gabriel qui serait couronné par la sortie des albums *Le Voyageur* en 1992, *Émotion* en 1995 et *Molokaï* en 1998.

---

[439] Le père des rappeurs français Gandhi Djuna, dit Maître Gims, et Dadju Djuna Nsungula.

L'album *Émotion*, sorti en 1995 sous le label *Real World*, se vendit à plus de 500 000 exemplaires. Dans la foulée, Papa Wemba renoua avec son groupe légendaire *Viva la Musica*. Cela serait couronné par les albums *Pôle position*, et *Wake up* en duo avec Antoine Agbepa Mumba (dit Koffi Olomide). L'album *Wake up*, lequel connut un énorme succès musical et commercial, séduisit davantage le public africain vivant en Europe.

En 1997, Papa Wemba fut plébiscité meilleure vedette africaine aux Kora. Après l'enregistrement cette même année d'un duo avec le chanteur sénégalais Youssou N'Dour, au profit du Comité International de la Croix Rouge, il sortit au mois d'août avec *Viva la Musica* l'album purement zaïrois *Nouvelle Écriture*, lequel serait suivi en 1998 par l'album *Molokaï* produit sous le label *Real World*. En 1999, pour son film *Paradiso*, le réalisateur italien Bernardo Bertolucci choisit deux des titres de Papa Wemba : *Maria Valencia* et *Le Voyageur*. Dans la foulée, outre la sortie chez *Musisoft* de l'album *M'zee fula ngenge*, il assura la première partie de la tournée à la fois américaine et européenne de Peter Gabriel. Il se produirait à *Forest National* à Bruxelles et figurerait également sur l'album *Bisso na bisso* du collectif de Passi Ballende.

En 2001, quelques artistes quittèrent *Viva la Musica*. Mais, dès la distribution de l'album *Bakala dia Kuba*, Papa Wemba participa au festival Mawazine à Rabat au Maroc. Il fit le 31 décembre 2001 salle comble au Palais Omnisports de Bercy à Paris, et finirait l'année 2002 par une grande tournée africaine qui serait conclue au Gabon en janvier 2003. Malgré l'interpellation à son domicile francilien par la police, dans le cadre d'une enquête concernant son rôle présumé dans une filière d'immigration clandestine, Jules Shungu Wembadio écopa de trois mois et demi de détention. À peine libéré, il sortit l'album *Somo trop* et se produisit au Zénith de Paris accompagné de l'orchestre *Tendance*. L'année 2006 serait couronnée par l'album *New Morning*.

Selon un article de Nioni Masela publié en mai 2016 par l'*Agence d'information d'Afrique centrale*, en guise de collaboration musicale, Papa Wemba aurait signé l'un de ses derniers *featurings* avec *Lexxus Legal*. *Ahende* était, aux dires du chanteur hip-hop Bakala dia kuba, un titre de son tout nouvel album *Léop'Art* chanté avec Jules Shungu en tetela, leur langue maternelle commune. Selon Princesse Joss Kalim (dite la Grande), il avait fait un feat avec elle sur le titre *Stranger*.

Après quasiment une cinquantaine d'années de carrière artistique, Papa Wemba est considéré comme l'une des légendes de la musique congolaise et africaine. Même en n'ayant pas été le créateur de la rumba congolaise, il en reste l'un des piliers qui avait contribué à sa dimension internationale. D'aucuns ont à l'esprit son apport considérable aux balbutiements du *soukous*, même si la rumba était restée sa référence parmi les autres styles abordés comme le rock, le ndombolo et la *world music* parmi tant d'autres.

Des disciples au pays des samouraïs, comme le groupe *Yoka Choc Nippon*, dont Rio Nakagawa est le leader. Dans l'article de *France TV Info* intitulé *Musique et sape ont fait de Papa Wemba la plus japonaise des étoiles africaines*, le journaliste Lilo Miango affirma que :

> « Papa Wemba [était] l'un de ceux à qui l'on doit l'avènement [des] orchestres japonais qui font de la rumba congolaise.
> » Papa Wemba était un panafricaniste. Sa vision depuis Kinshasa ne se limitait pas au Congo. Dans son acte fondateur, la rumba congolaise est une musique internationale ».

D'ailleurs, sur la page Facebook de la publication *Ngambo na Ngambo*, Rio Nakagawa rappela en lingala, dans un témoignage laissé lors du décès de l'artiste congolais que, s'il n'avait pas connu Papa Wemba, il n'aurait pas fait de la musique.

Jules Shungu Wembadio Pene Kikumba mourut le 24 avril 2016 à Abidjan, où il participait au Festival des musiques urbaines d'Anoumabo, à la suite d'un malaise survenu sur scène. Son attaché de presse Henri Noël Mbuta Vokia raconta à *Radio Okapi* comment il avait appris la mauvaise nouvelle.

> « Vers 5 h 10, heure d'Abidjan, Papa Wemba [était] annoncé pour monter sur le podium. Il [avait] chanté la première et la deuxième chanson. Alors qu'il chantait la troisième chanson, il [s'écroula]. Je suivais le concert en direct à la télévision. Je [vis]

les danseuses entourer Papa Wemba. [Je crus] que c'était un scénario du concert. Mais ensuite je [vis] surgir sur le podium les gens de la Croix-Rouge ivoirienne. Tout [à] coup, on [coupa] le signal de la télévision ivoirienne. »[440]

L'attaché de presse apprendrait par l'intermédiaire de Cornelie Malongi, le manager de Papa Wemba à l'étranger, le décès de l'artiste congolais. Après un deuil national de trois jours, ses obsèques eurent lieu le 4 mai 2016 à la Cathédrale Notre-Dame du Congo à Kinshasa. Il fut inhumé au cimetière de la *Nécropole entre Ciel et Terre* à Mbenzale dans la commune de la N'Sele en présence de plus d'un millier de personnes réunies.

10.16 - La tigresse aux griffes d'or

Élisabeth Finant, connue sous le nom d'Abeti Masikini, naquit le 9 novembre 1954 à Stanleyville – de nos jours Kisangani – dans la province de la Tshopo au Congo belge. Elle mourut des suites d'un cancer le 28 septembre 1994 à Villejuif, en France. Fille du mulâtre belgo-congolais Jean-Pierre Finant, le premier président de la Province Orientale après l'accession de l'ancienne colonie belge à l'indépendance, et de Marie Masikini, elle était une chanteuse congolaise au style musical très éclectique et teinté de diverses tendances : rumba congolaise, blues, soul, folk, disco, *soukous*…

À la suite de l'assassinat en 1961 à Bakwanga[441] de son père, qui était membre du parti lumumbiste, la famille Finant se retrouva à Léopoldville, la capitale de la République Démocratique du Congo. Élisabeth Finant intégra le lycée Sacré-Cœur, l'actuel lycée Bosangani. Après ses études secondaires, celle que les intimes appelaient Betty travailla comme secrétaire au cabinet de Pierre Mushete, à l'époque ministre de la Culture. À la grande surprise de sa famille, sa passion pour la musique devint sa principale préoccupation. Classée troisième à un concours de la chanson organisé en 1971 par le baryton Gérard

---

[440] In *Le chanteur congolais Papa Wemba est décédé*, article publié sur le site Internet de la *Radio Okapi*.
[441] Aujourd'hui Mbuji-Mayi.

Madiata, elle mit sur pied un groupe dont l'un des guitaristes était son jeune frère Jean Abumba Masikini. Elle se fit appeler Betty Finant et se produisit dans de petits clubs.

La carrière d'Abeti Masikini débuta professionnellement à la fin de l'année 1971 lorsqu'elle fit la connaissance, à Kinshasa, du Togolais Gérard Akuesson. Ce dernier était à l'époque manager et producteur de la chanteuse Bella Bellow. Ils vivraient ensemble de 1972 à 1994, et officialiseraient leur union à Paris en 1989. De cette union naîtrait une fille : Agnès Akuesson, Abeti ayant déjà trois enfants prénommés Yolande, Gérard et Germaine (fille adoptive).

Après une tournée triomphale en Afrique de l'Ouest – au Bénin, en Côte d'Ivoire, en Haute-Volta (Burkina Faso), au Togo, au Niger, en Guinée, au Ghana et au Nigeria –, le retour d'Abeti Masikini à Kinshasa la confina de nouveau dans l'anonymat. Pis encore, sa sortie officielle au ciné *Palladuim* se fit devant douze personnes. Sans se décourager, elle sortit ses premiers disques en 1973 : *Mutoto wangu*, *Bibile*, *Aziza*, *Miwela*, *Safari* et *Papy yaka*. Mais, ces chansons aux mélodies propres au blues, à la *soul music* et au *folk* n'attirèrent guère l'attention du grand public kinois féru de rumba et de *soukous*. Son accent swahiliphone n'arrangea pas non plus l'affaire. Ainsi fut-elle cataloguée comme une chanteuse étrangère. Mais, grâce à un travail digne d'une professionnelle et aux nombreux passages à la télévision zaïroise avec son groupe *Les Alouettes,* devenu entre-temps *Les Redoutables*, ainsi qu'à ses danseuses surnommées « Les Tigresses », l'originalité des spectacles d'Abeti Masikini finit par plaire à quelques critiques.

Au courant de l'année 1973, avant même la sortie de son premier 33 tours, son manager et compagnon Gérard Akuesson lui décrocha un contrat à l'Olympia de Paris. Elle se produisit au Sénégal devant le président Léopold Sédar Senghor, lors d'un spectacle intitulé *Soleil à Dakar* dont les recettes seraient reversées à la caisse d'aide aux populations victimes de la sécheresse. Ce spectacle serait présenté le 19 février 1973 à l'Olympia, devant un public majoritairement blanc, et rencontrerait un franc succès.

La prestation d'Abeti Masikini le 19 juin 1974 au *Carnegie Hall* de New York, aux États-Unis, laissa les spectateurs sous le charme de la chanteuse zaïroise, dont la carrière fut en pleine ascension hors des frontières de la République du Zaïre. En octobre 1974 à l'occasion du spectacle d'ouverture du fameux combat du siècle qui avait eu lieu au stade du 20 mai à Kinshasa entre les deux boxeurs poids lourds Mohamed Ali et George Foreman, elle partagea la scène avec des grands artistes : James Brown, Riley B. King – plus connu sous le nom de BB King –, Myriam Makeba, le Seigneur Tabu Ley et le Grand Maître Franco Luambo Makiadi.

Fort de cette expérience, en 1975, Abeti Masikini sortit son deuxième album intitulé *La voix du Zaïre, l'idole de l'Afrique* avec des titres comme *Likayabo*, *Yamba Yamba*, *Kiliki Bamba*, *Naliku penda*, *Ngoyaye Bella Bellow*, etc. Par conséquent, Bruno Coquatrix l'invita à se produire de nouveau à l'Olympia pour deux soirées en avril de cette année. En 1976 la tigresse aux griffes d'or, surnom dû aux nombreuses bagues qui décoraient ses doigts, sortit à Paris un troisième album reprenant dans sa version originale la célèbre chanson *Mwana muke wa Miss*. Mais le parcours international d'Abeti Masikini laissa de marbre les mélomanes congolais, plus particulièrement les Kinois, qui jetèrent leur dévolu sur Alfride M'Pongo Landu – plus connue sous le nom de M'Pongo Love. Cette dernière survola, en cette année 1976, de très haut le hit-parade avec la chanson *Pas possible*. En avril 1977, Abeti Masikini accepta stratégiquement de se produire aux côtés de son ancienne danseuse – devenue de la nouvelle coqueluche de la chanson zaïroise. Les deux artistes, chacune dans son propre registre, portèrent au zénith le flambeau de la musique féminine congolaise. Ainsi préparèrent-elles le chemin aux futures chanteuses.

Jouant le tout pour le tout afin de séduire la grande majorité de passionnés de la musique caractérisant la capitale zaïroise, Abeti Masikini enrichit sa discographie d'un quatrième album comprenant des chansons arrangées dans un style différent, comme *Bilanda landa*, *Kizungu zungu*, *Inquiétude*, *Banana*, etc. Mais la sauce ne prit guère, même si le single *Kizungu zungu* parvint à figurer dans le top 10 kinois. Elle ne réussit à séduire que les enfants, qui matérialisaient son public des *matinées du Palladium* : d'où le surnom de « Tantine ». En septembre 1977, elle enregistra à Paris un nouveau disque supervisé par l'arrangeur et producteur Slim Pezin, qui était très connu dans le monde musical français. Sous la direction artistique de son manager, l'album *Visages* orienta Abeti Masikini dans la nouvelle tendance que représentait le disco sans pour autant perdre son originalité. De plus, les chansons étaient écrites en swahili, en lingala mais aussi en français.

À la suite d'une grande tournée en Afrique de l'Ouest et d'une prestation à l'attention de la *Radio Netherlands*, pour laquelle elle tournerait aux Pays-Bas un documentaire autour des compositions de son dernier album, Abeti Masikini réintégra Kinshasa en 1978. Elle engagea une vaste campagne publicitaire dans le cadre de la promotion et de la sortie de son cinquième opus *Visages*, dans lequel figuraient des morceaux comme *Assa mubire*, *Motema pasi*, *Bisuivra suivra*, *Musampa*, *Unipe*, *Mateso ya dunia*, etc. Ses spectacles devinrent davantage glamours et se modernisèrent, la chorégraphe et chanteuse franco-sénégalaise Manow Balé ayant assuré la formation des Tigresses. La Mayonnaise prit presque. Le disque fut un tabac durant sept mois non seulement à Kinshasa, mais aussi dans tous les hits afro-caribéens. Ses concerts affichant désormais complets, tant en soirée qu'en matinée, la « Tantine » devint la diva. Dans la foulée, elle enregistra un autre album que produisit de nouveau Slim Pezin. Elle chanta *Ngblimbo*, *Singa mwambe* en hommage à la ville de Kisangani, *Amitié*, *Kupepe suka*, *We muloko wangu*, etc.

En 1979 fut mis sur pied le fan-club « Les Amis d'Abeti », dirigé par Antho Alves, pour regrouper les adultes amateurs des rythmes alternatifs. Abeti Masikini se produisit à Londres dans la salle *Royal Albert Hall*. Dès son retour à Kinshasa, elle s'associa pour la première fois au *Tout-Puissant OK Jazz* de Franco Luambo Makiadi, pour l'enregistrement de deux singles : *Na pesi yo mbote* et *Bifamuri*, deux chansons avec des arrangements musicaux purement congolais. Le premier titre fut enfin un succès populaire sur les deux rives du majestueux fleuve – ayant ainsi permis à « Tantine » Abeti d'asseoir définitivement sa popularité en République du Zaïre, même si l'album *Mokomboso*, sorti en 1980, restait conforme au mélange éclectique disco, pop et rythmes afro.

En 1981, à l'occasion de son dixième anniversaire de carrière artistique, Abeti Masikini s'offrit un album arrangé par Sammy Massamba avec des titres aux sonorités proches de la rumba congolaise : *Baruwa kwa mupenzi*, *Chéri Badé*, *Père Bouché*, etc. *Chéri Badé* s'avéra un succès au sein des communautés des Zaïrois de l'étranger. L'unanimité fut aussi absolue à l'échelle nationale, la rumba étant devenue son rythme de prédilection au détriment de l'originalité qui la différenciait des autres artistes zaïrois. En 1982, *I love You* (*Mwasi ya bolingo*) constituerait une autre réussite, permettant à ce nouvel album – qui contenait aussi la chanson *Jalousie* et une reprise de *Na pesi yo mbote*, d'obtenir le disque d'or avec plus de 300 000 exemplaires vendus en Afrique. Ayant enfin gagné le challenge national, devenant désormais la Tantine de tous les Zaïrois, Abeti Masikini s'installa à Lomé au Togo avec son groupe *Les Redoutables* jusqu'en janvier 1986. Au printemps de la même année, elle s'expatria à Paris et sortit l'album *Je suis fâché*, écrit, arrangé et produit par l'artiste camerounais Georges Seba. Ce fut un triomphe incontestable, alors que le groupe antillais *Kassav* dominait la scène musicale afro-caribéenne. Cet album, qui fut également un disque d'or, fit connaître la tigresse aux griffes d'or à une nouvelle génération de mélomanes. En 1987, intégrant dans son orchestre des artistes réputés – Georges et Marilou Seba, Abou Bass, Lokassa ya M'Bongo, Nzau Kabuiku (dit Fédé Lawu), Solo Sita, Richard Lebrun, Dally Kimoko, David Laurent Nyboma Mwan'dido (dit Danos Canta), Denis Hekimian (dit Dada), Éric Jeansseran, Michel Alibo, Bolognesi, Alain Hatot… –, Abeti Masikini produisit l'album *En colère*, qui mit en évidence le *Soukous parfumé*. Elle excella avec la chanson *Scandale de jalousie*. Celle-ci devint vite le tube qu'il fallait à tout prix écouter aux Antilles et en Afrique de l'Ouest. Le disque recevrait un Maracas d'or, en guise de récompense, quelques mois après sa mise en vente.

Avec le soutien de son fan-club international dirigé par le Congolo-Vietnamien Berthrand Nguyen Matoko, Abeti Masikini se produisit le 24 septembre 1988 au Zénith de Paris dans un concert – diffusé en direct sur les ondes de la *Radio France Internationale* – auquel participèrent plusieurs artistes invités : Bernard Lavilliers, Manu Dibango, Georges Seba, l'éléphanteau de la musique zaïroise Kabasele Yampagna (dit Pépé Kallé) et François Lougah. Le succès obtenu à la suite de cette prestation valut à Tantine Abeti un contrat avec la firme de disque multinationale *Poly-*

gram. En 1989, elle se produisit en Chine en donnant dix-sept galas dans les grandes villes du pays devant des milliers de spectateurs. Cette même année, elle chanta également dans la mythique salle *Appolo Theater* à Harlem à New York aux États-Unis.

Son album intitulé *La Reine du soukous* – comprenant, entre autres, les chansons *Bebe Matoko*, *Mupenzi*, *Malu* et une reprise de *Mwana muke wa Miss* – fut mis sur le marché en 1990. Son dernier spectacle eut lieu dans la salle *LSC* à La Plaine Saint-Denis, en banlieue parisienne, dans la nuit du réveillon de 1993. La tigresse aux griffes d'or mourut le 28 septembre 1994 à Villejuif, en région parisienne, des suites d'un cancer de l'utérus. Le 9 octobre, sa dépouille fut rapatriée à Kinshasa. Avant d'être inhumée en présence de nombreuses personnalités le 10 octobre 1994 au cimetière de la Gombe, Tantine Abeti Masikini fut décorée, à titre posthume, de la médaille de l'Ordre national du Léopard.

Plusieurs années après sa disparition, Abeti Masikini reste l'une des grandes écoles musicales, à savoir *Les Redoutables*, que fréquentèrent beaucoup d'artistes talentueux à l'instar de Marie-Christine Mboyo (dite Mbilia Bel) en tant que choriste de 1976 à 1981, Lokua Kanza comme guitariste entre 1980 et 1981, la danseuse Abby Surya entre 1984 et 1986, le choriste et chanteur Orphin Lugendo Lutala Malage (dit Malage de Lugendo), la future reine du *mutwashi* en la personne de Tshala Muana en qualité de danseuse durant trois mois entre 1978 et 1979, l'icône du courage et de l'engagement féminin qu'était M'Pongo Love, Denise Yondo Kusala (dite Yondo Sister) – une transfuge de l'*African Jazz* de Tabu Ley – comme danseuse en 1986, le danseur Lambio Lambio, le percussionniste Komba Bellow, le choriste Richard Shomari, la danseuse Joëlle Esso, etc.

L'une des rares chanteuses d'Afrique à avoir eu vraie carrière internationale, Abeti Masikini influença un grand nombre de femmes noires par son style de maquillage, ses coiffures à la mode et son habillement. La jupe droite à fente ne porte-t-elle pas, en Afrique de l'Ouest, le qualificatif de « jupe Abeti » ? Un tissu wax tira d'ailleurs son appellation d'après le tube *Scandale de jalousie*. Tantine Abeti incarna surtout l'émancipation de la femme congolaise et africaine dans l'univers de la chanson. Première femme zaïroise à s'être imposée sur le plan professionnel dans le monde musical de son pays dominé exclusivement par des hommes, elle fut honneur à des artistes comme Lucie Eyenga Moseka dont l'expérience de chanteuse s'étala entre 1934 et 1987.

Dans un documentaire intitulé *Abeti Masikini, le combat d'une Femme* sorti en 2014, les réalisateurs Laura Kutika et Ne Kunda Nlaba retracèrent la vie et le parcours artistique de la star zaïroise.

> « D'Abeti à Yolande Masikini, c'[était] une histoire de gloire de mère en fille qui [avait] été chantée sur scène [le] samedi 28 avril 2018 dans la grande salle de spectacle de l'*Agora Senghor* de Lomé.
> » Au nom de sa mère, Yolande et son groupe, à elle, [avaient] émerveillé et fait danser le public au sein duquel il était difficile de distinguer les Congolais des Togolais.
> » Comme un seul peuple et un seul homme, et sous la conduite de la voix mélodieuse et envoûtante de sa fille, ils [avaient] rendu un hommage mérité à cette grande dame de la musique africaine et mondiale, bref à celle qui [avait] révolutionné la musique congolaise. »[442]

D'aucuns ne peuvent que se remémorer la joie que leur a procuré la discographie de la tigresse aux griffes d'or : en 1973, *Pierre Cardin présente Abeti* (Les Disques Pierre Cardin/ Sonafric) ; en 1975, *La voix du Zaïre, l'idole de l'Afrique* (Pathé Marconi/EMI) ; en 1976, *Abeti à Paris* (Pathé Marconi/EMI) ; en 1977, *Abeti* (Capriccio) ; en 1977, *Visages* (BBZ productions/RCA) ; en 1978, *Abeti : Kupepe suka* (BBZ productions/RCA) ; en 1979, *Na pesi yo mbote* (45 tours) ; en 1979, *Bifamuri* (45 tours) ; en 1979, *Mbanda na ngai* (45 tours) ; en 1980, *Mokomboso* (Eddy'son/ Disques Sonics) ; en 1981, *Dixième anniversaire* (Dragon Phénix) ; en 1982, *Abeti* (Iris production) ; en 1983, *Abeti : Naleli* (Zika Production) ; en 1984, *Amour ya sens unique* (IAD/Industrie Africaine du Disque) ; en 1984, *Abeti & Eyenga Moseka : Le duo du siècle* (IAD/Industrie Africaine du Disque) ; en 1985, *Ba mauvais copiste* (Win Records/Africa New Sound/Tabansi) ; en 1985, *Samoura* (Bade Stars Music) ; en 1986, *Je*

---

[442] In *Togo : Hommage mérité de Yolande à sa maman Abeti Masikini à Lomé*, article publié sur le site Inter de *All Africa*.

suis fâché (Bade Stars Music); en 1987, *En colère* (Bade Stars Music), en 1988, *Scandale de jalousie* (maxi 45 tours – Polygram/ LAB), en 1990, *La Reine du soukous* (AMG/Polygram). D'aucuns ne peuvent pas non plus rester insensibles aux compilations produites en 1996, *Best of Souvenirs Souvenirs* – vol. 1 (Déclic), et en 2005, *1er Best of* (Akuesson World Wide).

10.17 - La diva aux pieds nus

Née le 27 août 1941 à Mindelo au Cap-Vert, dans la paroisse civile de la capitale de l'île de São Vicente, Cesária Évora y décéda le 17 décembre 2011 à soixante-dix ans. Chanteuse de la *morna coladeira* cap-verdienne, elle était surnommée *Diva dos pés descalços* – c'est-à-dire la « Diva aux pieds nus ». Effectivement, elle avait l'habitude de se produire sur scène sans chaussures.

> « Cette fois, c'[était] sûr, il n'y [aurait] plus de rappel possible. À peine trois mois après avoir annoncé, pour des raisons de santé, son retrait de la scène, Cesária Évora, la chanteuse africaine la plus écoutée de la planète, l'impératrice de la sodade cap-verdienne, s'[était] éteinte définitivement [...]. Après vingt-deux ans d'une carrière aussi tardive qu'exceptionnelle, son cœur fragile [avait] flanché pour de bon, dans un hôpital de São Vicente, son île natale, où elle avait été admise suite à une insuffisance cardiaque. Le cœur [avait] ses excès, que la raison [ignorait] : son amour immodéré pour les *batatinhas*, ces petites chips portugaises qui lui étaient pourtant interdites, lui [avait] été fatal. Car la diva aux pieds nus et à la voix profonde, veloutée, vieillie comme le bon cognac qu'elle consomma autrefois de façon immodérée, [était] morte comme elle [avait] vécu : en bonne vivante, les orteils toujours à l'air dans ses vieilles galoches en plastique, qu'il [ventait] ou qu'il [pleuvait], et le caractère entier, trempé dans une jeunesse de misère, de galères et d'amours déçues, que le succès et les disques d'or n'[avaient] jamais altéré. »[443]

Fille du guitariste classique et violoniste Justino da Cruz Évora – ayant joué du *cavaquinho* comme instrument – et de la

---

[443] In *Cesária Évora, diva bonne vivante jusqu'à la mort*, article d'Anne Berthold publié par *Télérama* en décembre 2011.

cuisinière Dona Joana, elle était issue d'une famille pauvre composée de sept enfants. Sa mère la plaça à l'âge de sept ans dans un orphelinat, après la mort de son père, où elle chanta jusqu'à treize ans dans une chorale.

> « Sept ans plus tard, lorsque son mari, violoniste, [mourut], elle [confia] la petite « Cize » aux bons soins de religieuses. Leur joug [forgea] le caractère de Cesária, qui [apprit] très tôt l'inverse de ce qu'on voulait lui inculquer : étouffée par cet ordre moral, elle [voulut] grandir grâce à ses propres expériences, loin de tout cadre prédéfini. »[444]

Cesária Évora rencontra à l'âge de seize ans le marin et guitariste portugais Eduardo, qui se révélerait être son premier grand amour et le père de son second enfant. Ce dernier lui apprit la musique cap-verdienne et les différents types de musiques traditionnelles. Il l'encouragea à chanter dans les bars et les cafés avec d'autres musiciens.

> « Son autre folie, les hommes. Qui lui [feraient] parfois du bien, souvent très mal, toujours la [nourriraient] d'émotions, entre amour fou, déchirement et abandon. [Restaient] alors les plus fidèles compagnons de route de la chanteuse : l'alcool, le tabac et les bars à marins des quartiers chauds.
> » Vices et vertus qui [façonneraient] à jamais une artiste à nulle pareille, bouleversante, solide comme un roc et tellement fragile qu'elle [abandonnerait] la chanson, trop dure, à plusieurs reprises. »[445]

Quatre années plus, elle fit la connaissance de Gregorio Gonçalves (alias Ti Boy), un guitariste cap-verdien qui lui obtint un passage à une mission de la *Radio Barlavento*. Cela contribua à la notoriété nationale de la chanteuse. Ainsi enregistra-t-elle quelques morceaux de musiques.

---

[444] In *Cesária Évora (1941-2011), la diva aux pieds nus*, article paru dans le site Internet grioo.com.
[445] *Ibidem.*

« Après avoir été abandonnée par Eduardo, elle [trouva] en Ti Boy, compositeur reconnu de vingt ans son aîné, un mentor qui lui [permit] d'entrevoir un avenir tourné vers la musique. Elle [enregistra] ses premières chansons au milieu des années 1960, pour la radio *Barlavento*. Deux 45-tours [virent] le jour, sa réputation grandit au sein de l'archipel, mais sa vie n'[était] pas chamboulée pour autant et elle [continua] de vivre modestement avec sa mère et ses enfants. »[446]

Pourtant reconnue comme chanteuse dans les années 1970, sous la colonisation portugaise, Cesária Évora connaîtrait la traversée du désert à partir de l'indépendance du Cap-Vert survenue le 5 juillet 1975. L'instauration d'un système politique monopartiste ayant occasionné la fermeture de plusieurs bars et cafés, Cesária Évora se retrouva sans revenus. Elle finit par renoncer à sa carrière musicale. Dix ans plus tard, à l'occasion de la célébration de l'indépendance nationale, son amie Isaura Gomes la pousserait à enregistrer un album à Lisbonne en compagnie d'autres artistes féminines cap-verdiennes.

Le fait d'avoir été principalement connue par le truchement de la *morna* lui avait aussi valu le qualificatif de *Rainha da morna*, à savoir « Reine de la morna ». De sa voix rauque, à l'issue d'une carrière de cinquante-sept années (de 1957 à 211) faite en créole cap-verdien et rarement en français, Cesária Évora avait popularisé cette musique locale auprès du grand public à l'échelle planétaire.

« Jusqu'au bout, la star internationale, qui [avait] donné à la musique du monde ses lettres de noblesse populaire avant même les papys du *Buena Vista Social Club*, [était] restée une femme aux goûts simples… et gourmands, pour ne pas dire goulus. José da Silva, le directeur du label *Lusafrica*, [évoqua] ce *showcase*, annulé à cause d'un de ces sandwichs à la grecque que la chanteuse adorait : "Cesária était attendue à la Fnac des Ternes, l'attachée de presse, qui n'avait pas le temps de faire un détour pour acheter un sandwich, [avait] pensé qu'elle patienterait…" La diva [avait] patienté, et puis [avait] fini par craquer : au beau milieu de la Fnac, devant la foule médusée, elle [avait] soudain tourné les talons. "Votre artiste est en train de s'enfuir !", s'[était] vu crier l'attachée de presse, qui lui [avait] couru après, en vain : "Tout ce qu'elle [avait] vu, c'[était] Cesária trottiner

---

[446] In *Cesária Évora*, article paru dans *Cercle de vie* en décembre 2011.

au milieu des voitures et s'engouffrer dans le premier taxi venu !" »[447]

La carrière de Cesária Évora fut donc prise en main en 1988 par José da Silva, un cheminot français dont la famille maternelle était originaire de Mindelo, qui l'avait entendue dans une discothèque cap-verdienne à Lisbonne.

> « José da Silva, le manager et l'ami… C'[était] lui qui l'[avait] découverte en 1988, dans une boîte à Lisbonne, où le chanteur cap-verdien Adriano Gonçalves (dit Bana) avait invité quelques-uns de ses compatriotes. Lui qui, le premier, l'[avait] signée, alors qu'elle avait déjà quarante-sept ans, puis révélée au public français, avec l'album *Miss Perfumado* et accompagnée depuis sur toutes les scènes du monde. Il gérait sa carrière, mais il prenait également très à cœur sa santé, qu'elle-même avait tendance à négliger. "Elle [était] tellement têtue", [soupira-t-il un jour]. En 1999, il l'avait convaincue de profiter d'un séjour à Cuba pour subir un "check up complet". L'artiste s'y était pliée de mauvaise grâce, persuadée que c'était inutile. Lorsque le docteur, à la fin, avait commencé par énumérer tout ce qui allait bien, elle avait regardé José da Silva avec un sourire triomphant. "Bon, bien sûr, il y a ce diabète…", avait alors annoncé le spécialiste. Le manager n'[oublierait] jamais la réaction de sa protégée : "Cesária s'[était] levée, furieuse, en faisant voler son dossier à travers la pièce, et elle partit en hurlant que les médecins cubains étaient des incompétents !". »[448]

Parut alors l'album *La Diva aux pieds nus* comprenant une *coladeira* aux accents de zouk, *Bia Lulucha*, lequel deviendrait un tube. Son deuxième album, *Distino di Belita*, fut un flop. *Mar Azul*, totalement acoustique qui sortit à la fin de l'année 1991, contribua beaucoup au rayonnement de sa carrière artistique, d'abord à Angoulême, puis au *New Morning* de Paris. Mais ce fut avec l'album *Miss Perfumado* en 1992 et la chanson *Sodade* – morceau évoquant le travail forcé des Cap-Verdiens dans les plantations de cacao de São Tomé-et-Principe par le pouvoir colonial portugais – que le succès fut incontestable.

---

[447] In *Cesária Évora, diva bonne vivante jusqu'à la mort, op. cit.*
[448] *Ibidem.*

De 1992 à 1999, Cesária Évora connut une carrière internationale en chantant notamment avec le musicien brésilien Caetano Emanuel Viana Teles Veloso (alias Caetano Veloso), ainsi que la chanteuse brésilienne Marisa de Azevedo Monte (dite Marisa Monte). Elle travailla pour le cinéaste et musicien serbe Emir Kusturica, et aussi avec la chanteuse de rock et country rock américaine Linda Maria Ronstadt (dite Linda Ronstadt).

En 1999, l'album *Café Atlântico*, lequel fut le plus vendu de tous les disques de Cesária Évora (770 000 exemplaires), lui valut en 2000 une *Victoire de la musique*, ces récompenses françaises décernées aux artistes nationaux ou internationaux. En 2004, elle reçut un *Grammy Award* du meilleur album *world music* pour l'album *Voz d'Amor* écoulés à 400 000 exemplaires et une deuxième *Victoire de la musique* dans la catégorie World/rap/reggae, ainsi qu'une troisième fois en 2007 avec l'album *Rogamar*. Elle participa cette même année à l'album *Gaïa* pour la préservation de l'environnement – après avoir été élevé en 2006 par le président de République Pedro du Cap-Vert Verona Rodrigues Pires au premier degré de l'Ordre du Volcan, la plus haute distinction de l'archipel –, en interprétant *Jangadéro* composée par Alain Simon.

En guise de cadeau de fin d'année 2008, surmontant moralement la démoralisation due à la récession économique, les inconditionnels de Cesária Évora eurent une surprise divine avec la sortie d'un nouvel album très spécial. En effet, la *Radio Mindelo* regroupa des enregistrements réalisés par de la grande diva dans les années 1960 quand elle avait à peine plus de vingt ans.

Le 9 février 2009, Cesária Évora fut consacrée chevalier de la Légion d'honneur par la ministre française de la Culture et de la Communication Christine Albanel. Deux mois plus tard, au Cap-Vert, la ville de Mindelo lui attribua le titre de Citoyenne d'Honneur. Pour commémorer les cent trente années de sa ville, Cesária Évora participa le 9 août à l'événement relatif aux vingt-cinq années du festival de *Baia das Gatas*.

En septembre 2011, la Diva aux pieds nus décida de mettre définitivement un terme à sa carrière. Ainsi annula-t-elle les concerts à venir à la suite de problèmes de santé. Elle avait déjà subi plusieurs opérations chirurgicales, dont une intervention à cœur ouvert en mai 2010.

> « Très affaiblie, la "Diva aux pieds nus" Cesária Évora [avait] tiré vendredi sa révérence à l'âge de soixante-dix ans, [ayant confié] dans un émouvant entretien au *Monde* son désir de revenir au pays dans les plus brefs délais pour "réunir la famille". Dans un communiqué publié dans la matinée par sa maison de disques *Lusafrica*, "Cize" [annonça] qu'elle [mettait] fin à sa carrière et [n'honorerait] pas les concerts qu'elle devait donner dans les prochaines semaines en Arménie, en Roumanie, en France, en Suisse et au Royaume-Uni. »[449]

Dans cette interview accordée le 23 septembre au quotidien français, Cesária Évora s'excusait :

> « je veux que vous disiez à mes fans : excusez-moi, mais maintenant, je dois me reposer. Je regrette infiniment de devoir m'absenter pour cause de maladie, j'aurais voulu donner encore du plaisir à ceux qui m'ont suivie depuis si longtemps »[450].

La divine étoile cap-verdienne s'éclipsa à jamais le 17 décembre 2011 à l'hôpital Baptista de Sousa, à São Vicente, des suites d'une insuffisance respiratoire et d'un œdème pulmonaire. Le Cap-Vert, qui avait déjà rendu hommage à cette grande dame avec une série de trois timbres ayant été émis en 2003, décréta trois jours de deuil national. En 2012, le gouvernement cap-verdien baptisa de son nom l'aéroport de Mindelo à proximité duquel fut érigée une statue de la chanteuse. Quant au jeune Belge Paul Van Haver (dit Stromae), il lui rendrait en août 2013 un bel hommage dans l'album *Racine Carrée* à travers la chanson *Ave Cesária*. Le 18 juin 2014, le Conseil de Paris déciderait de donner son nom à une rue du dix-neuvième arrondissement dans le quartier du Pont-de-Flandre. Enfin, le département de la Seine-Saint-Denis attribua le patronyme de Cesária

---

[449] In *Très affaiblie, Cesária Évora tire sa révérence*, article publié par le quotidien *Le Parisien* en septembre 2011.
[450] *Ibidem*.

Évora à un nouveau collège de Montreuil inauguré rue des Jardins-Dufour le 19 septembre 2014.

Sa discographie reflète bien l'image de sa carrière musicale : *La Diva aux pieds nus* en 1988, *Distino di Belita* en 1990, *Mar Azul* en 1991, *Miss Perfumado* en 1992, *Cesária Évora at the Olympia* en 1993, *Sodade, Les plus belles mornas de Cesária* en 1994, *Cesária* en 1995, *Cabo Verde* en 1997, *Nova Sintra* en 1998, *Café Atlântico* en 1999, *São Vicente di Longe* en 2001, *Cesária Évora Anthology* en 2002, *Voz d'amor* en 2003, *Club Sodade - Cesária Évora by…* (remix) en 2003, *Rogamar* en 2006, *Nha Sentimento* en 2009, *Mãe Carinhosa* en 2013.

En tout cas, aux dires des spécialistes de la musique cap-verdienne,

> « la morna, le blues national, semble avoir été inventée pour elle. Héritée de la période esclavagiste de l'archipel, elle [retranscrivit] en musique les douleurs et les failles d'une population [ayant] trop souffert. Une émotion portée aux nues par les fêlures contenues dans la voix de Cesária Évora. »[451]

Cesária Évora participa également dans plusieurs chansons : *Ausencia*, bande originale du film *Underground*, en 1995 ; *Duets* de Máximo Francisco Repilado Muñoz (dit Compay Segundo), dans le titre *Lágrimas Negras* en 2002 ; *Drop the Debt* en 2003, *Carnets de bord* de Bernard Lavilliers, dans le titre *Elle chante* en 2004 ; *Escale au Grand Rex* de Bernard Lavilliers, dans le titre *Elle chante* en 2005 ; *Nos pobréza Ké nos rikéza* de La Mc Malcriado, dans le titre *Menina Bia Lulucha* en 2006 ; *Place 54* de Hocus Pocus, dans le titre *Quitte à t'aimer* en 2007 ; *Les Liens sacrés de Nèg' Marrons*, dans le titre *Petites îles* en 2008 ; *Duets* de Gianni Morandi, dans le titre *Crepuscolare Solitudine* en 2009 ; *Duets* de Luigi D'Alessio (alias Gigi), dans le titre *Ricordo d'Infanzia* en 2009 ; *Duets* de Helen Merrill et Ronald Levin Carter (dit Ron), dans le titre *La Voce dell'Amore* en 2010. Elle participa aussi dans le film *Black Dju* de Pol Cruchten en 1995, *Live in Paris* (DVD) en 2002 et *Live d'Amor* (DVD) en 2004.

---

[451] In *Cesária Évora (1941-2011), la diva aux pieds nus, op. cit.*

<blockquote>« La petite princesse pauvre de Mindelo [aurait] bu sa vie cul sec. "Pour réussir, il faut partir", disait-elle souvent. Autrement dit, partir du Cap-Vert, sans avenir pour un artiste, car sans infrastructures. Mais elle [avait] fait son job : en [ayant donné] une identité aux îles confettis de l'Atlantique, elle [avait] ouvert la route à la nouvelle génération d'artistes qui s'[était] engouffrée dans son sillage. Tito Paris, Teofilo Chantre, Manuel Lopes Andrade (alias Tcheka)… tous ces jeunes talents dont elle partagea l'affiche savent aujourd'hui ce qu'ils lui doivent. »[452]</blockquote>

10.18 - Poète et philosophe de la rumba congolaise

Simon Lutumba Ndomanueno naquit le 19 mars 1938 dans le district de Maquela do Zombo[453], en Angola. Communément connu sous le nom Simaro Massiya[454], il était guitariste, auteur, compositeur et chef d'orchestre congolais[455]. Ses parents angolais auraient émigré au Congo-Kinshasa, où le jeune Simon Lutumba embrassa la carrière musicale. Jean Kalonji, un vieux guitariste qui avait fait la Guerre de 40-45, l'initia à la guitare. Tanglin, qui le poussa à faire de la musique, l'emmena dans *Micra Jazz* en 1958, un orchestre du quartier de la commune de Saint Jean, l'actuelle Lingwala. Il intégra l'orchestre dirigé par Franco Luambo Makiadi en 196, l'*OK Jazz*, en remplacement de Léon Bombolo (dit Bolhen). Ce dernier avait rejoint, effectivement, le groupe rival *Négro Succès* dans lequel évoluait le demi-frère cadet du Grand Maître Franco, en la personne de Bavon Nsiongo (alias Marie-Marie).

<blockquote>« Simaro [avait] eu une histoire assez particulière. […] Il [avait] vingt ans lorsqu'il [a rompu] avec la firme SEDEC, Société d'entreprise commerciale du Congo belge, pour se lancer dans la musique professionnelle – *Micra Jazz*, puis *Congo Jazz* – avant d'intégrer l'*OK Jazz* en 1961. Et il y [resterait] jusqu'à la</blockquote>

---

[452] In *Cesária Évora, diva bonne vivante jusqu'à la mort, op. cit.*

[453] Certaines sources situent sa naissance à Léopoldville, l'actuelle ville de Kinshasa, au Congo belge.

[454] Massiya veut dire Messie, en lingala.

[455] De la République Démocratique du Congo.

mort de Franco en 1989. »[456]

En effet, la carrière de Simon Lutumba débuta en 1958, au sein de l'orchestre *Micra Jazz* où il avait retrouvé le fondateur du groupe Joseph Mayala (dit José Magnol), Raymond Brainck[457] qui avait composé la chanson *La belle Lucie Botayi*, Casimir Mutshipule (alias Casino), André João De Piano, Charles Tchade Mpiana, Pecos Tuka, André Menga, Kavena Mbuta Ko (dit Zorro). Elle se confirma grâce à la rencontre avec Paul Ebengo Isenge (dit Dewayon) du groupe *Conga Jazz*.

> « Un passage à vide, car il ne [composa] pas de chanson. [Ce fut] plutôt en 1959, au sein de l'orchestre *Congo Jazz* de Gérard Madiata, qu'il [composa] *Simarocca*, sa première œuvre aux éditions Esengo avant d'en produire deux autres, à savoir *Muana etike* (l'enfant abandonné) et *Lisolo ya ndaku* (causerie dans la maison). »[458]

Le poète Simaro Lutumba évolua donc très longtemps au sein du *TP OK Jazz*[459], du Grand Maître Franco Luambo Makiadi, lequel domina quasiment la scène musicale congolaise des années 1960 aux années 1980. Il y avait fait équipe – en excellent compositeur et arrangeur – avec Joseph Mulumba Panya (dit Mujos), Jean Kwami Munsi, Jean Tshamala (dit Picolo), Simon Moke, Isaac Musekiwa et Nicolas Bosuma (dit Desoin). En qualité de Vice-Président, Simaro

---

[456] In *L'artiste congolais Simaro est mort*, article publié le 30 mars 2019 sur le site Internet de *Radio France Internationale*.

[457] Son vrai nom devait être Raymond Kalonji. Selon Gary Stewart, dans *Rumba on the river – A history of the popular music of the two Congos* (p. 170, Verson, London, 200), Raymond Kalonji avait inventé son nom de scène, en ayant inscrit habilement son prénom dans son nom de famille, pour toucher les droits d'auteur auprès de la Société des auteurs, compositeurs et éditeurs des musiques (SACEM), mais les éditions Ngoma le déformèrent en « Ray Braynck » en s'étant trompé sur l'orthographe.

[458] In *« Le poète » de la musique congolaise l'artiste Simaro Lutumba est mort à Paris ce samedi 30 mars*, article publié en avril 2019 sur le site Internet de la *Voix de l'Amérique*.

[459] En compagnie de Joseph Kiambukuta Londa (alias Josky), Paul Ndombe Opetum, Gilbert Youlou Mabiala et Jean de Dieu Makiese (dit Madilu System).

Lutumba dirigerait ce groupe lors de nombreuses absences et de l'exil du Grand Maître[460].

À la fin des années 1970, Simaro Massiya fut incarcéré à la prison centrale de Makala, dans la commune de Selembao, avec Franco Luambo et d'autres musiciens, à cause des deux morceaux jugés obscènes par les autorités. En 1974, il composa la chanson à succès, *Mabele*, merveilleusement interprétée par Sam Mangwana. Celle-ci lui valut le surnom de « Poète ». Dans un entretien accordé en 2002 à Banning Eyre – guitariste, écrivain, photographe et producteur spécialiste de la musique africaine –, Simaro Massiya s'expliqua sur le devenir de l'*OK Jazz* à la mort de Franco Luambo :

> « Après la mort de Franco, j'ai dirigé le groupe *TP OK Jazz* pendant quatre ans. [...] Les héritiers – c'est-à-dire les enfants – nous nous sommes réunis autour d'une table pour comprendre comment nous allions travailler. J'ai dit à la famille de Luambo (Franco) que je ne prendrais que les musiciens sous mon aile. Tout le reste, le personnel administratif et technique, leur appartiendrait. Alors, la sœur qui représentait la famille a demandé quelques jours [de réflexion]. Nous avons organisé une réunion, moi-même et les musiciens qui [étaient] restés avec moi. Et nous avons posé cette question : comment allons-nous travailler maintenant ? J'ai proposé une idée. Je prendrais 60 % des recettes et je passerais 40 % à la sœur, c'est-à-dire à l'équipe technique et à l'administration, etc.
>
> » La sœur dit : "Non, écoute. Moi, je n'ai pas l'habitude de travailler avec des artistes. Ils sont trop compliqués. Non, je te donnerai 70 %. Je ne prendrai que 30 % des recettes." D'accord, nous étions d'accord et nous avons eu le droit de travailler. »

Le 4 janvier 1994, Simaro Massiya créa *Bana Ok*, avec Josky Kiambukuta et Paul Ndombe Opetum comme chanteurs.

Il est une évidence. Les connaisseurs de la rumba congolaise considèrent Simaro Lutumba Ndomanueno comme l'un des plus grands poètes, chanteurs et philosophes de la musique congolaise. Ayant quitté la scène musicale en 2018, Simaro Massiya Lutumba se rendait souvent en Europe pour des examens et des soins médicaux. Il mourut

---

[460] Voir la section 10.10 consacrée à Franco Luambo Makiadi, intitulé *Sorcier de la guitare et pape de la rumba*.

en France à l'âge de 81 ans, le 30 mars 2019 à 3 heures du matin dans un hôpital parisien, après une carrière musicale de 63 ans. La cause du décès de l'une des légendes de la musique africaine, qui souffrait de diabète et d'hypertension, n'était pas révélée.

> « Depuis Paris, l'onde de choc a traversé Kinshasa et l'Afrique, laissant derrière elle tristesse et désolation mais aussi un sentiment de vide. Guitariste hors pair, doublé des qualités d'auteur-compositeur, le poète Lutumba fait partie de ces spécimens rares qu'on ne retrouve plus dans le gotha musical congolais. Avec lui, c'est une page de l'histoire de la musique congolaise moderne qui se tourne car, à lui seul, Lutumba Simaro incarnait une époque, une génération et une lignée musicale.
> » L'artiste qui [a tiré] sa révérence [a traîné] plus de soixante ans d'une carrière musicale pleine et ininterrompue. Il passait pour une source intarissable d'où venaient s'abreuver constamment des jeunes en quête des repères. "J'ai accompli ma mission. Que les autres suivent mes pas et n'empruntent pas des voies immorales", avait-il déclaré au détour d'une interview accordée à une chaîne locale. Des propos à valeur testamentaire [dénotant] tout l'intérêt qu'il portait pour le texte qui primait souvent, dans ses chansons, sur la mélodie. »[461]

Simaro Massiya fut honoré, de son vivant, dans son pays la République Démocratique du Congo :

> « Après l'avenue Mushie rebaptisée au nom de Lutumba Simaro, [...] un buste à l'effigie de cette icône de la musique congolaise moderne a été érigé au croisement des avenues Nyangwe et Libération (ex-24 novembre), dans la commune de Lingwala. Ce monument a été inauguré le vendredi 27 juillet 2018.
> » Ce monument[462] à l'honneur de l'artiste-musicien Lutumba Ndomanueno a été sculpté par l'artiste plasticien Assane Tshamala Mpoyi.
> » La même année, un livre intitulé *Merci Lutumba pour tout et… le*

---

[461] In *Lutumba Simaro s'est éteint à Paris*, article d'Alain Diasso publié dans *La Dépêche de Brazzaville* du 30 mars 2019.

[462] Ce chef-d'œuvre, fruit d'une initiative populaire des natifs de Lingwala qui ont voulu honorer l'un des leurs de son vivant, est fait en bronze. Il mesure 1,10 m de longueur et 90 m de largeur.

reste a permis à son auteur de retracer l'itinéraire du célèbre guitariste et compositeur, qui [avait totalisé] 80 ans d'âge le 19 mars 2018. Occasion que le patron de *Bana OK* [avait] choisi pour mettre fin à ses prestations sur scène.

» Mais bien avant, en décembre 2015, Lutumba Simaro faisait déjà partie d'environ 90 opérateurs culturels (artistes musiciens, plasticiens, comédiens, écrivains) de la [République Démocratique du Congo] qui [avaient] été décorés de médailles du mérite des arts, sciences et lettres [...] grand chancelier des ordres nationaux. Lutumba Ndomanueno Simaro [avait] été élevé au grade de Commandeur. »[463]

Rappelons que dans la chanson *Mabele*, l'une de ses compositions devenues un classique dans les annales de la musique congolaise, l'artiste demandait qu'un tel buste soit érigé en sa mémoire après son décès. L'artiste avait été entendu par les autorités et les mélomanes, car ce vœu fut exaucé de son vivant.

Dans l'interview exclusive qu'il avait accordée au quotidien *La Prospérité* à l'occasion de la célébration de ses 80 ans d'âge, l'artiste avait évoqué l'après sa mort et son souhait pour l'avenir de la musique en République Démocratique du Congo.

> « Je suis passionné de mon art, un éducateur de la société. Un être inspiré qui adore les phrases languissantes. Car, le fondement d'une chanson est d'abord le texte et la parole, au-delà des mélodies. Que les jeunes cultivent l'amour et la solidarité entre eux. Que nos enfants, qui viennent dans la musique, s'inspirent de moi par rapport à tout ce que je fais. Surtout, qu'ils prennent le côté positif et abandonnent tout ce qui est négatif. Car, je ne suis qu'un humain. »

D'aucuns garderaient de l'artiste Simon Lutumba Ndomanueno, alias Simaro Massiya, le souvenir d'un auteur à succès, maître de la parole et virtuose de la guitare rythmique. Chantre et peintre de la société, il avait chanté l'amour, l'argent et la mort. Il avait surtout prodigué des conseils, dans ses chansons, et su s'autocensurer.

---

[463] In *Lutumba Simaro, parmi les rares artistes congolais honorés de leur vivant*, article de Rachidi Mabundu publié par le *Forum des As*.

Discographie

Au cours de sa carrière musicale, le poète Simaro Massiya Lutumba Ndomanueno composa de nombreuses chansons, parmi lesquelles on peut citer :
- *Likambo zi tu zoto esilkata te*, interprété par Michel Boyibanda, Josky Kiambukuta et Sam Mangwana ;
- *Oko regretter ngai mama*, interprété par Michel Boyibanda, Josky Kiambukuta, Gaspard Wuta Mayi et Camille Lola Djangi (dit Lola Checain) ;
- *Bodutaka*, interprété par Sam Mangwana, Michel Boyibanda, Josky Kiambukuta et Lola Checain ;
- *Mabele*, interprété par Sam Mangwana ;
- *Eau bénite*, interprété par Jean de Dieu Makiese (alias Madilu System) ;
- *Maya*, interprété par Charles Lasa Ndombasi (alias Carlyto Lassa) ;
- *Testament ya Bowule*, interprété par Orphin Lugendo Lutala (dit Malage de Lugendo) ;
- *Vaccination*, interprété par André Kiese Diambu ;
- *Ebale ya Zaïre*, interprété par Sam Mangwana ;
- *Faute ya Commerçant*, interprété par Sam Mangwana ;
- *Cedou*, interprété par Sam Mangwana, Michel Boyibanda et Franco Luambo Makiadi ;
- *Bisalela*, interprété par Gilbert Youlou Mabiala, Josky Kiambukuta, Michel Boyibanda et Gaspard Wuta Mayi ;
- *Mbongo*, interprété par Joseph Mpoyi Kaninda (dit Djo Mpoyi) ;
- *Salle d'attente*, interprété par Hervé Ngola Bataringe (dit Ferre Gola), Josky Kiambukuta, Marie-Christine Mboyo (alias Mbilia Bel) et Papa Wemba ;
- *Kadima*, interprété par Djo Mpoyi ;
- *Fifi nazali innocent*, interprété par Gilbert Youlou Mabiala et Franco Luambo Makiadi ;
- *Verre cassé*, interprété par Charles Lasa Ndombasi (alias Carlyto Lassa) et Jean-Baptiste Kabasele Yampagna (dit Pépé Kallé).
- *Minuit eleki Lezi*, interprété par Sam Mangwana ;
- *Inoussa*, interprété par Josky Kiambukuta, Sam Mangwana, Michel

Boyibanda et Lola Checain ;
- *Marie Souza*, interprété par Gilbert Youlou Mabiala, Franco Luambo
  Makiadi et Michel Boyibanda ;
- *Cedou*, interprété par Gilbert Youlou Mabiala et Franco Luambo
  Makiadi.

XI - Le veilleur de conscience

Écrivain et homme politique ivoirien né le 10 janvier 1916 à Assinie sur les rives de l'Atlantique au Sud de la Côte d'Ivoire, Abou Koffi Binlin Dadié[464] rejoignit le 9 mars 2019, à l'âge de 103 ans, le pays des pieds allongés. Fils de Gabriel Dadié[465], compagnon de lutte du premier président ivoirien Félix Houphouët-Boigny, cet auteur d'une œuvre prolifique était considéré comme « le père de la littérature ivoirienne ». Sa mère, qui était originaire d'Assinie, s'appelait Enuayé Ouessan. Élevé durant une courte période dans une famille catholique, il adopta lors de son baptême en 1926 le prénom de l'instituteur Bernard Satigui Sangaré dont il fut le pensionnaire à Dabou. Ainsi, abandonnant celui de Koffi, devint-il Bernard Binlin Dadié.

Pour Véronique Tadjo, l'écrivaine et peintre de nationalité ivoirienne et de citoyenneté française,

> « très largement considéré comme le père de la littérature ivoirienne, Bernard Dadié [avait] acquis une réputation internationale alors que la Côte d'Ivoire était surtout connue pour son café et son cacao. Au niveau national, sa popularité [avait] été grande. Ses œuvres sont

---

[464] Koffi était son prénom traditionnel, Abou son « nom de tam-tam », tandis que sa branche de rattachement N'zima était le clan Ezohilé.

[465] Qui naquit en 1891 et fut enrôlé, dès l'âge de 12 ans, en qualité d'apprenti télégraphiste au Service des Postes et des équipes du Capitaine Alfred Émile Schiffer Olivier. Ce dernier avait été chargé d'installer la ligne du télégraphe de Bingerville à Korhogo.

enseignées dans les programmes scolaires et universitaires, si bien qu'il est l'un des écrivains ivoiriens dont les livres sont les plus lus. Son théâtre est aussi populaire [...].
» [...] Bernard Dadié [avait] toujours eu une bonne dose d'humour, dans la vie et dans ses écrits. Un humour très ivoirien, coloré, enlevé et quelque peu tranchant. Sa popularité s'[était] également cimentée au cours des décennies parce qu'il [avait] été, fondamentalement, un écrivain du terroir. Il [avait] choisi de rester dans son pays et [avait] pris part aux événements heureux et douloureux qui [avaient] jalonné l'histoire de la Côte d'Ivoire. Un homme dont l'âge n'[avait] pas entamé la passion. »[466]

Bernard Dadié avait su aborder avec beaucoup de brio tous les genres littéraires : poésie, roman, théâtre, chronique, conte traditionnel et théâtre. Sa poésie militante dénonçait le colonialisme, en s'appuyant sur l'inversion du regard porté sur le monde. Quant à sa création théâtrale, elle revendiquait la fierté d'Africain et la conscience de sa propre situation d'intellectuel noir.

> « Je vous remercie mon Dieu de m'avoir créé Noir,
> Le blanc est une couleur de circonstance,
> Le noir, la couleur de tous les jours,
> Et je porte le Monde depuis l'aube des temps,
> Et mon rire sur le Monde, dans la nuit, crée le Jour. »

Rendant hommage à l'attention de Bernard Dadié, l'écrivain congolais Alain Mabanckou s'est demandé en ces termes :

> « Comment ne pas rappeler que, dans *Un Nègre à Paris* (1959), vous inventiez le récit africain du "voyage en Europe", dans une sorte "d'exotisme renversé" : ce n'était plus l'Européen qui nous peignait avec son attirail de préjugés issus des premiers récits d'exploration du continent ou encore des littératures exotique et coloniale, mais c'était l'Africain, libre de ses mouvements, qui mettait à nu les mœurs de cette civilisation occidentale qu'on nous présentait alors comme l'unité de mesure de tout développement. »[467]

---

[466] In *Bernard Dadié, la plume et l'épée*, texte publié en avril 2016 sur le site Internet de *Jeune Afrique*.

[467] In *Adresse au Doyen, Bernard Dadié*, texte publié en avril 2016 sur le site

Après des études à l'école normale William-Ponty de Gorée, Bernard Dadié travailla pendant dix ans à l'Institut Fondamental d'Afrique noire (IFAN) de Dakar. De retour dans son pays en 1947, il milita au sein du Rassemblement démocratique africain (RDA). Il mit à profit plusieurs mois d'emprisonnement, à cause des troubles survenus ayant occasionné l'insurrection anti-coloniale du 6 février 1949, en tenant un journal qui ne serait publié qu'une vingtaine d'années plus tard : *Carnets de prison*. À l'indépendance de la Côte d'Ivoire en août 1960, il exerça tour à tour les fonctions de chef de cabinet du ministre de l'Éducation nationale, de directeur des Affaires culturelles, d'inspecteur général des Arts et des Lettres.

> « Engagé dans le militantisme syndical et politique, Bernard Dadié [avait] occupé des responsabilités au sein du Rassemblement démocratique africain (RDA) et du Parti démocratique de Côte d'Ivoire (PDCI) créé par Houphouët-Boigny. Ses articles et prises de position lui [avaient] valu d'être condamné à la prison. Publiés en 1981, ses *Carnets de prison* sont un témoignage brut sur les seize mois de son incarcération et les conditions réservées aux prisonniers par l'administration coloniale. »[468]

Grâce à la pédagogie nouvelle et active de son maître Charles Béart, un normalien du cadre de Paris et ancien pilote de guerre qui dirigeait l'École primaire supérieure (EPS) de Bingerville, Bernard Dadié découvrit les bienfaits de l'écriture au point d'écrire en 1934 *Les Villes*, un sketch inédit. En 1933, il fut admis à l'École normale William-Ponty de Gorée qu'il intégra l'année scolaire suivante. Il y côtoya Modibo Keïta, Hamani Diori, Hubert Maga et Émile Derlin Zinsou. Pendant que les mouvements de *L'Étudiant noir* et de la négritude étaient en train de prendre forme à Paris en 1935, Bernard Dadié se lia d'amitié avec Ouezzin Coulibaly alors surveillant général de l'École William-Ponty. Avec ce dernier, il échangea des journaux et des revues distribués clandestinement. Il s'essaya à l'écriture théâtrale en s'appuyant sur sa culture marquée par l'Abissa et son

---

Internet de *Jeune Afrique*.

[468] In *Côte d'Ivoire : mort de l'écrivain Bernard Dadié*, article du 9 mars 2019 du quotidien français *Le Monde* avec l'*Agence France Presse*.

carnaval, la superposition du réel et du merveilleux, les facéties, l'ironie et la caricature des pouvoirs. À la fête de la sortie de la promotion 1934-1935 de l'École normale William-Ponty, Bernard Dadié produisit sa première œuvre théâtrale, *Assémien Déhylé, roi du Sanwi*, laquelle servirait en partie de trame au film documentaire de Georges Manue, *Karamoko, maître d'école*, que l'on projetterait dans les colonies françaises.

Selon Franck Hermann Ekra, analyste politique et consultant en stratégies d'images,

> « l'appartenance de Dadié au peuple de l'Abissa, un peuple de carnaval, le [prédisposa] à l'indistinction entre réel et merveilleux, à l'inversion ludique des rôles sociaux, au déguisement et à l'ironie, dans le dos des pouvoirs… Pour lui, le pagne[était] un symbole des langages et de la civilisation africaine, celle du mentir-vrai des veillées de contes, celle qui [reliait] à toutes les rives du monde noir. Le pagne est un objet porte-mémoire à déchiffrer, dont "même la couture [disait] quelque chose". »[469]

Dès 1947, Bernard Dadié collabora en qualité de rédacteur à la *Communauté*, un hebdomadaire qui dénonça en 1958 la Déclaration de Brazzaville[470] et appela aux indépendances des pays d'Afrique. En 1965, il obtint le Grand prix littéraire d'Afrique noire pour *Patron de New York*. En 1977, il fut nommé ministre de la Culture et de l'Information.

> « Bernard Dadié n'[avait] certes pas été le Senghor de la Côte d'Ivoire, mais il fut son Victor Hugo, toutes proportions gardées.

---

[469] In *Bernard Dadié, entre réel et merveilleux*, texte publié en avril 2016 sur le site Internet de *Jeune Afrique*.

[470] Le général de Gaulle, alors président du Conseil de la IVe République française, prononça le 24 août 1958 un texte fondateur de la décolonisation lors du voyage qu'il avait entrepris dans les territoires français d'Afrique. Devant une foule enthousiaste au stade Félix-Eboué, à Brazzaville, il énonça les principes qui devaient régir les nouveaux rapports entre la France et son empire (autonomie interne, libre détermination des territoires, création d'un vaste ensemble politique, économique et de défense) et définit, par la même occasion, les structures institutionnelles de la « Communauté », posant avec exactitude la question de l'indépendance.

Écrivain précoce, il [était] entré en littérature très tôt, composant son premier texte de théâtre, *Les Villes*, en 1931, à l'âge de 15 ans, lorsqu'il [était] encore élève à l'École primaire supérieure de Bingerville. À 21 ans, il [participa] à la composition d'une saynète inspirée de la cosmogonie agni, baptisée *Assémien Dehylé, roi du Sanwi* (Ceda, 1979). La pièce fut jouée en 1937 au théâtre des Champs-Élysées de Paris, à l'occasion de l'Exposition universelle. Depuis, l'Ivoirien n'[avait] jamais cessé d'écrire et [avait] produit une vingtaine de livres, tous genres confondus. Son œuvre [racontait] les combats de son peuple, ses légendes et ses aspirations que l'écrivain [avait] lui-même incarnées en tant que militant anti-colonial, avant de participer à la vie politique en tant que, notamment, ministre de la Culture de Houphouët-Boigny. »[471]

De l'engagement politique de Bernard Dadié, on retiendra que, contrairement à la majorité des lettrés africains, il était un fervent partisan de l'émancipation totale de l'Homme africain et de l'indépendance. Encore fallait-il qu'un parti politique populaire puisse avoir l'audace de secouer le joug colonial. De 1945 à 1953, et bien plus tard, il exprimerait ses réserves et, parfois, marquerait sa différence.

« Dans les années 1970, Bernard Dadié renoua avec le théâtre, porte par laquelle il était entré en littérature dans sa jeunesse. Il [publierait] successivement, aux éditions Présence Africaine, *Monsieur Thôgô-Gnini* (1970), une satire des mœurs coloniales, *Béatrice du Congo* (1970), une pièce historique sur la colonisation portugaise dans l'Afrique centrale, *Îles de tempête* (1973), drame en plusieurs tableaux consacré à la lutte de libération des Haïtiens, ainsi que d'autres pièces moins connues chez des éditeurs africains. Riche des ressources dramatiques africaines, le théâtre de Dadié plaît à un très large public et il a été joué sur des scènes internationales, à Paris, à Avignon et même à New York. »[472]

Bernard Dadié était l'une des figures de proue qui s'étaient élevées contre la rébellion de 2004 qui avait eu pour conséquence la partition

---

[471] In *Disparition de Bernard Dadié, père des lettres ivoiriennes*, article de Tirthankar Chanda publié en mars 2019 sur le site Internet de *Radio France International*.
[472] *Ibidem*.

de la Côte d'Ivoire entre le Nord et le Sud.

> « Deux ans plus tard, il [était devenu] le président du Congrès national de la résistance pour la démocratie (CNRD), une fédération de partis et d'organisations de la société civile ivoirienne, engagés dans un mouvement qui [s'opposait] souvent au régime d'Alassane Ouattara. »[473]

Sous la IIIe République ivoirienne, l'écrivain centenaire critiqua à plusieurs reprises le gouvernement d'Alassane Dramane Ouattara. En avril 2015, dans une lettre ouverte au président François Hollande, il mit en garde le président ivoirien contre « la colère du peuple »[474] et lui reprocha les crimes qu'il aurait commis :

> « Que Ouattara se souvienne que le peuple de Côte d'Ivoire semble être son prisonnier, mais lui est prisonnier de ses propres turpitudes et avec lui ses parrains. Et quand le peuple se [lèverait] pour briser ses chaînes, ce qui ne saurait tarder. Lui il [resterait] toujours prisonnier de ses crimes et de ses actes ignominieux, sans recours. Loin de sombrer dans le désarroi, le peuple de Côte d'Ivoire exprime son espoir pour dire : Quelle que soit la longueur de la nuit, le jour finit toujours par se lever. »

Au mois de juin 2016, par le truchement d'une pétition, Bernard Dadié tenta de faire libérer Laurent Koudou Gbagbo, l'ancien président ivoirien qui était détenu le 30 novembre 2011 à La Haye pour crimes contre l'Humanité suite à la crise politique ivoirienne de 2010. Ainsi rappela-t-il, dans cette pétition ayant recueilli 26 millions de signatures, que « depuis plus de cinq ans la CPI[475] [peina] à apporter la moindre preuve matérielle au soutien des charges retenues contre Laurent Gbagbo ».

En octobre 2016, Bernard Dadié s'opposa à la nouvelle Constitution ivoirienne et appela ses compatriotes à assumer

---

[473] In *En hommage à Bernard Dadié, des obsèques nationales !*, Véronique Tadjo, article paru en mars 2019 sur le site Internet du quotidien *Le Point*.

[474] In *Bernard Dadié met en garde Ouattara contre la colère du peuple*, article publié en avril 2015 sur le site Internet cameroonvoice.com.

[475] Cour pénale internationale.

leurs responsabilités :

> « Plus que jamais nous devons affirmer haut et fort que tous les peuples sont nés libres et égaux et aucun peuple ne peut et ne doit accepter indéfiniment la servitude. Le temps est venu de briser nos chaînes, chaînes de la peur et de la servitude. L'heure a sonné, levons-nous et prenons notre destin en main. Si nous voulons que demain, nos héritiers nous respectent et évoquent notre souvenir avec nostalgie. Nous sommes des combattants aux mains nues car nous abhorrons le sang. Oui trop de sang a coulé et il est temps d'être tous habités par la sagesse pour nous asseoir et discuter. Pour notre bonheur et celui de notre peuple. Voici mon message. »

Dans une lettre ouverte adressée *post-mortem* à Bernard Dadié depuis la Belgique, l'ancien président Laurent Gbagbo exprima toute sa gratitude. Il rappela l'amitié que lui avait témoignée l'illustre disparu pendant les moments difficiles lorsque,

> « [...] à peine parvenu au pouvoir après des décennies de lutte pacifique, des forces réactionnaires et violentes se sont liguées contre [lui] et [son] gouvernement pour barrer [le] chemin vers la liberté de [leurs] peuples. [...] En effet, il [n'a] pas fallu beaucoup de temps pour comprendre que lesdites forces[étaient] les mêmes que ceux que [tous leurs] illustres devanciers [avaient] combattues naguère. Les protagonistes [avaient] changé, mais le combat [restait] le même. »

Sur le plan littéraire, Bernard Dadié publia en 1956 sous la forme romanesque une autobiographie intitulée *Climbié*[476]. Par le biais de ce roman d'apprentissage et d'émancipation à l'africaine, l'auteur raconta la trajectoire du jeune Climbié, depuis son village natal jusqu'à Grand Bassam, puis à Bingerville, Dakar et enfin Abidjan. Les thèmes relatifs à l'école et à l'instruction, à la vie au village, l'éducation traditionnelle, l'héritage culturel, la figure du colon, la lutte pour l'égalité et la justice, l'ambition de l'homme noir, ses interrogations face à sa destinée constituèrent la toile de fond déclinant l'évolution du personnage central.

---

[476] Climbié signifie en N'zima, dialecte ivoirien, plus tard... un jour, l'avenir, le futur.

En guerre contre les pouvoirs arbitraires africains dans *Béatrice du Congo*, Bernard Dadié mit sur scène un monarque d'abord démocrate, aimé de son peuple et soucieux de son bien-être qui deviendrait ensuite autocrate, tyran, aliéné, exploiteur et esclavagiste. Dans *Monsieur Thôgô-Gnini*, il s'intéressa à la destruction part l'Être étrange des valeurs traditionnelles, indispensables à l'Afrique et représentées par des personnages allégoriques – comme Fidélité, Reconnaissance, Vieillesse, Tradition, Amour, Âme – malmenant la solidarité familiale. Pour Bernard Dadié, cette pièce de théâtre « pose le destin de l'Homme, dans tous ses états. Il s'agit de savoir, si dans les [États africains], l'Homme doit passer avant certaines choses. Si l'argent est fait pour l'Homme ou l'Homme est fait pour l'argent, si la fortune est au service de l'Homme ou si l'Homme est au service de la fortune ».

En guise de récompense du monde des Arts et de la Littérature, le Grand Prix des mécènes de l'édition 2016 des Grands Prix des associations littéraires fut décerné à Bernard Dadié le 9 mars 2017 à Yaoundé, au Cameroun, en hommage à toute son œuvre bibliographique. Il fut également honoré du prix UNESCO/UNAM, en 2016, pour son action en faveur de la culture africaine.

Bernard Dadié rendit l'âme le 9 mars 2018 à Abidjan, vers quatre heures du matin, rejoignant ainsi sa compagne Assamala décédée une année plus tôt. Il laissa une bibliographie considérable.

– Chronique :

1933 : *Les Villes* ;
1959 : *Un Nègre à Paris* ;
1956 : *Patron de New York*, Grand prix littéraire d'Afrique noire ;
1968 : *La Ville où nul ne meurt*.

– Théâtre :

1936 : *Assémien Déhylé, roi du Sanwi* ;
1970 : *Les voix dans le vent* ;
1970 : *Monsieur Thôgô-Gnini* ;
1973 : *Papassidi maître escroc* ;
1979 : *Mhoi ceul* ;
1995 : *Béatrice du Congo*.

– Nouvelles :

1954 : *Légendes africaines* ;
1955 : *Le Pagne noir* ;
1980 : *Commandant Taureault et ses nègres* ;
1980 : *Les Jambes du fils de Dieu.*

– Poésie :

1950 : *Afrique debout* ;
1956 : *La Ronde des jours* ;
1956 : *Je vous remercie mon Dieu*, (tirés du recueil *La Ronde des jours*) ;
1956 : *Les lignes de nos mains*, (tirés du recueil *La Ronde des jours*, édition Pierre Seghers).

– Biographies :

1952 : *Climbié* ;
1974 : *Carnets de prison* (1949-1950).

XII - Les talents footballistiques

Les Africains ont su s'approprier, dans le passé, le football et l'utiliser comme une tribune d'expression et d'opposition au colonialisme, dans un premier temps, et, dans un second temps, aux régimes dictatoriaux d'obédience continentale. Sport roi dans une Afrique en proie à moult combats de libération et de revendication des droits fondamentaux, le football a permis de réunir en consolidant le chauvinisme, mais aussi de diviser en privilégiant le patriotisme.

12.1 - La panthère noire

Eusebio da Silva Ferreira, communément appelé Eusebio, naquit le 25 janvier 1942 dans le quartier de Mafalala à Lourenço Marques (actuellement Maputo) dans l'ancienne colonie portugaise devenue le Mozambique. Son père, le cheminot Laurindo António da Silva Ferreira, était un descendant des colons portugais établis à Malanje en Angola, tandis que sa mère, Elisa Anissabeni, était Mozambicaine. Ayant grandi en Afrique australe, il était le quatrième enfant de sa famille. Élevé par sa mère dès l'âge de huit ans, après la mort de son père des suites du tétanos, Eusebio s'inscrivit à quinze ans dans le club de football de Lourenço Marques, le *SC Lourenço Marques*. Très vite, il fut repéré par des émissaires du *Sport Lisboa Benfica*, alors que l'équipe locale était parrainée par le *Sporting CP*, un adversaire du club portugais. À la suite de ce contrat, il débarqua au Portugal le 16 décembre 1960, à l'âge de dix-huit ans, sous surveillance rapprochée en raison de la crainte des dirigeants du *SL Benfica* de voir les dirigeants du *Sporting CP* reprendre le joueur. Le transfert fut estimé à 7 500 livres. Ainsi devint-il, professionnellement, *jogador de futebol*.

Le 23 mai 1961, l'entraîneur hongrois Béla Guttmann, l'un des inventeurs du système 4-2-4, fit jouer Eusebio pour la première fois dans le club lisboète. Le nouveau venu marqua un triplé et remporta son premier titre de champion du Portugal. Deux mois plus tard, le *SL Benfica* affronta le *Santos FC* du grand Edson Arantes do Nascimento, en l'occurrence le roi Pelé. Ayant assisté depuis le banc de touche à la correction infligée à ses coéquipiers qui furent menés cinq buts à zéro, Eusebio entra en jeu. Il inscrivit trois buts en une demi-heure au gardien brésilien Gylmar dos Santos Neves, dit Gilmar. Mais le club portugais perdit la partie sur un score de six buts à trois. La même année, Eusebio disputa la Coupe intercontinentale contre le club uruguayen du *CA Peñarol*. Ses performances lui permirent d'être sélectionné en équipe nationale du Portugal. Ainsi fit-il ses premiers pas sous le maillot de la *Seleção portuguesa de futebol*, le 19 octobre 1961, à l'occasion de la rencontre contre le Luxembourg. Cette même année, il figura pour la première fois sur la liste du Ballon d'or à la trente-cinquième place.

Titularisé au sein du *SL Benfica*, Eusebio permit au club portugais de conserver son trophée de la Coupe d'Europe des clubs champions en battant le *Real Madrid* de Ferenc Puskás. Il marqua trois buts, lors de cette finale qui se déroula au stade du Wankdorf à Berne en Suisse. Résultat du match ? Cinq buts à trois pour le *SL Benfica*. Ce fut le premier sacre d'un club portugais dans cette compétition. L'enfant du Mozambique ajouta, dans la foulée, à son palmarès la Coupe du Portugal. La victoire du *SL Benfica* en Coupe d'Europe fut une aubaine, car il disputa de nouveau la Coupe intercontinentale, contre *Santos FC*. Le club portugais s'inclina lors des deux rencontres. Mais, au match retour à Lisbonne, bien que battu sur le score sévère de cinq buts à deux, Eusebio marqua une fois alors que le roi Pelé réalisa un triplé. En fin d'année, en dépit de l'absence du Portugal de la Coupe du monde 1962, Eusebio termina à la deuxième place du Ballon d'or derrière le Tchécoslovaque Josef Masopust.

Buteur en 1963 lors de la finale perdue deux buts à un par *SL Benfica* à Wembley contre l'*AC Milan*, Eusebio et son club remportèrent le titre de champion du Portugal. Au classement du Ballon d'or, il figura à la cinquième place. En 1964, il décrocha le titre de meilleur buteur du championnat portugais avec vingt-huit buts inscrits, le *SL Benfica* réalisa le doublé en ayant remporté la Coupe du Portugal. En fin de saison, Eusebio occupa la quatrième place sur la liste du Ballon d'or.

En 1965, malgré la finale perdue un but à zéro par le *SL Benfica* contre l'*Inter de Milan*, Eusebio décrocha le titre de meilleur buteur de la compétition avec neuf réalisations. Sur le plan national, le *SL Benfica* conserva son titre de champion et Eusebio récidiva comme meilleur buteur avec vingt-huit buts. Dans cet élan, après une phase qualificative au cours de laquelle il marqua six des neuf buts portugais, il permit à l'équipe nationale du Portugal de se qualifier pour sa première Coupe du monde qui se déroulerait en 1966 en Angleterre. En raison de ses performances individuelles, dans son club le *SL Benfica*, et de ses prestations au sein de la sélection portugaise, il remporta enfin le titre de Ballon d'or – en devançant l'Italien Giacinto Facchetti et l'Espagnol Luis Suárez.

Attendu au tournant lors la Coupe du monde 1966, le footballeur que l'on comparait à juste titre au roi Pelé marqua un but contre la Hongrie dans un match que les Lusitaniens remportèrent trois buts à un. Eusebio fut l'auteur d'un doublé face au Brésil, même si le duel avec Pelé n'eut pas lieu. En effet, la sortie du terrain de la vedette brésilienne sur une civière, à cause de la blessure occasionnée par le Portugais João Morais, avantagea le Portugal qui l'emporta sur un score de trois buts à un. Grâce à un doublé d'Eusebio en quart de finale, l'équipe nationale du Portugal réduisit à la mi-temps l'écart à trois buts à deux contre la Corée du Nord à Liverpool. En deuxième période, Eusebio se joua de la défense adverse et inscrivit deux nouveaux buts, puis son coéquipier José Augusto alourdit la marque. Le Portugal fut vainqueur sur le score final de cinq buts à trois. Eusebio marqua un but contre l'Angleterre en demi-finale à Wembley, mais les deux réalisations de l'éblouissant stratège à la tactique d'orfèvre, en l'occurrence Robert Charlton (dit Bobby), mit fin au rêve portugais. Le Portugal termina à la troisième place de ce tournoi, en ayant battu l'URSS sur le score de deux buts à un. Au cours de cette rencontre, Eusebio inscrivit son neuvième but du tournoi et devint le meilleur buteur de la coupe du monde – talonnant ainsi le Français Just Fontaine avec treize réalisations et le Hongrois Sándor Kocsis avec onze buts. En fin de cette année, Eusebio fut devancé par Bobby Charlton d'une voix pour la course au Ballon d'or.

Après sa meilleure performance en coupe du monde, Eusebio réédita d'excellentes performances au championnat national. En 1967, le *SL Benfica* remporta le championnat devant l'*Associação Academica de Coimbra* et Eusebio fut consacré meilleur buteur du championnat avec trente et un buts. En fin de cette saison, il occupa la cinquième place sur la liste des nominés au Ballon d'or.

En 1968, la panthère noire inaugura le palmarès du soulier d'or européen – titre récompensant le meilleur buteur d'un championnat européen. Il inscrivit quarante-deux buts en championnat. Entretemps, il conserva le titre de champion avec le *SL Benfica*. En Coupe d'Europe de cette année, Eusebio termina meilleur buteur mais il régressa à la huitième place sur la liste du Ballon d'or. En 1971, l'enfant du Mozambique remporta son huitième titre de champion du Portugal avec le *SL Benfica*. En 1972, il ajouta un nouveau titre de champion à son escarcelle et un titre de coupe du Portugal. En 1973, la panthère noire permit au *SL Benfica* de conserver son titre de champion grâce à ses quarante buts inscrits en championnat, obtenant *de facto* pour la seconde fois le soulier d'or européen. Cette année, le 19 octobre, il disputa son dernier match sous les couleurs de la *Seleção portuguesa de futebol* contre la Bulgarie.

Footballeur international portugais d'origine africaine, qui évolua au poste d'attaquant de la fin des années 1950 à la fin des années 1970, le natif du Mozambique est considéré comme l'un des meilleurs joueurs de l'histoire. Eusebio, que l'on avait surnommé *A pantera negra* – c'est-à-dire la panthère noire – ou bien *O rei* – à savoir le roi –, effectua la plus grande partie de sa carrière dans le club du *SL Benfica*. De 1961 à 1973, il joua soixante-quatre matchs avec la sélection portugaise, avec quarante et un buts à son actif, faisant de lui le meilleur buteur portugais jusqu'à l'avènement du « Cyclone des Açores », à savoir Pedro Miguel Carreiro Resendes (dit Pauleta), qui marquerait quarante-sept buts trente ans plus tard. Les records devant être battus, la panthère noire fut aussi devancée en 2014 par le « capitão » Cristiano Ronaldo, détenteur des quarante-trois buts et des quatre-vingt-dix-huit en 2019. En fin de l'année 1973, Eusebio termina à la septième place sur la liste du Ballon d'or. Il disputa en 1975 sa dernière saison au *SL Benfica* après quinze ans passés au sein de ce club. Pour cette ultime saison, il obtint un titre de champion, le *SL Benfica* étant éliminé en quart de finale en coupe des coupes.

Après sa période faste au *SL Benfica*, la panthère noire évolua sur le continent nord-américain, avec de brefs passages dans les deux clubs de seconde division portugaise de football qu'étaient le *SC Beira-Mar*, de 1976 à 1977, et l'*União de Tomar*, de 1977 à 78. En effet, Eusebio Ferreira da Silva s'expatria à la North American Soccer League (NASL) où il joua dans cinq clubs de 1975 à 1977 : les *Rhode Island Oceaneers* en 1975, les *Boston Minutemen* en 1975, le *Toronto Metros-Croatia* avec lequel il remporta le championnat NASL en 1976 en ayant marqué le but de la victoire au Scocce Bow, le *Las Vegas Quicksilver* en 1977.

> « Lorsque les *Toronto Metros*, plus grand club de soccer de la ville et membre de la NASL (première ligue de soccer américano-canadienne) connurent de sérieux problèmes financiers, les membres de la diaspora croate [avaient] décidé [...] de racheter ce club afin de le fusionner avec leur petit club *Toronto Croatia* fondé 20 ans plus tôt. [Ce fut] ainsi que des centaines de membres de l'église dirigée par le père Gjuran devinrent actionnaires de l'équipe ayant pris forme sous le nom de *Toronto Metros-Croatia* [...].
> » Pour la saison 1976, l'idée était de jouer les premiers rôles et pour cela, le but était de recruter des joueurs étrangers en complément des talentueux Croates de l'effectif afin de jouer les premiers rôles de la ligue. [Ce fut] ainsi qu'[était] arrivé par un transfert spectaculaire la légende Eusebio, déjà 34 ans et en retrait depuis un an en raison de problèmes récurrents au genou. »[477]

---

[477] In *Quand Eusebio a permis à la Croatie de gagner le championnat nord-américain*, article de Damien Goulagovitch publié en janvier 2014 sur le site toutlemondeenfoot.fr.

Eusebio joua également au *New Jersey Americans* en 1978. Il fit en 1976 un intermède au Mexique, au *CF Monterrey* avec lequel il gagna le championnat du Mexique. Il mit un terme à sa carrière en 1978 à l'âge de 36 ans.

À l'issue de sa carrière footballistique, Eusebio devint ambassadeur du *SL Benfica* dans le monde. Ce grand footballeur africain marqua de son empreinte l'une des plus glorieuses pages de l'histoire du *Sport Lisboa Benfica*, avec lequel il remporta une Coupe des clubs champions en 1962, onze titres de champion en 1961, de 1963 à 1965, de 1967 à 1969, de 1971 à 1973 et en 1975, ainsi que cinq Coupes du Portugal en 1962, 1964, de 1969 à 1970 et en 1972. Il fut sept fois meilleur buteur du championnat portugais de 1964 à 1968, en 1970 et en 1973. Il remporta deux titres de soulier d'or européen en 1968 et en 1973. Enfin, il fut à trois reprises meilleur buteur de la Coupe des clubs champions de 1965 à 1966 et en 1968. La panthère noire avait inscrit 473 buts en 440 matchs officiels pour le *SL Benfica* – 638 buts en 614 matchs, en incluant les matchs amicaux. À l'entrée principale du *Estádio da Luz*, une statue en bronze fut érigée à son effigie. Elle l'immortalisa, en train de frapper avec élégance sur un ballon.

Eusebio da Silva Ferreira décéda le 5 janvier 2014 à Lisbonne, à l'âge de 71 ans, d'un arrêt cardio-respiratoire. Sur son compte Twitter, l'ancien président de la Fifa, Joseph Blatter (dit Sepp), salua l'énorme champion en ces termes :

> « Le foot a perdu une légende, mais Eusebio [garderait] à jamais sa place parmi les plus grands ».

Pour José Mourinho, Eusebio avait été « une des grandes figures du Portugal, un grand seigneur » qui resterait « immortel ». Il serait toujours considéré comme l'un des meilleurs joueurs de tous les temps pour sa rapidité, sa technique, la précision de son pied droit et ses dribbles « félins » hérités du football de rue pratiqué dans son enfance.

Dans le documentaire intitulé *Champions pour l'histoire*, diffusé dans *Transversales* sur la chaîne française *RMC Sport*, le footballeur Michel Platini fut dithyrambique :

« Eusebio avait une force de frappe exceptionnelle, des deux pieds. C'était un peu le Pelé européen. Ils avaient la même force physique, la même vitesse, la même technique. Il était exceptionnel. Si on s'en souvient aujourd'hui, c'est qu'il [avait] marqué son temps. »

Après trois jours de deuil national ayant été décrété par le gouvernement portugais, Eusebio da Silva Ferreira fut enterré au cimetière de Lumiar, non loin du stade de la Luz, dans la banlieue septentrionale de la capitale portugaise. Le 5 janvier 2015, un an après son décès, la voie principale permettant d'accéder à l'*Estádio da Luz* fut renommée Avenida Eusebio da Silva Ferreira, attribuant *de facto* son patronyme à l'adresse officielle du complexe sportif.

À la suite du vote favorable du Parlement ayant autorisé le transfert de sa dépouille au Panthéon national de Lisbonne, Eusebio y entra le 3 juillet 2015 après une grande cérémonie dans la capitale portugaise – en présence des plus hautes personnalités de l'État et du football. Le corps de l'ancienne gloire parcourut, à cette occasion, une vingtaine de kilomètres dans les rues de Lisbonne en guise d'ultime hommage.

12.2 - L'excentrique et légendaire gardien de but

Footballeur international ghanéen, gardien de but de l'équipe de l'*Asante Kotoko*, Robert Mensah, dit Bob, vit le jour en 1939 à la Côte de l'Or et mourut à Accra le 2 novembre 1971 à l'âge de trente-deux ans : plus jeune que le Christ. Le crime aurait été lié à l'élimination de son club, lors des phases qualificatives de la Coupe d'Afrique des Nations de 1972.

Robert Mensah, ce fut surtout une image unique dans le milieu du football africain. Le talentueux portier de l'équipe du district métropolitain de Tema, ayant Accra pour capitale, avait coutume de porter un maillot noir et une casquette à carreaux surdimensionnée. Associée à ses réflexes de chat et à sa présence déstabilisatrice, on aurait dit le Soviétique Lev Yachine. Cette tenue vestimentaire suscitait des échauffourées avec des adversaires superstitieux. Ces derniers prétendaient qu'il les maudissait.

> « Cette casquette était souvent une source de consternation pour les équipes adverses, qui l'accusaient de l'utiliser comme instrument pour pratiquer le *Juju* (une forme de magie noire semblable au vaudou [courant] en Haïti). Certains iraient même jusqu'à l'enlever physiquement pendant les matches. »[478]

La fameuse casquette aurait été léguée à Robert Mensah par son grand-père mourant, lui-même un prêtre fétiche de Cape Coast. D'ailleurs, lors de la finale de Coupe d'Afrique des clubs champions de 1970 conte le *TP Englebert*, un militaire congolais avait confisqué ce couvre-chef et tiré dessus dans le but d'en extraire un supposé pouvoir. Cet accessoire, ayant caractérisé l'empreinte vestimentaire de Bob, marquerait longtemps les plus grands moments de Bob en tant que footballeur. Au-delà de l'aspect décalé sur le plan et de l'excentricité de ce lecteur de journaux, le légendaire gardien de l'*Asante Kotoko* était un brin provocateur. Effectivement,

> « il [apporterait] un journal sur le terrain et le lirait outrageusement pendant les matches. Il exhorterait les adversaires à tirer en regardant de l'autre côté.
> » Il se moquait de ceux qui étaient assez courageux pour [tirer] des pénalités contre lui et [s'adonnait aux] sketches de danse moqueurs. »[479]

Ce n'étaient pas que les adversaires de l'*Asante Kotoko* de Kumasi qui avaient droit à la manie sarcastique de Robert Mensah. Ses coéquipiers et son entraîneur en savaient également quelque chose.

> « Il aimait [faire] le clown pendant que son entraîneur essayait de prononcer un exposé préparatoire. [Plutôt que d'assister] à des séances d'entraînement, il était souvent au lit ou buvait dans des bars. »[480]

---

[478] In *La magie Vaudou de Robert Mensah*, article de Michelle Bonsu publié en février 2019 sur le site Internet du magazine *Football Times*.
[479] In *Les Ghanéens se souviennent de la mort du plus grand gardien de but de l'histoire de la nation*, article de Thomas Freeman Yeboah publié en février 2017 sur le site Internet ghanéen *Pulse*.
[480] *Ibidem*.

Hors du terrain de football, Robert Mensah était tout aussi extravagant. Comédien par excellence, surtout dans les discours d'avant-match, il préférait la flemmardise comme mode de vie. Footballeur épicurien ? Soûlard sportif ?

Le 2 novembre 1971, Robert Mensah fut déclaré mort après avoir été poignardé la veille à l'aide d'une bouteille cassée après une altercation dans un bar. Selon un inspecteur de la police locale, une dispute s'était produite entre les nommés Agya Awere et Joseph Ackersou, deux hommes de la localité qui buvaient de l'*akpeteshie* – une aguardiente locale, breuvage fermenté à base de vin de palme ou de jus de sucre de canne. L'arrestation de trois hommes par la police ghanéenne aboutit à l'identification de l'auteur du crime, un électricien de trente et un ans appelé Isaac Melfah. Le corps de Bob fut inhumé sur une place où s'était déroulé le premier match de compétition de football au Ghana.

Un stade de sport à Cape Coast domiciliant des *Mysterious Dwarves* (Mystérieux Nains), l'équipe avec laquelle Bob avait commencé sa carrière de footballeur, fut débaptisé en son honneur et une statue édifiée à son effigie. Une chanson folklorique intitulée *Robert Mensah*, composée en 1972 par le groupe ghanéen *The Negro Kings*, condamne l'alcool à travers une conversation imaginaire entre ses deux coéquipiers de l'*Asante Kotoko*, Ibrahim Sunday et Osei Kofi. Ses funérailles furent une procession tellement grandiose qu'on les avait aisément comparées à l'enterrement du footballeur brésilien Manoel Francisco dos Santos, dit Mané Garrincha ou tout simplement Garrincha.

« C'est dire toute la vénération [ayant entouré] ce footballeur qui [avait] connu paradoxalement une carrière courte, puisqu'il n'[avait] été titulaire au sein des *Black Stars* qu'à partir de 1969. Un an plus tard, il [disputerait] la CAN 1970 au Soudan où il s'[illustrerait] par sa détente et sa souplesse, mais le Ghana [perdrait] la finale (0-1) face au pays hôte. En 1971, il [remporterait] la Coupe d'Afrique des clubs champions avec l'*Asante Kotoko* de Kumasi [face au *Tout-Puissant Englebert* du bombardier zaïrois Pierre Kalala Mukendi]. Il [serait] deuxième au classement du Ballon d'or africain du magazine parisien *France Football*. »[481]

Les récits de Robert Mensah intimidant les adversaires et feuilletant les journaux en cours des matches resteraient à jamais gravés dans les annales du football africain. La légende de ce grand, formidable, athlétique et courageux gardien de but perdurerait.

> « Il [avait] excellé pour le Ghana, qu'il [avait] aidé à la finale de la Coupe d'Afrique des Nations en 1968, défaite 1 à 0 contre la RD Congo, et qu'il [avait] joué pour *Mysterious Dwarves*, le *Sekondi Independance Club*, *Tema Textiles Printing* et, surtout, *Asante Kotoko*. »[482]

Admirateur de l'araignée noire, en l'occurrence Lev Ivanovitch Yachine, ce portier hors du commun, qu'était Robert Mensah, avait souvent provoqué verbalement les adversaires tireurs de penalty en effectuant des danses moqueuses. Il avait affiché d'excellentes statistiques, pendant son parcours, dans l'art de la provocation et de la raillerie. Il joua son dernier match le 28 octobre 1971, que l'*Asante Kotoko* remporta un but à zéro contre le *Sekondi Hasacas*.

Pour la rédactrice indépendante et consultante dans le management sportif, Michelle Bonsu,

> « on dit [...] qu'il y a une ligne de démarcation entre génie et folie. Au cours de sa courte carrière de footballeur, Robert "Bob" Mensah [avait] souvent traversé cette frontière délicate, de telle sorte que personne au Ghana n'avait jamais vu quelqu'un comme lui auparavant, ni plus personne depuis. »[483]

De nos jours, après avoir égalé le Zaïrois volant Kazadi Mwamba et inspiré les indomptables lions du Cameroun Thomas Nkono et Joseph Antoine Bell, Robert Mensah figure parmi les meilleurs gar-

---

[481] In *Ceux qui ont fait la Coupe d'Afrique des nations (CAN) : les gardiens de but*, article de Kouassi Guesdet publié en novembre 2005 sur le site Internet de *Radio France Internationale*.

[482] In *Les Ghanéens se souviennent de la mort du plus grand gardien de but de l'histoire de la nation, op. cit.*

[483] In *La magie Vaudou de Robert Mensah, op. cit.*

diens de but africains de l'histoire du football africain.

12.3 - Le léopard chasseur de buts

Surnommé Mutumbula[484] Volvo, Pierre Ndaye Mulamba[485] était un footballeur congolais de la République Démocratique. Il mourut le 26 janvier 2019 en Afrique du Sud, où il suivait des soins depuis le mois de septembre 2018, soixante-dix années et quelques mois après sa naissance le 4 novembre 1948 à Luluabourg dans une famille de huit enfants.

> « Si Mulamba est une légende, celle-ci n'[avait] rien de doré. Plutôt maudite, brisée, elle [appartenait] à la part obscure de l'histoire du football. [...] Avant Roger Milla et Didier Drogba, il y eut donc Ndaye Mulamba, le chasseur de buts des Léopards zaïrois. »[486]

À quinze ans, ce footballeur précoce était déjà la vedette du ballon rond dans sa région natale. Il fit ses premiers pas à la *Renaissance du Kasaï*, grâce aux frères belges qui avaient flairé son talent. Ainsi se distingua-t-il en marquant deux buts face à l'adversaire juré, l'*Union Saint-Gilloise*, en présence du démocrate et pacifique président de la République Joseph Kasa Vubu.

Ayant préféré devenir footballeur professionnel, Pierre quitta deux ans plus tard le club de la *Renaissance du Kasaï* en 1964. Contraint par son père Georges Mulamba de poursuivre ses études pour devenir instituteur, Pierre Mulamba fut pourtant présélectionné en 1967 à l'âge de dix-sept ans pour intégrer l'équipe nationale de la République Démocratique du Congo. Mais l'entraîneur de nationalité hongroise

---

[484] Il fut surnommé Mutumbula, depuis son enfance, pour s'être déguisé en léopard et avoir terrorisé tout son quartier. Mutumbula était, à l'époque, un malfaiteur nocturne notoire.

[485] À son nom de naissance Pierre Mulamba, il ajouta Ndaye en 1971 à la suite de la politique d'authenticité ayant été imposée par le Président Joseph-Désiré Mobutu qui était devenu, lui-même, Mobutu Sese Seko Kuku Ngbendu Waza Banga.

[486] In *Les multiples vies de Mulamba, première star du foot africain*, article de Bruno Lesprit publié en juillet 2010 sur le site Internet du quotidien français *Le Monde*.

Ferenc Csanádi l'écarta, au profit des *Belgicains*[487], de la sélection qui disputerait la Coupe d'Afrique des Nations en 1968. Par la même occasion, il mit un terme à sa profession d'enseignant. Il évolua dans l'*Union Sportive Tshinkunku* de 1964 à 1971. Il intégra en 1972 les rangs de l'*Association Sportive Bantou*, un club de la ville de Mbuji-Mayi. Sa renommée ayant entre-temps atteint une dimension nationale, Pierre Ndaye Mulamba fut affublé du surnom de Mutumbula Volvo. En 1973, il signa le contrat avec l'*Association Sportive Vita Club* de Kinshasa. Cette même année, son nouveau club de la capitale, Pierre Ndaye remporta cette année la Coupe d'Afrique des Champions en novembre aux côtés des célébrités comme Jean Adelard Mayanga Maku (dit Modogo ou Good Year), Florian Lobilo Boba, Ricky Mavuba Mafuila Ku Mbundu, Jean Kembo uba Kembo (Monsieur buts) et Joseph Kibonge Mafu (dit Gento ou Jeff). Alors qu'il signa au *Paris Saint-Germain*, il ne sortirait jamais de la République du Zaïre.

Ndaye Mutumbula Mulamba fut sélectionné à maintes reprises par le sélectionneur yougoslave, l'ancien gardien international Blagoje Vidinić. Il disputa son premier match avec l'équipe nationale du Zaïre en août 1973. La Coupe d'Afrique des Nations 1974 lui permit de confirmer sa stature continentale. Attaquant vedette des *Léopards* du Zaïre, toujours à l'affût du ballon et prêt à profiter de la moindre erreur de la défense adverse, il inscrivit neuf buts dont quatre en finale au Caire[488].

Pierre Ndaye Mulamba mit un terme à sa carrière en 1981 avec les Dauphins noirs de l'*AS Vita Club*, après avoir conduit son équipe pour la deuxième fois en finale de la Ligue africaine des Champions. Redevenu un simple fonctionnaire mal payé et privé de toutes les médailles qu'il aurait espéré récolter, il reçut en 1994 à Tunis des mains d'Issa Hayatou, président de la Confédération africaine de football (CAF) de 1988 à 2017, une médaille pour tout

---

[487] Les Congolais de Belgique.

[488] Cette année-là, il y eut deux finales : une première, au cours de laquelle les Zambiens et les Zaïrois se sont neutralisés sur le score de deux buts partout et une seconde finale, dite de « barrage », que remportèrent les *Léopards* sur le score de deux buts à zéro.

ce qu'il avait apporté au football africain.

> « Mobutu [exigea] que Mulamba lui remette la médaille à son retour à Kinshasa. Face au refus de l'ex-international, le tyran à la toque de léopard [envoya] ses porte-flingues à son domicile. Son fils de 11 ans [fut] abattu et lui-même [fut] blessé, puis abandonné près d'un pont, échappant de peu à la mort… Quelques années plus tard, il [survivrait] dans les townships du Cap, en Afrique du Sud, gardant des parkings, avant de revenir à Kinshasa. »[489]

En tout cas, aussitôt retrouvé mourant le lendemain matin, Ndaye Mutumbula Mulamba fut conduit à l'hôpital, où un médecin lui permit de quitter clandestinement le Zaïre pour aller se faire soigner en Afrique du Sud.

> « L'ancienne gloire n'[était] plus que l'ombre d'elle-même. À la dérive, Pierre Ndaye Mulamba [devait] partir chercher de quoi survivre au Cap, au bout de quelques mois. Sitôt descendu du train, il [craqua], [rapporta] sa biographe : "Dans ce hall de gare du bout du monde, perdu, seul, il s'[autorisa] enfin à faire ce qu'il n'[avait] jamais fait : pleurer la mort de son petit garçon, pleurer sa famille qu'il [avait] abandonnée, pleurer sa jambe dont il ne [recouvrerait] jamais l'usage, pleurer sa vie d'autrefois, quand il était Mutumbula et que rien ni personne ne lui résistaient". »[490]

Déclaré officiellement mort en février 1998 dans une carrière de diamants en Angola par le gouvernement de Laurent-Désiré Kabila, une minute de silence fut observée durant la Coupe d'Afrique des Nations au Burkina Faso. Mais Pierre Ndaye Mutumbula Mulamba démentirait la rumeur, quatre jours plus tard, par le truchement d'un journaliste sud-africain.

En juin 2017, le décès de Pierre Ndaye fut annoncé par la presse congolaise. À tort, là encore, car il parvint à esquiver de nouveau la

---

[489] In *RDC : on a retrouvé… Pierre Ndaye Mulamba, le héros oublié des Léopards*, article d'Alexis Billebaud paru sur le site Internet de *Jeune Afrique* en juillet 2018.
[490] In *Pierre Ndaye Mulamba, un héros du football congolais devenu exilé*, article de David Kalfa publié en janvier 2019 sur le site Internet de *Radio France Internationale*.

mort comme il feintait les défenseurs du temps de sa grandeur. « La mort m'attendra », répétait-il souvent. Tout justement, dans *La mort m'attendra*, un ouvrage préfacé par le tennisman Yannick Noah, Claire Raynaud brossa le destin brisé d'une légende du football. Elle livra l'histoire tragique, celle d'un dieu du stade devenu sans domicile fixe (SDF), symbolisant les liens complexes qui avaient parfois entremêlé le sport, la politique, l'argent et les droits de l'Homme. De l'ascension du jeune Pierre aux exploits de Mutumbula, la terreur du ballon rond, jusqu'à la descente aux enfers d'une icône du football mondial, ce récit poignant a mis en évidence un destin exceptionnel.

En 2009, avant le tirage de la Coupe du monde 2010, la terreur du ballon rond fut enfin récompensée, aux côtés du Ghanéen Abedi Ayew (dit Abedi Pelé), par Joseph « Sepp » Blatter, le président de la Fédération internationale de football association (FIFA) de 1998 à 2015, pour sa contribution au rayonnement du football africain. L'éternel buteur s'exprima, les yeux embués de larmes, en ces termes :

> « Ma vie n'a pas été toujours facile. Le football m'a apporté autant de joies que de peines. Mais, aujourd'hui, je suis heureux. Heureux parce que cette Coupe du monde va se disputer dans mon pays [d'adoption], l'Afrique du Sud. Heureux parce que ce n'est pas un mais six pays africains qui vont participer à la compétition, et je les soutiendrai de tout mon cœur et de toutes mes forces. Heureux parce qu'en m'invitant ici, aujourd'hui, vous m'avez fait un immense honneur. »[491]

Après cette récompense, Pierre Ndaye exerça à titre bénévole l'activité d'entraîneur auprès des jeunes sud-africains avant de réintégrer son pays natal.

Aux dires de l'ancien gardien de but des Léopards Paul-Mohamed Kalambay Otepa, Ndaye Mutumbula Mulamba avait d'énormes problèmes de santé :

> « Il n'[était] pas en grande forme. Il lui [arrivait] de venir aux réunions [de] l'Association des anciens léopards champions d'Afrique en 1968 et 1974, dont [j'étais] le président, que nous [organisions]

---

[491] *Ibidem.*

tous les mercredis. Pierre [vivait] à Kinshasa, avec des membres de sa famille. Il ne [pouvait] plus se déplacer qu'en fauteuil roulant. Il [était] fatigué, sa santé [était] fragile. »[492]

Pierre Ndaye Mutumbula Mulamba resterait dans les annales du football africain comme le joueur ayant inscrit le plus grand nombre de buts en une seule Coupe d'Afrique des Nations. Mutumbula Volvo figurerait parmi les léopards ayant participé en 1974, sous la direction du Yougoslave Blagoje Vidinić, à la Coupe du monde en République fédérale d'Allemagne – faisant ainsi du Zaïre le premier pays d'Afrique noire à prendre part à cette compétition. Il serait expulsé, à l'occasion de cette compétition, face au Brésil et suspendu pour trois matches par la FIFA. Le Zaïre serait battu par le score de trois buts à zéro, après avoir perdu deux buts zéro contre l'Écosse et serait étrillé neuf buts à zéro contre la Yougoslavie. Selon Victor Kilasu Masamba, le seul léopard qui aurait pu jouer dans n'importe quelle équipe du monde selon le sélectionneur Blagoje Vidinić, le Président Mobutu avait menacé les joueurs de l'équipe nationale à cause du montant exact de la prime qu'ils auraient dû toucher.

> « "Tout joueur qui restera en Europe, avait-il dit, je vais exterminer sa famille". Avec le recul, on peut dire qu'il ne l'aurait peut-être pas fait. [...] Mais en 1974, Mobutu était au sommet de sa puissance. Qui pouvait douter de l'exécution d'une telle menace ? »[493]

Sans conteste, le 26 janvier 2019, la République Démocratique du Congo a perdu l'une de ses légendes sportives.

> « Pierre Ndaye Mulamba [était] à la CAN ce que Michel Platini [était] à l'Euro et ce que Just Fontaine [était] à la Coupe du monde : l'homme qui [avait] inscrit le plus de buts en une seule édition de phase finale. C'était en mars 1974 et le tournoi se déroulait en Égypte. Les *Léopards* du Zaïre, grands favoris et déjà vainqueurs en 1968, remportaient l'épreuve en grande partie grâce à

---

[492] *Ibidem.*
[493] In *Après la Coupe du monde 1974, Mobutu avait menacé d'exterminer les familles des joueurs qui resteraient en Europe*, interview de Victor Kilasu Masamba accordée en mai 2018 à *Africqu'Echo Magazine*.

leur avant-centre, auteur de neuf buts en six matches. »[494]

En 1974, la République du Zaïre avait en effet remporté sa seconde Coupe d'Afrique des Nations en ayant triomphé en finale contre la Zambie. Pierre Ndaye Mutumbula Mulamba avait aussi gagné la coupe africaine de clubs champions avec la formation de l'*Association Sportive Vita Club* de Kinshasa en 1973. À l'instar de l'Allemand Gerd Müller en Europe, le bombardier congolais laisse pantois plus d'un connaisseur du football africain.

---

[494] In *Ndaye Mulamba, héros et martyr du football zaïrois*, article publié sur le site Internet des *Cahiers du football*.

XIII – Les artistes anti-apartheid

Myriam Makeba devrait faire partie de cette catégorie. Mais ses actions et prises de position ont dépassé, de loin, la dimension régionale en l'ayant positionnée au rang de *Mama Africa*. Sa notoriété à l'échelle mondiale l'a *de facto* élevée à la dimension d'artistes combattants de la trempe de Fela Anikulapo Kuti… Ce chapitre permet donc de mettre en évidence d'autres artistes d'Afrique australe engagés, à l'instar de Dorothy Masuka, Hugh Masekela…, qui ont dénoncé l'esclavage, le colonialisme, les discriminations…

13.1 - La reine du jazz sud africain

Décédée le 23 février 2013 à Johannesburg à l'âge de quatre-vingt-trois ans des suites d'une attaque cardiaque, quatrième des sept enfants qui composaient sa fratrie, Dorothy Masuka naquit le 3 septembre 1935 à Bulawayo en Rhodésie du Sud (l'actuel Zimbabwe) d'une mère zouloue et d'un père zambien maître d'hôtel. Une grande partie de son enfance baigna dans une ambiance musicalement intense.

> « Ses premières expériences de performance [tiraient leur source] dans la boutique de sa mère, chantant des mélodies tsaba-tsaba pour petits changements – une musique de danse mêlant mélodie et rythme traditionnels africains, jazz et rythmes latino-américains. »[495]

---

[495] In *Dorothy Masuka : la grande dame du jazz sud-africain contrainte à l'exil sous*

Chanteuse de jazz de nationalité de nationalité sud-africaine originaire du Zimbabwe, elle avait été contrainte à l'exil pendant trente et un ans en raison de ses chansons engagées contre l'apartheid. Elle était devenue une véritable légende en Afrique du Sud, où elle s'était installée à l'âge de douze ans avec sa famille à cause de la fragilité de sa santé. Elle commença sa carrière, dans ce pays, avec des artistes qu'elle avait admirés au cours de son adolescence. Elle connut ses premiers succès au début des années 1950 dans un groupe de jazz *marabi* (musique joyeuse des bas-fonds), au sein duquel chantait également Dolly Rathebe. En 1952, elle intégra le spectacle *African and Jazz Variety*, du promoteur blanc Alfred Edward Herbert, lequel tourna nationalement avec succès pendant dix années. L'orientation politique que prirent ses chansons et leur popularité provoqua, dans les années 1960, le courroux du gouvernement sud-africain.

En effet, Dorothy Masuka dénonçait sans arrêt, avec bravoure, les conditions de vie des populations noires. Ainsi critiquait-elle sans ménagement la politique de ségrégation raciale. Sa composition rendant hommage à Patrice Lumumba, devenu héros national en République Démocratique du Congo après son assassinat en 1961, lui valut d'être bannie en Afrique du Sud. Les bandes d'origine de cette chanson, ainsi que celle du morceau intitulé *Dr Malan*[496], furent d'ailleurs détruites et les enregistrements resteraient indisponibles. Par conséquent, la chanteuse s'exila en Zambie. Dans cette terre d'exil, la carrière musicale de Masuka perdit de l'ampleur au profit de la profession d'hôtesse de l'air. De plus, il fallait subvenir aux besoins de la famille.

Parmi ses chansons les plus connues, écrites en ndebele ou sindebele, figurent *Hamba Nontsokolo*, *MaGumede*, *Khawuleza* ou *Suka Lapha*.

> « Aux côtés de Myriam Makeba et Hugh Masekela, les deux stars
> du blues et du swing zoulou [regardèrent] vers leur sœur américaine,
> Ella Fitzgerald. Les cultures se [croisèrent] tellement, qu'on y [enten-

l'apartheid, article de James Williams publié en mars 2019 sur le site *Independent*.
[496] Allusion à Daniel François Malan, l'ancien Premier ministre sud-africain qui fut à l'origine de l'institutionnalisation de l'apartheid ou du développement séparé.

dit] par exemple, en 1956, Dolly Rathebe interpréter des chansons yiddish. En 1960, Hugh Masekela [profita] de la venue à Londres de la comédie musicale *King-Kong* pour s'exiler. Dolly Rathebe et Dorothy Masuka [restèrent au pays] et [subirent] durement les années 70. En 1990, Dorothy Masuka [revint] au premier plan en sortant une version rénovée d'un de ses succès des années 60, *Pata Pata*[497]. »[498]

Dorothy Masuka participa le 27 avril 2017, en ouverture du spectacle, au concert *The Jazz Epistles featuring Abdullah Ibrahim & Ekaya* au *Town Hall à New York*.

« Les débats [eurent] un air de fête dès le début de ce concert historique. Après quelques brèves remarques introductives de Simon Rentner de *WBGO*[499], la chanteuse octogénaire Dorothy Masuka [monta] sur scène pour ouvrir le spectacle avec l'aide d'un groupe incluant l'icône de la basse Bakithi Kumalo. Masuka – l'une des voix sud-africaines les plus influentes de sa génération et une femme qui [avait] passé trois décennies en exil parce qu'elle avait osé s'attaquer à l'injustice dans sa musique et chanter la vérité – [illumina] la scène de sa positivité et de son esprit édifiant. [...] Masuka [livra] performance après performance, s'échauffant et [prenant] le dessus sur le groupe. »[500]

---

[497] Cette chanson était à l'origine intitulée *Ei-Yow Phata Phata*. En effet, *Pata Pata* a toujours été associée à Miriam Makeba mais, selon Dorothy Masuka, elle était la compositrice cette chanson. Dans une interview qu'elle avait accordée à *Mail & Guardian*, elle avait déclaré avoir écrit *Pata Pata* « en réponse à l'expérience quotidienne [d'avoir été] harcelée, [arrêtée] et[humiliée] en public ». En 1956, elle enregistra *Ei Yow Phata Phata*, plus de dix ans avant la sortie de la version de Miriam Makeba en 1967, mais la sienne était différente. Plus tard, elle enregistrerait une version similaire à celle de Makeba.

[498] In *Dorothy Masuka, la star restée au pays*, article publié en mai 1995 sur le site Internet du quotidien français *Le Monde*.

[499] *WBGO- Jazz 88 FM* est une radio publique américaine non-commerciale diffusant depuis Newark dans le New Jersey. Sa programmation est surtout constituée de jazz. Elle est issue d'un cercle de réflexion dont les membres se sont installés à Newark dans les années 1970, à cause des émeutes raciales de 1967 ayant agité plusieurs villes américaines dont Newark. Avec l'aide de la *Corporation for Public Broadcasting*, ils créèrent en 1979, grâce au transfert par le *Newark Board of Education* de licences de diffusion sous exploitées, la première station de radio publique du New Jersey.

Des compositions, comme *Kulala* et *Hamba Nontsokolo*, avaient été reprises par Hugh Masekela, Thandiswa Mazwai, Miriam Makeba et tant d'autres artistes. La chanson *Hamba Nontsokolo* – très appréciée et devenue désormais un classique – lança, sans conteste, sa carrière.

D'aucuns se rappelleraient que Dorothy Masuka était à la fois pan-africaniste, opposante véhémente à l'apartheid, réfugiée politique, reine de la beauté adolescente – gagnante du concours de beauté Miss Mzilikazi – et grande dame incontrôlable du jazz sud-africain. Du reste, ses nombreux surnoms – parmi lesquels tante Dot, Mam Doro-thy et Sis D – évoquaient le profond amour qui la caractérisait et les valeurs familiales qu'elle n'avait cessé d'insuffler. Discrète sur le plan politique, Dorothy Masuka soutenait toutefois les mouvements indé-pendantistes du Nyassaland et du Tanganyika (devenus respective-ment le Malawi et la Tanzanie) avant de s'installer à Londres grâce à l'*African National Congress*. Elle retourna en 1980 dans son pays natal, un Zimbabwe devenu indépendant, et y publia en 1987 son pre-mier album complet, *Ingalo*.

Thabo Mvuyelwa Mbeki, en sa qualité de président de la Répu-blique sud-africaine, aurait honoré Dorothy Masuka. Il l'aurait élevée, en 2006, dans l'Ordre de l'*Ikhamanga*[501] en lui ayant décerné la médaille d'argent pour ses excellents résultats et sa contribution à la composition musicale, ainsi qu'à la performance. Cet honneur fut suivi de peu par son intronisation au *Temple de la renommée Afropop* à New York. Masuka fut aussi honoré au 19ème festival culturel *Absa*

---

[500] In *Les épîtres du jazz avec Abdullah Ibrahim & Ekaya*, article de Dan Bilawsky publié le 1er mai 2017 sur le site Internet *All About Jazz*.

[501] L'Ordre de l'*Ikhamanga* est une distinction sud-africaine qui a été instituée le 30 novembre 2003 par le président de l'Afrique du Sud, Thabo Mbeki, pour des œuvres notoires réalisées dans les domaines des arts, de la culture, de la littérature, de la musique, du journalisme et des sports (initialement reconnus dans l'Ordre du Baobab). Il récompense, depuis ses origines, les civils ayant rendu des « services éminents » à la Nation sud-africaine.

La fleur d'*Ikhamanga* – plus communément appelée fleur de *strelitzia*, de grue ou d'oiseau de paradis – constitue le motif central de l'Ordre de l'*Ikhamanga* et sym-bolise la beauté unique des réalisations des Sud-Africains dans les domaines culturels, créatifs, artistiques et sportifs.

KKNK Afrikaans, qui se tient annuellement à Oudtshoorn. En 2013, les artistes Zolani Mahola et Karen Zoid – de son vrai Karen Louise Greeff – lui rendirent hommage, rompant ainsi avec la tradition. Masuka se produisit souvent avec la chanteuse de rock et guitariste afrikaans Zoid, dans diverses scènes telles que la vitrine *Absa Vuka* et le théâtre national de Pretoria.

Chanteuse très douée, Masuka enseigna à l'Université de Boston. D'après l'artiste, « [les Américains voulaient] savoir comment quelqu'un comme [elle], qui [n'avait] pas étudié la musique, [pouvait] si bien la comprendre ». Elle écrivit et enregistra de la musique jusqu'à la fin de sa vie – son dernier album *Nginje* ayant été sorti en 2019. Pour le président Cyril Ramaphosa, le décès de « Mama » Dorothy Masuka « [constitua] une perte importante [s'agissant du] patrimoine culturel de l'Afrique du Sud et du continent ».

> « Une autre voix dorée dans la ligne de chœur de notre pays a été réduite au silence depuis le décès de Mama Dorothy Masuka. […] Elle appartenait à une génération d'artistes qui transcendaient les frontières entre art et politique bien avant que nous ayons inventé le concept de mondialisation. […] Mama Dorothy faisait partie d'une cohorte d'artistes, notamment de femmes, animés par le désir de créer une société et un monde meilleurs. […] La voix et la poésie de Maman Dorothy nous ont entraînés dans des voyages émouvants, exaltants et agités à travers l'expérience humaine.
>
> » Alors que les projecteurs des scènes du monde entier étaient [braqués sur] elle, elle a mis en lumière les joies et les difficultés de la vie à travers les lignes raciales, de classe et de nationalité qui étaient si profondément enracinées dans le monde et l'époque où elle a émergé pour la première fois en tant que force artistique. »

Ainsi furent les propos du président Cyril Ramaphosa, un véritable hymne en hommage à la très illustre disparue.

« Calme », « relax », telle est la signification du patronyme de Dorothy en langue ndebele. Ainsi mourut-elle paisiblement, entourée de ses proches, le 23 février 2019 à Johannesburg dans le Gauteng.

13.2 - Le père du jazz sud-africain

Trompettiste, bugliste, cornettiste, compositeur, arrangeur, chanteur et parolier sud-africain de jazz, Hugh Ramapolo Masekela naquit le 4 avril 1939, non loin de Johannesburg, dans le canton de KwaGuqa à Witbank. Il mourut le 23 janvier 2018 à Johannesburg. Fils d'une assistante sociale nommée Pauline Bowers, ainsi que d'un inspecteur de la santé et sculpteur appelé Thomas Selena Masekela, il était le frère aîné de l'ambassadrice Barbara Masekela.

Un prêtre anglican qui travaillait dans les townships, Ernest Urban Trevor Huddleston qui fut l'aumônier anti-apartheid de son école[502], encouragea l'adolescent qu'était Hugh Masekela à jouer de la trompette qu'il finit par lui obtenir en 1954. Cet instrument avait été la propriété de Louis Armstrong.

> « Quand on lui demandait de rembobiner sa vie aussi loin que possible, il ne trouvait à dire que "musique, musique et encore musique". Il avait 6 ans quand il [avait] débuté l'apprentissage du piano. Relocalisé à 9 ans dans un township de Johannesburg, il écoutait déjà Glenn Miller, Tommy Dorsey et Count Basie sur le gramophone familial. La trompette est venue plus tard, à 14 ans, après avoir visionné *La Femme aux chimères* (*Young Man with a Horn*, 1950), un biopic de Michael Curtiz dans lequel Kirk Douglas incarne le rôle du cornettiste Leon "Bix" Beiderbecke (1903-1931). Subjugué par la musique du film interprétée par Harry James, le gamin pria son aumônier anglais, Trevor Huddleston (célèbre militant anti-apartheid), qui était sur le point de le renvoyer de l'école en raison de son indiscipline : "Harry James a probablement l'un des plus beaux sons de trompette que quiconque a jamais eu. Si je peux avoir une trompette, je n'embêterai plus jamais personne." Trevor Huddleston lui offrit une place de trompettiste au sein de son groupe de jazz. Puis, après avoir été prié de quitter le pays où il avait notamment formé Desmond Tutu, il parla du jeune Hugh Masekela à Louis Armstrong, en des termes si élogieux que "Satchmo" [enverrait] l'un de ses instruments au jeune Sud-Africain. »[503]

---

[502] *St. Peter's Secondary School*, connue maintenant sous le nom de *St. Martin's School* (Rosettenville).

[503] In *Le trompettiste Hugh Masekela, inlassable militant anti-apartheid, est mort*, article d'Éric Delhaye paru en janvier 2018 dans *Télérama*.

En 1956, après avoir dirigé d'autres ensembles, Masekela rejoignit la *Revue africaine de jazz* parrainée par le bienfaiteur Sir Alfred Edward Herbert KBE[504].

En 1960, le jeune homme séjourna pendant une courte période à Londres pour étudier à la *Guildhall School of Music*. Très vite, il prit la direction de New York où il poursuivit ses études à Manhattan. Dans cette ville, il fit la connaissance d'Harold George Belafonte (dit Harry), John Birks Gillespie (alias Dizzy) et Miles Dewey Davis III (dit Miles).

> « Au cours de ses presque huit décennies d'existence, Masekela a vécu une vie d'une vigueur et d'une action extraordinaires : une enfance d'apartheid, une renommée mondiale en exil, une bataille contre la toxicomanie et, surtout, une relation avec la musique qu'il a qualifiée de religieux… D'un tel homme, on [pouvait] vraiment dire : il [avait] vécu. »[505]

Hugh Masekela était notamment connu pour ses compositions de jazz, ainsi que pour l'écriture de chansons contre l'apartheid et l'esclavage comme *Soweto Blues* et *Bring Him Back Home*. Le hit pop américain, à travers la version *Grazin' in the Grass*, lui valut aussi de la considération de la part des mélomanes.

Présence charismatique sur scène et professionnalisme dans l'articulation de l'activité artistique, Masekela avait très souvent discouru sur la politique et l'injustice. Le mouvement anti-apartheid influença beaucoup sa vie et sa musique. Il se produisit à maintes reprises, avec des artistes tels que le pianiste Adolph Johannes Brand (dit Dollar) – qui deviendrait Abdullah Ibrahim –, Jonas Gwangwa et Jeremiah Morolong Moeketsi (alias Kippie) dans *Father Huddleston*. Il joua également, surtout au début de sa carrière musicale, dans différents groupes tels que l'orchestre de la comédie musicale *King-*

---

[504] L'Ordre de chevalerie par excellence de l'Empire britannique qui récompense les contributions aux arts et aux sciences, le travail avec des organisations caritatives et de protection sociale, ainsi que dans le service public en dehors de la fonction publique.

[505] In *RIP Hugh Masekela : Une véritable légende sud-africaine*, article de Rebecca Davis publié en janvier 2018 dans *Daily Maverick*.

Kong écrite par Todd Tozama Matshikiza, avec des vedettes comme Miriam Makeba, Nathan Mdledle des *Manhattan Brothers*, Hedzoleh Soundz, Francis Fuster et Mthutuzeli Dudu Pukwana. À la fin de 1959, Dollar Brand, Kippie Moeketsi, Makhaya Ntshoko, Johnny Gertze et Hugh Masekela formèrent le *Jazz épîtres*, le premier groupe de jazz africain, pour enregistrer un disque vinyle LP. Il avait aussi interprété des chansons composées par Jorge Duilio Lima Menezes (alias Jorge Ben), Antônio Carlos Jobim, Caiphus Semenya, Jonas Gwangwa, la zimbabwéenne Dorothy Masuka et Anikulapo Fela Kuti.

La musique de Hugh Masekela se distingua par le mélange de jazz, be-bop, funk et Afrobeat. Elle puisa dans un large registre se déployant de New York à Dakar. Pour l'activiste culturel Steve Gordon,

> « parmi tous les musiciens exilés sous l'apartheid, [...] Masekela [était] probablement devenu l'ambassadeur culturel atypique le plus en vue de l'Afrique du Sud et qui [était] certainement sorti des sentiers battus et [avait] bousculé avec vigueur ces années difficiles [...] »

Dans une interview qu'il accorda au magazine *Daily Maverick*, Steve Gordon précisa que :

> « ce qui [était] remarquable à propos de Hugh, [...] il était à la fois un musicien populaire et un musicien de jazz. Il [était] considéré par certains comme une icône du jazz, mais il était aussi un auteur-compositeur multilingue et trompettiste ; il [avait] commencé comme un gamin au piano, et n'était pas timide pour embrasser une gamme incroyable de genres musicaux. Son héritage [s'étendait] bien au-delà d'un auditoire de jazz… »[506]

« Afropolite » pour le musicologue Wits Lindelwa Dalamba, « un personnage de Huckleberry Finn mais devenu beaucoup plus qu'une histoire nationale », Hugh Masekela sut transformer le jazz sud-africain en « sa propre bête saturée d'inflexions panafricaines ».

En 1962, Hugh Masekela sortit son premier album, *Trumpet Africa*. En 1968, son morceau *Grazin' in the Grass* détrôna le *Jumping*

---

[506] *Ibidem.*

Jack Flash des *Rolling Stones* dans les classements. La même année, il joua sur des titres de Robert Nesta, connu sous le pseudonyme de Bob Marley, qui sortiraient en 1997. Il joua dans des orchestres de jazz, sur des albums des *Byrds* et de Paul Simon. Son morceau *Bring Him Back Home* composé en 1987 deviendrait, cinq années plus tard, l'hymne du mouvement pour la libération de Nelson Mandela. Sa composition, *Soweto Blues*, chantée par son ex-femme Miriam Makeba, fut une sorte de *requiem* à la mémoire du massacre qui avait suivi l'émeute de Soweto en 1976. Ses morceaux *Up, Up and Away* et *Grazin' in the Grass* deviendraient d'incontestables succès dans les hit-parades aux États-Unis.

En 1974, Hugh Masekela et son ami Stewart Levine organisèrent à Kinshasa le festival de musique, *Zaïre 74*, autour du combat de boxe *Rumble in the Jungle*, qui permit à Mohamed Ali de terrasser George Forman en le mettant KO au huitième round.

> « Les documentaires et les albums relatant ce festival [s'étaient] concentrés sur des artistes américains, tels que James Brown et BB King. [Leurs homologues] africains n'[avaient] pas reçu le même éclat – et les litiges sur l'argent et le contrôle, qui gardaient un voile sur les enregistrements de concerts, n'[avaient] pas aidé. À l'exception de la légende Sud-Africaine Miriam Makeba, ces musiciens étaient tous congolais, y compris les maestros de la rumba Franco [Luambo Makiadi] et Tabu Ley Rochereau. »[507]

Les racines bantoues incitèrent Hugh Masekela à travailler avec des musiciens d'Afrique orientale et d'Afrique centrale, puis d'Afrique du Sud au moment de son établissement dans les années 1980 dans un studio mobile au Botswana, stationné juste au-delà de la frontière sud-africaine. Ce fut la période durant laquelle il s'imprégna profondément des courants *mbaqanga*, un style qu'il adopterait longtemps après son retour en Afrique du Sud au début des années 1990, à la fin de l'apartheid, notamment à travers le morceau *Don't go lose it baby*.

---

[507] In *Avant le grondement dans la jungle, la musique s'est répandue au Zaïre 74*, interview accordée en juin 2017 à Karen Gwee pour la *National Public Radio* (NPR).

Dans les années 1980, Masekela réalisa des tournées avec Paul Simon dont l'album *Graceland* s'enrichit de la participation des artistes et orchestres sud-africains comme *Ladysmith Black Mambazo*, Miriam Makeba, Raymond Chikapa Enock Phiri (dit Ray), et d'autres membres de l'orchestre *Kalahari* cofondé par le guitariste Banjo Timothy Mosele, avec lequel Hugh Masekela avait enregistré.

Hugh Ramapolo Masekela avait beaucoup collaboré avec Abdullah Ibrahim. En 2003, le film documentaire *Amandla!* évoqua la place de sa musique dans la lutte contre l'apartheid. En 2004, il publia son autobiographie, intitulé *Grazin' in The Grass : The Musical Journey of Hugh Masekela* – ouvrage racontant sa lutte contre la discrimination raciale, son combat personnel contre la dépendance à l'alcool depuis la fin des années 1970 et son parcours musical.

En 2006, Michael A. Gomez, professeur d'histoire, d'études du Moyen-Orient et de l'islam à l'Université de New York, considéra Masekela comme « le père du jazz sud-africain ». Icône incontestable, légende de la musique de la Nation arc-en-ciel et redoutable trompettiste jazz ayant allié musique, lutte et liberté, Hugh Masekela fut honoré de l'Ordre de l'*Ikhamanga*. Il tira sa révérence le 23 janvier 2018, à cause d'un cancer de la prostate, à l'âge de soixante-dix-huit ans. Sa discographie matérialise une sorte de médiathèque :
- *Trumpet Africa*, 1962 ;
- *Grrr*, 1965 ;
- *The Americanization of Ooga Booga*, (live at the Village Gate), 1965 ;
- *U-Dwi*, 1965 ;
- *Hugh Masekela's Next album*, 1966 ;
- *The Emancipation of Hugh Masekela*, 1966 ;
- *Hugh Masekela's Latest*, 1966 ;
- *The Joke of Life*, 1967 ;
- *Grazin' in the Grass*, 1968 ;
- *Home Is Where the Music Is*, 1972 ;
- *Introducing Hedzoleh Soundz*, 1973 ;
- *I Am Not Afraid*, 1974 ;
- *The Boy's Doin' It*, (Verve) 1975 ;
- *Soweto Blues*, (*South Freedom Africa Song*), 1976 ;

- *Bring Him Back Home*, 1987 ;
- *Don't Go Lose It Baby*, 1990 ;
- *Coal Train (Stimela)*, 1994 ;
- *Ha Le Se Li De Khanna (The Dowry Song)*, 1994 ;
- *Ziph'nkomo*, 2000 ;
- *Phola*, 2009…

XIV – Le Zoulou blanc

Fils d'un militaire juif britannique nommé Denis Clegg et d'une chanteuse de night-club qui s'appelait Muriel Braudo, Jonathan Clegg, dit Johnny, naquit le 7 juin 1953 à Bacup aux environs de Rochdale près de Manchester, dans le Nord-Ouest de l'Angleterre. Il avait été élevé d'abord en Rhodésie du Sud – l'actuel Zimbabwe –, ensuite dès l'âge de 6 ans en Afrique du Sud où sa mère, qui était issue d'une famille de paysans juifs lituaniens et polonais, rencontra son second époux. Ce dernier était journaliste et militant anti-apartheid. Pendant son adolescence, à 15 ans, un ami autochtone qui était musicien amateur, Mntonganazo Mzila, lui apprit des rudiments de guitare et lui fit découvrir les clubs des quartiers pauvres où vivaient les travailleurs noirs. Il s'y familiarisa avec la langue – surtout le ndébélé du Transvaal que lui avait appris le fils du chauffeur de la famille –, les danses, les musiques zouloues.

> « Accompagnant son beau-père qui devait faire un reportage en Zambie, le jeune Johnny [découvrit] un monde d'harmonieuse coexistence entre Blancs et Noirs qui le [marquerait] durablement. Revenu à Johannesburg, l'adolescent [arpenta] les rues des banlieues où [vivaient] les travailleurs zoulous. Ils [finirent] par l'initier à leur langue, à l'isishameni – la danse traditionnelle – et à la guitare zouloue. »[508]

---

[508] In *Mort de Johnny Clegg, le "Zoulou blanc" qui combattait l'apartheid en chantant*, article de Benjamin Puech publié le 16 juillet 2019 par le site

Outre le fait d'avoir étudié à l'université la culture zouloue, la rencontre à l'âge de 17 ans, de celui qui avait regretté de ne pas être né Noir avec le musicien Sipho Mchunu, fut déterminante.

> « Leur collaboration [brisa] tous les principes de l'apartheid : un Blanc jouant avec un Noir [dépassa] ce qui [était] tolérable. Ils [étaient] censurés dans tout le pays. "Nous devions faire preuve de mille et une astuces pour contourner la myriade de lois qui empêchaient tout rapprochement interracial", se [souviendrait] avec un peu d'amertume Johnny Clegg. Désormais composé de six musiciens, leur groupe *Juluka* [écrivit] *Universal Men* en 1979, un album qui [les fit accéder à la célébrité]. »[509]

S'agissant de l'engagement de leurs chansons contre la politique d'apartheid, Johnny Clegg rappelait souvent qu'il n'était nullement « motivé politiquement mais culturellement », c'est-à-dire par la fraternité entre les humains.

Censurée en Afrique du Sud, la musique de Johnny Clegg eut un écho très largement favorable en Europe et en Amérique du Nord. En 1982, son nouveau groupe *Savuka* fut mondialement connu à l'occasion de la sortie de l'album *Scatterlings of Africa*. Cet opus positionna l'orchestre sud-africain en tête des hit-parades français et britannique. Il lui permit d'entreprendre une tournée hors du continent africain, partageant la scène avec, entre autres, des artistes de renommée internationale comme Stephen Lawrence Winwood (dit Steve) aux États-Unis et George Michael au Canada.

> « Le premier titre de l'album [fut] choisi pour être la bande originale du film *Rain Man* réalisé en 1983 par Barry Levinson, avec Dustin Hoffman et Tom Cruise [comme acteurs]. Le succès du chanteur [fut] tel que, en 1988, Michael Jackson [fut] forcé d'annuler un concert [ayant été] prévu à Lyon le même soir que celui de Johnny Clegg. »[510]

Internet du quotidien *Le Figaro*.
[509] *Ibidem.*
[510] *Ibidem.*

En effet, selon le magazine français *Télé-Loisirs*, Michael Jackson avait dû annuler l'un de ses concerts dont les billets peinaient à être vendus parce que, le même soir, le show du « Zoulou blanc » afficha complet avec 40 000 personnes qui étaient venues l'applaudir. Les médias conclurent, à l'époque, que « ce Blanc qui [chantait] comme un Noir [avait] plus de succès que ce Noir qui [aurait aimé] être Blanc ! »

L'album *Third World Child* plaça en 1987 la carrière de Johnny Clegg et le parcours du groupe *Savuka* en pleins projecteurs des scènes occidentales. *Asimbonanga*, à savoir « nous ne l'avons pas vu » en langue zouloue, devint un hymne à la tolérance. Cette chanson rendit hommage à Nelson Mandela et à d'autres icônes pourfendeuses de la ségrégation raciale comme Stephen Bantu Biko, dit Steve. La chanson *Great Heart,* une ballade légère, sut combiner les ingrédients habituels de la musique du « Zoulou blanc » : une rythmique très marquée d'influence africaine, avec une connotation mélodique semblable à la pop européenne.

> « [Cette] chanson ne [manqua] pas de référencer l'Afrique dans ses paroles, véritable terre de vie et de diversité pour Johnny Clegg. Cependant, *Great Heart* [montra] une face plus douce de la musique de Clegg. Une chanson légère et souriante comme le "Zoulou blanc" en était le spécialiste. »[511]

L'un des inlassables défenseurs de la culture africaine, le musicien sud-africain a mondialement connu le succès avec ses chansons engagées, parmi tant d'autres, comme *Asimbonanga* et *Scatterlings of Africa.*

> « Mariage des sonorités africaines et des rythmes de la pop, le style de Johnny Clegg [était] aisément reconnaissable. Sur scène, les chorégraphies de danses traditionnelles zouloues, les pieds nus levés très hauts qui [martelaient] le sol [devinrent] rapidement la marque de fabrique de celui qui se considérait lui-

---

[511] In *Mort de Johnny Clegg : les cinq chansons incontournables du "Zoulou blanc"*, article publié le 16 juillet sur le site Internet de *France Info*.

même comme un "Zoulou blanc". »[512]

En 1990, *Dela*, une chanson d'amour très enjouée, faisait partie de l'album *Cruel, Crazy Beautiful World*, fut le dernier grand tube de Johnny Clegg.

> « *Dela* est une ballade charmante et envoûtante, que sa production 80's [entoura] d'une atmosphère de joyeuse nostalgie. Dans cette chanson, le chanteur [célébra] la fameuse *Dela* avec autant de ferveur qu'il [célébra] les hommes et l'Afrique dans ses autres [compositions]. Avec moins de colère cependant… La chanson [serait] reprise ensuite dans les deux films *George de la Jungle* en 1997 et 2003… Cruelle destinée pour ce joli refrain. »[513]

L'album *Heat, dust and dreams* fut sélectionné en 1993 aux *Billboard Music Awards* et aux *Grammy Awards*. Il écrivit en 2006 l'album *One Life*, lequel fut produit par le chanteur français Renaud Sechan. Ce dernier avait déjà dédié en 1988 au « Zoulou blanc » sa chanson *Jonathan*, dans l'album *Putain de camion*. En 2017, Johnny Clegg mit fin à une carrière lui ayant permis de vendre plus de 5 millions d'albums. Ainsi fit-il une dernière fois une grande tournée mondiale – d'Afrique du Sud en Grande-Bretagne, en passant par la France, Dubaï, les États-Unis et le Canada – pour faire ses adieux à son public, achevant « le voyage [qu'il avait] commencé quand [il avait] 14 ans ».

Concernant les distinctions, en 1991, Johnny Clegg fut élevé par la France au rang de Chevalier de l'ordre des Arts et des Lettres. Devenu en mai 2010 Citoyen d'honneur de la ville d'Équeurdreville-Hainneville, une ancienne commune française du département de la Manche en Normandie, il devint Officier de l'ordre de l'Empire britannique en 2015.

Symbole partout dans le monde de l'antiracisme et de la liberté d'expression, ainsi qu'en Afrique du Sud, Johnny Clegg mourut pai-

---

[512] In *Mort de Johnny Clegg, le "Zoulou blanc" qui combattait l'apartheid en chantant*, op. cit.

[513] In *Mort de Johnny Clegg: les cinq chansons incontournables du "Zoulou blanc"*, op. cit.

siblement à Johannesburg, à l'âge de 66 ans, le 16 juin 2019 des suites d'un cancer ayant été diagnostiqué en 2015. Il serait plus judicieux de laisser le mot de la fin à Jesse Clegg, le fils de cet intrépide auteur, compositeur, interprète sud-africain et danseur zoulou, à travers un message publié sur son compte Twitter :

> « Merci pour les cadeaux magiques que tu nous as donnés et pour avoir offert une place spéciale dans ta vie à ta famille. Tu m'as inspiré à la fois comme musicien et comme homme, et m'as donné les clés pour vivre une vie significative. Tu vas profondément me manquer et j'ai du mal à imaginer un monde sans toi. Mais savoir que ta sagesse et ta compassion sont en chacun de nous me rassure. Sois en paix. Tu as tant fait et nous te rendons hommage. Je t'aimerai toujours. »

Johnny Clegg a enrichi, sans conteste, l'Afrique du Sud d'une discographie tout à fait prestigieuse.

– Albums Studio :
1976 : *Woza Friday* (Johnny Clegg et Sipho Mchunu) ;
1979 : *Universal Men* (Juluka) ;
1981 : *African Litany* (Juluka) ;
1982 : *Ubuhle Bemvelo* (Juluka) ;
1982 : *Scatterlings of Africa* (Juluka) ;
1983 : *Work For All* (Juluka) ;
1984 : *Stand Your Ground* (Juluka) ;
1984 : *Musa Ukungilandela / The International Tracks* (Juluka) ;
1985 : *Third World Child* (solo version) (J. Clegg) ;
1987 : *Third World Child* (J. Clegg & Savuka) ;
1988 : *Shadow Man* (J. Clegg & Savuka) ;
1990 : *Cruel, Crazy Beautiful World* (J. Clegg & Savuka) ;
1993 : *Heat, Dust and Dreams* (J. Clegg & Savuka) ;
1997 : *Crocodile Love / Ya Vuka Inkunzi* (Juluka) ;
1998 : *Le Rock Zoulou de Johnny Clegg & Sipho Mchunu* (Best Of Juluka) ;
2002 : *New World Survivor* (J. Clegg) ;
2006 : *One Life* (J. Clegg) produit par Renaud Sechan ;

2010 : *Human* (J. Clegg) ;
2017 : *King of Time*.

– Albums live :
1981 : *The Cologne Zulu Festival* (Juluka en duo avec Ladysmith Black Mambazo) ;
1986 : *The Good Hope Concerts* (Juluka) ;
1994 : *Live And Rarites* (J. Clegg & Savuka) ;
2003 : *A South African Story - Live At The Nelson Mandela Theatre* (J. Clegg) ;
2003 : *Best of Live* (J. Clegg) ;
2014 : *Best, Live & Unplugged, at the Baxter Theatre Cap Town* (J. Clegg).

– DVD :
2003 : *Live! and more…* (Juluka / J. Clegg & Savuka).

Épilogue

« Le jour où l'antilope racontera son histoire, on ne fera plus l'éloge du chasseur ». Un vieux proverbe africain. Contrairement à ce que racontent un grand nombre d'ouvrages d'histoire, souvent écrits par ceux qui ont noué des liens soi-disant d'amitié mais en réalité basés sur le seul profit commercial et pour des raisons géostratégiques, l'Afrique fut une terre riche en cultures, en administrations étatiques… bien avant l'arrivée des Blancs. Ce fut un continent économiquement prospère, militairement autonome, diplomatiquement cohérent et environnementalement vivable.

« Et si ces pays, anciennement colonisés, [étaient] retombés si rapidement, après leur indépendance, sous l'emprise des ex-métropoles, c'[était] que les mouvements dits de "libération" de ces pays n'[avaient] jamais élaboré, en guise de stratégie, qu'un vague nationalisme tribal et passionnel, sans contours et surtout sans programme politique et économique cohérent. Il n'en [aurait] pas été de même, toutefois, pour des pays comme le Ghana et le Congo-Kinshasa. Du moins, au début. Dans ces deux cas, l'engagement global [aurait] été ambitieux et radical. Mais les projets de transformation n'[aboutiraient] pas, parce que les hommes politiques qui les [incarneraient seraient] désespérément seuls. Ce qui s'[avérerait] mortel dans le cas de Patrice Lumumba qui, sans cadres compétents, [devrait] non seulement assumer toutes les tâches importantes, mais lutter contre toutes les forces déchaînées contre lui de l'extérieur et de l'intérieur. Pour Kwame Nkrumah, privé de tout soutien réellement efficace, à la mort de son ami George Padmore, la solitude [déboucherait] sur le "culte de la personnalité", cet ersatz de la popularité. […] Après la mort du premier et l'exil du second (tous deux provoqués par les forces agissantes du néo-colonialisme), le Congo-Kinshasa et le Ghana [rallieraient] immédiatement la "voie réformiste", patronnée par le capitalisme occidental. »[514]

Mais les premières relations nouées avec des personnes venues d'ailleurs, notamment européennes et moyen-orientales, ont fini par pervertir les rapports cordiaux et purement humains que les Africains entretenaient entre eux. Ainsi, l'appât du gain prit le dessus au point de générer des guerres et l'exportation forcée vers d'autres cieux, réalisée dans des conditions tout à fait bestiales, des enfants d'Afrique transformés en marchandises humaines. Pour Frantz Fanon,

« le grand succès des ennemis de l'Afrique, c'est d'avoir corrompu les Africains eux-mêmes ».

D'aucuns n'ignorent encore que, pendant très longtemps, depuis les pseudo-indépendances, l'Afrique a servi de source importante de financement des candidats aux élections présidentielles surtout françaises. Tout le monde est également au courant du fait que, sans la République Démocratique du Congo, le royaume de Belgique aurait forcément connu sur le plan financier le même sort que la Grèce. L'Afrique reste le seul continent au monde où quelques gouvernements européens peuvent se permettre de décider l'arrestation d'un chef d'État, ou alors sa déportation, voire son assassinat. Les cas de la Côte d'Ivoire et de la Libye – à travers l'exécution sommaire du colonel Mouammar Kadhafi, ainsi que l'arrestation et l'exfiltration vers La Haye de Laurent Koudou Gbagbo – constituent, à cause de la complicité des acteurs locaux, des ingérences très graves dans les affaires intérieures des pays prétendus indépendants. La coopération, jolie trouvaille dans le but de canaliser les périodes post-indépendances, représente de nos jours un outil efficace en vue d'un colonialisme masqué. Un ancien président de la République Française, en

---

[514] In *Perspectives de la décolonisation : les deux versants de l'histoire*, Guy de Bosschère, *op. cit.*, p. 212.

l'occurrence Jacques Chirac, n'a-t-il pas reconnu en mai 2008, dans le documentaire intitulé *10 mai Africaphonie* du réalisateur Michael Gosselin, l'exploitation depuis des siècles de l'Afrique ?

> « On oublie seulement une chose, c'est qu'une grande partie de l'argent qui est dans d'autres porte-monnaie vienne précisément de l'exploitation depuis des siècles de l'Afrique. Pas uniquement, mais beaucoup viennent de l'Afrique. Alors, il faut avoir un tout petit peu de bon sens. Je ne dis pas de générosité, [mais] de bon sens, de justice, pour rendre aux Africains […] ce qu'on leur a pris. D'autant que c'est nécessaire si l'on veut éviter les pires convulsions, ou difficultés, avec les conséquences politiques que cela comporte dans le prochain avenir. »

Certains chefs d'État occidentaux osent même se permettre une liberté quelconque, par rapport aux peuples africains, comme s'ils ont affaire à des sujets ayant besoin d'une bienveillance paternaliste. L'ancien président de la République Française, Nicolas Sarkozy, n'a-t-il pas rappelé avec condescendance, dans le discours, écrit par son conseiller Claude Guéant, qu'il a prononcé le 26 juillet 2007 à Dakar à l'université Cheikh Anta Diop, la situation de l'Homme africain au regard de l'Histoire ?

> « Le drame de l'Afrique, c'est que l'homme africain n'est pas assez entré dans l'histoire. Le paysan africain, qui depuis des millénaires, vit avec les saisons, dont l'idéal de vie est d'être en harmonie avec la nature, ne connaît que l'éternel recommencement du temps rythmé par la répétition sans fin des mêmes gestes et des mêmes paroles.
> » Dans cet imaginaire où tout recommence toujours, il n'y a de place ni pour l'aventure humaine, ni pour l'idée de progrès.
> » Dans cet univers où la nature commande tout, l'homme échappe à l'angoisse de l'histoire qui tenaille l'homme moderne mais l'homme reste immobile au milieu d'un ordre immuable où tout semble être écrit d'avance.
> » Jamais l'homme ne s'élance vers l'avenir. Jamais il ne lui vient à l'idée de sortir de la répétition pour s'inventer un destin.
> Le problème de l'Afrique et permettez à un ami de l'Afrique de le dire, il est là. Le défi de l'Afrique, c'est d'entrer davantage dans l'histoire. C'est de puiser en elle l'énergie, la force, l'envie, la volonté

d'écouter et d'épouser sa propre histoire.

» Le problème de l'Afrique, c'est de cesser de toujours répéter, de toujours ressasser, de se libérer du mythe de l'éternel retour, c'est de prendre conscience que l'âge d'or qu'elle ne cesse de regretter, ne reviendra pas pour la raison qu'il n'a jamais existé.

» Le problème de l'Afrique, c'est qu'elle vit trop le présent dans la nostalgie du paradis perdu de l'enfance.

» Le problème de l'Afrique, c'est que trop souvent elle juge le présent par rapport à une pureté des origines totalement imaginaire et que personne ne peut espérer ressusciter. »

On aurait dit le discours de Tanger du 23 octobre 2007 dans lequel le président Nicolas Sarkozy, avait expliqué que le colonel Lyautey fut nommé pour « accompagner [les Marocains] sur le chemin de la liberté » qu'ils venaient de perdre. Et les propos du successeur de François Hollande, le président Emmanuel Macron, proférés lors d'une conférence de presse en marge du sommet du G20 qui s'était tenu à Hambourg le 8 juillet 2017 ? En effet, s'agissant des femmes africaines, le président français a évoqué avec beaucoup de certitude une affirmation complètement indigne :

« quand des pays [africains] ont encore aujourd'hui sept à huit enfants par femme, vous pouvez décider d'y dépenser des milliards d'euros, vous ne stabiliserez rien ».

Quel mépris, franchement ! En se penchant sur l'allégation gratuite du président Emmanuel Macron, faut-il conclure qu'il s'agit d'une réaction irresponsable, de la part d'un Chef d'État d'un pays qualifié de terre d'asile et de champion des droits de l'Homme ? Le ridicule, fort heureusement, ne tue pas. Pour la politologue Françoise Vergès, auteur du *Ventre des femmes* :

« On rend les femmes du tiers-monde responsables du sous-développement. En réalité, on inverse la causalité : la plupart des études prouvent aujourd'hui que c'est le sous-développement qui entraîne la surpopulation. La théorie de la surpopulation évite aussi de questionner le rôle du colonialisme et de l'impérialisme dans la pauvreté. »

« L'esclave, qui n'est pas capable d'assumer sa révolte, ne mérite pas que l'on s'apitoie sur son sort », ne cessait de clamer Thomas Sankara. L'excuse ne devant plus du tout être de mise pour les Africains désormais informés, il leur revient d'accoucher, eux-mêmes, la vraie histoire de leur continent. En réécrivant ce qui avait été sciemment dénaturé, ils ne pourront que participer au rétablissement d'une certaine vérité. Mais encore faut-il que cet exercice ne se fasse pas dans le but de tromper, comme l'ont fait en toute ignominie les vainqueurs d'hier. Ainsi Romain Gary a-t-il raison en ayant écrit, dans *Les racines du ciel*, que,

> « l'Afrique ne s'[éveillerait] à son destin que lorsqu'elle [aurait] cessé d'être le jardin zoologique du monde. »

Vérité cruelle, certes, mais indispensable au réveil et au sursaut de la conscience africaine. En effet, au moment où la crise économique est en train de montrer les limites des pays industrialisés, l'Afrique paraît davantage comme la terre d'immigration, le continent de l'emploi aux immenses territoires à habiter, et non plus à coloniser, et surtout à sauvegarder. Dans cette optique, les Africains doivent permettre la future relation de leur continent avec des populations venues de l'extérieur sur la base d'un rapport absolument « gagnant-gagnant », sur le principe *senghorien* du « donner et du recevoir ». Georges-Louis Leclerc de Buffon disait à juste titre que,

> « l'homme, blanc en Europe, noir en Afrique, jaune en Asie, et rouge en Amérique, n'est que le même homme teint de la couleur du climat ».

Il est certain que les inhumaines expériences d'hier, ayant tout à fait fragilisé le continent africain par l'exploitation humaine, par les conflits civils et les guerres armées en vue du pillage des ressources naturelles et de la matière grise, par la corruption en vue de maintenir des régimes fantoches au profit des anciens colonisateurs, doivent permettre d'éviter, cette fois-ci, des partenariats diamétralement inégaux. Les futurs échanges commerciaux avec l'Afrique doivent être fonction du transfert de techniques et de technologies, du développement pour tous les pays alliés, tandis que l'immigration doit se faire en fonction de la seule compétence et non par le biais du mensonge, ni de la fourberie.

Afin de mieux consolider l'unité africaine, les Africains doivent coûte que coûte trouver des voies et moyens en vue du développement des rapports régionaux. Cela éviterait que des pays comme le Rwanda, le Burundi et l'Ouganda ne se coalisent que, jalousement et haineusement, dans le but de déstabiliser la République Démocratique du Congo, avec comme conséquence une dizaine de millions de morts congolais, pour les seuls intérêts des puissances extra-continentales et de quelques dictateurs à l'esprit très étroit, ainsi que de leurs affidés attirés seulement par l'appât du gain.

> « On sait maintenant que, dans les relations franco-africaines, les promesses n'ont engagé que les naïfs. C'est donc aux Africains d'œuvrer, principalement, en vue de l'émergence de conditions propices aux alternances démocratiques et à la prospérité économique. Cela peut se faire, entre autres, par le recours aux traditions africaines, au panafricanisme – inspiré de Kwame Nkrumah et autres nationalistes comme Patrice Émery Lumumba – et à la valorisation de l'Histoire de l'Afrique. Mais à condition, bien entendu, que cette recherche n'enferme pas le continent africain dans le solipsisme. S'impose donc la nécessité de l'autocritique dans l'espoir d'un nouvel élan. L'introspection doit permettre d'aborder le futur tout d'abord sur des bases identitaires, locales, régionales, continentales et, en dernier ressort, mondiales. Il faut se connaître soi-même avant de connaître les autres. »[515]

Chat échaudé craignant l'eau froide, et comme l'histoire a tendance à se répéter, nul étranger ne peut séjourner durablement en Afrique s'il n'est humaniste. Compte tenu de ce qui vient d'être développé *supra*, il est évident que l'idiotie et la sauvagerie ne sont guère des caractéristiques propres à l'Afrique. Si au temps de Bossuet on limita l'« Histoire Universelle » à Israël, aux Gréco-Romains et à l'Europe « policée, au milieu du XXe siècle, après qu'explorateurs et

---

[515] In *Mitterrand l'Africain ?*, Gaspard-Hubert Lonsi Koko, *op. cit.*, pp. 181-182.

communications avaient brisé les barrières anciennes, alors que moins d'un jour nous transportait aux antipodes »[516], on doit enfin avoir à l'esprit que,

> « la planète aujourd'hui est notre champ, pour ne pas dire notre peau de chagrin. Tous les hommes sont nos proches voisins, sinon nos frères ; à chaque minute nous recevons le choc de leurs nouvelles et ne pouvons nous en abstraire. Il n'y a plus d'étrangers. L'histoire du monde est la nôtre. L'européocentrisme n'est plus qu'un anachronisme à abattre, et un égoïsme à combattre. »[517]

Par conséquent, l'universalisme étant plus que jamais de mise, il est temps que les talents africains servent enfin leur continent. Si l'Afrique ne doit cesser de s'ouvrir à des partenariats extra-continentaux, elle doit surtout avantager sa propre diaspora. Si le continent compte encourager l'ouverture à des populations étrangères, la moindre des choses consistera à commencer par faciliter l'accueil de ses enfants nés ailleurs, peu importent leurs citoyennetés, ainsi que le retour de ceux qui étaient contraints de migrer, à cause de moult raisons. Rappelons surtout que beaucoup de personnes africaines, ou d'origine africaine, œuvrent pour la prospérité des pays occidentaux ou développés. Profitables pour l'Europe et l'Amérique du Nord, ces talents sont tout à fait gâchés pour le continent africain. En favorisant le retour de cerveaux, l'Afrique bénéficiera en très peu de temps d'une avancée considérable sur un bon nombre de domaines. Par conséquent, dans un environnement de plus en plus mondialisé, il est plus que jamais nécessaire pour les pays africains d'opter pour l'inaliénabilité de la nationalité d'origine basée sur le principe du *jus sanguinis*. La diaspora africaine ne représente-t-elle pas la cinquante-cinquième entité continentale ? L'Afrique ne doit plus être la terre que l'on pille constamment, tout comme les Africains ne doivent plus être le peuple que l'on domine systématiquement.

À quand l'Afrique ? Réagissant à l'une des questions posées par René Holenstein, Joseph Ki-Zerbo avait tout naturellement répondu :

---

[516] In *Histoire générale de l'Afrique noire*, tome I, *Des origines à 1800*, Hubert Deschamps, Presse Universitaire de France, 1970, Paris, p. 7.

[517] *Ibidem*.

« L'Afrique est le berceau de l'Humanité. Tous les savants du monde admettent aujourd'hui que l'être humain a émergé en Afrique. Personne ne le conteste, mais beaucoup de gens l'oublient. Je suis sûr que si Adam et Ève étaient apparus au Texas, on en entendrait parler chaque jour sur CNN. Il est vrai que les Africains eux-mêmes n'exploitent pas suffisamment cet "avantage comparatif" qui consiste en le fait que l'Afrique a été le berceau d'inventions fondamentales, constructives de l'espèce humaine pendant des centaines de milliers d'années. C'est à partir du continent africain que l'*homo erectus* – grâce au feu qu'il a découvert (Prométhée aussi était Africain) et grâce au biface, un outil et une arme très performants – a pu migrer vers l'Europe. »[518]

Il est plus que jamais temps pour que l'Afrique sorte de sa torpeur et prenne enfin son envol. Il est plus que jamais temps pour que l'Afrique joue son rôle de matrice de l'Humanité. Il est plus que jamais temps pour que les fils et les filles d'Afrique puissent s'épanouir et illuminer à jamais le monde entier. Quand l'Afrique s'éveillera, le monde s'enrichira spirituellement et matériellement. L'Afrique doit retrouver son autonomie en vue du plus grand bienfait de l'Humanité. Ayons à l'esprit que l'Afrique n'est pas que le commencement, mais aussi la fin. Alpha et oméga !

Le ressourcement ne doit à tout prix éviter de sombrer dans le solipsisme. Par conséquent, les nouvelles exigences de l'Afrique devront surtout tenir compte de l'aspect international.

« C'est cela, la mondialisation, et c'est à cela que nous devons préparer les jeunes, par l'éducation et la formation, par l'ouverture sur le monde d'aujourd'hui, par le changement radical de leur comportement en tant que producteurs, par la modification de leur vision du rôle de l'État, et par l'acceptation consciente des nouvelles règles du jeu et le désir de saisir toutes les opportunités qu'elles offrent. Plus la jeunesse africaine sera au contact de ces réalités, plus l'Afrique aura une chance de se réinscrire dans l'économie mondiale. [...] Les Européens ne pourront pas faire plus pour nous, tout simplement parce que les dispositions de l'Organisation mondiale du commerce (OMC) fixent de nouvelles règles qui s'imposent à tous. C'est notre

---

[518] In *À quand l'Afrique ?*, entretien de Joseph Ki-Zerbo avec René Holenstein, p. 9, Édition de l'Aube, Paris 2003.

capacité à saisir les opportunités commerciales qui évoluent très vite, qui nous offrira une nouvelle chance de sortir de l'ornière. Et puisque tout évolue très vite, c'est encore plus la capacité d'adaptation très rapide qui sera notre meilleur atout. On revient ainsi à la question de la qualité des ressources humaines, qui commande tout. »[519]

Ce qui est ficelé au Ciel l'est aussi sur Terre. Ce qui est conçu dans l'Eau l'est aussi dans la Savane. Ce qui est pensé à l'Orient l'est aussi à l'Occident. Ce qui est imaginé au Nord l'est aussi au Sud. Ce qui est créé la Nuit l'est aussi le Jour.

Paris, XVe arrondissement,
le 30 septembre 2019

---

[519] In *L'Afrique sans la France*, Jean-Paul Ngoupandé, Albin Michel, Paris, 2002, pp. 372-373.

Bibliographie

- *Mitterrand l'Africain ?* Gaspard-Hubert Lonsi Koko, 2ème édition, L'Atelier de l'Égrégore, Paris ; 2017 ;
- *L'esclavage raconté à ma fille*, Christiane Taubira, Éditions Philippe Rey, 2015 ;
- *L'Afrique soudanaise au Moyen Âge : Le temps des grands empires (Ghana, Mali, Songhaï)*, Francis Simonis, CEMAF, 2010 ;
- *25 ans dans les services secrets*, Pierre Siramy et Laurent Léger, Flammarion, Paris, 2010 ;
- *Ahmed Sékou Touré (1922-1984). Président de la Guinée de 1958 à 1984*, André Lewin, Paris. L'Harmattan, 2010, 8 vols ;
- *Black Revolution*, Aimé Césaire, préface de François Durpaire, Demopolis, 2010 ;
- *La mort m'attendra*, Claire Raynaud, préface de Yannick Noah, Calman-Levy, Paris, 2010 ;
- *Cameroun : combats pour l'indépendance*, Marie-Irène Ngapeth Biyong, Éditions L'Harmattan, 2009, Paris ;
- *São Tomé et Principe de 1485 à 1755 : une société coloniale – du Blanc au Noir*, Izequiel Batista de Sousa, éditions L'Harmattan, 2008 ;
- *The Oxford Encyclopedia of Women in World History*, quoting Arhin, 2008 ;
- *Cameroun, du protectorat vers la démocratie, 1884-1992*, Pierre Kamé Bouopda, Éditions de L'Harmattan, Paris, 2008 ;

- *Dictionnaire des immortels de la musique congolaise moderne*, Jean-Pierre François Nimy Nzonga, Éditions Academia Bruylant, 2007, Belgique ;
- *Relations diplomatiques et souveraineté*, Apollinaire Kyelem de Tambela, Éditions L'Harmattan, Paris, 2007 ;
- *Apologie du blasphème*, Jean-Paul Gouteux, Éditions Syllepse, 2006 ;
- *Nous avons combattu l'apartheid*, Jacqueline Derens, Non Lieu, 2006 ;
- *Philibert Tsiranana, 1910-1978 premier président de la République de Madagascar*. Tome I, André Saura, Éditions L'Harmattan, Paris, 2006 ;
- *Panda Farnana. Premier universitaire congolais 1888-1930*, Didier Mumengi, Éditions L'Harmattan, Paris, 2005 ;
- *Fatima Djoumbé, reine de Mohéli*, Christian Grosdidier, Éditions L'Harmattan, Paris, 2004 ;
- *Reines d'Afrique et héroïnes de la diaspora noire*, Sylvia Serbin, Sepia, 2004 ;
- *À quand l'Afrique ?* Joseph Ki-Zerbo, entretien avec René Holenstein, Éditions de l'Aube, Paris, 2003 ;
- *Cheikh Anta Diop : Théophile Obenga : Combat pour la Renaissance africaine*, Doué Gnonsoa, L'Harmattan, Paris, 2003 ;
- *L'Afrique sans la France*, Jean-Paul Ngoupandé, Albin Michel, Paris, 2002 ;
- *Rumba on the river – A history of the popular music of the two Congos*, Gary Stewart, Verso, London, 200 ;
- *L'assassinat de Lumumba*, Ludo De Witte, Éditions Karthala, Paris, 2000 ;
- *Teatro do imaginário angolar de S. Tomé e Príncipe*, Fernando de Macedo, Cena Lusófona, Coimbra, 2000 ;
- *Houphouët-Boigny : L'homme de la France en Afrique*, Pierre Nandjui, Éditions L'Harmattan, Paris, 2000 ;
- *L'assassinat de Lumumba*, Ludo De Witte, Karthala, 2000 ;
- *Les Jacobins noirs*, Cyril Lionel Robert James, Éditions caribéennes, 1984 (réédition), Paris ;
- *The Kongolese Saint Anthony : Dona Beatriz Kimpa Vita and the*

Antonian Movement, 1684-1706, John Thornton, Cambridge University Press, 1998 ;
- *Le fantôme du roi Léopold : une histoire de cupidité, de terreur et d'héroïsme en Afrique coloniale*, 1884-1908, Adam Hochschild, Houghton Mifflin Books, 1998 ;
- *Un long chemin vers la liberté*, Nelson Mandela, Fayard, Paris, 1995 ;
- *L'U.P.C., une révolution manquée*, Abel Eyinga, Édition Chaka, Paris, 1991 ;
- *Vie et mort de Steve Biko*, Donald Woods, Stock, Paris, 1988 ;
- *L'héritage de Kenyatta. La transition politique au Kenya, 1975-1982*, Gene Dauch et Denis Martin, Éditions L'Harmattan, Paris, 1985 ;
- *Ruben Um Nyobé, Le problème national kamerunais*, présenté par Achille Mbembe, Éditions L'Harmattan, Paris, 1984 ;
- *André Matsoua : fondateur du mouvement de libération du Congo*, Martial Sinda, ABC, 1977 ;
- *Maba Diakhou Bâ : almamy du Rip (Sénégal)*, Iba Der Thiam, ABC, 1977 ;
- *Un long chemin vers la liberté*, Nelson Mandela, Fayard, Paris, 1995 ;
- *Sonni Ali-Ber : fondateur de l'empire songhay*, Lansiné Kaba, ABC, 1977 ;
- *Le prophète Harris : le christ noir des lagunes*, Françoise Bretout, ABC, 1977 ;
- *Simon Kimbangu : prophète et martyr zaïrois*, Martial Sinda, ABC, 1997 ;
- *Msiri, bâtisseur de l'ancien royaume du Katanga*, Elikia M'Bokolo, ABC, 1976 ;
- *Le roi Denis : la première tentative de modernisation du Gabon*, Elikia M'Bokolo, ABC, 1976 ;
- *Mogho Naba Wobgho ; la résistance du royaume mossi de Ouagadougou*, Christophe Wondji, ABC, 1976 ;
- *Lat Dior : le dernier souverain du Cayor*, Marie Casanova, ABC, 1976 ;

- *Bokar Biro : le dernier grand almamy du Fouta-Djalon*, Boubacar Barry, ABC, 1976 ;
- *Martin Samba ; face à la pénétration allemande au Cameroun*, Madeleine Mbono Samba Azan, ABC, 1976 ;
- *Askia Mohamed : l'apogée de l'Empire songhay*, Gilbert Comte, ABC, 1976 ;
- *Le messianisme congolais et ses incidences politiques*, *Martial Sinda*, Payot, Paris, 1972 ;
- *Histoire générale de l'Afrique noire*, tome I, *Des origines à 1800*, Hubert Deschamps, Presse Universitaire de France, Paris, 1970 ;
- *Perspectives de la décolonisation : vers les deux versants de l'histoire*, Guy de Bosschère, Éditions Albin Michel, Paris, 1969 ;
- *L'armistice de Rethondes*, Pierre Renouvin, Gallimard, Paris, 1968 ;
- *Cinq hommes et la France*, Jean Lacouture, Éditions du Seuil, Paris, 1961 ;
- *The Planting of Christianity in Africa*, Charles Pelham Groves, London : Lutterworth Press, 1958 ;
- *Nations nègres et culture : De l'antiquité nègre égyptienne aux problèmes culturels de l'Afrique Noire d'aujourd'hui*, Cheikh Anta Diop, Présence Africaine, Paris, 1954 ;
- *Histoire de l'Afrique occidentale*, Djibril Tamsir Niane et Jean Suret-Canale, Présence Africaine, Paris, 1933 ;
- *Au pied du Mont Kenya*, Jomo Kenyatta, collection Cahiers libres, François Maspero (réédition), Paris, 1960 ;
- *Le matsouanisme*, Fulbert Youlou, Imprimerie centrale, Brazzaville, 1955 ;
- *The Christian Mission in Africa*, Edwin William Smith, London and New York ; International Missionary Council, 1926 ;
- *William Waddy Harris : The West African Reformer*, Casely Hayford, London : C. M. Phillips, 1915 ;
- *Du Niger au golfe de Guinée*, Louis-Gustave Binger, Hachette, 1892.

- Alves, Antho: 394.
- Amador (roi): 40-44.
- Amadou (Almamy): 80.
- Amadou, Cheikhou: 75.
- Amalaman Anoh: 60.
- Amar, Denis: 350.
- Amatifou (voir Amon N'Douf-fou II): 60, 62.
- Amin Dada Oumee, Idi: 11-12, 230.
- Amon N'Douffou II (roi): 59-62.
- Amsberg, Claus von: 343*n*.
- Andom, Aman Mikael: 173.
- Andrade, Manuel Lopes (dit Tcheka): 404.
- Andriamihaja: 142.
- Andrianampoinimerina: 141, 141*n*.
- Anissabeni, Elisa: 421.
- Ankrah, Joseph Arthur: 255.
- Annan, Kofi: 309-314, 309*n*, 314*n*.
- Antonelli, Pietro: 149*n*.
- Antonetti, Raphaël Valentin Marius: 110.
- Apithy, Sourou-Migan: 226.
- Archinard, Louis: 69.
- Armand, Georges: 374.
- Armstrong, Louis (dit Satchmo): 442.
- Arvers, Fabienne: 348.
- Asa'ale, Charles: 239.
- Askia Ishak Ier: 34.
- Askia Ismaël: 34
- Askia Mohamed Ier: 31-34, 30*n*.
- Askia Mohamed Bounkan: 34.
- Askia Moussa: 33.
- Assad, Bachar El: 314.
- Assamala: 418.
- Attacla (roi): 60.
- Augusto, José: 423.
- Aujoulat, Louis-Paul: 236.
- Auriol, Vincent: 164.
- Austen, Jane: 280.
- Awere, Agya: 429.
- Ayombe, Joseph (dit José): 374.

- Bâ, Maba Diakhou: 45, 53-59, 55*n*-56*n*, 72, 74.
- Bâ, Ndiogou: 53.
- Baba Yaga: 17.
- Babou, Cheikh Anta: 92*n*, 93.
- Bachelard, Gaston: 284.
- Bachelier Liu: 17.
- Badara Bèye, Alioune: 328.
- Bademba, Oumar: 80.
- Baden-Powell, Robert: 145.
- Badian Kouyaté Noumboïna, Seydou: 327-330, 329*n*, 347-348.
- Bagayoko, Tiécoro: 327.
- Bah, Bageot: 288.
- Bah, Thierno Siradio: 82*n*.
- Bakala dia Kuba: 389.
- Bakhita, Joséphine: 156-159.
- Bakwa Turunku, Magajiya: 124.
- Balandier, Georges: 345.
- Balé, Manow: 393.
- Balou, Constant: 110.

- De Lemos, Virgílio: 247*n*.
- De Lévis-Mirepoix, Antoine Pierre Marie François Joseph (duc): 191.
- De Maupassant, Guy: 280.
- Denard, Bob: 230, 291, 293, 295.
- Denfert-Rochereau, Philippe: 370*n*.
- Denis (roi): 45-48, 45*n*, 47*n*.
- De Piano, André João: 405.
- Derens, Jacqueline: 291, 291*n*.
- Derscheid, Gustave: 270.
- Derscheid, Louise: 274.
- De Salazar, António de Oliveira: 113.
- De Savorgnan de Brazza, Pierre: 155.
- De Santarém, João: 40.
- De Sousa, Dona Ana (voir Nzinga Mbandi): 126-127.
- De Sousa, Izequiel Batista: 40*n*-41*n*, 41.
- De Souza, Isidore: 228.
- Deschamps, Hubert: 461*n*.
- Deslauriers, Christine: 2560.
- Destenave, Georges: 84.
- De Vivie: 112.
- De Wellington (duc): 124.
- De Witte, Ludo: 253*n*, 256, 258*n*, 260, 260*n*.
- De Zaria, Amina: 120-122.
- Dia, Houphouët (voir Félix Houphouët-Boigny): 186.
- Dia, Mamadou: 190.
- Diabaté, Massa Makan: 69-70.

- Diaboua, Marie-Isidore: 338.
- Diagne, Blaise: 270-272.
- Diagne, Souleymane Bachir: 286.
- Diallo, Telli: 213.
- Diallo, Youssouf: 329*n*.
- Dialungana Kiangani, Salomon: 104.
- Diangienda Kuntima, Joseph: 104.
- Diasso, Alain: 407*n*.
- Diata Ier, Lari (roi): 18.
- Diata Konaté, Sogolon (voir Soundiata Keïta): 17.
- Dicko, Boubacar: 349.
- Dicks, Terry: 243.
- Diku, Roger: 335*n*.
- Dieka Mbaki, Claude (dit Debs ou Debaba El Shabab): 387.
- Diendéré, Gilbert: 266.
- Dieye, Diakhou: 53.
- Dihiye, Assemin: 61.
- Diluvila, Eugène (dit Baskis): 338.
- Dina: 106.
- Dingane kaSenzangakhona Zulu: 52.
- Dingiswayo: 50-51.
- Dionga, Dominique (alias Apôtre): 374.
- Diop, Alioune: 284.
- Diop: Cheikh Anta: 299, 276, 278, 281-287, 286*n*, 315, 457.
- Diop, Cheikhou: 57.
- Diop, Issa Khone: 77.
- Diop: Ngoné Latyr (voir aussi

Kenyatta) : 176.
- Kamau, Johnstone (voir Jomo
  Kenyatta) : 176.
- Kamau wa Ngengi (voir Jomo
  Kenyatta) : 176.
- Kamba, Paul : 323.
- Kambite, André : 371.
- Kamé Bouopda, Pierre : 234*n*.
- Kamissoko, Wa : 21*n*.
- Kamosé : 282*n*.
- Kamuzu Banda, Hastings : 164.
- Kan, Souffle : 140.
- Kane, Cheikh Hamidou : 14.
- Kangela (reine) : 126.
- Kangethe, Joseph : 176.
- Kangou : 110.
- Kanta, Muhammadu (roi) : 32-
  33.
- Kanté, Soumaoro (ou Souman-
  gourou) : 19-20, 19*n*.
- Kanyonga, Thérèse (reine) :
  258.
- Kanza, Lokua : 395.
- Kanza, Thomas : 274.
- Kaoze, Stefano : 271.
- Karama (roi) : 125.
- Kasa Vubu, Joseph : 114, 204-
  210, 205*n*-206*n*, 251-252, 254,
  256-257, 257*n*, 259, 322, 431.
- Kasanda wa Mikalay, Nicolas
  (alias Docteur Nico) : 337-378,
  354, 373-375.
- Kasanda, René : 374.
- Kasanda, Victor (dit Vixon) :
  374.
- Kashama, Oscar : 354-355,

354*n*.
- Kasola, Francisco : 45, 87-90,
  87*n*, 90*n*.
- Kassi Amon (voir Amon
  N'Douffou II) : 60.
- Kaunda, Kenneth David : 217-
  221, 223.
- Kavena Mbuta Ko (dit Zorro) :
  405.
- Kaya, Antoine (alias Depuis-
  sant) : 338, 374.
- Kayunga, Gabriel (alias
  Francky) : 374.
- Kaza, Ngolaka : 127.
- Kazadi Mwamba, Robert : 430.
- Kcïta, Aoua : 330.
- Keïta, Babalaye : 363.
- Keïta, Fodeba : 213.
- Keïta, Modibo : 202, 248, 327,
  330, 413.
- Keïta, Soundiata : 17-23, 18*n*-
  20*n*, 326.
- Keka Okese, Jean-Patrice : 15.
- Kembo uba Kembo, Jean (dit
  Monsieur Buts) : 432.
- Kennedy, John Fitzgerald :
  174, 333.
- Kenyatta, Jomo : 176-181,
  176*n*-180*n*.
- Kérékou, Mathieu : 13, 225-
  230, 226*n*, 229*n*.
- Khaldoun (Ibn) : 25, 27*n*.
- Khouredia, Mandiaye : 57.
- Kiambukuta Londa, Joseph
  (dit Josky) : 405*n*, 406, 409.
- Kiamuangana Mateta, Georges

- Madola Dimalè, Wilhelm : 233.
- Mafuta Fumaria, Apollonia : 87, 134-135.
- Maga, Hubert : 225-226, 381, 413.
- Magaia, Filipe : 222.
- Mahola, Zolani : 441.
- Mahoukou, Prosper : 111.
- Makaba : 138.
- Makadara, Abderremane bin Saïdi Hamadi : 132.
- Makadara, Mahmudu bin Mohamed : 132.
- Makadara, Mohamed bin Saïdi Hamadi : 132-133.
- Makan Boté, Faran : 27.
- Makandal, François : 45.
- Makeba Zenzile, Miriam : 52n, 287-290, 315, 331, 382, 392, 437-438, 439n, 440, 444-445, 446.
- Makiese, Jean de Dieu (alias Madilu System) : 405n, 409.
- Makon ma Bikat, Luc : 239.
- Makonnen, Tafari (voir Haïlé Sélassié Ier) : 169-170, 169n.
- Malan, Daniel François : 241, 438n.
- Malapet, Jean-Dieudonné (alias Nino) : 356, 371.
- Malcolm X : 179, 179n, 212, 215, 258, 364.
- Malema, Julius : 307.
- Malolo, Alphonse Dereck : 351.
- Malongi, Cornelie : 390.
- Malongo, Eimo : 15.
- Malula, Hortense : 336.
- Malula, Joseph Albert : 205, 336, 353.
- Mamani, Abdoulaye : 69.
- Mambazo, Ladysmith Black : 446-447.
- Mambu, Jacques (alias Jacky) : 339.
- Mami Wata : 17.
- Manchu, Fu : 373.
- Manda Tchebwa, Antoine : 359.
- Mandela, Nelson Rolihlahla : 14-15, 181, 219-220, 240-245, 242n, 266, 279-281, 290-292, 294 295, 301-305, 307, 313, 345, 351.
- Mandela, Winnie : 301-307, 302n-303n, 306n.
- Mandela, Zenani : 302.
- Mandela, Zindzi : 302.
- Mandelbrot, Benoît : 283.
- Mandingué, Jeannot Dikoto : 382.
- Mangwana, Sam : 357, 361, 374, 376-377, 376n, 406, 409.
- Mankou, Vérone : 15.
- Manneken-Pis : 124.
- Manthatisi : 123, 136-138.
- Manuaku Waku, Félix (dit Pépé Felly) : 385.
- Manue, Georges : 414.
- Manuel Ier (roi) : 39.
- Mao Zedong : 243.
- Maran, René : 45, 109.

Table des matières

© L'Atelier de l'Égrégore, septembre 2019 – 4ème édition actualisée
https://egregorelivres.fr – Courriel : atelieregregore@gmail.com

www.ingramcontent.com/pod-product-compliance
Lightning Source LLC
Chambersburg PA
CBHW070500160726
48003CB00004B/1357